I GING

Text und Materialien

Aus dem Chinesischen
übersetzt von
Richard Wilhelm

Diederichs

DIEDERICHS GELBE REIHE
herausgegeben von Michael Günther

Einleitung von Wolfgang Bauer

Der Text entspricht dem Wortlaut des ersten Bandes I Ging in der Erstausgabe Jena 1924 (Erstes und Zweites Buch). Der Inhalt des zweiten Bandes (Drittes Buch) bleibt ausgespart, er ist nur in der Hardcoverausgabe »I Ging – Das Buch der Wandlungen« komplett enthalten.

Die Deutsche Bibliothek – CIP-Einheitsaufnahme
I-ging: Text und Materialien / aus d. Chines. übers. von Richard Wilhelm. – 23. Aufl. – Kreuzlingen; München: Hugendubel (Diederichs), 1999
(Diederichs Gelbe Reihe; 1: China)
Einheitssacht.: Yijing <dt.>
ISBN 3-424-00501-0
NE: Wilhelm, Richard [Übers.]: I-ching <dt.>; EST; GT

23. Auflage 1999

Umschlaggestaltung: Zembsch' Werkstatt, München
Produktion: Tillmann Roeder, München
Satz: Friedrich Pustet, Regensburg
Druck und Bindung: Ebner Ulm
Printed in Germany

ISBN 3-424-00501-0

ZUR EINFÜHRUNG

Von Wolfgang Bauer

DIE GRUNDLAGEN DES »BUCHS DER WANDLUNGEN«

»Wer weiß, redet nicht; wer redet, weiß nicht« heißt es lapidar in der alten, dem taoistischen Philosophen Chuang-tzu zugeschriebenen Textsammlung. Etwas von der Wahrheit dieses Satzes, der sich auf alle »letzten Dinge« bezieht, gilt auch für das Urteil über Schriften, die zur Grundlage großer Kulturen geworden sind. Weil sie etwas Axiomatisches besitzen, ist jedes Wort über sie gleichzeitig zuviel und zuwenig.

Wie kaum ein anderes Buch in der chinesischen Literatur fällt das I-ching*, das »Buch der Wandlungen«, in den Kreis solcher Schriften. Es ist gewiß kein Zufall, daß die Erfindung der Trigramme, der acht verschiedenen Dreiergruppen von gebrochenen und ungebrochenen Strichen, die den Kern des Buches bilden, dem legendären Kaiser Fu-hsi zugeschrieben wird. Die Zahl der Kommentare und Subkommentare ist Legion – sehr im Gegensatz zu dem Spruch bei Chuang-tzu. Obwohl diese Kommentare in ihrer Mehrzahl verloren sind, verzeichnet eine berühmte Bibliographie aus dem Ende des 19. Jhs., in der das I-ching wie in fast allen Bücherverzeichnissen an der Spitze steht, von ihnen immer noch mehr als zweitausend. Alle in China entstandenen Weltanschauungen und Wissenschaftssysteme versuchten, ihre Lehren mit dem I-ching abzustimmen, und nicht anders taten es manche fremde Weltanschauungen, die von außen nach China eindrangen. Erst unter dem indirekten Einfluß der westlichen Zivilisation begann man allmählich intensiver auch über die Entstehung des I-ching selbst nachzudenken, die vordem durch eine Reihe ehrwürdiger Namen – neben Fu-hsi figurierten hier die Gründer der Chou-Dynastie, der König Wen und der Herzog von Chou, sowie natürlich Konfuzius – verdeckt worden war. Einige der dabei zutage tretenden Theorien waren deshalb interessant, weil sie bereits die Vielschichtigkeit des Textes offenbarten.

* Umschrift nach Wade-Giles, die heute allgemein gebräuchlich ist; vgl. die Transkriptionstabelle am Schluß des Bandes.

In der Regel hielt man jedoch, sicherlich zu Recht, daran fest, daß das I-ching von Anfang an ein Orakelbuch war. Das Orakelwesen spielte schon in der ersten historisch faßbaren Dynastie, der Shang-Dynastie (ca. 1500–1050 v.Chr.), eine entscheidende Rolle. Das Orakel wurde aber damals nicht, wie beim I-ching, gezogen und dann gewissermaßen mathematisch errechnet, sondern mittels (z.T. beschriebener) Tierknochen und Schildkrötenschalen in der Weise bestimmt, daß die beim Anbohren mit heißem Eisen entstehenden Sprünge die Voraussage festlegten. Es wäre zumindesten denkbar, daß die gebrochenen und geraden Linien der Hexagramme noch eine Reminiszenz an diese alte Orakelform darstellen. Auf der anderen Seite behauptet die Überlieferung, daß es vor dem I-ching zwei ähnliche Orakelbücher gegeben habe: während der (geschichtlich bisher nicht nachweisbaren) Hsia-Dynastie das Kuei-tsang »Rückkehr zum Grabe«, während der Shang-Dynastie das Lien-shan »Verbundene Berge«. Ein Alternativname des I-ching, Chou-i »I-Buch der Chou-Zeit«, betont in der Tat ausdrücklich die Verknüpfung des Textes mit eben der Chou-Dynastie, womit allerdings eher wohl die gegenüber dem Knochenorakel grundsätzlich andere Form des Orakels mit Schafgarbenstengeln betont werden sollte, und nicht bloß die Benutzung eines anderen Orakeltextes. Die primäre Bedeutung des Wortes »i« ist »Tausch«, »Wandel«, die dem allgemeinen Grundcharakter des Buches entspricht. Denn was ihm seine Eigenart verleiht, ist gerade sein nicht-statischer Charakter. Auch als Orakelbuch erhebt es ja nicht den Anspruch, die Zukunft als unabänderliches Fatum vorauszusagen, sondern lediglich die Gegenwart aufzuzeigen, die freilich ihre »Geneigtheit« in die Zukunft mit einschließt. Gerade sie aber steht durch die Anwendung der im Text ständig beigegebenen Ratschläge jeder menschlichen Gestaltung offen. Nicht eine *einzige* Situation, sondern die Spannung zwischen *zwei* Situationen, von denen die zweite aus der »Verwandlung« der ersten hervorgeht, ist es also, über die das I-ching Auskunft geben will; immer steht die Veränderung im Zentrum der Aussage.

Von den Theorien, nach denen im Gegensatz dazu das Buch erst sekundär (wie ja auch bei uns gelegentlich die Bibel) für das Wahrsagen verwendet worden sein soll, ist die am interessantesten, die das I-ching als ein altes Wörterbuch auffaßt. Die Trigramme und Hexagramme sollen demnach Rudimente einer alten Schrift sein, die mit den frühesten chinesischen Schriftformen verwandt ist. Diese Interpretation, der erstaunlicherweise so ernsthafte Wissenschaftler wie der moderne chinesische Gelehrte Hu Shih und der deutsche Sinologe August Conrady anhingen, ist allerdings höchst unwahrscheinlich. Und doch wird sie in einer Hinsicht dem Buch auch wieder gerecht – insofern nämlich, als es in seinen 64 »Bildern« (hsiang), d.h. den Namen der 64 Hexagramme, ein sorgfältig ausgewähltes, geschlossenes Kategoriensystem besitzt, das ihm mit einem Wörterbuch eine gewisse Ähnlichkeit verleiht. Das I-ching freilich ging in seinem Anspruch über den eines Wörterbuches weit hinaus, da es ja nicht bloß die Totalität der Welt starr abzuzeichnen, sondern sie noch in ihrer atmenden Bewegung zu erfassen suchte. Der bekannte englische Naturwissenschaftler und Sinologe Joseph Needham hat daher, wie in ähnlicher Weise unzählige Chinesen vor ihm, die »Bilder« in einem von Zeit- und Raumachse gebildeten Koordinatensystem einordnen können, in dem sie nicht nur einen Stellenwert, sondern auch einen Wirkungswert je nach ihrer Beziehung zueinander und ihrer Tendenz zu Entfaltung oder Rückbildung besitzen.

Die Betrachtung der Beziehungen der Hexagramme zueinander unter Betonung der Kombinatorik ihrer Strichzusammensetzungen und Zurückstellung des Inhalts der Bilder führte nun allerdings wiederum zu Theorien, nach denen das I-ching in seinem Kern einen Komplex von magischen Quadraten und mathematischen Aussagen enthalten sollte. Auch diese Theorie, so arg gekünstelt sie in ihrer vollen Anwendung wirkt, enthält etwas Wahres. Schon sehr früh nämlich wurde von den Chinesen die Entstehung des I-ching mit magischen Tafeln symbolischer Zeichen, der »Tafel vom Gelben Fluß« und der »Tafel vom Flusse Lo«, in Beziehung gesetzt, und tatsächlich liegt die Überzeugungskraft des Buches gerade in der kombinatorischen Geschlossenheit der Hexagramme, die den Gedanken, daß sich in ihnen eine Art Weltformel verberge, fast zwingend nahelegten.

Orakelbuch, Enzyklopädie, Formelsammlung – was immer die neueren Forscher im »Buch der Wandlungen« sahen, sie stießen damit eben jeweils auf eine der verschiedenen Wurzeln des

Textes, die jede für sich nicht nur für seinen Ursprung sondern auch für seine spätere Auslegung immer wieder von Einfluß waren. Es dauerte lange Zeit, bis diese Wurzeln zu einem Ganzen zusammenwuchsen; die Zahl Sechs, die hinter der Ausbildung der Hexagramme steht, läßt auf ein hohes Alter schließen, da der spätestens um die Mitte des ersten vorchristlichen Jahrtausends entstandenen Vollzahl Fünf (Fünf Elemente: Erde, Holz, Feuer, Wasser, Metall) die Vollzahl Sechs (Sechstes Element: Korn) vorausgegangen zu sein scheint. Andererseits verweist das patriarchalische Grundkonzept im Einklang mit der Tradition auf die im Gegensatz zu den Shang patriarchalisch organisierten Chou. Selbst bei vorsichtiger Datierung kann also für die Herausbildung der Kernstücke des Buches – die 64 Hexagramme samt den ihnen zugeordneten »Bildern« – die »Frühere Chou-Zeit«, das erste Drittel des ersten Jahrtausends v. Chr., angenommen werden. Die sehr verschiedenartigen Einzelstücke, die sich in den »Urteilen« darum herumkristallisierten, sind teilweise sicherlich noch älter, ja sogar in gewisser Hinsicht zeitlos.
Das gilt namentlich für die Sprüche in Form von Bauernregeln, die der englische Sinologe Arthur Waley im I-ching Text entdeckte. Sie stehen in ihrer Reimform den ältesten Volksliedern im klassischen »Buch der Lieder« nahe. Soweit noch erkennbar, wurden sie jedoch so umgestaltet, daß jeweils nur der eine Teil einer solchen stets unpersönlich auf Naturereignisse bezogenen Bauernregel (»Morgenrot . . .«) in den Text Eingang fand, der andere aber (». . . schlecht Wetter Bot'«) durch einen entsprechenden Satz aus der Sphäre des Sozialen (z. B. »Es fließen Tränen«) ersetzt wurde. Dadurch ergab sich immer wieder die Wechselbeziehung zwischen der Ebene der Natur und der des Menschen, die dem Buch selbst in der Politik noch seinen Einfluß sicherte. Das Verfließen der Grenzen zwischen Mensch und Natur, zwischen Subjekt und Objekt, typisch für das »unwissenschaftliche« Denken in allen vormodernen Kulturen, bildet freilich auch die Prämisse jeglichen Orakels. Neben den Bauernregeln scheinen daher auch alte Orakelantworten bezogen auf konkrete Situationen, wie sie schon seit der Zeit des Knochenorakels gesammelt wurden, in das I-ching eingeflossen zu sein. Während die Bauernregeln aber durch das Weglassen mindestens einer der auf das Naturgeschehen gehenden Komponenten

dem Text angepaßt wurden, so die überlieferten Orakelantworten durch das Abstreifen der allzusehr durch die einmalige historische Situation geprägten Elemente. Über diesen Weg gelangte in den Text eine nicht unbeträchtliche historische Erfahrung, die sich nur durch den hohen Grad ihrer Abstraktion der unmittelbaren Erkenntnis verschließt. Die kombinatorische Seite des I-ching endlich läßt sich, wie neuere Forschungen ebenfalls gezeigt haben, zu der offensichtlich weit verbreiteten Orakelpraxis mittels magischer Tafeln in Beziehung bringen, für die China durch die besondere Natur seiner mit isolierten »Blöcken« arbeitenden Wortschrift ganz besonders prädisponiert gewesen zu sein scheint. Die Vermittlung philosophischer Erkenntnisse durch »Diagramme« etwa und die Zusammenfassung von moralischen oder sonstigen Werten in Zahlengruppen fast ohne Füllung des Inhalts im einzelnen (»Die drei X«, »Die fünf Y«) hat es Zeit seiner Geschichte bis in unsere Tage begleitet.

INTERPRETATIONEN DES »BUCHS DER WANDLUNGEN« IN CHINAS GESCHICHTE

Die Hauptkommentare des I-ching, die »Zehn Flügel«, stammen zum überwiegenden Teil erst aus der Han-Dynastie (206 v. bis 220 n. Chr.), in der eine Welle kosmologischer Spekulationen über das Land hinwegging. Von allen chinesischen Büchern geriet das I-ching am meisten in den Bann dieses neuen Interesses. Bis dahin war es – wenn man von einer einzigen Stelle in den »Gesprächen« des Konfuzius absieht, wo ihm ein intensives Studium des I-ching nachgesagt wird – ausschließlich als Wahrsagetext benützt worden. In der Ch'in-Dynastie (221–209 v. Chr.), deren despotischer Gründer an allen okkulten Künsten großes Interesse hatte, soll es eben deshalb als eine der wenigen Schriften einer umfassenden Bücherverbrennung entgangen sein.

In der Han-Zeit jedoch ereignete sich so etwas wie die Entdeckung der Natur als einer selbständigen, wenngleich berechenbaren Kraft, durch die auch das I-ching in ein neues Licht rückte. Schon einige Jahrhunderte früher hatte man begonnen, aus der dualistischen Lehre von zwei Grundkräften, dem dunklen, weib-

lichen, dionysischen Yin und dem hellen, männlichen, apollinischen Yang, und den Spekulationen über das Wirken der Fünf Elemente ein immer verwickelter werdendes Beziehungssystem aufzubauen, das sich aber erst unter den Han als eine Art Totalwissenschaft etablierte. Da darin die Idee von der Einheit von Natur- und Menschenwelt nicht abgestreift, sondern im Gegenteil aufs höchste systematisiert wurde, fand diese Wissenschaft unmittelbare Anwendung auch auf Politik und Geschichte: So konnten beispielsweise selbst Kaiser durch die Ausdeutung echter oder vorgegebener Naturerscheinungen gegängelt und ganze Dynastien als »unter« diesem oder jenem Element regierend in der Vergangenheit kritisiert oder für die Zukunft vorhergesagt werden. Das I-ching hatte mit diesen Spekulationen primär zwar nichts zu tun, es wurde aber wegen seines dualistischen Grundcharakters sofort mit den Yin-Yang Theorien verknüpft und, wie bereits die »Zehn Flügel« zeigen, in zunehmendem Maße bloß noch als eine Autorität verwertet, an der sich das Funktionieren des Entsprechungssystems der Yin-Yang Kräfte und der Fünf Elemente vortrefflich demonstrieren ließ. Ein Dickicht von Kommentaren, »zehntausende von Wörtern für einen einzigen Satz«, wie ein Zeitgenosse klagt, überwucherte den Grundtext, lähmte seine Anwendung und verstellte sein Verständnis. So hatte das »Buch der Wandlungen« um das zweite nachchr. Jh. zur Entwicklung einer krausen Naturwissenschaft beigetragen, in der unter dem Zeichen des Konfuzianismus nicht nur der von Konfuzius als Maß aller Dinge entdeckte Mensch zurücktrat, sondern sogar das Buch selbst hinter den ihm gewidmeten Auslegungen zu verschwinden begann.
Einem genialen, schon mit 23 Jahren verstorbenen Philosophen, Wang Pi (226–249), kommt das Verdienst zu, durch diesen Wust hindurch wieder zu dem eigentlichen Wesen des I-ching vorgestoßen zu sein. Er entdeckte, daß die einheitliche »dynamische Ordnung«, die für ihn das Weltprinzip darstellte, ebenso wie ihre Auffaltung in »Ideen«, sich zwar in den Symbolen der Hexagramme und ihren Benennungen und Beschreibungen niedergeschlagen habe, daß all das aber nicht mit den »Ideen« selbst verwechselt werden dürfte. In seinem berühmten I-ching Kommentar schrieb Wang Pi: »Die Symbole [der Hexagramme] dienen zum Ausdruck der [dahinter stehenden] Ideen, die [den

Hexagrammen beigegebenen] Sprüche zum Ausdruck der Symbole. Sobald man aber die Symbole erfaßt hat, können die Worte vergessen werden, und sobald man die Ideen erfaßt hat, können die Symbole vergessen werden. Wer sich hingegen an die Worte klammert, wird nie die Symbole erfassen, und wer sich an die Symbole klammert, wird nie die Ideen erfassen.« Anders als viele Gelehrte in den Jahrhunderten vor ihm, die den Hexagrammen und den sie bezeichnenden Worten eine unmittelbare Wirklichkeit zugestanden hatten, sah er in ihnen Begriffskonfigurationen, die lediglich auf eine übergeordnete Ordnung hinweisen, nicht aber mit ihr identisch sein sollten.

Diese Auffassung Wang Pis, die im Einklang mit einer sich in seiner Zeit wieder stärker durchsetzenden rationalen Bewegung im Konfuzianismus stand, blieb im wesentlichen bis ins 10. Jh. maßgebend. Während dieser Periode traten allerdings alle autochthon chinesischen Denksysteme in den Hintergrund gegenüber dem Buddhismus, der etwa seit dem 3. Jahrhundert Fuß gefaßt hatte und für die folgenden sechs bis sieben Jahrhunderte, die auch die glanzvolle T'ang-Zeit (618–907) mit einschlossen, das geistige Leben Chinas bestimmte. Unter seinem Einfluß wurde der Wert des I-ching zwar nicht außer Kurs gesetzt, aber auf dem Hintergrund der ungleich weiter angelegten und detaillierter ausgearbeiteten buddhistischen Kosmologie eher als eine Einzeldeutung innerhalb eines umfassenderen Systems aufgefaßt.

Mit der Rückbesinnung der chinesischen Kultur auf ihre eigenen Werte, die in Gestalt des »Neokonfuzianismus« mit der Sung-Dynastie (960–1280) einsetzte und trotz langer, nur von der Ming-Dynastie (1368–1644) unterbrochener Zeiten der Fremdherrschaft bis zur Auseinandersetzung mit Europa wirksam blieb, rückte jedoch auch das I-ching wieder ins Zentrum des Interesses. In gewisser Weise griff man dabei wieder auf die Interpretationsmethoden zurück, die vor Wang Pi üblich gewesen waren. Die Kosmologien, die führende frühe Neokonfuzianer wie Chou Tun-i (1017–73) und Shao Yung (1011–77) entwickelten, leiteten sich zum großen Teil unmittelbar aus dem I-ching her und arbeiteten wieder auffallend stark mit Diagrammen. Während jedoch in der Han-Zeit der Mensch sich in vergleichbaren Spekulationen in ein Räderwerk von Naturkräften eingespannt sah, wurden die Neokonfuzianer in der Gegenbewegung zum Buddhismus dem Menschen nun in der Weise gerecht, daß sie umgekehrt den Kosmos nach nahezu menschlichen Maßstäben funktionieren ließen. Ein Beispiel dafür ist etwa, daß Shao Yung bei seiner Neuberechnung der vom Buddhismus eingeführten »Weltzeitalter« als Leiteinheit die dreißigjährige Generationsspanne des Menschenlebens zugrundelegte. Mit dieser Umkehrung der Zielrichtung ging die Ausdehnung menschlicher Moralvorstellungen auf den Bereich der natürlichen Welt Hand in Hand, so daß die für das I-ching charakteristische Verknüpfung von Natur und Mensch plötzlich auch den Bewegungen der Natur menschlichen »Sinn« und ethischen Bezug verlieh.

DAS »BUCH DER WANDLUNGEN« UND DER WESTEN

Eigentümlicherweise wurde in derselben Zeit, so nüchtern der konfuzianische Geist auch sein mochte, die Verwendung des I-ching als Orakelbuch wieder neu betont. Chu Hsi (1130–1200), der bedeutendste Vertreter des Neokonfuzianismus, widmete diesem Thema eine eigene Schrift. War bei den auf das I-ching aufbauenden kosmologischen Spekulationen der frühen wie der späten Periode immer die Gefahr gegeben gewesen, in den Hexagrammen und den dazugehörigen Bezeichnungen entgegen der Grundidee des Buches starre Ideen zu sehen, so brachte seine Verwendung als Orakel den ihm innewohnenden Gedanken der ständigen Bewegung wieder stärker zum Bewußtsein. Einige Jahrhunderte später, als die Mandschus 1644 den Kaiserthron bestiegen hatten, gewann dieser Gedanke auch starke politische Bedeutung. Die zahlreichen chinesischen Gelehrten nämlich, die darin eine nationale Schmach sahen, stützten ihre Hoffnung auf eine Veränderung dieses Zustandes auf die im »Buch der Wandlungen« geschilderte, allem scheinbar fest Gestalteten innewohnende Dynamik. Es ist daher gewiß kein Zufall, daß nicht nur generell das I-ching im 17. Jh. eine Art Renaissance erlebte, sondern daß auch die prononciertesten »Ming-Loyalisten«, d.h. die nationalen Anhänger der von den Mandschus gestürzten chinesischen Ming-Dynastie, ein besonders enges Verhältnis zu dem Buch besaßen. So gab Huang Tsung-hsi (1610–95) seinem berühmten, gleichzeitig sozialkritisch und antimandschurisch eingestellten Werk den Titel »Aufzeichnungen über das Warten auf eine Wegauskunft in einer Zeit der Verfinsterung des Lichtes« (Ming-i tai-fang lu). »Verfinsterung des Lichtes« (Ming-i) ist aber nichts anderes als der Name des 36. Hexagramms, das die Situation einer schlechten Regierung symbolisiert, ein Name, der auch im Sinne von »Barbaren [anstelle der] Ming-Dynastie« interpretiert werden kann. Seither waren, mehr noch als zuvor, emanzipatorische Bewegungen, die sich gegen den nun von den Mandschus vertretenen Konservatismus wendeten, mit dem »Buch der Wandlungen« aufs engste verbunden.

Es lag nicht zum geringsten Teil an dieser neuen Popularität, daß das Buch um eben diese Zeit erstmalig auch in Europa bekannt wurde. In seiner Korrespondenz mit dem in China wirkenden Jesuitenpater Bouvet erfuhr Leibniz von den verschiedenen Tafeln Shao Yungs, in denen die 64 Hexagramme nach einem kombinatorischen System präzise angeordnet waren. Es ist zwar nicht anzunehmen, daß sie ihn zur Konzipierung seines berühmten Binarsystems angeregt haben, die Begeisterung aber, die er bei der Begegnung mit einer Denkform empfunden haben muß, die (wie er selbst) die prästabilierte Harmonie des Seins in einem mathematisch ganz ähnlich gebauten System einzufangen suchte, hat gewiß zu seiner ungewöhnlichen Wertschätzung Chinas beigetragen.

Von chinesischer Seite war man dagegen seit Ende des vergangenen Jhs. eher bemüht, umgekehrt mit Hilfe des »Buchs der Wandlungen« den Nachweis zu führen, daß das viel bewunderte westliche Denken in China immer schon existent gewesen sei. Ein Beispiel dafür findet sich in der 1917 unter der Anleitung John Deweys geschriebenen Dissertation des später weithin berühmten, bereits erwähnten chinesischen Gelehrten Hu Shih über die Entwicklung der Logik im alten China – einer der Wissenschaften, die zum Kummer der damals neu heranwachsenden chinesischen Intelligenz in China immer nur ein Schattendasein gefristet hatten. Hier suchte Hu Shih nachzuweisen, daß die »Bilder« des I-ching mit dem Begriff der »Ideen« in der westlichen Philosophie identisch seien und in ihrem Zusammenspiel das System einer konfuzianischen Logik darstellten. Später, nach dem Bekanntwerden Hegels in China, entstanden darüberhinaus mehrere Untersuchungen, die – sicherlich mit mehr Recht – dessen »dialektische Logik« mit der im I-ching enthaltenen Vorstellungsweise in Beziehung brachten. Ihre Thematik war deshalb besonders bedeutungsvoll, weil sie in ihren Konsequenzen das Problem der chinesischen Rezeption des Marxismus berührt, in den Hegels Dialektik ja in verwandelter Form Eingang gefunden hat.

In der Tat gibt es Hinweise darauf, daß die Auffassung Mao Tse-tungs über die Dialektik indirekt mit vom »Buch der Wandlungen« geprägt worden ist, und daß gerade hier der Kern der notwendigen Sinisierung des Marxismus begründet liegt. In seiner Schrift »Über den Widerspruch« führt Mao aus, daß die dialektisch-materialistische Weltanschauung im Gegensatz zur metaphysischen, nach der alle Dinge statisch und voneinander isoliert seien, in allen Dingen die innere Widersprüchlichkeit und Selbstbewegung erkenne und zugleich auch den Übergang vom einen Ding in das andere. Die damit gegebene Identität der Gegensätze sieht er in einer statischen und einer dynamischen Variante, nämlich einerseits in der mit jeder Setzung verbundenen Setzung des Gegenteils (»Ohne Tod kein Leben«), andererseits in der »Verwandlung der Gegensätze ineinander« unter bestimmten Bedingungen. Über diese Verwandlung schreibt er: »Die Bewegung eines jeden Dinges äußert sich in zwei Zuständen: im Zustand relativer Ruhe und im Zustand offensichtlicher Veränderung. Die Dinge gehen unausgesetzt vom ersten in den zweiten Zustand über, wobei der Kampf der Gegensätze, der in beiden Zuständen vor sich geht, durch den zweiten Zustand zur Lösung des Widerspruches führt. Die Verbindung von bedingter, relativer Identität mit unbedingtem, absoluten Kampf ergibt die Bewegung der Widersprüche in allen Dingen« (Mao Tse-tung, Ausgewählte Werke Bd. I, Peking 1968, S. 396–402).

Diese in der Schrift mit zahlreichen Beispielen belegte Definition läßt sich ohne Mühe mit der Grundkonzeption des »Buchs der Wandlungen« vereinbaren. Von sowjetischer Seite wurde ihr eben deshalb allerdings der Vorwurf gemacht, daß sie gerade die von Hegel entdeckte dialektische »Aufhebung« der

Gegensätze, die in des Wortes doppelter Bedeutung Nichtung und Bewahrung auf eine höhere Ebene zugleich ist, als deren einfache Vertauschung mißverstanden und die Nicht-Umkehrbarkeit des dialektischen Prozesses, die gerade seine Zeithaftigkeit und Zielgerichtetheit ausmacht, übersehen habe. »Nach Mao Tse-tungs Auffassung«, heißt es in einer sowjetischen Verlautbarung von 1967, »besteht Entwicklung darin, daß jeder Gegensatz im Verlauf der Bewegung die Stellung bezieht, die vorher die ihr entgegengesetzte Seite eingenommen hat. Die Gegensätze selbst werden dabei metaphysisch betrachtet, als nicht der Veränderung unterworfen, als etwas Beständiges und Unvergängliches. Damit wird der wichtigste Satz der Dialektik außer acht gelassen, wonach Entwicklung im Grunde der Übergang von einer Qualität zur anderen ist, in dessen Verlauf die alten Gegensätze überwunden werden. Es versteht sich von selbst, daß ein solches Verständnis der Dialektik die Dialektik selbst ihrer Grundlage beraubt und im Grunde einer Leugnung der Entwicklung überhaupt gleichkommt.« Der Vorwurf, gerade in der die Zeitlichkeit transzendierenden Vorstellung von der Unvergänglichkeit der Veränderung steckten revisionistische Tendenzen, ließ sich freilich leicht umdrehen. So argumentierte man von chinesischer Seite, daß sich gerade in der Leugnung dieser Unvergänglichkeit der Revisionismus am unverhülltesten zeige, zumal man sich damit auch der hiervon abgeleiteten »permanenten Revolution« entgegenstemme.
Diese Auseinandersetzung, die heute unzählige politische Entscheidungen wesentlich beeinflußt, verdeutlicht, wie sehr heute noch der Gegensatz zwischen den westlichen und den chinesischen Denkkategorien, die am tiefsten eben vom »Buch der Wandlungen« geprägt worden sind, bestimmend geblieben ist. Dieser Gegensatz muß jedoch nicht unbedingt zu Spaltung und Spannung führen, sondern er kann umgekehrt, wie es Richard Wilhelm vorschwebte, zu einer wechselseitigen Ergänzung führen, ohne daß man dabei sofort in jene schwärmerische Verehrung des Fremden zu verfallen bräuchte, die, gerade was China angeht, oft genug nur der Negativabdruck innerer Ablehnung war und den Blick eher zu vernebeln als zu schärfen vermochte. Die unerwartete Aufmerksamkeit, die das »Buch der Wandlungen« (in der maßgeblichen Ausgabe Richard Wilhelms) gerade

in jüngster Zeit ausgehend von Amerika überall im Westen gefunden hat, ist gewiß nicht ganz frei von dieser Schwärmerei; sie gilt zum guten Teil bloß dem Fernen, Geheimnisvollen, das sich mit beliebiger Bedeutung füllen läßt. Dahinter jedoch verbirgt sich ein ernst zu nehmendes Motiv: der Versuch, die Orientierungsschwierigkeit zu überwinden, die den westlichen Menschen in der modernen, durch die Naturwissenschaft in unermeßliche, übermenschliche Weiten ausgedehnten Welt betroffen hat.

Nach dem Ersten Weltkrieg versuchte C.G. Jung in Reaktion darauf mit seiner Theorie von den Archetypen ein menschlich allgemein verbindliches Bezugssystem aufzubauen und begrüßte das I-ching als eine überraschende Bestätigung seiner Überlegungen, gerade weil es ihm aus einer völlig anderen Zeit und Umgebung entgegentrat. Er stand auch nicht an, das Buch für das Orakel zu verwenden und wurde ihm damit, gleichgültig wie man zu diesem Glauben stehen mag, der sich nur in dem Bereich der persönlichen Erfahrung entscheidet, in gewissem Sinne am besten gerecht: in seiner besonderen Struktur ist es nämlich leichter verstehbar, wenn es nach der Absicht seiner Verfasser individuell benützt, gewissermaßen »erwandert« wird, als wenn man es nur einfach liest. Denn in höherem Grade als andere Bücher, die nicht von vornherein eine Funktion besaßen, ist es mehr als die Summe seiner Teile. Insofern mögen auch die, die heute vielleicht nur aus blankem Aberglauben zu ihm greifen, statt der Enthüllung der Zukunft, die es in dieser Direktheit niemals versprach, unvermutet eine Art Selbstbefragung erleben, aus der sich im menschlichen Bereich sehr wohl der Anstoß zu einer persönlichen Sinnfindung ergeben kann. Nicht zuletzt aus diesem Grunde wird man sich der Meinung des Philosophiegeschichtlers Wayne McEvilly anschließen müssen, der (in »Philosophy East and West«, 1968) auf die Modernität des I-ching in seiner nicht-kausalen, strukturalistischen Denkform hinwies und zuletzt zu dem Urteil gelangte: »In der heutigen Zeit muß es fast als ein unentschuldbares Versäumnis im geistigen Leben eines Menschen gelten, wenn er nicht Kenntnis genommen hat vom ›Buch der Wandlungen‹.«

AUS DER EINLEITUNG ZUR ERSTAUSGABE

I. DER GEBRAUCH DES BUCHS DER WANDLUNGEN

a) Das Orakelbuch

Das Buch der Wandlungen war zunächst eine Sammlung von Zeichen für Orakelzwecke. Orakel wurden im Altertum allenthalben gebraucht, und die ursprünglichsten unter ihnen beschränkten sich auf die Antworten Ja und Nein. So liegt auch bei dem Buch der Wandlungen diese Orakelentscheidung zugrunde. Das »Ja« wurde durch einen einfachen ganzen Strich angedeutet ——, das »Nein« durch einen gebrochenen Strich — —. Schon sehr früh scheint jedoch das Bedürfnis zu einer größeren Differenzierung vorhanden gewesen zu sein, und aus den einfachen Strichen ergaben sich Kombinationen durch Verdoppelung ⚌, ⚏, ⚎, ⚍, denen dann noch ein drittes Strichelement hinzugefügt wurde, wodurch die sogenannten acht Zeichen entstanden. Diese acht Zeichen wurden als Bilder dessen, was im Himmel und auf Erden vorging, aufgefaßt. Dabei herrschte die Anschauung eines dauernden Übergangs des einen in das andere, ebenso wie in der Welt ein dauernder Übergang der Erscheinungen ineinander stattfindet. Hier haben wir nun den entscheidenden Grundgedanken der Wandlungen. Die acht Zeichen sind Zeichen wechselnder Übergangszustände, Bilder, die sich dauernd verwandeln. Worauf das Augenmerk gerichtet war, waren nicht die Dinge in ihrem Sein – wie das im Westen hauptsächlich der Fall war –, sondern die Bewegungen der Dinge in ihrem Wechsel. So sind die acht Zeichen nicht Abbildungen der Dinge, sondern Abbildungen ihrer Bewegungstendenzen. Diese acht Bilder haben dann auch einen mannigfaltigen Ausdruck gefunden. Sie stellten gewisse Vorgänge in der Natur dar, die ihrem Wesen entsprachen. Sie stellten ferner eine Familie von Vater, Mutter, drei Söhnen, drei Töchtern dar, nicht in mythologischem Sinn, wie etwa der griechische Olymp von Göttern bevölkert ist, sondern ebenfalls in jenem sozusagen abstrakten Sinn, daß nicht Dinge, sondern Funktionen dargestellt werden.

Gehen wir diese acht Symbole, wie sie dem Buch der Wandlungen zugrunde liegen, durch, so bekommen wir folgende Anordnung:

Name	Eigenschaft	Bild	Familie
☰ Kiën, das Schöpferische	stark	Himmel	Vater
☷ Kun, das Empfangende	hingebend	Erde	Mutter
☳ Dschen, das Erregende	bewegend	Donner	1. Sohn
☵ Kan, das Abgründige	gefährlich	Wasser	2. Sohn
☶ Gen, das Stillehalten	ruhend	Berg	3. Sohn
☴ Sun, das Sanfte	eindringend	Wind, Holz	1. Tochter
☲ Li, das Haftende	leuchtend	Feuer	2. Tochter
☱ Dui, das Heitere	fröhlich	See	3. Tochter

Wir haben somit in den Söhnen das bewegende Element in seinen verschiedenen Stadien: Anfang der Bewegung, Gefahr in der Bewegung, Ruhe und Vollendung der Bewegung. In den Töchtern haben wir das Element der Hingebung in seinen verschiedenen Stadien: Sanftes Eindringen, Klarheit und Anpassung, heitere Ruhe.

Um nun eine noch größere Mannigfaltigkeit zu gewinnen, wurden diese acht Bilder sehr früh schon kombiniert, wodurch man die Zahl von 64 Zeichen bekam. Diese 64 Zeichen bestehen nun je aus sechs positiven oder negativen Strichen. Diese Striche sind wandelbar gedacht. Sooft ein Strich sich wandelt, geht der durch ein Zeichen dargestellte Zustand in einen andern über. So haben wir z. B. das doppelte Zeichen Kun, das Empfangende, die Erde ䷁. Es stellt die Art der Erde dar, das kraftvoll Hingebende, im Lauf des Jahres den Spätherbst, da alle Lebenskräfte ruhen. Wandelt sich nun der unterste Strich, so bekommen wir das Zeichen ䷗ Fu, die Wiederkehr. Es stellt den Donner dar, die Bewegung, die sich zur Sonnwendzeit in der Erde wieder regt, die Wiederkehr des Lichten.

Wie aus diesem Beispiel hervorgeht, *müssen* sich nicht alle Striche wandeln. Es hängt ganz davon ab, welchen Charakter der Strich hat. Ein Strich, der die positive Natur in der Steigerung enthält, schlägt um in sein Gegenteil, das Negative; dagegen bleibt ein positiver Strich von geringerer Stärke unverändert, und entsprechend ist es mit den negativen Strichen.

Darüber nun, welche Striche so stark mit positiver oder negativer Kraft geladen zu denken sind, daß sie sich bewegen, geben im zweiten Buch Kapitel IX des ersten Abschnitts der großen Abhandlung sowie der Sonderabschnitt über das Wahrsagen genaueren Aufschluß. Hier sei nur so viel gesagt, daß die sich bewegenden positiven Striche mit Neun, die sich bewegenden negativen Striche mit Sechs bezeichnet werden, während die Striche, die ruhen und also nur als Aufbaumaterial des Zeichens ohne innere Sonderbedeutung dienen, durch eine Sieben bzw. Acht repräsentiert werden. Wenn es also im Text heißt: »Anfangs eine Neun bedeutet«, so heißt das: Wenn der positive Strich auf dem Anfangsplatz durch eine Neun repräsentiert wird, so bedeutet er folgendes: . . . – Wird er dagegen durch eine Sieben repräsentiert, so kommt er für das Orakel nicht in Betracht. Ebenso ist es mit den Sechsen und Achten. In unserem vorigen Beispiel haben wir das Zeichen Kun, das Empfangende, das sich folgendermaßen zusammensetzt:

8 oben	— —
8 auf fünftem Platz	— —
8 auf viertem Platz	— —
8 auf drittem Platz	— —
8 auf zweitem Platz	— —
Anfangs 6	— —

Es bleiben also die fünf oberen Striche außer Betracht, und nur die Sechs zu Anfang hat eine selbständige Bedeutung. Durch ihre Umgestaltung geht der Zustand ䷁ Kun, das Empfangende, in den Zustand ䷗ Fu, die Wiederkehr, über.

Auf diese Weise also haben wir eine Reihe von symbolhaft ausgedrückten Zuständen, die durch die Bewegung ihrer Linien ineinander übergehen können (nicht müssen; denn wenn ein Zeichen sich nur aus Siebenen und Achten zusammensetzt, so bewegt es sich nicht, und nur sein Zustand als ganzer kommt in Betracht).

Zu dem Gesetz der Wandlung und den Bildern der Wandelzustände, wie sie durch die 64 Zeichen gegeben waren, kommt nun noch ein weiteres. Jede Situation verlangte eine besondere Handlungsweise, um sich ihr anpassen zu können. In jeder Situation war eine Handlungsweise richtig, eine andere falsch. Offenbar brachte die richtige Handlungsweise Glück, die falsche Unglück. Welche Handlungsweise ist nun in jedem Fall die richtige? Diese Frage war das Entscheidende. Sie ist es, die dazu geführt hat, aus dem I Ging mehr zu machen als ein gewöhnliches Wahrsagebuch. Wenn eine Kartenlegerin ihrer Kundin sagt, daß sie in acht Tagen einen Geldbrief aus Amerika bekommen werde, so kann diese nichts tun als warten, bis dieser Brief kommt – oder nicht. Es ist Schicksal, das verkündet wird, das unabhängig

ist vom Tun und Lassen des Menschen. Darum bleibt alle Wahrsagung ohne moralische Bedeutung. Indem sich in China zum ersten Male jemand fand, der sich mit den Zukunft verkündenden Zeichen nicht zufrieden gab, sondern fragte: Was soll ich tun? geschah es, daß aus dem Wahrsagebuch ein Weisheitsbuch werden mußte. Dem König Wen, der ums Jahr 1000 v. Chr. lebte, und seinem Sohn, dem Herzog von Dschou, war diese Wendung vorbehalten. Sie versahen die bisher stummen Zeichen und Linien, aus denen jeweils von Fall zu Fall die Zukunft divinatorisch erraten werden mußte, mit klaren Ratschlägen für richtiges Handeln. Dadurch wurde der Mensch zum Mitgestalter des Schicksals; denn seine Handlungen griffen als entscheidende Faktoren ins Weltgeschehen ein, um so entscheidender, je früher man durch das Buch der Wandlungen die Keime des Geschehens erkennen konnte; denn auf die Keime kam es an. Solange die Dinge noch im Entstehen sind, können sie geleitet werden. Haben sie sich erst in ihren Folgen ausgewachsen, so werden sie zu übermächtigen Wesen, denen der Mensch machtlos gegenübersteht. So wurde denn das Buch der Wandlungen zu einem Wahrsagebuche ganz besonderer Art. Seine Zeichen und Linien bildeten in ihren Bewegungen und Wandlungen geheimnisvoll die Bewegungen und Wandlungen des Makrokosmos nach. Durch den Gebrauch der Schafgarbenstengel konnte man den Punkt erhalten, von dem eine Übersicht über die Verhältnisse möglich war. Hatte man die Übersicht, so gaben die Worte Auskunft über das, was man zu tun hatte, um der Zeit zu entsprechen.
Für unser modernes Empfinden ist hierbei nur die Methode, durch Abteilen von Schafgarbenstengeln die Situation zu erfahren, befremdlich. Dieser Vorgang wurde aber als ein geheimnisvoller betrachtet in der Weise, daß eben durch dieses Abteilen dem Unbewußten im Menschen die Möglichkeit verliehen wurde, sich zu betätigen. Nicht jedermann hat in gleicher Weise die Fähigkeit, das Orakel zu fragen. Es bedarf dazu eines klaren und ruhigen Gemüts, das empfänglich ist für die kosmischen Einwirkungen, die in den unscheinbaren Orakelstengeln verborgen sind, die als Produkte der Pflanzenwelt mit dem Urleben in besonderen Beziehungen standen. Sie entstammten heiligen Pflanzen.

b) Das Weisheitsbuch

Was jedoch weit wichtiger geworden ist, ist der andere Gebrauch des Buchs der Wandlungen als Weisheitsbuch. Laotse sah dieses Buch und wurde dadurch angeregt zu einigen seiner tiefsten Aphorismen. Ja seine ganze Gedankenwelt ist von den Lehren des Buchs durchdrungen. Kungtse sah das Buch der Wandlungen und gab sich dem Nachdenken darüber hin. Er schrieb wohl einige Erklärungen dazu auf und überlieferte andere in mündlicher Lehre seinen Schülern. Dieses von Kungtse herausgegebene und kommentierte Buch der Wandlungen ist es, das auf unsere Zeit gekommen ist.

Fragen wir nach den Grundanschauungen, die einheitlich das Buch durchdringen, so können wir uns auf ganz wenige, aber große Gedanken beschränken.

Der Grundgedanke des Ganzen ist der Gedanke der Wandlung. In den Gesprächen* wird einmal erzählt, wie der Meister Kung an einem Fluß stand und sprach: »So fließt alles dahin wie dieser Fluß, ohne Aufhalten, Tag und Nacht.« Damit ist der Gedanke der Wandlung ausgesprochen. Der Blick richtet sich für den, der die Wandlung erkannt hat, nicht mehr auf die vorüberfließenden Einzeldinge, sondern auf das unwandelbare ewige Gesetz, das in allem Wandel wirkt. Dieses Gesetz ist der SINN des Laotse, der Lauf, das Eine in allem Vielen. Um sich zu verwirklichen, bedarf es einer Entscheidung, einer Setzung. Diese Grundsetzung ist der große Uranfang alles dessen, was ist: Tai Gi, eigentlich: der Firstbalken. Die spätere Philosophie hat sich mit diesem Uranfang viel beschäftigt. Man hat den Wu Gi, den Ururanfang, als Kreis gezeichnet, und Tai Gi war dann der in Licht und Dunkel, Yin und Yang, geteilte Kreis, der auch in Indien und Europa eine Rolle spielte: ☯. Aber die Spekulationen gnostisch-dualistischer Art sind dem Urgedanken des I Ging fremd. Diese Setzung ist für ihn einfach der Firstbalken, die Linie. Mit dieser Linie, die an sich eins ist, kommt eine Zweiheit in die Welt. Zugleich mit ihr ist oben und unten, rechts und links, vorn und hinten – kurz die Welt der Gegensätze gesetzt.

Diese Gegensätze sind bekannt geworden unter dem Namen Yin und Yang und haben namentlich in den Wendezeiten der Tsin- und Handynastie in den Jahrhunderten vor unserer Zeitrechnung, als es eine ganze Schule der Yin-Yang-Lehre gab, viel Aufsehen erregt. Damals wurde das Buch der Wandlungen vielfach als Zauberbuch verwendet, und tausend Dinge wurden in das Buch hineingeheimnißt, von denen es ursprünglich nichts weiß. Natürlich hat diese Lehre vom Yin und Yang, vom Weiblichen und Männlichen als Urprinzipien, auch in der fremden Wissenschaft über China Aufsehen erregt. Man vermutete hier nach bewährten Mustern phallische Ursymbole und was damit zusammenhängt. Zur großen Enttäuschung solcher Entdecker muß gesagt werden,

* Lun Yü IX, 16.

daß in dem Ursinn der Worte Yin und Yang nichts liegt, was darauf hinweist. Yin ist in seiner Urbedeutung das Wolkige, Trübe; Yang bedeutet eigentlich: in der Sonne wehende Banner, also etwas Beleuchtetes, Helles. Übertragen wurden die beiden Begriffe auf die erleuchtete und die dunkle (d. h. südliche und nördliche) Seite eines Berges oder Flusses (wo aber die Südseite im Blick auf den Fluß dunkel, d. h. Yin, und die das Licht reflektierende Nordseite hell, d. h. Yang, ist). Von hier aus wurden die Ausdrücke dann auf das Buch der Wandlungen übertragen auf die beiden wechselnden Grundzustände des offenbaren Seins. Es verdient übrigens bemerkt zu werden, daß sie im eigentlichen Text des Buchs in diesem Sinn gar nicht vorkommen, ebensowenig in den ältesten Kommentaren, sondern erst in der großen Abhandlung, die ja in manchen ihrer Teile schon unter taoistischem Einfluß steht. Im Kommentar zur Entscheidung ist statt dessen von Festem und Weichem die Rede.
Wie es sich aber auch im übrigen damit verhalten mag, soviel steht fest, daß aus dem Wandel und Übergang dieser Kräfte das Dasein sich aufbaut, wobei denn der Wandel teils ein dauernder Umschlag von einem ins andere ist, teils ein kreisförmig geschlossener Ablauf von in sich zusammenhängenden Ereigniskomplexen wie Tag und Nacht, Sommer und Winter. Dieser Wandel aber ist nicht sinnlos, sonst könnte es kein Wissen davon geben, sondern eben dem durchgehenden Gesetz, dem SINN (Tao), unterworfen.
Der zweite Grundgedanke des Buchs der Wandlungen ist seine Ideenlehre. Die acht Zeichen stellen Bilder vor – nicht sowohl von Gegenständen als von Wandlungszuständen. Damit verbindet sich die Auffassung, die sich in Laotses Lehren ebenso wie in denen Kungtses ausspricht, daß alles, was in der Sichtbarkeit geschieht, die Auswirkung eines »Bildes«, einer Idee im Unsichtbaren ist. Insofern ist alles irdische Geschehen nur gleichsam eine Nachbildung eines übersinnlichen Geschehens, die auch, was den zeitlichen Verlauf anlangt, später als jenes übersinnliche Geschehen sich ereignet. Diese Ideen sind den Heiligen und Weisen, die in Kontakt stehen mit jenen höheren Sphären, durch unmittelbare Intuition zugänglich. Dadurch sind diese Heiligen in den Stand gesetzt, in das Weltgeschehen bestimmend einzugreifen, und der Mensch bildet so mit dem Himmel, der übersinnlichen Welt der Ideen, und der Erde, der körperlichen Welt der Sichtbarkeit, eine Dreiheit der Urmächte. In doppeltem Sinn findet nun diese Ideenlehre ihre Anwendung. Das Buch der Wandlungen zeigt die Bilder des Geschehens und mit ihnen das Werden der Zustände in statu nascendi. Indem man nun durch seine Hilfe die

Keime erkennt, lernt man die Zukunft voraussehen, ebenso wie man die Vergangenheit verstehen lernt. So dienen die Bilder, die den Zeichen zugrunde liegen, eben dazu, Vorbilder zu sein für das zeitgemäße Handeln in den durch sie angedeuteten Situationen. Aber nicht nur die Anpassung an den Naturverlauf wird auf diese Weise ermöglicht, sondern es wird in der großen Abhandlung (II. Abteilung, Kapitel II) auch der sehr interessante Versuch gemacht, die Schaffung aller Kultureinrichtungen der Menschheit auf solche Ideen und Bilder zurückzuführen. Ganz einerlei, wie man sich zu der Durchführung im einzelnen stellt, dem Grundgedanken nach ist hier eine Wahrheit getroffen.

Außer den Bildern kommen als dritter Hauptbestandteil noch die Urteile in Betracht. Hierdurch bekommen die Bilder gleichsam Worte. Die Urteile deuten an, ob eine Handlung Heil oder Unheil, Reue oder Beschämung mit sich bringt. Damit setzen sie den Menschen in die Lage, sich frei zu entscheiden, eine gegebene Richtung, die sich aus der Zeitsituation an sich ergeben würde, eventuell zu verlassen, wenn sie unheilvoll ist, und auf diese Weise sich vom Zwang der Ereignisse unabhängig zu machen. Indem das Buch der Wandlungen durch seine Urteile und seine Erklärungen, die sich seit Kungtse daran angeschlossen haben, dem Leser den reifsten Schatz chinesischer Lebensweisheit darbietet, gibt es eine umfassende Übersicht über die Gestaltungen des Lebens und setzt ihn in den Stand, an der Hand dieser Übersicht sein Leben organisch und souverän zu gestalten, so daß es in Einklang kommt mit dem letzten SINN, der allem, was ist, zugrunde liegt.

ZUR ÜBERSETZUNG

Als nach der chinesischen Revolution (von 1911) Tsingtau der Aufenthaltsort einer Reihe der bedeutendsten chinesischen Gelehrten der alten Schule wurde, lernte ich unter ihnen Lau Nai Süan kennen, der mir zum ersten Mal die Geheimnisse des Buches der Wandlungen erschloß. Gemeinsam gingen wir an die Arbeit. Er erklärte den Text auf chinesisch, und ich machte mir Notizen. Dann übersetzte ich den Text für mich ins Deutsche. Darauf übersetzte ich ohne Buch meinen deutschen Text ins Chinesische zurück, und Lau Nai Süan verglich, ob ich in allen Punkten das Richtige getroffen. Dann wurde der deutsche Text noch stilistisch gefeilt und in seinen Einzelheiten besprochen. Ich habe ihn dann noch drei- bis viermal umgearbeitet und die wichtigsten Erklärungen beigefügt. So wuchs die Übersetzung heran. Sie ist – in zehnjähriger Arbeit – nach folgenden Grundsätzen vollendet worden, deren Kenntnisse die Lektüre wesentlich erleichtern dürfte:

Die Übersetzung des Textes ist so kurz und konzis wie möglich gegeben, um den archaischen Eindruck, den er auch im Chinesischen macht, zur Geltung kommen zu lassen.

Um das Eindringen in das Werk auch dem Nichtfachmann möglichst zu erleichtern, wurde zunächst im ersten Buch der Text der 64 Zeichen mit sachlicher Erklärung gegeben. Man lese zunächst diesen Teil durch auf die Gedanken hin, die darin gegeben sind, ohne sich stören zu lassen durch die Formen- und Bilderwelt. Man verfolge z. B. das Schöpferische in seinem stufenweisen Fortschritt, wie er mit Meisterhand gezeichnet ist in dem ersten Zeichen, und nehme zunächst ruhig die Drachen mit in Kauf, wie sie nun einmal dastehen. Auf diese Weise bekommt man eine Vorstellung davon, was chinesische Lebensweisheit über die verschiedenen Lebenslagen zu sagen hat.

Im zweiten Buch folgt dann die Erklärung, warum alles so ist. Es ist da das notwendigste Material zum Verständnis der Struktur der Zeichen zusammengetragen, aber nur das absolut notwendige, und soviel wie möglich wurde nur das älteste Material, wie es in den Anhängen, den sogenannten zehn Flügeln, vorhanden ist, gegeben. Diese Flügel wurden nun soweit wie möglich an den Text aufgeteilt, um eine leichtere Übersicht zu ermöglichen, nachdem ihre sachlichen Angaben auch schon im ersten Teil im Kommentar mit verwendet wurden. Wenn man also in die Tiefen des Wissens vom Buch der Wandlungen eindringen will, ist das zweite und dritte Buch und auch das dritte, das die Kommentare enthält [Große Ausgabe, 42. Tausend 1973], nicht zu entbehren. Andererseits sollte das Fassungsvermögen des europäischen Lesers nicht auf einmal mit allzuviel Ungewohntem belastet werden. Das eine kann als feste Überzeugung ausgesprochen werden, daß jedermann, der sich das Wesen des Buchs der Wandlungen wirklich zu eigen gemacht hat, dadurch bereichert wird an Erfahrung und wirklichem Lebensverständnis.

RICHARD WILHELM (1923)

ERSTES BUCH
DER TEXT

ERSTE ABTEILUNG

乾

I. KIËN / DAS SCHÖPFERISCHE

䷀ *oben Kiën, das Schöpferische, der Himmel*
unten Kiën, das Schöpferische, der Himmel

Das Zeichen besteht aus sechs ungeteilten Strichen. Die ungeteilten Striche entsprechen der lichten, starken, geistigen, tätigen Urkraft. Das Zeichen ist ganz einheitlich stark in seiner Natur. Da ihm keinerlei Schwäche anhaftet, ist es seiner Eigenschaft nach die Kraft. Sein Bild ist der Himmel. Die Kraft wird dargestellt als nicht gebunden an bestimmte räumliche Verhältnisse. Darum wird sie aufgefaßt als Bewegung. Als Grundlage dieser Bewegung kommt die Zeit in Betracht. So ist denn auch die Macht der Zeit und die Macht des Beharrens in der Zeit, die Dauer, in dem Zeichen begriffen.

Bei der Erklärung des Zeichens ist durchgehend eine doppelte Deutung zu berücksichtigen: die makrokosmische und die Wirkung in der Menschenwelt. Auf das Weltgeschehen angewandt ist in dem Zeichen das starke schöpferische Wirken der Gottheit ausgedrückt. Auf die Menschenwelt angewandt bezeichnet es das schöpferische Wirken des Heiligen und Weisen, des Herrschers und Führers der Menschen, der ihr höheres Wesen durch seine Kraft weckt und entwickelt*.

DAS URTEIL

Das Schöpferische wirkt erhabenes Gelingen,
fördernd durch Beharrlichkeit.

Dem ursprünglichen Sinne nach gehören die Eigenschaften paarweise zusammen. Für den, der dies Orakel gewinnt, bedeutet das, daß ihm Gelingen aus den Urtiefen des Weltgeschehens zuteil werden wird und daß alles darauf ankommt, daß er allein durch Beharrlichkeit im Rechten sein und anderer Glück sucht.

Sehr früh hat sich das Nachdenken den vier Eigenschaften in ihrer Sonderbedeutung zugewandt. Das chinesische Wort, das mit »erhaben« wiedergegeben ist, bedeutet »Haupt, Ursprung,

* Das Zeichen ist dem 4. Monat (Mai–Juni) zugeordnet, wenn die lichte Kraft auf ihrer Höhe steht, noch ehe die Sonnenwende den Rückgang des Jahres beginnt.

groß«. Darum heißt es in der Erklärung des Kungtse: »Groß wahrlich ist die Ursprungskraft des Schöpferischen, alle Wesen verdanken ihm ihren Anfang. Und diese Kraft durchdringt den ganzen Himmel.« Denn diese erste Eigenschaft geht auch durch die drei andern hindurch.

Der Anfang aller Dinge liegt sozusagen noch im Jenseitigen in der Form von Ideen, die erst zur Verwirklichung kommen müssen. Aber im Schöpferischen liegt auch die Kraft, diesen Urbildern der Ideen Gestalt zu verleihen. Das wird in dem Wort »Gelingen« bezeichnet. Dieser Vorgang wird dargestellt unter einem Bild der Natur*. »Die Wolken gehen, und der Regen wirkt, und alle einzelnen Wesen strömen in ihre Gestalt ein.«

Auf das menschliche Gebiet übertragen zeigen diese Eigenschaften dem großen Mann den Weg zu großem Erfolg: »Indem er in großer Klarheit die Ursachen und Wirkungen schaut, vollendet er zur rechten Zeit die sechs Stufen und steigt zur rechten Zeit auf ihnen wie auf sechs Drachen empor zum Himmel.« Die sechs Stufen sind die sechs Einzelpositionen des Zeichens, die weiter unten unter dem Bild von Drachen dargestellt werden. Als Weg zum Erfolg ist hier das Erkennen und Verwirklichen des Weltsinnes bezeichnet, der als durchlaufendes Gesetz durch Ende und Anfang alle zeitlich bedingten Erscheinungen bewirkt. So wird jede erreichte Stufe zugleich die Vorbereitung für die nächste, und die Zeit ist dann kein Hemmnis mehr, sondern das Mittel der Verwirklichung des Möglichen.

Nachdem durch die beiden Eigenschaften erhaben und Gelingen der Schöpfungsakt zum Ausdruck kam, wird im Anschluß an die beiden Ausdrücke »fördernd«, d. h. wörtlich »schaffend, was das dem Wesen Entsprechende ist«, und »beharrlich«, d. h. wörtlich »recht und fest«, das Werk der Erhaltung als fortlaufend sich verwirklichende Ausgestaltung aufgezeigt. »Der Lauf des Schöpferischen verändert und gestaltet die Wesen, bis jedes seine rechte, ihm bestimmte Natur erlangt, dann bewahrt er sie in Übereinstimmung mit dem großen Gleichmaß. So zeigt er sich fördernd durch Beharrlichkeit.«

Auf das menschliche Gebiet übertragen ergibt sich hieraus, wie der große Mann durch seine ordnende Tätigkeit der Welt Frieden und Sicherheit bringt: »Indem er sich mit seinem Haupt erhebt über die Menge der Wesen, kommen alle Lande zusammen in Ruhe.«

Eine andere Spekulation geht mit der Trennung der Worte »erhaben, Gelingen, fördernd, beharrlich« noch weiter und setzt

* Vgl. Genesis Kap. 2, 1 ff., wo auch die Entfaltung der Einzelwesen auf das Fallen des Regens zurückgeführt wird.

sie in Parallele mit den vier menschlichen Kardinaltugenden: Der »Erhabenheit«, die zugleich als Grundprinzip alle andern Eigenschaften einschließt, wird die Liebe zugeordnet. Der Eigenschaft »Gelingen« wird die Sitte zugeordnet, die die Äußerungen der Liebe ordnet, organisiert und darum erfolgreich macht. Der Eigenschaft »fördernd« wird die Gerechtigkeit zugeordnet, die Zustände schafft, in denen jeder das seinem Wesen Entsprechende, was ihm gebührt und sein Glück ausmacht, erhält. Der Eigenschaft der »Beharrlichkeit« wird die Weisheit zugeordnet, die die festen Gesetze alles Geschehens erkennt und darum dauernde Zustände zu schaffen vermag.

Diese Spekulationen, die schon in dem Aufsatz Wen Yen im zweiten Teil des Buchs der Wandlungen angeregt sind, haben dann die Brücke gebildet, auf der die Philosophie der fünf Wandlungsstufen (Elemente), die im Buch der Urkunden verankert ist, mit der Philosophie des Buchs der Wandlungen, die rein auf der polaren Zweiheit von positiven und negativen Prinzipien beruht, kombiniert wurde, wodurch dann im Lauf der Zeit einer immer weiter gehenden Zahlensymbolik die Tür geöffnet wurde*.

DAS BILD

Des Himmels Bewegung ist kraftvoll.
So macht der Edle sich stark und unermüdlich.

Die Verdoppelung des Zeichens Kiën, dessen Bild der Himmel ist, deutet, da es nur einen Himmel gibt, auf die Bewegung des Himmels. Eine vollendete Kreisbewegung des Himmels ist ein Tag. Die Verdoppelung des Zeichens bedeutet, daß auf jeden Tag ein weiterer folgt. Das erzeugt die Vorstellung der Zeit und zugleich, da es derselbe Himmel ist, der sich in unermüdlicher Kraft bewegt, der kraftvollen Dauer in und über der Zeit, einer Bewegung, die nie stillsteht oder erlahmt, wie Tag um Tag einander dauernd folgen. Diese Dauer in der Zeit ist das Bild der Kraft, wie sie dem Schöpferischen zu eigen ist.

Der Weise entnimmt daraus das Vorbild dafür, wie er sich zu dauernder Wirkung zu entwickeln vermag. Er muß sich ganz einheitlich stark machen, indem er alles Niederziehende, Ge-

* Das Schöpferische bewirkt Anfang und Zeugung aller Wesen. Man kann es daher bezeichnen als Himmel, lichte Kraft, Vater, Herr. Es ist nun eine Frage, ob das Schöpferische im Chinesischen persönlich gedacht ist wie Zeus bei den Griechen. Die Antwort lautet, daß dieses Problem für das Chinesentum gar nicht das Wichtigste ist. Das Göttlich-Schöpferische ist sozusagen überpersönlich. Es macht sich nur fühlbar und bemerkbar durch seine übermächtige Aktivität. Wohl hat es sozusagen ein Äußeres, das ist der Himmel. Und der Himmel hat wie alles Lebende ein seelisches Selbstbewußtsein, das ist Gott (der höchste Herrscher). Allein ganz objektiv redet man von dem allen als dem Schöpferischen.

meine bewußt ausschaltet. So gewinnt er die Unermüdlichkeit, die auf geschlossenen Tätigkeitskreisen beruht.

Die einzelnen Linien*

Anfangs eine Neun bedeutet:
Verdeckter Drache. Handle nicht.

Der Drache hat in China eine ganz andere Bedeutung als in der westlichen Auffassung. Der Drache ist das Symbol der beweglich-elektrischen, starken, anregenden Kraft, die sich im Gewitter zeigt. Diese Kraft zieht sich im Winter in die Erde zurück, tritt im Frühsommer wieder in Wirkung und erscheint am Himmel als Blitz und Donner. Infolge davon regen sich dann auf der Erde auch die schöpferischen Kräfte wieder.
Hier ist diese schöpferische Kraft noch verdeckt unterhalb der Erde und hat daher noch keine Wirkung. Das bedeutet, auf menschliche Verhältnisse übertragen, daß ein bedeutender Mensch noch unerkannt ist. Aber er bleibt sich darum dennoch selber treu. Er läßt sich von äußerem Erfolg und Mißerfolg nicht beeinflussen, sondern wartet stark und unbekümmert seine Zeit ab.
So gilt es für den, der diesen Strich zieht, zu warten in ruhig starker Geduld. Die Zeit wird sich schon erfüllen. Man braucht nicht zu fürchten, daß ein starker Wille sich nicht durchsetzt. Doch gilt es, seine Kraft nicht voreilig auszugeben und etwas erzwingen zu wollen, das noch nicht an der Zeit ist.

Neun auf zweitem Platz bedeutet:
Erscheinender Drache auf dem Feld.
Fördernd ist es, den großen Mann zu sehen.

Hier beginnen die Wirkungen der lichten Kraft sich zu zeigen. Auf menschliche Verhältnisse übertragen bedeutet das, daß der große Mann auf dem Felde seiner Tätigkeit erscheint. Noch hat er keine herrschende Stellung, sondern ist noch unter Seinesgleichen. Aber was ihn vor andern auszeichnet, ist sein Ernst, seine unbedingte Zuverlässigkeit, der Einfluß, den er ohne bewußte Anstrengung auf seine Umgebung ausübt. Ein solcher

* Die Linien werden von unten nach oben gezählt. Der Anfangsstrich ist also der unterste. Erlangt der Fragende eine Sieben, so ist das zwar ein starker Strich, der für den Aufbau des Gesamtzeichens in Betracht kommt, doch bewegt er sich nicht und hat daher in seiner Einzelheit keine Bedeutung. Erlangt der Fragende dagegen eine Neun, so bewegt sich der Strich, und seine Sonderbedeutung tritt dabei hervor und ist im einzelnen zu bedenken. Dasselbe gilt von den übrigen starken Linien im ganzen Buch. In den einzelnen Zeichen bedeuten die beiden unteren Linien die Erde, die mittleren das Gebiet der Menschenwelt, die oberen den Himmel.

Mensch ist dazu bestimmt, großen Einfluß zu bekommen und die Welt in Ordnung zu bringen. Darum ist es fördernd, ihn zu sehen.

Neun auf drittem Platz bedeutet:

Der Edle ist den ganzen Tag schöpferisch tätig.
Des Abends noch ist er voll innerer Sorge.
Gefahr. Kein Makel.

Ein Wirkungskreis eröffnet sich für den bedeutenden Mann. Sein Ruhm beginnt sich auszubreiten. Die Massen fallen ihm zu. Seine innere Kraft ist der gesteigerten äußeren Tätigkeit gewachsen. Es gibt alle Hände voll zu tun, und selbst abends noch, da andere ruhen, drängen sich die Pläne und Sorgen. Eine Gefahr ist hier vorhanden am Platz des Überganges aus der Niedrigkeit in die Höhe. Schon mancher große Mann ging dadurch zugrunde, daß die Massen ihm zufielen und ihn mitrissen in ihre Bahnen hinein. Ehrgeiz verdarb die innere Reinheit. Aber wahre Größe wird durch Versuchungen nicht beeinträchtigt. Wenn man in Fühlung bleibt mit den Keimen der neuen Zeit und ihren Forderungen, so besitzt man genügende Vorsicht, sich vor Abwegen zu hüten, und bleibt ohne Makel.

Neun auf viertem Platz bedeutet:

Schwankender Aufschwung über die Tiefe. Kein Makel.

Hier ist die Stelle des Übergangs erreicht, wo die Freiheit sich betätigen kann. Eine doppelte Möglichkeit liegt vor dem bedeutenden Mann: entweder sich aufzuschwingen und im großen Leben maßgebend zu sein oder sich zurückzuziehen und in der Stille seine Persönlichkeit auszubilden: der Weg des Helden oder des verborgenen Heiligen. Welches der richtige ist, darüber gibt es kein allgemeines Gesetz. Jeder, der in solcher Lage ist, muß nach den innersten Gesetzen seines Wesens sich frei entscheiden. Wenn er ganz wahr und folgerichtig handelt, so findet er den Weg, der ihm entspricht, und dieser Weg ist für ihn recht und ohne Makel.

○ Neun auf fünftem Platz bedeutet:

Fliegender Drache am Himmel.
Fördernd ist es, den großen Mann zu sehen.

Hier ist der große Mann in der Sphäre der Himmlischen angelangt. Sein Einfluß erstreckt sich weithin sichtbar über die ganze Welt. Jeder, der ihn sieht, kann sich selig preisen.
Kungtse sagt darüber: »Was im Ton übereinstimmt, schwingt miteinander. Was wahlverwandt ist im innersten Wesen, das

sucht einander. Das Wasser fließt zum Feuchten hin, das Feuer wendet sich dem Trockenen zu. Die Wolken (des Himmels Atem) folgen dem Drachen, der Wind (der Erde Atem) folgt dem Tiger. So erhebt sich der Weise, und alle Wesen blicken nach ihm. Was vom Himmel stammt, fühlt sich verwandt mit dem, was droben ist. Was von der Erde stammt, fühlt sich verwandt mit dem, was drunten ist. Jedes folgt seiner Art.«

Oben eine Neun bedeutet:

Hochmütiger Drache wird zu bereuen haben.

Wenn man so hoch emporsteigen will, daß man die Fühlung mit den übrigen Menschen verliert, so wird man vereinsamt, und das führt notwendig zu Mißerfolg. Hier liegt eine Warnung gegen ein titanisches Emporstreben, das über die Kraft geht. Ein Sturz zur Tiefe würde die Folge sein.

Wenn lauter Neunen erscheinen, bedeutet das:

Es erscheint eine Schar von Drachen ohne Haupt. Heil!

Wenn alle Linien Neunen sind, so kommt das ganze Zeichen in Bewegung und verwandelt sich in das Zeichen Kun, das Empfangende, dessen Charakter die Hingebung ist. Die Stärke des Schöpferischen und die Milde des Empfangenden vereinen sich. Das Starke ist angedeutet durch die Schar der Drachen, das Milde durch den Umstand, daß ihre Häupter verborgen sind. Das bedeutet: Milde in der Handlungsweise verbunden mit Stärke des Entschlusses bringt Heil.

坤

2. KUN / DAS EMPFANGENDE

䷁ *oben Kun, das Empfangende, die Erde*
unten Kun, das Empfangende, die Erde

Das Zeichen besteht aus lauter geteilten Linien. Die geteilte Linie entspricht der schattigen, weichen, rezeptiven Urkraft des Yin. Die Eigenschaft des Zeichens ist die Hingebung, sein Bild ist die Erde. Es ist das vollkommene Gegenstück zu dem Schöpferischen, das Gegenstück, nicht der Gegensatz; eine Ergänzung keine Bekämpfung. Es ist die Natur gegenüber dem Geist, die Erde gegenüber dem Himmel, das Räumliche gegenüber dem Zeitlichen, das Weiblich-Mütterliche gegenüber dem Männlich-Väterlichen. Der Grundsatz dieses Gegenstückes findet sich aber, auf menschliche Verhältnisse übertragen, nicht nur in den Beziehungen zwischen Mann und Weib, sondern auch von Fürst und Minister oder Vater und Sohn; ja selbst in den einzelnen Menschen ist diese Zweiheit in dem Zusammensein von Geistigem und Sinnlichem.

Dennoch kann von einem eigentlichen Dualismus nicht geredet werden, denn es besteht zwischen den beiden Zeichen das Verhältnis einer klaren Rangordnung. An sich ist natürlich das Empfangende ebenso wichtig wie das Schöpferische. Aber durch die Eigenschaft der Hingebung ist die Stellung dieser Urkraft dem Schöpferischen gegenüber bezeichnet. Sie muß unter der Leitung und Anregung des Schöpferischen sein, dann wirkt sie heilvoll. Nur wenn sie aus dieser Stellung heraustritt und dem Schöpferischen ebenbürtig zur Seite treten will, wird sie böse. Daraus ergibt sich dann Gegensatz und Kampf gegen das Schöpferische, der für beide Teile unheilvoll wirkt.

DAS URTEIL

Das Empfangende wirkt erhabenes Gelingen,
fördernd durch die Beharrlichkeit einer Stute.
Hat der Edle etwas zu unternehmen und will voraus,
so geht er irre; doch folgt er nach, so findet er Leitung.
Fördernd ist es, im Westen und Süden Freunde zu finden,
im Osten und Norden der Freunde zu entraten.
Ruhige Beharrlichkeit bringt Heil.

Die vier Grundrichtungen des Schöpferischen: »erhabenes Gelingen, fördernd durch Beharrlichkeit« finden sich auch als Bezeichnung des Empfangenden. Nur ist die Beharrlichkeit näher definiert als die Beharrlichkeit einer Stute. Das Empfangende bezeichnet die räumliche Wirklichkeit gegenüber der geistigen Möglichkeit des Schöpferischen. Wenn das Mögliche wirklich wird, das Geistige räumlich, so geschieht das immer durch eine einschränkende, individuelle Bestimmung. Das ist bezeichnet dadurch, daß hier dem Ausdruck »Beharrlichkeit« die nähere Bestimmung »einer Stute« beigefügt ist. Das Pferd gehört zur Erde wie der Drache zum Himmel, es symbolisiert durch seine unermüdliche Bewegung über die Ebene hin die Weiträumigkeit der Erde. Der Ausdruck »Stute« ist gewählt, weil die Stute die Kraft und Schnelligkeit des Pferdes mit der Sanftheit und Hingebung der Kuh vereinigt.

Die Natur kann nur darum, weil sie dem Wesen des Schöpferischen gewachsen ist, dessen Anregungen verwirklichen. Ihr

Reichtum besteht darin, daß sie alle Wesen ernährt, und ihre Größe, daß sie alles verschönt und herrlich macht. So schafft sie Gedeihen für alles Lebendige. Während das Schöpferische die Dinge zeugt, werden sie vom Empfangenden geboren*. Auf menschliche Verhältnisse übertragen, handelt es sich darum, der Lage entsprechend sich zu verhalten. Man ist nicht in selbständiger Stellung, sondern als Gehilfe tätig. Da gilt es, etwas zu leisten. Nicht führen zu wollen – dadurch verirrte man sich nur –, sondern sich führen zu lassen, ist die Aufgabe. Wenn man es versteht, dem Schicksal gegenüber sich hingebend zu verhalten, so findet man sicher eine entsprechende Leitung. Der Edle läßt sich leiten. Er geht nicht blindlings voran, sondern er entnimmt den Verhältnissen, was von ihm verlangt wird, und folgt dieser Weisung des Schicksals.

Da man etwas leisten soll, bedarf man der Gehilfen und Freunde zur Zeit der Arbeit und Anstrengung, wenn die Gedanken, die ausgeführt werden sollen, schon festliegen. Die Zeit der Arbeit und Anstrengung wird durch den Westen und Süden ausgedrückt. Denn der Süden und Westen ist das Symbol für den Ort, da das Empfangende für das Schöpferische arbeitet – wie die Natur im Sommer und Herbst; wenn man da nicht alle Kräfte zusammenfaßt, wird man nicht fertig mit der Arbeit, die man zu leisten hat. Darum bedeutet hier, Freunde zu bekommen, eben daß man Leistung findet. Aber außer der Arbeit und Anstrengung gibt es auch eine Zeit des Planens und Ordnens; da bedarf's der Einsamkeit. Der Osten symbolisiert den Ort, da man die Aufträge von seinem Herrn erhält, und der Norden den Ort, da man über das Geleistete berichtet. Da gilt es allein und sachlich zu sein. In dieser heiligen Stunde muß man der Genossen entraten, damit nicht durch der Parteien Haß und Gunst die Reinheit getrübt wird.

DAS BILD

Der Zustand der Erde ist die empfangende Hingebung.
So trägt der Edle weiträumigen Wesens die Außenwelt.

* Es findet sich hier eine ähnliche Auffassung, wie Goethe sie in den Versen ausdrückt:

So schauet mit bescheidenem Blick
Der ewigen Weberin Meisterstück,
Wie ein Tritt tausend Fäden regt,
Die Schifflein hinüber herüber schießen,
Die Fäden sich begegnend fließen,
Ein Schlag tausend Verbindungen schlägt;
Das hat sie nicht zusammengebettelt,
Sie hat's von Ewigkeit angezettelt,
Damit der ewige Meistermann
Getrost den Einschlag werfen kann.

Ebenso wie es nur einen Himmel gibt, gibt es auch nur eine Erde. Während aber beim Himmel die Verdoppelung des Zeichens zeitliche Dauer bedeutet, bedeutet sie bei der Erde die räumliche Ausdehnung und Festigkeit, mit der sie alles, was da lebt und webt, trägt und erhält. Die Erde in ihrer Hingebung trägt ohne Ausnahme Gut und Böse. So macht der Edle seinen Charakter weiträumig, gediegen und tragfähig, so daß er Menschen und Dinge zu tragen und ertragen vermag.

Die einzelnen Linien

Anfangs eine Sechs bedeutet:

Tritt man auf Reif, so naht das feste Eis.

Wie die lichte Kraft das Leben darstellt, so die schattige Kraft den Tod. Im Herbst, wenn der Frühreif fällt, ist die Kraft des Dunkels und der Kälte erst in der Entfaltung. Nach den ersten Spuren werden sich nach festen Gesetzen die Äußerungen des Todes allmählich mehren, bis schließlich der starre Winter mit seinem Eis da ist.

Genau so geht es im Leben. Wenn sich gewisse, kaum merkliche Zeichen des Verfalls zeigen, so geht es weiter, bis schließlich der Untergang da ist. Aber im Leben kann man vorbeugen, wenn man die Anzeichen des Verfalls beachtet und ihnen rechtzeitig entgegentritt.

o Sechs auf zweitem Platz bedeutet:

Gerade, rechtwinklig, groß.

Ohne Absicht bleibt doch nichts ungefördert.

Der Himmel hat als Symbol den Kreis, die Erde das rechtwinklige Quadrat. Somit ist das Rechtwinklige eine ursprüngliche Eigenschaft der Erde. Dagegen ist die geradlinige Bewegung ursprünglich eine Eigenschaft des Schöpferischen, ebenso wie die Größe. Aber alle rechtwinkligen Dinge haben ihre Wurzel in der geraden Linie und bilden ihrerseits wieder körperliche Größen. Wenn man in der Mathematik Linien, Flächen und Körper unterscheidet, so ergeben sich aus geraden Linien rechtwinklige Flächen und aus rechtwinkligen Flächen kubische Größen. Das Empfangende richtet sich nach den Eigenschaften des Schöpferischen und macht sie zu seinen eigenen. So wird aus einer Geraden ein Quadrat und aus einem Quadrat ein Würfel. Das ist die einfache Hingebung an die Gesetze des Schöpferischen, ohne etwas davon- oder dazuzutun. Darum bedarf es für das Empfangende nicht einer besonderen Absicht oder Anstrengung, und alles wird recht.

Die Natur erzeugt die Wesen ohne Falsch, das ist ihre Geradheit;

sie ist ruhig und still, das ist ihre Rechtwinkligkeit; sie weigert sich nicht, irgendein Wesen zu dulden, das ist ihre Größe. Darum erreicht sie ohne äußeres Machen oder besondere Absichten für alle das Rechte. Für den Menschen bedeutet es höchste Weisheit, in seinem Wirken so selbstverständlich zu werden wie die Natur.

Sechs auf drittem Platz bedeutet:
Verborgene Linien; man vermag beharrlich zu bleiben.
Folgst du etwa eines Königs Diensten,
so suche nicht Werke, aber vollende!

Wenn man frei von Eitelkeit ist, so vermag man seine Vorzüge so zu verdecken, daß sie nicht vorzeitig die öffentliche Aufmerksamkeit auf sich ziehen. So kann man in der Stille reifen. Wenn es die Verhältnisse erfordern, so mag man auch in die Öffentlichkeit hervortreten, aber auch dann zurückhaltend. Der Weise wird den Ruhm gern andern lassen. Er sucht nicht fertige Tatsachen, die ihm als Verdienste angerechnet werden, wohl aber erhofft er wirkende Ursachen, d. h. er vollendet die Werke so, daß sie für die Zukunft fruchtbringend sind.

Sechs auf viertem Platz bedeutet:
Zugebundener Sack. Kein Makel; kein Lob.

Das Schattige öffnet sich, wenn es sich bewegt, und schließt sich, wenn es ruht. Hier ist die strengste Verschlossenheit gezeichnet. Die Zeit ist gefährlich: jedes Hervortreten führt entweder zur Feindschaft übermächtiger Gegner, wenn man sie bekämpfen wollte, oder zu mißverstandener Anerkennung, wenn man sich läßlich gäbe. So gilt es, sich zu verschließen, sei es in der Einsamkeit oder im Weltgetriebe: denn auch da kann man sich so gut verbergen, daß niemand einen kennt.

Sechs auf fünftem Platz bedeutet:
Gelbes Untergewand bringt erhabenes Heil.

Gelb ist die Farbe der Erde und der Mitte, das Symbol des Zuverlässigen und Echten. Das Untergewand ist unauffällig verziert, das Symbol vornehmer Zurückhaltung. Wenn jemand zu wirken berufen ist an hervorragender, doch nicht unabhängiger Stellung, so beruht der wahre Erfolg auf der höchsten Diskretion. Die Echtheit und Feinheit darf nicht direkt hervortreten, sondern nur als Wirkung von innen her sich mittelbar äußern.

Oben eine Sechs bedeutet:
Drachen kämpfen auf dem Anger.
Ihr Blut ist schwarz und gelb.

Auf dem obersten Platz sollte das Schattige dem Lichten weichen. Will es sich auf dem Platz, der ihm nicht gebührt, behaupten, und statt zu dienen, herrschen, so zieht es sich den Zorn des Starken zu. Es kommt zum Kampf, in dem es gestürzt wird, in dem jedoch beide Teile zu Schaden kommen.
Der Drache, das Symbol des Himmels, kommt herbei und bekämpft den falschen Drachen, zu dessen Bilde hier das Irdische sich gesteigert hat. Schwarzblau ist die Farbe des Himmels, Gelb ist die Farbe der Erde. Wenn also schwarzes und gelbes Blut fließt, so ist das ein Zeichen, daß durch diesen unnatürlichen Kampf beide Grundkräfte Schaden leiden*.

Wenn lauter Sechsen erscheinen, bedeutet das:
Fördernd ist dauernde Beharrlichkeit.

Wenn lauter Sechsen erscheinen, verwandelt sich das Zeichen des Empfangenden in das Zeichen des Schöpferischen. Es gewinnt so die Kraft der Dauer im Festhalten des Rechten. Es gibt zwar keinen Fortschritt, aber auch keinen Rückschritt.

屯

3. DSCHUN / DIE ANFANGSSCHWIERIGKEIT

䷂ *oben Kan, das Abgründige, das Wasser*
unten Dschen, das Erregende, der Donner

Der Name des Zeichens, Dschun, stellt eigentlich ein Gras dar, das bei seinem Hervorsprießen aus der Erde auf ein Hindernis stößt. Daraus ergibt sich die Bedeutung der Anfangsschwierigkeit. Das Zeichen deutet, wie Himmel und Erde die Einzelwesen hervorbringen. Es ist ihre erste Begegnung, die mit Schwierigkeiten verbunden ist. Das untere Zeichen, Dschen, ist das Erregende; seine Bewegung geht nach oben; zum Bild hat es den Donner. Das obere Zeichen, Kan, ist das Abgründige, Gefährliche; seine Bewegung geht nach unten; zum Bild hat es den Regen. Die Lage deutet also auf dichte, chaotische Fülle. Donner und Regen erfüllen die Luft. Aber das Chaos lichtet sich. Die Bewegung, die nach oben gerichtet ist, während das Abgründige

* Während die oberste Linie des Schöpferischen Titanenstolz zeigt und eine Parallele bildet zur griechischen Sage des Ikarus, ist in der obersten Linie des Empfangenden eine Parallele zum Mythos von Luzifer, der sich gegen die oberste Gottheit empört, oder zu dem Kampf der dunklen Mächte gegen die Götter Walhalls, der mit der Götterdämmerung endet.

sich senkt, kommt schließlich aus der Gefahr hinaus. Im Gewitter entladen sich die gespannten Kräfte, und alles atmet erleichtert auf.

DAS URTEIL

Die Anfangsschwierigkeit wirkt erhabenes Gelingen.
Fördernd durch Beharrlichkeit.
Man soll nichts unternehmen.
Fördernd ist es, Gehilfen einzusetzen.

Werdezeiten haben Schwierigkeiten. Es ist wie eine Erstgeburt. Aber diese Schwierigkeiten entstehen aus der Fülle dessen, was nach Gestaltung ringt. Es ist alles in Bewegung begriffen, darum ist trotz der vorhandenen Gefahr Aussicht auf großen Erfolg da, wenn man Beharrlichkeit hat. Wenn solche Anfangszeiten als Schicksal kommen, so ist noch alles ungestaltet und dunkel. Darum muß man abwarten, denn jedes vorzeitige Zufassen könnte Mißerfolg bringen. Ebenso ist es von großer Wichtigkeit, daß man nicht allein bleibt. Man muß Gehilfen haben, um gemeinsam mit ihnen das Chaos zu bewältigen. Das heißt aber nicht, daß man selbst untätig den Vorgängen zuschauen soll, sondern man muß mit Hand anlegen, anfeuernd und leitend bei allem dabei sein.

DAS BILD

Wolken und Donner: das Bild der Anfangsschwierigkeit.
So wirkt der Edle entwirrend und ordnend.

Wolken und Donner werden dargestellt durch bestimmte Linienornamente, das heißt, daß in dem Chaos der Anfangsschwierigkeit die Ordnung schon angelegt ist. So muß der Edle in solchen Anfangszeiten die unübersichtliche Fülle gliedern und ordnen, wie man Seidenfäden aus einem Knäuel auseinanderliest und sie zu Strängen verbindet. Man muß, um im Unendlichen sich zu finden, unterscheiden und verbinden.

Die einzelnen Linien

o Anfangs eine Neun bedeutet:
Zögern und Hemmung.
Fördernd ist es, beharrlich zu bleiben.
Fördernd ist es, Gehilfen einzusetzen.

Wenn man zu Anfang einer Unternehmung auf Hemmung stößt, so darf man den Fortschritt nicht erzwingen wollen, sondern muß vorsichtig innehalten. Aber man darf sich nicht irremachen lassen, sondern muß dauernd und beharrlich sein Ziel im Auge behalten. Wichtig ist es, daß man sich die richtigen Hilfskräfte sucht. Die findet man nur dann, wenn man bescheiden mit den Menschen verkehrt und sich nicht überhebt. Nur dadurch fallen einem die Menschen zu, mit deren Hilfe man die Schwierigkeiten in Angriff nehmen kann.

Sechs auf zweitem Platz bedeutet:
Schwierigkeiten türmen sich.
Pferd und Wagen trennen sich.
Nicht Räuber er ist,
Will freien zur Frist.
Das Mädchen ist keusch, verspricht sich nicht.
Zehn Jahre, dann verspricht sie sich.

Man befindet sich in Schwierigkeit und Hemmung. Da zeigt sich plötzlich eine Wendung, wie wenn jemand mit Wagen und Pferden herankäme und ausspannte. Dies Ereignis kommt so überraschend, daß man vermutet, der Herankommende sei ein Räuber. Allmählich zeigt es sich, daß er keine bösen Absichten hat, sondern freundliche Verbindung sucht und Erleichterung anbietet. Aber man nimmt das Anerbieten nicht an, da es nicht von der rechten Seite kommt, sondern wartet, bis die Zeit erfüllt ist – zehn Jahre sind ein geschlossener Zeitraum, eine erfüllte Zeit. Dann kehren von selbst die normalen Verhältnisse wieder, und man kann sich mit dem Freund vereinen, der einem bestimmt ist.
Unter dem Bild einer Braut, die in schweren Konflikten ihrem Geliebten treu bleibt, wird ein Rat für eine besondere Lebenslage erteilt: Wenn in Zeiten der Schwierigkeit, da man auf Hemmung stößt, unerwartet eine Erleichterung angeboten wird von einer Seite, zu der man keine Beziehung hat, so soll man vorsichtig sein und keine Verpflichtungen auf sich nehmen, wie das die Folge einer solchen Hilfe wäre, da man sonst in der Freiheit der Entscheidung beeinträchtigt wäre. Wenn man die Zeit abwartet, so werden die ruhigen Verhältnisse wiederkommen, und man erreicht, was man gehofft*.

Sechs auf drittem Platz bedeutet:
Wer den Hirsch jagt ohne Förster,

* Eine andere Deutung ergibt sich aus folgender, ebenfalls möglichen Übersetzung:
Schwierigkeiten türmen sich.
Pferd und Wagen wenden sich.
Wär nicht der Räuber da,
Der Freier käme ja.
Das Mädchen ist treu, verspricht sich nicht.
Zehn Jahre, dann verspricht sie sich.

der verirrt sich nur im Wald.
Der Edle versteht die Zeichen der Zeit
und steht lieber ab.
Weitermachen bringt Beschämung.

Wenn man keinen Führer hat und in einem fremden Walde jagen will, so verirrt man sich. Man darf sich aus den Schwierigkeiten, in denen man steht, nicht unbedacht und führerlos herausstehlen wollen. Das Schicksal läßt sich nicht betrügen. Voreiliges Streben ohne die nötige Leitung führt zu Mißerfolg und Schande. Darum wird der Edle, der die Keime des Kommenden erkennt, lieber auf einen Wunsch verzichten, als dadurch, daß er ihn zu erzwingen sucht, sich Mißerfolg und Beschämung zuzuziehen.

Sechs auf viertem Platz bedeutet:
Pferd und Wagen trennen sich.
Suche nach Vereinigung.
Hingehen bringt Heil.
Alles wirkt fördernd.

Man ist in einer Lage, da man die Pflicht hat, zu handeln, aber die Kraft reicht nicht aus. Doch bietet sich Gelegenheit, Anschluß zu finden. Da gilt es, zuzugreifen. Man darf sich nicht durch einen falschen Stolz und falsche Zurückhaltung abhalten lassen. Es ist ein Zeichen innerer Klarheit, wenn man es über sich gewinnt, den ersten Schritt zu tun, selbst wenn eine gewisse Selbstverleugnung damit verbunden ist. In schwieriger Lage ist es keine Schande, sich helfen zu lassen. Wenn man den richtigen Gehilfen findet, geht alles gut.

○ Neun auf fünftem Platz bedeutet:
Schwierigkeiten im Segnen.
Kleine Beharrlichkeit bringt Heil,
große Beharrlichkeit bringt Unheil.

Man findet sich in der Lage, daß man keine Möglichkeit hat, seine guten Absichten so zum Ausdruck zu bringen, daß sie wirklich in die Erscheinung treten und verstanden werden. Andere schieben sich dazwischen und entstellen alles, was man tut. Da muß man dann vorsichtig sein und allmählich vorgehen. Man darf nichts Großartiges gewaltsam durchsetzen wollen; denn so etwas gelingt nur, wenn man das allgemeine Vertrauen schon genießt. Nur im stillen, durch treue und gewissenhafte Arbeit kann man allmählich dahin wirken, daß die Verhältnisse sich aufklären und die Hemmung fällt.

Oben eine Sechs bedeutet:
Pferd und Wagen trennen sich.
Blutige Tränen ergießen sich.

Es gibt Menschen, denen werden die Anfangsschwierigkeiten zu schwer. Sie bleiben stecken und finden sich nicht mehr durch. Sie lassen die Hände sinken und geben den Kampf auf. Ein solcher Verzicht gehört zum Traurigsten. Darum macht Kungtse dazu die Bemerkung: »Blutige Tränen ergießen sich: das darf man nicht dauernd tun*.«

蒙

4. MONG / DIE JUGENDTORHEIT

䷃ *oben Gen, das Stillehalten, der Berg*
unten Kan, das Abgründige, das Wasser

Auf doppelte Weise ist das Gedenken der Jugend und Torheit in diesem Zeichen nahegelegt. Das obere Zeichen, Gen, hat als Bild einen Berg, das untere, Kan, hat als Bild das Wasser. Die Quelle, die unten am Berg hervorkommt, ist das Bild der unerfahrenen Jugend. Die Eigenschaft des oberen Zeichens ist das Stillehalten, die des unteren der Abgrund, die Gefahr. Das Stillehalten vor einem gefährlichen Abgrund ist ebenfalls ein Symbol der ratlosen Torheit der Jugend. In den beiden Zeichen liegt aber auch der Weg, wie die Jugendtorheiten überwunden werden können: Das Wasser ist etwas, das mit Notwendigkeit weiterfließt. Wenn die Quelle hervorbricht, so weiß sie zunächst freilich nicht, wohin. Aber sie füllt durch ihr stetiges Fließen die tiefe Stelle, die sie am Fortschritt hindert, aus, und dann ist der Erfolg da.

DAS URTEIL

Jugendtorheit hat Gelingen.
Nicht ich suche den jungen Toren,
der junge Tor sucht mich.

* Wenn man im Kampf des Lebens an solche Stelle gelangt, da man nicht weiterkommt und ein Seufzer sich der Brust entringt, wie an jener berühmten Stelle von Beethovens C-moll-Symphonie: dauernd darf dieser Zustand nicht sein. Man muß die Pferde der willensstarken Gedanken wieder anspannen und den Kampf zu Ende führen.

»Wer niemals ruht,
Wer mit Herz und Blut
Auf Unmögliches sinnt,
Der gewinnt.«

Beim ersten Orakel gebe ich Auskunft.
Fragt er zwei-, dreimal, so ist das Belästigung.
Wenn er belästigt, so gebe ich keine Auskunft.
Fördernd ist Beharrlichkeit.

In der Jugend ist Torheit nichts Schlimmes. Es kann ihr doch gelingen. Nur muß man einen erfahrenen Lehrer finden und ihm auf die rechte Weise gegenübertreten. Dazu gehört erstens, daß man die eigene Unerfahrenheit selbst empfindet und einen Lehrer aufsucht. Nur diese Bescheidenheit und dieses Interesse verbürgt die nötige Aufnahmebereitschaft, die sich in ehrfurchtsvoller Anerkennung des Lehrers äußern wird.
Darum muß der Lehrer ruhig warten, bis er aufgesucht wird. Er soll sich nicht von sich aus anbieten: nur so kann die Belehrung zur rechten Zeit und auf die rechte Weise erfolgen.
Die Antwort, die der Lehrer auf die Fragen des Schülers gibt, soll klar und bestimmt sein wie die Antwort, die ein Orakelsucher zu erhalten wünscht. Sie muß dann als Lösung des Zweifels und Entscheidung angenommen werden. Mißtrauisches oder gedankenloses Weiterfragen dient zur bloßen Belästigung des Lehrers und wird am besten mit Stillschweigen übergangen, ähnlich wie das Orakel auch nur eine Antwort gibt und versucherischen Zweifelsfragen gegenüber versagt.
Wenn dazu die Beharrlichkeit tritt, die nicht nachläßt, bis man Punkt für Punkt sich angeeignet hat, so wird ein schöner Erfolg sicher sein.
Das Zeichen gibt somit Ratschläge sowohl für den Lehrenden als auch für den Lernenden.

DAS BILD

Unten am Berg kommt ein Quell hervor:
das Bild der Jugend.
So nährt der Edle durch gründliches Handeln
seinen Charakter.

Die Quelle kommt dadurch ins Fließen und zur Überwindung des Stillstandes, daß sie alle hohlen Stellen auf ihrem Weg ausfüllt. Ebenso ist der Weg zur Bildung des Charakters die Gründlichkeit, die nichts überspringt, sondern allmählich und stetig wie das Wasser alle Lücken ausfüllt und so vorankommt.

Die einzelnen Linien

Anfangs eine Sechs bedeutet:
Um den Toren zu entwickeln,

ist es fördernd, den Menschen in Zucht zu nehmen.
Man soll die Fesseln abnehmen.
So weitermachen bringt Beschämung.

Am Anfang der Erziehung steht das Gesetz. Die Unerfahrenheit der Jugend ist geneigt, zunächst alles lässig und spielerisch zu nehmen. Da muß ihr der Ernst des Lebens gezeigt werden. Ein gewisses Sichzusammennehmen, wo es durch stramme Zucht erzwungen wird, ist gut. Wer mit dem Leben spielt, kommt nie zurecht. Aber die Zucht darf nicht in Drill ausarten. Fortgesetzter Drill wirkt beschämend und lähmt die Kraft.

o Neun auf zweitem Platz bedeutet:
Die Toren ertragen in Milde, bringt Heil.
Die Frauen zu nehmen wissen, bringt Heil.
Der Sohn ist dem Hauswesen gewachsen.

Hier ist ein Mann gezeichnet, der keine äußere Macht hat, aber die nötige Geisteskraft, um die auf ihm lastende Verantwortung zu tragen. Er besitzt die innere Überlegenheit und Stärke, die die Unzulänglichkeiten der menschlichen Torheit in Milde zu tragen versteht. Dieselbe Gesinnung gilt den Frauen als dem schwächeren Geschlecht gegenüber. Man muß sie zu nehmen wissen und anzuerkennen in einer gewissen ritterlichen Nachsicht. Nur durch diese Vereinigung von innerer Kraft und äußerer Zurückhaltung wird man die Verantwortung der Leitung eines größeren gesellschaftlichen Organismus übernehmen können und dabei wirklich Erfolg haben.

Sechs auf drittem Platz bedeutet:
Nicht sollst du ein Mädchen nehmen,
das einen ehernen Mann sieht
und sich nicht im Besitz behält.
Nichts ist fördernd.

Ein schwacher, unerfahrener Mensch, der nach oben strebt, verliert leicht seine persönliche Eigenart, wenn er an hoher Stelle eine starke Persönlichkeit sieht, die er sklavisch nachahmt. Er gleicht einem Mädchen, das sich preisgibt, wenn sie einem starken Mann begegnet. Einer solchen unfreien Annäherung gegenüber darf man nicht entgegenkommend sein. Entgegenkommen wäre weder für den Jüngling noch für den Erzieher gut.
Ein Mädchen ist es ihrer Würde schuldig, daß sie auf Werbung wartet. In beiden Fällen ist es unwürdig, sich selbst anzubieten, und es ist nicht gut, ein solches Angebot anzunehmen.

Sechs auf viertem Platz bedeutet:

Beschränkte Torheit bringt Beschämung.

Für die Jugendtorheit ist es das hoffnungsloseste, sich in leere Einbildungen zu verstricken. Je eigensinniger sie auf solchen wirklichkeitsfremden Einbildungen beharrt, desto gewisser zieht sie sich Beschämungen zu.

Für den Erzieher wird beschränkter Torheit gegenüber oft nichts übrigbleiben, als sie eine Zeitlang sich selbst zu überlassen und die ihr aus ihrem Gebaren entspringende Beschämung nicht zu ersparen. Das ist oft der einzige Weg zur Rettung.

○ Sechs auf fünftem Platz bedeutet:

Kindliche Torheit bringt Heil.

Ein unerfahrener Mensch, der kindlich und anspruchslos Belehrung sucht, ist gut daran. Denn wer vom Hochmut frei sich dem Lehrer unterstellt, der wird sicher gefördert.

Oben eine Neun bedeutet:

Beim Bestrafen der Torheit ist es nicht fördernd,
Übergriffe zu begehen.
Fördernd ist nur, Übergriffe abzuwehren.

Unter Umständen muß ein unverbesserlicher Tor bestraft werden. Wer nicht hören will, muß fühlen. Diese Strafe ist von der Aufrüttlung zu Beginn verschieden. Aber die Verhängung der Strafe darf nicht im Zorn geschehen, sondern muß sich auf eine sachliche Abwehr unberechtigter Übergriffe beschränken. Sie ist nie Selbstzweck, sondern hat nur der Herstellung geordneter Verhältnisse zu dienen.

Das gilt sowohl von der Erziehung als auch von den Maßregeln einer Regierung gegen eine Bevölkerung, die sich Ausschreitungen zuschulden kommen läßt. Das Einschreiten der Regierung muß immer nur abwehrend sein und hat als einziges Ziel die Herstellung der öffentlichen Sicherheit und Ruhe.

需

5. SÜ / DAS WARTEN (DIE ERNÄHRUNG)

䷄ *oben das Abgründige, das Wasser*
unten das Schöpferische, der Himmel

Alle Wesen bedürfen der Nahrung von oben. Aber das Spenden der Speise hat seine Zeit, die man erwarten muß. Das Zeichen zeigt die Wolken am Himmel, die Regen spenden, der alles Gewächs erfreut und den Menschen mit Speise und Trank versieht. Dieser Regen wird kommen zu seiner Zeit. Man kann ihn nicht erzwingen, sondern muß darauf warten. Der Gedanke des Wartens wird außerdem nahegelegt durch die Eigenschaften der beiden Urzeichen: innen Stärke, davor Gefahr. Stärke vor Gefahr überstürzt sich nicht, sondern kann warten, während Schwäche vor Gefahr in Aufregung gerät und nicht die Geduld zum Warten hat.

DAS URTEIL

Das Warten.
Wenn du wahrhaftig bist, so hast du Licht und Gelingen.
Beharrlichkeit bringt Heil.
Fördernd ist es, das große Wasser zu durchqueren.

Das Warten ist kein leeres Hoffen. Es hat die innere Gewißheit, sein Ziel zu erreichen. Nur diese innere Gewißheit gibt das Licht, das allein zum Gelingen führt. Das führt zur Beharrlichkeit, die Heil bringt und die Kraft verleiht, das große Wasser zu durchqueren.
Eine Gefahr liegt vor einem, die überwunden werden muß. Schwäche und Ungeduld vermögen nichts. Nur wer stark ist, wird mit seinem Schicksal fertig, denn er kann infolge der inneren Sicherheit ausharren. Diese Stärke zeigt sich in unerbittlicher Wahrhaftigkeit. Nur wenn man den Dingen, so wie sie sind, ins Auge zu schauen vermag, ohne jeden Selbstbetrug und Illusion, entwickelt sich aus den Ereignissen ein Licht, das den Weg zum Gelingen erkennen läßt. Auf diese Erkenntnis muß entschlossen beharrliches Handeln folgen; denn nur, wenn man entschlossen seinem Schicksal entgegengeht, wird man damit fertig. Dann kann man das große Wasser durchqueren, d. h. die Entscheidung treffen und die Gefahr bestehen.

DAS BILD

Wolken steigen am Himmel auf: das Bild des Wartens.
So ißt und trinkt der Edle und ist heiter und guter Dinge.

Wenn die Wolken am Himmel aufsteigen, so ist das ein Zeichen, daß es regnen wird. Da läßt sich dann weiter nichts machen als warten, bis der Regen fällt. So ist es auch im Leben, wenn ein Schicksal sich vorbereitet. Solange die Zeit noch nicht erfüllt ist, soll man nicht sorgen und durch eigenes Machen und Eingreifen die Zukunft gestalten wollen, sondern in Ruhe Kraft sammeln durch Essen und Trinken für den Leib, durch Heiterkeit und Guter-Dinge-Sein für den Geist. Das Schicksal kommt ganz von selbst, und dann ist man bereit.

Die einzelnen Linien

Anfangs eine Neun bedeutet:
Warten auf dem Anger.
Fördernd ist es, im Dauernden zu bleiben.
Kein Makel.

Die Gefahr ist noch fern. Man wartet noch auf weiter Ebene. Die Verhältnisse sind noch einfach. Es liegt nur etwas in der Luft, das kommen wird. Da gilt es, die Regelmäßigkeiten des Lebens so lange beizubehalten, als es möglich ist. Nur dadurch bewahrt man sich vor allzufrüher Vergeudung der Kräfte und bleibt frei von Makel und Fehler, die für später eine Schwächung bedeuten würden.

Neun auf zweitem Platz bedeutet:
Warten auf dem Sand.
Es gibt ein wenig Gerede.
Das Ende bringt Heil.

Die Gefahr rückt allmählich näher. Der Sand ist dem Ufer des Stromes, der die Gefahr bedeutet, nahe. Es beginnen sich Unzuträglichkeiten zu zeigen. Es entsteht in solcher Zeit leicht eine allgemeine Unruhe. Man wirft sich gegenseitig die Schuld vor. Wer da gelassen bleibt, dem wird es gelingen, daß schließlich alles gut geht. Alle üble Nachrede muß endlich verstummen, wenn man ihr nicht den Gefallen beleidigter Gegenrede tut.

Neun auf drittem Platz bedeutet:
Warten im Schlamm
bewirkt das Kommen des Feindes.

Der Schlamm, der schon vom Wasser des Stromes bespült wird, ist kein günstiger Ort für das Warten. Statt die Kräfte zu sammeln, um in einem Zug das Wasser zu durchqueren, hat man einen vorzeitigen Anlauf gemacht, dessen Kraft eben bis zum Schlamm führt. Eine solche ungünstige Lage zieht von außen her die Feinde herbei, die naturgemäß die Lage ausnützen. Durch Ernst und Vorsicht allein ist es möglich, sich vor Schaden zu bewahren.

Sechs auf viertem Platz bedeutet:
Warten im Blut.
Heraus aus dem Loch.

Es ist die Lage äußerst gefährlich. Es ist voller Ernst geworden und geht auf Leben und Tod. Blutvergießen ist unmittelbar zu erwarten. Man kann nicht vorwärts und nicht rückwärts. Man ist abgeschnitten wie in einem Loch. Da gilt es einfach auszuharren und das Schicksal über sich ergehen zu lassen. Diese Ruhe, die nicht durch eigenes Handeln den Schaden noch schlimmer macht, ist der einzige Weg, aus dem gefährlichen Loch herauszukommen.

○ Neun auf fünftem Platz bedeutet:
Warten bei Wein und Speise.
Beharrlichkeit bringt Heil.

Auch mitten in der Gefahr gibt es Ruhepausen, da es einem verhältnismäßig gut geht. Wenn man die rechte innere Stärke besitzt, so wird man die Ruhepausen ausnützen, um sich zu stärken zu neuem Kampf. Man vermag den Augenblick zu genießen, ohne sich von seinem Ziel abbringen zu lassen; denn Beharrlichkeit ist not, um Sieger zu bleiben.
Auch im öffentlichen Leben ist es so. Es kann nicht alles auf einmal erreicht werden. Höchste Weisheit ist es, den Leuten solche Erholungspausen zu gönnen, die die Freudigkeit der Arbeit beleben zur Vollendung des Werks. Hier liegt das Geheimnis des ganzen Zeichens verborgen. Dadurch unterscheidet es sich von dem Zeichen »die Hemmung«, daß man beim Warten seiner Sache sicher ist und daher die Ruhe der innern Heiterkeit sich nicht rauben läßt.

Oben eine Sechs bedeutet:
Man gerät in das Loch.
Da kommen ungebetener Gäste drei.
Ehre sie, so kommt am Ende Heil.

Das Warten ist vorüber: die Gefahr läßt sich nicht mehr abwenden. Man gerät in das Loch, muß sich in das Unvermeidliche ergeben. Da scheint nun alles vergebens gewesen zu sein. Aber gerade in dieser Not tritt eine unvorhergesehene Wendung ein. Von außen her geschieht ohne eigenes Zutun ein Eingriff, von dem man zunächst zweifelhaft sein kann, wie er gemeint ist, ob Rettung, ob Vernichtung naht. Da gilt es nun, innerlich beweglich zu bleiben. Nicht trotzig abweisendes Sichverschließen, sondern ehrfurchtsvolles Begrüßen der neuen Wendung ist das Richtige. So kommt man schließlich aus der Gefahr heraus, und alles geht gut. Auch glückliche Wendungen kommen oft in einer Form, die uns zunächst fremd erscheint*.

訟

6. SUNG / DER STREIT

oben Kiën, das Schöpferische, der Himmel
unten Kan, das Abgründige, das Wasser

Das obere Urzeichen, dessen Bild der Himmel ist, hat die Bewegungsrichtung nach oben, das untere Urzeichen »Wasser« ist seiner Natur nach abwärts gerichtet. Die Bewegungsrichtungen der beiden Hälften gehen auseinander, das ergibt den Gedanken des Streites.

Die Eigenschaft des Schöpferischen ist die Stärke, die des Abgründigen die Gefahr, Hinterlist. Wo List Gewalt vor sich hat, da gibt es Streit.

Eine dritte Ableitung legt sich innerhalb des Charakters durch Verbindung von abgründiger Hinterlist im Innern und starker Entschlossenheit im Äußern nahe. Ein derartiger Charakter wird sicher streitsüchtig sein.

DAS URTEIL

Der Streit: Du bist wahrhaftig und wirst gehemmt.
Sorgliches Innehalten auf halbem Weg bringt Heil.
Zu Ende führen bringt Unheil.
Fördernd ist es, den großen Mann zu sehen.
Nicht fördernd ist es, das große Wasser zu durchqueren.

Streit entsteht, wenn man im Gefühl seines Rechts auf Widerstand stößt. Ohne die Überzeugung des eigenen Rechts führt Widerstand zu Hinterlist oder gewaltsamem Übergriff, aber nicht zum offenen Streit.

Ist man in Streit verwickelt, so ist machtvolle Besonnenheit, die jederzeit zur Beilegung des Streites und zum Vergleich auf hal-

* In »Hermann und Dorothea« ist diese Wahrheit so ausgedrückt: »Denn die Wünsche verhüllen uns selbst das Gewünschte; die Gaben kommen von oben herab in ihren eignen Gestalten.«

bem Weg bereit ist, das einzige Heilbringende. Ein Verfolgen des Streites bis zum bitteren Ende ist, selbst wenn man recht behält, vom Übel, weil man dadurch die Feindschaft verewigt. Es ist wichtig, den großen Mann zu sehen, d. h. einen unparteiischen Mann, dessen Autorität hinreicht, um den Streit friedlich beizulegen oder gerecht zu entscheiden. Auf der andern Seite ist es zu vermeiden, in Zeiten des Unfriedens »das große Wasser zu durchqueren«, d. h. gefahrvolle Unternehmungen zu beginnen, denn die bedürfen einheitlich zusammengefaßter Kräfte, wenn sie gelingen sollen. Streit im Innern lähmt die Kraft, die Gefahr im Äußeren zu besiegen.

DAS BILD

Himmel und Wasser gehen einander entgegengesetzt:
das Bild des Streites.
So überlegt der Edle bei allen Geschäften, die er tut,
den Anfang.

Das Bild deutet darauf hin, daß die Ursachen des Streites in den zuvor schon vorhandenen entgegengesetzten Richtungen beider Teile liegen. Sind solche einander entgegenstrebenden Richtungen einmal vorhanden, so folgt der Streit mit Notwendigkeit. Daraus folgt, daß, um Streit zu verhüten, im ersten Anfang alles sorgfältig bedacht werden muß. Wenn Recht und Pflicht genau festgelegt sind, oder wenn bei einer Verbindung von Menschen deren geistige Richtungen zusammengehen, so ist die Ursache des Streits zum voraus beseitigt.

Die einzelnen Linien

Anfangs eine Sechs bedeutet:
Wenn man die Sache nicht verewigt,
so gibt es ein kleines Gerede.
Am Ende kommt Heil.

Solange der Streit noch im ersten Anfang ist, tut man am besten, ihn fallen zu lassen. Zumal einem stärkeren Gegner gegenüber ist es nicht ratsam, es auf ein Austragen des Streites ankommen zu lassen. Es kommt dabei vielleicht zu einem kleinen Wortwechsel, aber am Ende geht alles gut.

Neun auf zweitem Platz bedeutet:
Man kann nicht streiten, kehrt heim und weicht aus.
Die Menschen seiner Stadt, dreihundert Häuser,
bleiben frei von Schuld.

Im Kampf mit einem überlegenen Gegner ist Rückzug keine Schande. Wenn man sich rechtzeitig zurückzieht, vermeidet man üble Folgen. Wollte man den ungleichen Streit aus falschem Ehrgefühl heraufbeschwören, so würde man selbst das Unglück sich zuziehen. Eine weise Nachgiebigkeit in solchem Falle kommt der ganzen Umgebung zugute, die auf diese Weise nicht in den Streit hineingezogen wird.

Sechs auf drittem Platz bedeutet:
Von alter Tugend sich nähren, gibt Beharrlichkeit.
Gefahr, am Ende kommt Heil.
Folgst du etwa eines Königs Diensten,
so suche nicht Werke.

Es wird hier vor der Gefahr gewarnt, die die Neigung zum Umsichgreifen bringt. Nur was durch frühere Verdienste ehrlich verdient ist, bleibt dauernder Besitz. Ein solcher Besitz kann wohl einmal angefochten werden, aber da er wirkliches Eigentum ist, kann er nicht geraubt werden. Denn was einem vermöge der Kraft des eigenen Wesens angehört, kann man nicht verlieren. Wenn man in die Dienste eines Höheren tritt, so kann man den Streit nur dadurch vermeiden, daß man keine Werke für sich sucht. Es mag genügen, wenn sie getan werden. Die Ehre mag dem andern bleiben.

Neun auf viertem Platz bedeutet:
Man kann nicht streiten,
kehrt um und fügt sich dem Geschick,
ändert sich und findet Frieden in Beharrlichkeit.
Heil!

Die innere Gesinnung ist zunächst friedlos. Man fühlt sich in seiner Lage nicht wohl und möchte sich durch Streit eine bessere Lage verschaffen. Man hat es mit einem schwächeren Gegner zu tun und wäre daher wohl dazu imstande – ein Unterschied zur Neun auf zweitem Platz –, aber man kann nicht streiten, weil man nicht die innere Berechtigung und das gute Gewissen dazu findet. Darum kehrt man um und fügt sich in sein Geschick. Man ändert seinen Sinn und findet so den dauernden Frieden in der Übereinstimmung mit dem ewigen Gesetz. Das bringt Heil.

o Neun auf fünftem Platz bedeutet:
Streiten vor ihm bringt erhabenes Heil.

Es ist hier der Schlichter des Streits gezeigt, der machtvoll und gerecht ist und der die Kraft besitzt, dem Recht Nachdruck zu verleihen. Ihm kann man eine Streitsache getrost überweisen. Wenn man recht hat, erlangt man großes Heil.

Oben eine Neun bedeutet:
Wenn einem etwa auch ein Ledergürtel verliehen wird,
am Ende eines Morgens wird er ihm dreimal entrissen.

Hier ist jemand gezeichnet, der den Streit bis zum bitteren Ende geführt und recht behalten hat. Er bekommt eine Auszeichnung. Aber das Glück ist nicht von Dauer. Es wird immer wieder angefochten, und Streit ohne Ende ist die Folge.

師

7. SCHÏ / DAS HEER

䷆ *oben Kun, das Empfangende, die Erde*
unten Kan, das Abgründige, das Wasser

Das Zeichen setzt sich zusammen aus dem Urzeichen Kan, das Wasser, und Kun, die Erde. Dadurch ist das Grundwasser symbolisiert, das sich innerhalb der Erde sammelt. Ebenso sammelt sich die Heerkraft innerhalb der Menge eines Volkes: im Frieden unsichtbar, aber jederzeit zur Verfügung als Quelle der Macht. Die Eigenschaften der Urzeichen sind: innerhalb Gefahr und außerhalb Gehorsam. Das deutet auf das Wesen des Heeres, das im Innersten etwas Gefährliches ist, während nach außen Zucht und Gehorsam herrschen muß.
Auf die einzelnen Linien hin betrachtet, ist der Herr des Zeichens die starke Neun auf zweitem Platz, der die anderen weichen Linien sich unterordnen. Diese Linie bezeichnet den Gebieter, da sie im Zentrum eines der beiden Urzeichen steht. Da sie aber im unteren, nicht im oberen steht, ist sie nicht das Bild des Herrschers, sondern des tüchtigen Generals, der das Heer in Gehorsam hält durch seine Autorität.

DAS URTEIL

Das Heer braucht Beharrlichkeit und einen starken Mann.
Heil ohne Makel.

Ein Heer ist eine Masse, die, um ein Heer zu werden, der Organisation bedarf. Ohne feste Disziplin läßt sich nichts erreichen. Diese Disziplin läßt sich aber nicht durch Gewaltmittel erzwingen, sondern es braucht einen starken Mann, dem die Herzen sich zuwenden, der Begeisterung erweckt. Damit er sich entfalten kann, bedarf er des unbedingten Vertrauens seines Herrschers, der ihm, solange der Krieg dauert, die volle Verantwortung überlassen muß. Ein Krieg ist aber immer etwas Gefährliches und bringt Schaden und Verheerung mit sich. Darum darf man ihn nicht leichtfertig unternehmen, sondern nur wie eine giftige Arznei als letzte Auskunft. Der gerechte Grund und ein klares, verständliches Kriegsziel muß durch einen erfahrenen Führer dem Volk deutlich gemacht werden. Nur wenn ein ganz bestimmtes Kriegsziel da ist, für das das Volk sich mit Bewußtsein einsetzen kann, entsteht die Einheitlichkeit und Stärke der Überzeugung, die zum Sieg führt. Aber der Führer muß auch dafür sorgen, daß in der Kriegsleidenschaft und im Siegestaumel nichts Ungerechtes geschieht, das die allgemeine Anerkennung nicht findet. Gerechtigkeit und Beharrlichkeit sind die Grundbedingungen dafür, daß alles gut geht.

DAS BILD

Inmitten der Erde ist Wasser, das Bild des Heeres.
So mehrt der Edle durch Weitherzigkeit gegen das Volk seine Massen.

Das Grundwasser ist unsichtbar inmitten der Erde vorhanden. So ist auch die Kriegsmacht eines Volkes unsichtbar in seinen Massen vorhanden.

Jeder Bauer wird, wenn Gefahr droht, Soldat und kehrt nach Beendigung des Kriegs hinter seinen Pflug zurück. Wer gegen das Volk weitherzig ist, der gewinnt die Liebe des Volkes, und das Volk, das unter einem milden Regiment lebt, wird stark und kräftig. Nur ein wirtschaftlich starkes Volk kann als Kriegsmacht von Bedeutung sein. Man muß also die Macht pflegen durch Förderung der wirtschaftlichen Beziehungen des Volkes und menschenfreundliche Regierung. Nur wo dieses unsichtbare Band zwischen Regierung und Volk da ist, daß das Volk unter ihr geborgen ist wie das Grundwasser in der Erde, ist es möglich, einen Krieg siegreich zu führen.

Die einzelnen Linien

Anfangs eine Sechs bedeutet:
Ein Heer muß ausziehen nach der Ordnung.
Ist die nicht gut, droht Unheil.

Zu Beginn einer kriegerischen Unternehmung muß Ordnung herrschen. Es muß ein gerechter und triftiger Grund da sein, und der Gehorsam und das Ineinandergreifen der Truppen muß wohl organisiert sein, sonst ist Mißerfolg die unvermeidliche Folge.

○ Neun auf zweitem Platz bedeutet:
Inmitten des Heeres!
Heil! Kein Makel!
Der König verleiht dreifache Auszeichnung.

Der Führer muß inmitten seines Heeres sein. Er muß Fühlung mit ihm haben und Gutes und Böses mit den Massen teilen, die er führt. Nur auf diese Weise ist er der schweren Anforderung gewachsen, die auf ihm ruht. Er bedarf dabei der Anerkennung durch den Herrscher. Die Auszeichnungen, die er erhält, sind berechtigt, da es sich nicht um persönliche Bevorzugung handelt, sondern in dem Führer das ganze Heer geehrt wird, in dessen Mitte er weilt.

Sechs auf drittem Platz bedeutet:
Das Heer führt etwa im Wagen Leichen. Unheil!

Die eine Erklärung deutet auf eine Niederlage infolge davon, daß ein anderer als der berufene Führer sich in die Leitung einmischt. Die andere Erklärung stimmt dem Sinne nach damit überein, nur daß der Ausdruck »Leichen im Wagen führen« anders gedeutet wird. Bei Beerdigungen und Totenopfern war es in China Sitte, daß der Verstorbene, dem geopfert wurde, durch einen Knaben aus der Familie vertreten wurde, der am Platz der Leiche saß und an der Stelle des Verstorbenen geehrt wurde. Daraus entnimmt diese Erklärung den Sinn, daß auf dem Wagen ein »Leichenknabe« sitzt, d. h. daß die Autorität nicht von der dazu berufenen Stelle ausgeht, sondern sich von andern angemaßt wird. Vielleicht läßt sich die ganze Schwierigkeit beheben durch Annahme eines Schreibfehlers (fan = alle für schï = Leiche). Dann würde der Sinn ohne weiteres sein: Wenn im Heer etwa sich die Menge zum Herrn macht (auf dem Wagen fährt), so ist das unheilvoll.

Sechs auf viertem Platz bedeutet:
Das Heer zieht sich zurück. Kein Makel.

Wenn man einem überlegenen Feind gegenübersteht, mit dem der Kampf aussichtslos ist, so ist ein geordneter Rückzug das einzig Richtige, weil durch ihn das Heer vor Niederlage und Auflösung bewahrt wird. Es ist keineswegs ein Zeichen von Mut oder Stärke, einen aussichtslosen Kampf unter allen Umständen annehmen zu wollen.

○ Sechs auf fünftem Platz bedeutet:
Im Feld ist ein Wild. Es ist fördernd, es zu fangen.

Ohne Makel.
Der Älteste führe das Heer.
Der Jüngere fährt Leichen,
da bringt Beharrlichkeit Unheil.

Das Wild ist im Feld, d. h. es hat seinen Aufenthaltsort, den Wald, aufgegeben und ist in die Felder verwüstend eingebrochen. Das deutet auf einen Einbruch des Feindes. In diesem Fall ist energischer Kampf und Bestrafung durchaus berechtigt. Nur muß der Kampf nach der Regel geführt werden. Er darf nicht zum wilden Durcheinander werden, da sich jeder auf eigene Faust wehrt. Das würde trotz größter Beharrlichkeit und Tapferkeit zu Unheil führen. Sondern das Heer muß von einem erfahrenen Führer geleitet sein. Es muß Krieg geführt werden. Nicht darf die Menge einfach totschlagen, was ihr in die Hände kommt, sonst erleidet man eine Niederlage, und trotz aller Beharrlichkeit droht Unheil.

Oben eine Sechs bedeutet:
Der große Fürst erläßt Befehle,
gründet Staaten, belehnt Familien.
Gemeine Menschen soll man nicht benützen.

Der Krieg ist siegreich beendet. Der Sieg ist gewonnen, der König verteilt unter seinen Getreuen Lehen und Familienbesitz. Dabei ist es aber wichtig, daß gemeine Menschen nicht zur Macht gelangen dürfen. Wenn sie mitgeholfen haben, so mag man sie mit Geld abfinden. Aber Landgebiete und Herrschaftsrechte darf man ihnen nicht verleihen, damit kein Mißbrauch vorkommt.

比

8. BI / DAS ZUSAMMENHALTEN

䷇ *oben Kan, das Abgründige, das Wasser*
unten Kun, das Empfangende, die Erde

Das Wasser über der Erde fließt zusammen, wie es immer kann, z. B. im Meer, wo sich alle Flüsse sammeln. Dies ist ein Symbol, das auf das Zusammenhalten und auf seine Gesetze deutet. Derselbe Gedanke wird dadurch nahegelegt, daß alle Linien weich sind, bis auf den festen Strich an fünfter Stelle auf dem Platz des Herrschers. Die Weichen halten zusammen, indem sie von dem festen Willen an leitender Stelle beeinflußt werden, der ihr

Vereinigungsmittelpunkt ist. Aber auch diese starke, leitende Persönlichkeit hält mit den andern zusammen, durch die sie eine Ergänzung zu ihrem eigenen Wesen findet.

DAS URTEIL

Das Zusammenhalten bringt Heil.
Ergründe das Orakel nochmals,
ob du Erhabenheit, Dauer und Beharrlichkeit hast;
dann ist kein Makel da.
Die Unsicheren kommen allmählich herbei.
Wer zu spät kommt, hat Unheil.

Es handelt sich darum, daß man sich mit andern zusammentut, um durch den Zusammenhalt sich gegenseitig zu ergänzen und zu fördern. Für einen solchen Zusammenhalt muß ein Mittelpunkt da sein, um den sich die andern scharen. Mittelpunkt für das Zusammenhalten von Menschen zu werden, ist eine schwere Sache mit großer Verantwortung. Es bedarf innerlicher Größe, Konsequenz und Kraft dazu. Darum prüfe sich selbst, wer andre um sich vereinigen will, ob er der Sache gewachsen ist; denn wer andre sammeln will ohne das Siegel des Berufenen, der richtet mehr Verwirrung an, als wenn kein Zusammenschluß stattgefunden hätte.

Wo aber ein wirklicher Sammlungspunkt vorhanden ist, da kommen die Unsicheren, anfangs noch Zögernden allmählich von selbst herbei. Die, die zu spät kommen, haben selbst den Schaden davon. Denn es handelt sich auch beim Zusammenhalten um die richtige Zeit. Beziehungen knüpfen sich und festigen sich nach bestimmten inneren Gesetzen. Gemeinsame Erlebnisse festigen sie, und wer zu spät kommt und nicht mehr teilnehmen kann an diesen grundlegenden gemeinsamen Erfahrungen, der hat darunter zu leiden, wenn er als Nachzügler die Tür verschlossen findet.

Wer aber die Notwendigkeit des Zusammenschlusses erkannt hat und nicht die Kraft in sich fühlt, als Mittelpunkt des Zusammenhaltens zu wirken, der hat die Pflicht, sich einer andern organischen Gemeinschaft anzuschließen*.

DAS BILD

Auf der Erde ist Wasser: das Bild des Zusammenhaltens.
So haben die Könige der Vorzeit die einzelnen Staaten als

* Vergleiche dazu das Distichon: »Immer strebe zum Ganzen, und kannst du selber kein Ganzes werden, als dienendes Glied schließ an ein Ganzes dich an.«

Lehen vergeben und mit den Lehensfürsten freundlichen Verkehr gepflegt.

Das Wasser auf der Erde füllt alle Lücken aus und haftet fest an ihr. Die Gesellschaftsorganisation des Altertums war auf diesen Grundsatz des Zusammenhaltens zwischen Abhängigen und Herrscher gegründet. Das Wasser fließt von selbst zusammen, weil es in allen seinen Teilen unter denselben Gesetzen steht. So muß auch die menschliche Gesellschaft zusammenhalten durch eine Interessengemeinschaft, die jeden einzelnen sich als Glied eines Ganzen fühlen läßt. Die Zentralgewalt eines gesellschaftlichen Organismus muß dafür sorgen, daß jedes Glied sein wahres Interesse im Zusammenhalten findet, wie das in dem väterlichen Verhältnis von Großkönig und Lehnsträgern im chinesischen Altertum der Fall war.

Die einzelnen Linien

Anfangs eine Sechs bedeutet:
Halte wahr und treu zu ihm: das ist kein Makel.
Wahrheit wie eine volle Tonschüssel:
So kommt schließlich von außen her das Heil.

Wenn es sich um Anknüpfen von Beziehungen handelt, ist volle Wahrhaftigkeit die einzig richtige Grundlage. Diese Gesinnung, die unter dem Bild einer gefüllten irdenen Schüssel dargestellt wird, bei der alles Gehalt, nichts leere Form ist, äußert sich nicht in klugen Worten, sondern durch die Kraft des Innern, und diese Kraft ist so stark, daß sie mit Macht das Heil von außen an sich zieht.

Sechs auf zweitem Platz bedeutet:
Halte zu ihm im Innern. Beharrlichkeit bringt Heil.

Wenn man auf rechte und beharrliche Weise den Bitten, die von oben her zum Wirken uns auffordern, entgegenkommt, so sind die Beziehungen zum andern in erster Linie innerliche, man verliert sich selbst nicht. Wer aber streberhaft klebend Zusammenhalt sucht, der folgt nicht dem Pfad des Edlen, der seine Würde wahrt, sondern wirft sich weg.

Sechs auf drittem Platz bedeutet:
Du hältst zusammen mit Menschen,
die nicht die rechten sind.

Man ist oft unter lauter Menschen, die nicht zur eigenen Sphäre gehören. Da darf man sich nicht zu einer falschen Vertraulichkeit durch die Macht der Gewohnheit hinreißen lassen. Daß das vom

Übel wäre, bedarf nicht erst der Worte. Geselligkeit ohne Intimität ist solchen Leuten gegenüber das einzig Richtige; nur dadurch hält man sich frei für eine spätere Beziehung zu seinesgleichen.

Sechs auf viertem Platz bedeutet:
Auch äußerlich halte zu ihm. Beharrlichkeit bringt Heil.

Die Beziehungen zu einem Mann, der Mittelpunkt des Zusammenhaltens ist, sind hier schon fest geregelt. Da darf und soll man seine Anhänglichkeit auch offen zeigen. Man muß nur fest bleiben und darf sich durch nichts irremachen lassen.

o Neun auf fünftem Platz bedeutet:
Offenbarung des Zusammenhaltens.
Der König läßt bei der Jagd nur von drei Seiten treiben
und verzichtet auf das Wild, das vorne abbiegt.
Die Bürger bedürfen nicht der Warnung. Heil!

Bei den königlichen Treibjagden im alten China war es üblich, daß das Wild von drei Seiten her angetrieben wurde. Auf der vierten Seite konnte das angetriebene Wild abbiegen. Soweit die Tiere hier nicht abbogen, mußten sie in ein Tor hinein, hinter dem der König jagdbereit stand. Nur die Tiere wurden geschossen, die hier eindrangen. Die, welche vorne abbogen, ließ man laufen. Diese Sitte entsprach der königlichen Gesinnung, die aus der Jagd keine Schlächterei machen wollte, sondern nur das Wild zur Strecke brachte, das sich sozusagen freiwillig gestellt hatte.
Es zeigt sich hier ein Herrscher bzw. ein einflußreicher Mann, dem die Menschen zufallen. Wer zu ihm kommt, den nimmt er auf, wer nicht kommt, den läßt er laufen. Er bittet keinen, schmeichelt keinem: sie kommen alle von selbst. Auf diese Weise bildet sich eine freie Abhängigkeit bei denen, die zu ihm halten. Die Leute brauchen sich nicht gewaltsam zusammenzunehmen, sondern können harmlos ihre Gesinnungen zeigen. Es bedarf keiner polizeilichen Veranstaltung. Sie sind ihrem Herrn von selber zugetan. Auch für das Leben im allgemeinen gilt diese Freiheit. Man soll nicht um die Gunst der Menschen werben. Wenn man in sich die Reinheit und Kraft ausbildet, die nötig ist für einen Mittelpunkt der Sammlung, so kommen die Menschen von selbst, die einem bestimmt sind.

Oben eine Sechs bedeutet:
Er findet zum Zusammenhalten kein Haupt. Unheil.

Das Haupt ist der Anfang. Ohne einen rechten Anfang gibt es kein rechtes Ende. Wenn man den Anschluß verpaßt hat und nun immer zögert, vor voller, wahrer Hingabe sich scheuend, so wird man zu spät seinen Fehler bereuen.

小畜

9. SIAU TSCHU
DES KLEINEN ZÄHMUNGSKRAFT

☴ *oben Sun, das Sanfte, der Wind*
☰ *unten Kiën, das Schöpferische, der Himmel*

Das Zeichen bedeutet das Kleine, die Kraft des Schattigen, die zurückhält, zähmt, hemmt. Auf dem vierten Platz, dem Platz des Ministers, ist ein schwacher Strich, der die ganzen übrigen starken Striche im Zaume hält. Vom Bild aus betrachtet, ist es der Wind, der oben am Himmel weht. Er hemmt den aufsteigenden Atem des Schöpferischen, die Wolken, so daß sie sich verdichten. Aber er ist nicht sofort stark genug, sie zum Niederschlag zu bringen. Das Zeichen gibt eine Konstellation, da vorübergehend durch Schwaches ein Starkes im Zaum gehalten wird. Das kann nur durch Sanftheit geschehen, wenn es von Erfolg begleitet sein soll.

DAS URTEIL

Des Kleinen Zähmungskraft hat Gelingen.
Dichte Wolken, kein Regen von unserm westlichen Gebiet.

Das Gleichnis stammt aus der Lage der Verhältnisse in China zur Zeit des Königs Wen. Er stammte aus Westen, war aber damals im Osten am Hof des Großkönigs, des Tyrannen Dschou Sin. Die Zeit zum Handeln im großen war noch nicht gekommen. Er konnte den Tyrannen nur durch gütliches Zureden einigermaßen im Zaum halten. Daher das Bild, daß reichliche Wolken aufsteigen, die dem Land Feuchtigkeit und Segen versprechen, zunächst aber noch kein Regen fällt. Die Situation ist nicht ungünstig. Es ist Aussicht auf schließlichen Erfolg da. Aber es stehen noch Hindernisse im Weg. Man kann erst Vorarbeiten tun. Nur durch kleine Mittel gütlichen Zuredens kann man wirken. Die Zeit des Durchgreifens im großen ist noch nicht da. Aber es gelingt wenigstens, in beschränktem Umfang hemmend und zähmend zu wirken. Dabei ist feste Entschlossenheit im Innern und sanfte Anpassung im Äußern nötig, um seinen Willen durchzusetzen.

DAS BILD

Der Wind fährt über den Himmel hin:
das Bild der Zähmungskraft des Kleinen.
So verfeinert der Edle die äußere Form seines Wesens.

Der Wind treibt die Wolken am Himmel zwar zusammen, aber weil er nur Luft ist ohne festen Körper, bringt er keine großen, dauernden Wirkungen hervor. So bleibt dem Menschen in Zeiten, da eine große Wirkung nach außen nicht möglich ist, auch nur übrig, daß er im kleinen sein Wesen in seinen Äußerungen verfeinert.

Die einzelnen Linien

Anfangs eine Neun bedeutet:
Wiederkehr auf den Weg. Wie wäre das ein Makel! Heil!

In der Natur des Starken liegt es, voran zu drängen. Damit begibt er sich aber in den Hemmungsbereich. Darum kehrt er auf den seiner Lage entsprechenden Weg zurück, auf dem er frei ist im Fortschritt und Rückzug. Das ist gut und vernünftig, daß man nichts mit Gewalt erzwingen will, und bringt der Natur der Sache nach Heil.

Neun auf zweitem Platz bedeutet:
Läßt sich mitziehen zur Wiederkehr. Heil!

Man möchte an sich voran. Aber ehe man noch weiterkommt, sieht man an dem Beispiel anderer gleichgearteter Menschen, daß dieser Weg behindert ist. Ein vernünftiger, entschlossener Mensch wird in einem solchen Fall sich nicht erst selbst einer persönlichen Zurückweisung aussetzen, sondern sich mit den andern Gleichgesinnten zurückziehen, wenn das Streben nach vorwärts der Zeit nicht entspricht. Das bringt Heil, weil er sich auf diese Weise nicht selbst preisgibt.

Neun auf drittem Platz bedeutet:
Dem Wagen springen die Speichen ab.
Mann und Frau verdrehen die Augen.

Hier wird der Versuch gemacht, gewaltsam vorzudringen, im Bewußtsein davon, daß die hemmende Macht nur gering ist. Allein da den Umständen entsprechend das Schwache tatsächlich die Macht besitzt, so muß dieser Überrumpelungsversuch mißlingen. Äußere Umstände verhindern den Fortschritt, wie ein

Wagen nicht vorankommt, wenn ihm die Speichen abspringen. Diesem Wink des Schicksals fügt man sich noch nicht. Deshalb gibt es ärgerliche Auseinandersetzungen wie zwischen zwei Eheleuten. Das ist natürlich kein günstiger Zustand; denn wenn infolge der Lage dem schwächeren Teil auch das Festhalten gelingt, so sind doch zu viele Schwierigkeiten damit verbunden, als daß es erfreulich wirken könnte. Infolge davon kann auch der Starke seine Kraft nicht zum richtigen Einfluß auf seine Umgebung gebrauchen. Er hat eine Zurückweisung erfahren, wo er einen leichten Sieg erhoffte; damit hat er sich etwas vergeben.

□ Sechs auf viertem Platz bedeutet:

Bist du wahrhaftig, so schwindet Blut und weicht Angst.
Kein Makel.

In schwerer, verantwortungsvoller Stellung soll man den Mächtigen, dem man leitend zur Seite steht, so zähmen, daß das rechte geschieht. Darin liegt eine große Gefahr, die selbst Blutvergießen befürchten läßt. Aber die Macht selbstloser Wahrheit ist größer als alle diese Hindernisse. Sie macht solchen Eindruck, daß man seine Bemühungen erfolgreich zu Ende bringt und alle Gefahr des Blutvergießens und alle Angst schwinden.

○ Neun auf fünftem Platz bedeutet:

Bist du wahrhaftig und treu verbunden,
so bist du reich in deinem Nächsten.

Die Treue führt zu fester Bindung, weil sie auf gegenseitiger Ergänzung beruht. Beim schwächeren Teil besteht die Treue in Hingebung, beim stärkeren Teil in Zuverlässigkeit. Diese gegenseitige Ergänzung führt zu wahrem Reichtum, der dadurch erst recht sich zeigt, daß man ihn nicht einzeln für sich behält, sondern mit seinem Nächsten gemeinsam hat. Geteilte Freude ist doppelte Freude.

Oben eine Neun bedeutet:

Es kommt zum Regen, es kommt zur Ruhe.
Das ist der dauernden Wirkung des Charakters zu verdanken.
Die Frau kommt durch Beharrlichkeit in Gefahr.
Der Mond ist fast voll. Macht der Edle fort,
so kommt Unheil.

Der Erfolg ist da. Der Wind hat den Regen zusammengetrieben. Ein fester Standpunkt ist erreicht. Das ist zustande gekommen durch allmähliche Zusammenhäufung kleiner Wirkungen, die sich aus der Verehrung für einen überlegenen Charakter ergeben. Ein solcher Stück für Stück zusammengetragener Erfolg bedarf aber sehr der Vorsicht. Wollte man sich nun der Einbildung hingeben, daß man auf ihn pochen könnte, so wäre das gefährlich. Das Weibliche, Schwache, das den Sieg erlangt hat, darf sich nie hartnäckig darauf berufen. Das brächte Gefahr. Die schattige Kraft im Mond ist am stärksten, wenn er beinahe voll ist. Steht er als Vollmond der Sonne direkt gegenüber, so ist seine Abnahme unvermeidlich. In solchen Verhältnissen muß man sich mit dem Erreichten begnügen. Weiterschreiten, ehe die Zeit dazu gekommen ist, brächte Unheil.

履

10. LÜ / DAS AUFTRETEN

䷉ *oben Kiën, das Schöpferische, der Himmel*
unten Dui, das Heitere, der See

Das Auftreten bedeutet einerseits die richtige Art, sich zu benehmen. Oben ist der Himmel, der Vater, unten ist der See, die jüngste Tochter. Das zeigt den Unterschied von hoch und niedrig, wie er der Stille, dem richtigen Auftreten in der Gesellschaft zugrunde liegt. Auftreten heißt wörtlich: »treten auf etwas«. Das kleine »Heitere« tritt auf das große »Starke«. Die Bewegungsrichtung beider Urzeichen ist nach oben. Daß das Starke auf das Schwache tritt, ist etwas Selbstverständliches, das im Buch der Wandlungen nicht besonders erwähnt wird. Das Auftreten des Schwachen dem Starken gegenüber ist deshalb nicht gefährlich, weil es in Heiterkeit geschieht, ohne Anmaßung, so daß der Starke nicht gereizt wird und es sich gutmütig gefallen läßt.

DAS URTEIL

Auftreten auf des Tigers Schwanz.
Er beißt den Menschen nicht. Gelingen.

Die Lage ist eigentlich schwierig. Stärkstes und Schwächstes ist unmittelbar beisammen. Das Schwache geht hinter dem Starken her und macht sich mit ihm zu schaffen. Aber das Starke läßt es sich gefallen und tut ihm nichts zuleide, denn die Berührung ist heiter und nicht verletzend.

Die menschliche Lage ist, daß man es mit wilden, unzugänglichen Menschen zu tun hat. Man erreicht in diesem Falle seinen Zweck, wenn man sich in seinem Auftreten an die gute Sitte hält. Gute, angenehme Formen des Auftretens führen auch reizbaren Menschen gegenüber zum Gelingen.

DAS BILD

Oben der Himmel, unten der See: das Bild des Auftretens.
So unterscheidet der Edle hoch und niedrig
und festigt dadurch den Sinn des Volkes.

Himmel und See zeigen einen Höhenunterschied, der durch ihr Wesen von selbst gekommen ist und daher durch keinerlei Neid getrübt wird. So muß es auch in der Menschheit Höhenunterschiede geben. Eine allgemeine Gleichheit ist unmöglich durchzuführen. Es handelt sich aber darum, daß die Rangunterschiede in der menschlichen Gesellschaft nicht willkürlich und ungerecht sind; denn dann ist Neid und Klassenkampf die unausbleibliche Folge. Wenn dagegen die äußeren Rangunterschiede einer inneren Berechtigung entsprechen und innere Würdigkeit der Maßstab für den äußeren Rang ist, dann beruhigen sich die Menschen dabei, und die Gesellschaft kommt in Ordnung.

Die einzelnen Linien

Anfangs eine Neun bedeutet:
Einfaches Auftreten. Fortschreiten ohne Makel.

Man befindet sich in einer Lage, in der man noch nicht gebunden ist durch die Verpflichtungen des Verkehrs. Wenn man einfach auftritt, bleibt man frei von gesellschaftlichen Verpflichtungen und kann ruhig den Neigungen des eigenen Herzens folgen, da man keine Anforderungen an die Menschen stellt, sondern zufrieden ist. Das Auftreten bedeutet nicht Stehenbleiben, sondern Fortschreiten. Man befindet sich in ganz geringer Anfangsstellung. Aber man besitzt die innere Stärke, die den Fortschritt verbürgt. Wenn man sich mit der Einfachheit zufrieden gibt, so kann man fortschreiten ohne Makel. Wenn jemand sich nicht in bescheidenen Verhältnissen beruhigen kann, so will er voran und ist streberisch und unruhig, weil er durch sein Auftreten der Niedrigkeit und Armut entgehen will, nicht weil er etwas leisten will. Hat er sein Ziel erreicht, so wird er sicher hochmütig und üppig. Darum ist sein Fortschreiten mit Makel behaftet. Der Tüchtige dagegen ist zufrieden bei einfachem Auftreten. Er will fortschreiten, um etwas zu leisten. Hat er dann sein Ziel erreicht, so leistet er etwas, und alles ist gut.

Neun auf zweitem Platz bedeutet:
Auftreten auf schlichter, ebener Bahn.
Eines dunkeln Mannes Beharrlichkeit bringt Heil.

Es ist hier die Lage eines einsamen Weisen gezeichnet. Er hält sich von dem Weltgetriebe fern, sucht nichts, will von niemandem etwas und läßt sich nicht blenden von verlockenden Zielen. Er ist sich selbst treu und wandelt so auf ebener Straße unangefochten durchs Leben. Weil er genügsam ist und das Schicksal nicht herausfordert, bleibt er frei von Verwicklungen.

□ Sechs auf drittem Platz bedeutet:
Ein Einäugiger kann sehen, ein Lahmer kann auftreten.
Er tritt auf des Tigers Schwanz. Der beißt den Menschen.
Unheil!
Ein Krieger handelt so für seinen großen Fürsten.

Ein Einäugiger kann wohl sehen, aber es reicht ihm nicht zum klaren Sehen. Ein Lahmer kann wohl auftreten, aber es reicht ihm nicht zum Vorankommen. Wenn jemand mit solchen Schwächen sich dennoch für stark hält und sich demgemäß in Gefahr begibt, so zieht er sich Unheil zu. Denn er begeht etwas, das über seine Kraft geht. Diese tollkühne Art, ohne Rücksicht auf die eigenen Kräfte voranzustürmen, mag höchstens für einen Krieger, der für seinen großen Fürsten kämpft, hingehen.

Neun auf viertem Platz bedeutet:
Er tritt auf des Tigers Schwanz.
Vorsicht und Behutsamkeit führt endlich zum Heil.

Es handelt sich um eine gefährliche Unternehmung. Es ist die innere Kraft vorhanden, sie zu bestehen. Aber die innere Kraft verbindet sich nach außen hin mit zögernder Vorsicht, im Gegensatz zur vorigen Linie, die innerlich schwach ist, aber nach außen hin vorandrängt. So ist der schließliche Erfolg sicher, der darin besteht, daß man seinen Willen erreicht, nämlich durch Weiterschreiten die Gefahr überwindet.

○ Neun auf fünftem Platz bedeutet:
Entschlossenes Auftreten.
Beharrlichkeit bei Bewußtsein der Gefahr.

Es handelt sich um den Herrn des ganzen Zeichens. Man sieht sich genötigt zu entschlossenem Auftreten. Dabei muß man sich aber der Gefahr bewußt bleiben, die mit solch einem entschlossenen Auftreten verbunden ist, namentlich, wenn man beharrlich dabei bleibt. Nur das Bewußtsein der Gefahr ermöglicht das Gelingen.

Oben eine Neun bedeutet:

Blicke auf dein Auftreten und prüfe die günstigen Zeichen.

Ist alles vollkommen, so kommt erhabenes Heil.

Das Werk ist zu Ende. Will man wissen, ob das Heil die Folge sein wird, so blicke man auf sein Auftreten zurück und auf die Folgen, die es gehabt. Sind die Wirkungen gut, so ist das Heil gewiß. Niemand kennt sich selbst. Nur aus den Folgen seines Tuns, aus den Früchten der Werke läßt sich ermessen, was man zu erwarten hat.

泰

11. TAI / DER FRIEDE

䷊ *oben Kun, das Empfangende, die Erde*
unten Kiën, das Schöpferische, der Himmel

Das Empfangende, dessen Bewegung sich nach unten senkt, ist oben; das Schöpferische, dessen Bewegung nach oben steigt, ist unten. Ihre Einflüsse begegnen daher einander und sind in Harmonie, so daß alle Wesen blühen und gedeihen. Das Zeichen ist dem ersten Monat (Februar–März) zugeordnet, in dem die Kräfte der Natur den neuen Frühling vorbereiten.

DAS URTEIL

Der Friede. Das Kleine geht hin, das Große kommt her.

Heil! Gelingen!

Das Zeichen deutet in der Natur auf eine Zeit, da sozusagen der Himmel auf Erden ist. Der Himmel hat sich unter die Erde gestellt. So vereinigen sich ihre Kräfte in inniger Harmonie. Dadurch entsteht Friede und Segen für alle Wesen.

In der Menschenwelt ist es eine Zeit gesellschaftlicher Eintracht. Die Hohen neigen sich zu den Niedrigen herab, und die Niedrigen und Geringen sind den Hohen freundlich gesinnt, so daß alle Fehde ein Ende hat.

Innen, im Zentrum, am ausschlaggebenden Platz, ist das Lichte; das Dunkle ist draußen. So hat das Lichte kräftige Wirkung, und das Dunkle ist nachgiebig. Auf diese Weise kommen beide Teile auf ihre Rechnung. Wenn die Guten in der Gesellschaft in zentraler Stellung sind und die Herrschaft in Händen haben, so kom-

men auch die Schlechten unter ihren Einfluß und bessern sich. Wenn im Menschen der vom Himmel kommende Geist herrscht, so kommt auch die Sinnlichkeit unter seinen Einfluß und findet so den ihr gebührenden Platz.
Die einzelnen Linien treten von unten her in das Zeichen ein und verlassen es oben wieder. Es sind also die Kleinen, Schwachen, Schlechten im Weggang begriffen, und die Großen, Starken, Guten sind im Aufstieg. Das bringt Heil und Gelingen.

DAS BILD

Himmel und Erde vereinigen sich: das Bild des Friedens.
So teilt und vollendet der Herrscher
den Lauf von Himmel und Erde,
fördert und ordnet die Gaben von Himmel und Erde
und steht so dem Volke bei.

Himmel und Erde stehen im Verkehr und vereinigen ihre Wirkungen. Das gibt eine allgemeine Zeit des Blühens und Gedeihens. Dieser Kraftstrom muß vom Herrscher der Menschen geregelt werden. Das geschieht durch Einteilung. So wird die unterschiedslose Zeit entsprechend der Folge ihrer Erscheinungen vom Menschen in Jahreszeiten eingeteilt und der allumgebende Raum durch menschliche Festsetzungen in Himmelsrichtungen unterschieden. Auf diese Weise wird die Natur mit ihrer überwältigenden Fülle der Erscheinungen beschränkt und gebändigt. Auf der andern Seite muß die Natur in ihren Hervorbringungen gefördert werden. Das geschieht, wenn man die Erzeugnisse der richtigen Zeit und dem richtigen Ort anpaßt. Dadurch wird der natürliche Ertrag gesteigert. Diese bändigende und fördernde Tätigkeit der Natur gegenüber ist die Arbeit an der Natur, die dem Menschen zugute kommt*.

Die einzelnen Linien

Anfangs eine Neun bedeutet:
Zieht man Bandgras aus, so geht der Rasen mit.
Jeder nach seiner Art. Unternehmungen bringen Heil.

In Zeiten der Blüte zieht jeder tüchtige Mann, der auf einen Posten berufen wird, sofort andere Gleichgesinnte nach sich, wie man beim Herausziehen von Bandgras immer gleich mehrere durch die Wurzeln miteinander zusammenhängende Stengel mit herauszieht. Der Sinn des Tüchtigen ist in solchen Zeiten, da die

* Denselben Gedanken hat Goethe ausgedrückt in den Versen:
Dich im Unendlichen zu finden,
Mußt unterscheiden und dann verbinden.

Wirkung im Großen möglich ist, darauf gerichtet, ins Leben hinauszuziehen und etwas zu leisten.

o Neun auf zweitem Platz bedeutet:
Die Ungebildeten in Milde tragen,
entschlossen den Fluß durchschreiten,
das Ferne nicht vernachlässigen,
die Genossen nicht berücksichtigen:
so mag man es fertigbringen, in der Mitte zu wandeln.

In Zeiten der Blüte ist es vor allem wichtig, daß man die innere Größe besitzt, auch die Unvollkommenen zu tragen. Denn ein großer Meister kennt kein unfruchtbares Material. Er kann aus allem noch etwas machen. Diese Weitherzigkeit ist aber keineswegs Nachlässigkeit oder Schwäche. Man muß gerade in Blütezeiten stets bereit sein, auch gefährliche Unternehmungen, wie das Überschreiten eines Flusses, zu wagen, wenn sie notwendig sind. Ebenso gilt es nicht, das Entfernte zu vernachlässigen, sondern mit Pünktlichkeit alles zu besorgen. Vor Parteiungen und Cliquenwirtschaft hat man sich besonders zu hüten. Denn wenn auch die Gleichgesinnten zusammen hervortreten, dürfen sie doch nicht durch gegenseitiges Zusammenhalten eine Partei bilden, sondern es muß jeder seine Pflicht tun. Diese vier Dinge sind es, durch die man die verborgene Gefahr allmählichen Erschlaffens, die in jeder Friedenszeit lauert, überwinden kann, und auf diese Weise findet man die rechte Mitte des Handelns.

Neun auf drittem Platz bedeutet:
Keine Ebene, auf die nicht ein Abhang folgt,
kein Hingang, auf den nicht die Wiederkehr folgt.
Ohne Makel ist, wer beharrlich bleibt in Gefahr.
Beklage dich nicht über diese Wahrheit,
genieße das Glück, das du noch hast.

Alles Irdische ist dem Wechsel unterworfen. Auf Blüte folgt Niedergang. Das ist das ewige Gesetz auf Erden. Das Schlechte kann wohl zurückgedrängt, aber nicht dauernd beseitigt werden. Es kommt wieder. Diese Überzeugung könnte einen schwermütig machen. Aber das soll sie nicht. Sie soll nur bewirken, daß man im Glück nicht in Verblendung gerät. Bleibt man der Gefahr eingedenk, so bleibt man beharrlich und macht keinen Fehler. Solange das innere Wesen stärker und voller bleibt als das äußere Glück, solange wir innerlich dem Schicksal überlegen bleiben, solange bleibt das Glück uns treu.

Sechs auf viertem Platz bedeutet:

Er flattert hernieder, nicht pochend auf Reichtum,
zusammen mit seinem Nächsten, arglos und wahrhaftig.

In Zeiten gegenseitigen Vertrauens kommen die Hohen ganz einfach, und ohne auf ihren Reichtum zu pochen, gemeinsam zu den Niedrigen. Das ist nicht Zwang der Umstände, sondern entspricht der innersten Gesinnung. Dann macht sich die Annäherung ganz zwanglos, weil sie auf innerer Überzeugung beruht.

o Sechs auf fünftem Platz bedeutet:

Der Herrscher I gibt seine Tochter in die Ehe.
Das bringt Segen und erhabenes Heil.

Der Herrscher I ist Tang, der Vollender. Er hatte bestimmt, daß die kaiserlichen Prinzessinnen, trotzdem sie im Rang höher standen als die Gatten, denen sie vermählt wurden, ebenso ihren Gatten zu gehorchen hatten wie andere Ehefrauen. Auch hier ist auf wirklich bescheidene Vereinigung von hoch und niedrig hingewiesen, die Glück und Segen bringt.

Oben eine Sechs bedeutet:

Der Wall fällt wieder in den Graben.
Jetzt brauche keine Heere.
In der eigenen Stadt verkünde deine Befehle.
Beharrlichkeit bringt Beschämung.

Der schon in der Mitte des Zeichens angedeutete Wechsel ist eingetreten. Der Stadtwall sinkt wieder in den Graben zurück, aus dem er genommen war. Das Verhängnis bricht herein. In diesem Fall gilt es, sich dem Schicksal zu fügen und nicht durch gewaltsamen Widerstand das Schicksal aufhalten zu wollen. Das einzige, was übrig bleibt, ist, im engsten Kreis sich zu wahren. Wollte man auf dem üblichen Weg beharrlich dem Übel widerstreben, so würde der Zusammenbruch nur schlimmer, und Beschämung wäre die Folge.

否

12. PI / DIE STOCKUNG

䷋ *oben Kiën, das Schöpferische, der Himmel*
unten Kun, das Empfangende, die Erde

Das Zeichen ist das gerade Gegenteil des vorigen. Der Himmel oben zieht sich immer weiter zurück, die Erde unten sinkt immer weiter in die Tiefe. Die schöpferischen Kräfte stehen außer Beziehung. Es ist die Zeit der Stockung und des Niedergangs. Das Zeichen ist dem siebenten Monat (August–September) beigeordnet, wenn das Jahr seinen Höhepunkt überschritten hat und das herbstliche Welken sich vorbereitet.

DAS URTEIL

Die Stockung.
Schlechte Menschen sind nicht fördernd
für die Beharrlichkeit des Edlen.
Das Große geht hin, das Kleine kommt herbei.

Himmel und Erde stehen außer Verkehr, und alle Dinge erstarren. Obere und Untere stehen außer Beziehung, und auf Erden herrscht Verwirrung und Unordnung. Innen ist das Dunkle, und das Lichte ist außen. Innen ist Schwäche, außen ist Härte, innen sind die Gemeinen, und die Edlen sind außen. Die Art der Gemeinen ist im Aufsteigen, die Art der Edlen ist im Abnehmen. Aber die Edlen lassen sich in ihren Grundsätzen nicht beirren. Wenn sie die Möglichkeit des Wirkens nicht mehr haben, so bleiben sie diesen Grundsätzen doch treu und ziehen sich in die Verborgenheit zurück.

DAS BILD

Himmel und Erde vereinigen sich nicht:
das Bild der Stockung.
So zieht sich der Edle auf seinen innern Wert zurück,
um den Schwierigkeiten zu entgehen.
Er läßt sich nicht durch Einkünfte ehren.

Wenn gegenseitiges Mißtrauen im öffentlichen Leben herrscht infolge des Einflusses, den die Gemeinen haben, so ist eine fruchtbare Wirksamkeit unmöglich, weil die Grundlage falsch ist. Darum weiß der Edle, was er unter solchen Umständen zu tun hat. Er läßt sich nicht durch glänzende Angebote zur Teilnahme an der öffentlichen Wirksamkeit verleiten, die für ihn, da er die Gemeinheit der andern nicht mitmachen kann, doch nur gefährlich wäre. Darum verbirgt er seinen Wert und zieht sich in die Verborgenheit zurück.

Die einzelnen Linien

Anfangs eine Sechs bedeutet:
Zieht man Bandgras aus, so geht der Rasen mit.
Jeder nach seiner Art.
Beharrlichkeit bringt Heil und Gelingen.

Der Text ist beinahe derselbe wie bei der ersten Linie des letzten Zeichens, nur im umgekehrten Sinn. Dort zieht einer den andern nach sich auf dem Weg in die amtliche Laufbahn. Hier zieht einer den andern mit in den Rückzug aus der Öffentlichkeit. Darum heißt es hier nicht »Unternehmungen bringen Heil«, sondern »Beharrlichkeit bringt Heil und Gelingen«. Nur dadurch, daß man versteht, wenn die Wirkungsmöglichkeiten nicht mehr da sind, sich rechtzeitig zurückzuziehen, erspart man sich die Beschämung und hat in höherem Sinne Gelingen, indem man seine Persönlichkeit in ihrem Wert zu wahren weiß.

□ Sechs auf zweitem Platz bedeutet:
Sie tragen und dulden,
das bedeutet für die Gemeinen Heil.
Dem großen Mann dient die Stockung zum Gelingen.

Die Gemeinen sind bereit, in kriecherischer Weise ihren Vorgesetzten zu schmeicheln. Sie würden auch den Edlen dulden, wenn er ihnen behilflich wäre, die Verwirrung zu lösen. Das ist für sie heilbringend. Aber der große Mann trägt ruhig die Folgen der Stockung. Er mischt sich nicht in die Scharen der Gemeinen. Dort ist sein Platz nicht. Dadurch schafft er, indem er persönlich zu leiden hat, seinen Grundsätzen Erfolg.

Sechs auf drittem Platz bedeutet:
Sie tragen Scham.

Die Gemeinen, die auf unrechtmäßige Weise emporgekommen sind, fühlen sich der Verantwortung, die sie auf sich genommen haben, nicht gewachsen. Sie beginnen – zunächst noch, ohne es nach außen hin zu zeigen –, im stillen sich zu schämen. Das ist der Anfang der Wendung zum Besseren.

Neun auf viertem Platz bedeutet:
Wer auf Befehl des Höchsten wirkt, bleibt ohne Makel.
Die Gleichgesinnten genießen des Segens.

Die Zeit der Stockung naht sich dem Umschlag. Wer wieder Ordnung schaffen will, muß dazu berufen sein und das nötige Ansehen besitzen. Wer sich nach eignem Gutdünken zum Ordner aufwerfen wollte, könnte Fehler und Mißerfolge wirken. Wer aber berufen ist, dem kommen die Zeitverhältnisse entgegen, und sein Segen wird allen Gleichgesinnten zuteil.

○ Neun auf fünftem Platz bedeutet:

Die Stockung läßt nach. Dem großen Manne Heil!
»Wenn es mißlänge, wenn es mißlänge!«
Dadurch bindet er es an ein Bündel von Maulbeerstauden.

Die Zeit ändert sich. Der rechte Mann ist gekommen, der wieder Ordnung schaffen kann. Darum Heil! Aber gerade in solchen Übergangszeiten ist Furcht und Zittern nötig. Nur durch die äußerste Besorgtheit, die dauernd denkt: »Wenn es mißlänge!«, wird der Erfolg befestigt. Wenn eine Maulbeerstaude abgeschnitten wird, so sprossen aus der Wurzel eine Reihe von Schößlingen, die besonders fest sind. Daher ist die Festigung des Erfolges unter dem Bild des Anbindens an Maulbeerstauden symbolisiert.
Konfuzius sagt darüber: »Gefahr entsteht, wo einer sich auf seinem Platz sicher fühlt. Untergang droht, wo einer seinen Bestand zu wahren sucht. Verwirrung entsteht, wo einer alles in Ordnung hat. Darum vergißt der Edle, wenn er sicher ist, nicht der Gefahr, wenn er besteht, nicht des Untergangs, und wenn er Ordnung hat, nicht der Verwirrung. Dadurch kommt er persönlich in Sicherheit, und das Reich wird gewahrt.«

Oben eine Neun bedeutet:

Die Stockung hört auf.
Erst Stockung, dann Heil.

Die Stockung dauert nicht ewig. Allerdings hört sie nicht von selber auf, sondern es bedarf des rechten Mannes, um ihr ein Ende zu bereiten. Das ist der Unterschied des Friedens und der Stockung. Der Friede bedarf dauernder Anstrengung, um festgehalten zu werden. Sich selbst überlassen, würde er sich in Stockung und Niedergang verwandeln. Die Niedergangszeit verwandelt sich nicht von selbst in Frieden und Blüte, sondern sie bedarf der Anstrengung, um beseitigt zu werden. Hierin ist die schöpferische Stellung des Menschen gekennzeichnet, die nötig ist, damit die Welt in Ordnung kommt.

同人

13. TUNG JEN
GEMEINSCHAFT MIT MENSCHEN

☰☲ *oben Kiën, das Schöpferische, der Himmel*
unten Li, das Haftende, die Flamme

Das Bild des oberen Urzeichens, Kiën, ist der Himmel, das des unteren, Li, ist die Flamme. Die Natur des Feuers ist es, emporzulodern zum Himmel. Das gibt die Idee der Gemeinschaft. Die zweite Linie ist es, die durch ihr zentrales Wesen die fünf starken um sich vereint. Das Zeichen ist das Gegenstück zu Nr. 7, das Heer. Dort: innen Gefahr, außen Gehorsam als Wesen des kriegerischen Heeres, das zu seinem Zusammenhalt des einen Starken unter den vielen Schwachen bedarf. Hier: innen Klarheit, außen Stärke, als Wesen der friedlichen Vereinigung der Menschen, die zu ihrem Zusammenhalt des einen Weichen unter den vielen Festen bedarf.

DAS URTEIL

Gemeinschaft mit Menschen im Freien: Gelingen.
Fördernd ist es, das große Wasser zu durchqueren.
Fördernd ist des Edlen Beharrlichkeit.

Die wirkliche Gemeinschaft der Menschen muß auf Grund einer kosmischen Anteilnahme zustande kommen. Nicht Sonderzwecke des Ichs, sondern Menschheitsziele bringen dauernde Gemeinschaft unter Menschen hervor; darum heißt es: Gemeinschaft mit Menschen im Freien hat Gelingen. Wenn solche Einigkeit herrscht, dann lassen sich auch schwierige und gefährliche Aufgaben, wie das Durchqueren des großen Wassers, vollbringen. Um aber solche Gemeinschaft zuwege bringen zu können, bedarf es eines beharrlichen und aufgeklärten Führers, der klare, einleuchtende und begeisternde Ziele hat und sie mit Kraft durchzuführen weiß. (Das innere Zeichen bedeutet Klarheit, das äußere Stärke.)

DAS BILD

Himmel zusammen mit Feuer:
das Bild der Gemeinschaft mit Menschen.
So gliedert der Edle die Stämme und unterscheidet
die Dinge.

Der Himmel hat dieselbe Bewegungsrichtung wie das Feuer und ist doch von ihm unterschieden. Wie die leuchtenden Körper am Himmel zur Gliederung und Einteilung der Zeit dienen, so müssen auch die menschliche Gesellschaft und alle wirklich zusammengehörigen Dinge organisch gegliedert sein. Die Gemeinschaft soll nicht Vermischung der Einzelnen und Vermischung der Dinge sein – das wäre Chaos, nicht Gemeinschaft, sondern sie bedarf der gegliederten Mannigfaltigkeit, um zur Ordnung zu führen.

Die einzelnen Linien

Anfangs eine Neun bedeutet:

Gemeinschaft mit Menschen im Tore. Kein Makel.

Der Beginn einer Vereinigung von Menschen soll vor der Tür stattfinden. Alle stehen einander gleich nahe. Irgendwelche Sonderbestrebungen bestehen noch nicht. So macht man keinen Fehler. Die Grundlagen jeder Vereinigung müssen allen Beteiligten in gleicher Weise zugänglich sein. Geheimabmachungen bringen Unheil.

o Sechs auf zweitem Platz bedeutet:

Gemeinschaft mit Menschen im Klan: Beschämung.

Hier ist die Gefahr einer Sonderpartei auf Grund von persönlichen und selbstsüchtigen Interessen. Solche Parteiungen, die ausschließend sind und nicht für alle Raum haben, die einen Teil der Menschen verdammen müssen, um die übrigen zusammenzuscharen, entstehen aus niedrigen Motiven und führen daher auf die Dauer zu Beschämung.

Neun auf drittem Platz bedeutet:

Versteckt Waffen im Dickicht,
steigt auf den hohen Hügel davor.
Drei Jahre lang erhebt er sich nicht.

Hier ist die Gemeinschaft in Mißtrauen umgeschlagen. Man mißtraut den andern, legt geheimen Hinterhalt und sucht von ferne den andern auszuspähen. Man hat es mit einem harten Gegner zu tun, dem auf diese Weise nicht beizukommen ist. Es sind hier Hemmungen gezeigt, die der Gemeinschaft mit andern im Wege stehen. Man hat selbst Hintergedanken und sucht den andern gelegentlich zu überrumpeln. Aber gerade das macht mißtrauisch, man sucht dieselben Hinterlisten auch beim Gegner und sucht sie auszuspionieren. Infolge davon entfernt man sich von wahrer Gemeinschaft immer mehr. Je länger es dauert, desto mehr entfremdet man sich.

Neun auf viertem Platz bedeutet:

Er steigt auf seine Mauer, er kann nicht angreifen. Heil!

Hier rückt die Versöhnung nach der Entzweiung näher. Zwar sind noch trennende Mauern da, auf denen man sich gegenübersteht. Aber die Schwierigkeiten sind zu groß. Man kommt in Not, und durch die Not kommt man zur Besinnung. Man kann nicht kämpfen, aber gerade darauf beruht das Heil.

o Neun auf fünftem Platz bedeutet:

Die gemeinsamen Menschen weinen erst und klagen,
aber nachher lachen sie.

Nach großen Kämpfen gelingt es ihnen, sich zu treffen.

Es sind zwei Menschen äußerlich getrennt, aber im Herzen vereint. Sie sind durch ihre Stellung im Leben auseinandergehalten. Dazwischen erheben sich viele Hindernisse und Hemmungen, die sie trauern machen. Aber sie lassen sich durch kein Hindernis scheiden, sondern bleiben einander treu. Und obwohl die Überwindung dieser Hindernisse schwere Kämpfe kostet, so werden sie doch siegen, und dann wird ihre Traurigkeit in Freude sich verwandeln, wenn sie sich finden.

Kungtse sagt darüber:

»Das Leben führt den ernsten Mann auf bunt verschlungnem Pfade.
Oft wird gehemmt des Laufes Kraft, dann wieder geht's gerade.
Hier mag sich ein beredter Sinn in Worten frei ergießen,
Dort muß des Wissens schwere Last in Schweigen sich verschließen.
Doch wo zwei Menschen einig sind in ihrem innern Herzen,
Da brechen sie die Stärke selbst von Eisen oder Erzen.
Und wo zwei Menschen sich im innern Herzen ganz verstehn,
Sind ihre Worte süß und stark wie Duft von Orchideen.«

Oben eine Neun bedeutet:

Gemeinschaft mit Menschen auf dem Anger: keine Reue.

Es fehlt hier der warme Anschluß des Herzens. Man steht eigentlich schon außerhalb der Gemeinschaft mit anderen. Aber man schließt sich an. Die Gemeinschaft umfaßt nicht alle, sondern nur die äußerlich beisammen Wohnenden. Der Anger ist die Weide vor der Stadt. Das letzte Ziel der Vereinigung der Menschheit ist hier noch nicht erreicht. Doch braucht man sich keine Vorwürfe zu machen. Man schließt sich der Gesellschaft an, ohne Sonderzwecke.

大有

14. DA YU / DER BESITZ VON GROSSEM

☲ *oben Li, das Haftende, die Flamme*
☰ *unten Kiën, das Schöpferische, der Himmel*

Das Feuer am Himmel oben strahlt weit, so daß alle Dinge ins Licht und in die Erscheinung treten. Die schwache fünfte Linie befindet sich auf geehrtem Platz, und alle die starken Striche entsprechen ihr. Wer auf hohem Platz bescheiden und mild ist, dem fällt alles zu*.

DAS URTEIL

Der Besitz von Großem: Erhabenes Gelingen.

Die beiden Urzeichen zeigen an, daß Kraft und Klarheit sich vereinigen. Der Besitz von Großem ist vom Schicksal bestimmt und entspricht der Zeit. Wie ist es möglich, daß die schwache Linie die Kraft hat, die Starken festzuhalten und zu besitzen? Durch ihre uneigennützige Bescheidenheit. Es ist eine günstige Zeit. Stärke im Innern und Klarheit und Bildung im Äußern. Die Kraft äußert sich fein und beherrscht. Das gibt erhabenes Gelingen und Reichtum**.

DAS BILD

Das Feuer am Himmel oben:
das Bild des Besitzes von Großem.
So hemmt der Edle das Böse und fördert das Gute
und gehorcht so des Himmels gutem Willen.

Die Sonne droben am Himmel, die alles Irdische bescheint, ist das Bild des Besitzes im Großen. Aber ein solcher Besitz muß recht verwaltet werden. Die Sonne bringt das Böse und das Gute an den Tag. Vom Menschen muß das Böse bekämpft und gehemmt, das Gute gefördert und begünstigt werden. Nur auf diese Weise entspricht man dem guten Willen Gottes, der nur das Gute will und nicht das Böse.

* Der Sinn des Zeichens stimmt mit dem Worte Jesu überein: »Selig sind die Sanftmütigen, denn sie werden das Erdreich besitzen.«

** Man könnte denken, das Zeichen »Zusammenhalten«, Nr. 8, sei noch günstiger, da dort ein Starker die fünf Schwachen um sich versammelt. Dennoch ist das hier beigefügte Urteil »Erhabenes Gelingen« viel günstiger. Das kommt daher, daß die von dem starken Herrscher Zusammengehaltenen dort nur einfache Untertanen sind, während hier dem sanftmütigen Herrn lauter starke und tüchtige Männer als Gehilfen zur Seite stehen.

Die einzelnen Linien

Anfangs eine Neun bedeutet:
Keine Beziehung zu Schädlichem, das ist nicht ein Makel.
Bleibt man der Schwierigkeit bewußt,
so bleibt man ohne Makel.

Großer Besitz, der noch im Anfangsstadium ist und noch keine Anfechtung erfahren hat, ist ohne Makel; denn es ist noch gar keine Gelegenheit vorhanden, Fehler zu machen. Aber es sind noch viele Schwierigkeiten zu überwinden. Nur wenn man sich dieser Schwierigkeiten bewußt bleibt, wird man wirklich innerlich frei von der Möglichkeit des Hochmuts und der Verschwendung und hat jeden Makel im Prinzip überwunden.

Neun auf zweitem Platz bedeutet:
Ein großer Wagen zum Beladen.
Man mag etwas unternehmen. Kein Makel.

Großer Besitz besteht nicht allein in der Menge der Güter, die einem zur Verfügung stehen, sondern vor allem in ihrer Beweglichkeit und Verwendbarkeit. Dann mag man sie zu Unternehmungen gebrauchen und bleibt frei von Verlegenheit und Fehlern. Unter dem großen Wagen, dem man viel aufladen kann und mit dem man weit fahren kann, sind tüchtige Gehilfen verstanden, die einem zur Seite stehen, die ihrer Aufgabe gewachsen sind. Solchen Leuten kann man eine große Verantwortung aufladen, was bei wichtigen Unternehmungen nötig ist.

Neun auf drittem Platz bedeutet:
Ein Fürst bringt ihn dem Sohn des Himmels dar.
Ein kleiner Mensch kann das nicht.

Es ist die Sache eines hochherzigen, freisinnigen Menschen, daß er seinen Besitz nicht als sein ausschließliches persönliches Eigentum betrachtet, sondern dem Herrscher bzw. der Allgemeinheit zur Verfügung stellt. Dadurch stellt er sich auf den richtigen Standpunkt dem Besitz gegenüber, der niemals als Privatbesitz von Dauer sein kann. Ein engherziger Mensch ist freilich dazu nicht imstande. Für ihn schlägt großer Besitz zum Schaden aus, da er, statt zu opfern, behalten will*.

Neun auf viertem Platz bedeutet:
Er macht einen Unterschied

* Es ist hier vom Besitz derselbe Grundsatz ausgesprochen, der in dem Worte ausgedrückt ist: »Wer sein Leben behalten will, der wird es verlieren,
Wer aber sein Leben verliert, der wird es behalten.«

zwischen sich und seinem Nächsten.
Kein Makel.

Es ist eine Stellung gekennzeichnet, die zwischen reichen und mächtigen Nachbarn steht. Das bringt Gefahr. Da gilt es, nicht rechts und nicht links zu sehen, frei zu bleiben von Neid und dem Versuch, es andern gleichzutun. So bleibt man frei von Fehlern*.

○ Sechs auf fünftem Platz bedeutet:
Wessen Wahrheit umgänglich ist und doch würdig,
der hat Heil.

Die Lage ist sehr günstig. Ohne äußeren Zwang, nur infolge der ungesuchten Aufrichtigkeit, gewinnt man die Menschen, daß sie auch in aufrichtiger Wahrheit einem zugetan sind. Doch genügt zur Zeit des Besitzes von Großem die Milde allein nicht. Sonst könnte leicht Frechheit allmählich aufkommen. Dieses Aufkommen von Frechheit muß durch Würde in Schranken gehalten werden, dann ist das Heil gewiß.

Oben eine Neun bedeutet:
Vom Himmel her wird er gesegnet, Heil!
Nichts, das nicht fördernd ist.

In der Fülle des Besitzes und der Macht bleibt man bescheiden und ehrt den Weisen, der außerhalb des Weltgetriebes steht. Dadurch stellt man sich unter den segensreichen Einfluß vom Himmel her, und alles geht gut.
Konfuzius sagt über diesen Strich: »Segnen bedeutet helfen. Der Himmel hilft dem Hingebenden, die Menschen helfen dem Wahrhaftigen. Wer in Wahrhaftigkeit wandelt und hingebend ist in seinem Denken und dann noch die Würdigen hochhält, der wird vom Himmel her gesegnet. Er findet Heil und nichts ist, das nicht förderlich wäre.«

* Eine andere Übersetzung, die allgemein akzeptiert ist, würde lauten:
Er verläßt sich nicht auf seine Fülle. Kein Makel.
Das würde bedeuten, daß man sich von Fehlern freihält dadurch, daß man hat, als habe man nicht.

謙

15. KIËN / DIE BESCHEIDENHEIT

☷ *oben Kun, das Empfangende, die Erde*
☶ *unten Gen, das Stillehalten, der Berg*

Das Zeichen setzt sich zusammen aus Gen, das Stillehalten, der Berg, und Kun. Der Berg ist der jüngste Sohn des Schöpferischen, der Repräsentant des Himmels auf Erden. Er spendet die Segnungen des Himmels, Wolken und Regen, die sich um seinen Gipfel sammeln, nach unten und leuchtet daraufhin verklärt in himmlischem Licht. Das zeigt die Bescheidenheit und ihre Wirkung bei hohen und starken Menschen. Oben steht Kun, die Erde. Die Eigenschaft der Erde ist die Niedrigkeit, aber eben darum wird sie in diesem Zeichen als erhöht dargestellt, indem sie oben über dem Berg ist. Das zeigt die Wirkung der Bescheidenheit bei niedrigen, einfachen Menschen: sie werden dadurch erhöht.

DAS URTEIL

Bescheidenheit schafft Gelingen.
Der Edle bringt zu Ende.

Das Gesetz des Himmels macht das Volle leer und füllt das Bescheidene: wenn die Sonne am höchsten steht, muß sie nach himmlischem Gesetz dem Untergang zu, und wenn sie am tiefsten unter der Erde ist, geht sie einem neuen Aufstieg entgegen. Wenn der Mond voll ist, nimmt er nach demselben Gesetz ab, und wenn er leer ist, nimmt er wieder zu. Dieses himmlische Gesetz wirkt sich auch in den Schicksalen der Menschen aus. Das Gesetz der Erde ist, das Volle zu verändern und dem Bescheidenen zuzufließen: Die hohen Berge werden von den Wassern abgetragen und die Täler aufgefüllt. Das Gesetz der Schicksalsmächte ist, dem Vollen zu schaden und dem Bescheidenen Glück zu spenden. Und auch die Menschen hassen das Volle und lieben das Bescheidene.

Die Schicksale folgen festen Gesetzen, die sich mit Notwendigkeit auswirken. Aber der Mensch hat es in der Hand, sein Schicksal zu gestalten, je nachdem er sich durch sein Benehmen dem Einfluß der segnenden oder zerstörenden Kräfte aussetzt. Wenn der Mensch hoch steht und sich bescheiden zeigt, so leuchtet er im Licht der Weisheit. Wenn er niedrig ist und sich bescheiden zeigt, so kann er nicht übergangen werden. So gelingt es dem Edlen, sein Werk zu Ende zu führen, ohne sich des Fertigen zu rühmen.

Inmitten der Erde ist ein Berg:
das Bild der Bescheidenheit.
So verringert der Edle, was zu viel ist,
und vermehrt, was zu wenig ist.
Er wägt die Dinge und macht sie gleich.

Der Erde, in der ein Berg verborgen ist, sieht man ihren Reichtum nicht an, denn das Hohe des Berges dient zum Ausgleich der Vertiefungen. So ergänzt sich Hohes und Tiefes, und das Resultat ist die Ebene. Hier ist das Bild der Bescheidenheit, daß das, was langer Wirkung bedurfte, als selbstverständlich und leicht erscheint. So macht es der Edle, wenn er Ordnung auf Erden herstellt. Er gleicht die sozialen Gegensätze, die die Quelle des Unfriedens sind, aus und schafft dadurch gerechte und ebene Verhältnisse*.

Die einzelnen Linien

Anfangs eine Sechs bedeutet:
Ein bescheiden-bescheidener Edler
mag das große Wasser durchqueren. Heil!

Eine gefährliche Unternehmung, wie das Durchqueren eines großen Wassers, ist sehr erschwert, wenn viele Ansprüche und Rücksichten dabei in Betracht kommen. Dagegen fällt sie leicht, wenn sie rasch und einfach erledigt wird. Darum ist die ganz anspruchslose Gemütsverfassung der Bescheidenheit geeignet, auch schwierige Unternehmungen fertigzubringen, weil sie keine Anforderungen und Vorbedingungen stellt, sondern schlank und leicht die Sache erledigt; denn wo keine Ansprüche erhoben werden, erheben sich keine Widerstände.

Sechs auf zweitem Platz bedeutet:
Sich äußernde Bescheidenheit. Beharrlichkeit bringt Heil.

Wes das Herz voll ist, des geht der Mund über. Wenn jemand innerlich so bescheiden ist, daß sich diese Gesinnung in seinem

* Man bemerkt bei diesem Zeichen eine Reihe von Parallelen zur prophetischen und christlichen Lehre der Bibel, z. B.
»Wer sich selbst erhöht, der soll erniedrigt werden. Wer sich selbst erniedrigt, der soll erhöht werden.«
»Alle Tale sollen erhöht werden, und alle Berge und Hügel sollen erniedrigt werden, und was ungleich ist, soll eben, und was höckricht ist, soll schlicht werden« (Jes. 40, 4).
»Gott widerstrebt den Hoffärtigen, aber den Demütigen gibt er Gnade.«
Auch das Weltgericht in der parsischen Religion zeigt ähnliche Züge. Und zum letztzitierten Spruch wäre die griechische Auffassung vom Neid der Götter zu erwähnen.

äußeren Benehmen zeigt, so gereicht es ihm zum Heil: denn auf diese Weise hat er von selbst die Möglichkeit beharrlicher Wirkung, die von niemand verdrängt wird.

○ Neun auf drittem Platz bedeutet:

Ein verdienstvoll-bescheidener Edler bringt zu Ende.
Heil!

Hier ist das Zentrum des Zeichens, wo sein Geheimnis ausgesprochen wird. Durch große Leistungen erwirbt man sich bald einen bedeutenden Namen. Wenn man sich durch den Ruhm blenden läßt, so wird sehr bald die Kritik einsetzen, und Schwierigkeiten werden sich erheben. Wenn man dagegen trotz seiner Verdienste bescheiden bleibt, so macht man sich beliebt und gewinnt die Hilfskräfte, die nötig sind, um das Werk, das man unternommen hat, zu Ende zu führen.

Sechs auf viertem Platz bedeutet:

Nichts, das nicht fördernd wäre
für Bescheidenheit in der Bewegung.

Alles hat sein Maß. Auch die Bescheidenheit im Benehmen kann übertrieben werden. Hier ist sie am Platz, da die Lage zwischen einem verdienstvollen Gehilfen unten und einem gütigen Herrscher oben sehr große Verantwortung mit sich bringt. Das Vertrauen des Oberen darf nicht mißbraucht, die Verdienste des Unteren dürfen nicht verdeckt werden. Es gibt wohl Beamte, die sich nicht hervortun. Sie decken sich durch den Buchstaben der Verordnungen, sie lehnen jede Verantwortung ab, sie nehmen Bezahlung an, ohne Entsprechendes zu leisten, sie tragen Titel, denen keine Wirklichkeit Bedeutung gibt. Die hier erwähnte Bescheidenheit ist das Gegenteil davon. Die Bescheidenheit in einer solchen Stellung zeigt sich eben darin, daß man mit Interesse an der Arbeit ist.

Sechs auf fünftem Platz bedeutet:

Nicht pochen auf Reichtum seinem Nächsten gegenüber.
Fördernd ist es, mit Gewalt anzugreifen.
Nichts, das nicht fördernd wäre.

Bescheidenheit ist verschieden von schwächlicher Gutmütigkeit, die alles laufen läßt. Wenn man an verantwortungsvollem Posten steht, muß man unter Umständen auch einmal energisch durchgreifen. Aber dazu ist es nötig, daß man nicht durch persönliches Pochen auf seine Überlegenheit zu wirken sucht, sondern man muß seiner Umgebung gewiß sein. Das Zugreifen muß rein sachlich sein und darf nichts persönlich Verletzendes haben. Darin zeigt sich die Bescheidenheit auch in der Strenge.

Oben eine Sechs bedeutet:
Sich äußernde Bescheidenheit.
Fördernd ist es, Heere marschieren zu lassen,
um die eigne Stadt und das eigene Land zu züchtigen.

Wem es wirklich mit seiner Bescheidenheit Ernst ist, der muß sorgen, daß sie in der Wirklichkeit sich zeigt. Er muß mit großer Energie dabei vorgehen. Wenn Feindseligkeit entsteht, ist nichts leichter, als die Schuld beim andern zu suchen. Ein schwacher Mensch zieht sich dann vielleicht beleidigt auf sich selbst zurück und hat Mitleid mit sich selbst und hält es für Bescheidenheit, daß er sich nicht wehrt. Wirkliche Bescheidenheit zeigt sich darin, daß sie kraftvoll darangeht, Ordnung zu schaffen, und dabei beim eignen Ich und dem engsten Kreise anfängt mit der Züchtigung. Nur dadurch wird wirklich etwas Kraftvolles geleistet, daß man den Mut hat, seine Heere gegen sich selbst marschieren zu lassen*.

豫

16. YÜ / DIE BEGEISTERUNG

䷏ *oben Dschen, das Erregende, der Donner*
unten Kun, das Empfangende, die Erde

Die starke Linie auf viertem Platz, dem Platz des leitenden Beamten, findet bei allen den andern schwachen Linien Entgegenkommen und Gehorsam. Das obere Urzeichen, Dschen, hat die Bewegung zur Eigenschaft, das untere, Kun, den Gehorsam, die Hingebung. Es wird also eine Bewegung begonnen, die auf Hingebung stößt und daher mitreißend, begeisternd wirkt. Von großer Bedeutung ist ferner das Gesetz von der Bewegung auf der Linie des geringsten Widerstandes, das in diesem Zeichen ausgesprochen ist als Gesetz für Naturgeschehen und Menschenleben.

DAS URTEIL

Die Begeisterung. Fördernd ist es,
Gehilfen einzusetzen und Heere marschieren zu lassen.

* Es gibt wenige Zeichen im Buch der Wandlungen, bei denen alle Linien nur günstig sind, wie bei dem Zeichen Bescheidenheit. Daraus geht hervor, wie hoch die chinesische Weisheit diese Tugend wertet.

Die Zeit der Begeisterung beruht darauf, daß ein bedeutender Mann da ist, der in Fühlung mit der Volksseele ist und in Übereinstimmung mit ihr handelt. Darum findet er allgemeinen, willigen Gehorsam. Um Begeisterung zu wecken, ist es daher nötig, daß man sich mit seinen Anordnungen nach der Natur der Geführten richtet. Auf dieser Regel der Bewegung auf der Linie des geringsten Widerstandes beruht die Unverbrüchlichkeit der Naturgesetze. Sie sind nicht etwas außerhalb der Dinge, sondern die den Dingen immanente Harmonie der Bewegung. Darum weichen die Himmelskörper nicht ab von ihren Bahnen, und alles Naturgeschehen vollzieht sich in fester Regelmäßigkeit. In ähnlicher Weise liegen die Dinge auch in der menschlichen Gesellschaft. Auch hier werden sich nur solche Gesetze durchführen lassen, die im Volksempfinden ihre Wurzel haben, während Gesetze, die diesem Empfinden widersprechen, nur Erbitterung wecken.

Die Begeisterung ermöglicht dann auch, Gehilfen einzusetzen zur Durchführung der Arbeiten, ohne daß geheime Gegenwirkungen zu befürchten sind. Die Begeisterung ist es auch, die Massenbewegungen, wie im Krieg, so zu vereinheitlichen vermag, daß sie den Sieg erlangen.

DAS BILD

Der Donner kommt aus der Erde hervorgetönt:
das Bild der Begeisterung.
So machten die alten Könige Musik,
um die Verdienste zu ehren,
und brachten sie herrlich dem höchsten Gotte dar,
indem sie ihre Ahnen dazu einluden.

Wenn der Donner, die elektrische Kraft, zu Beginn des Sommers wieder aus der Erde hervorgerauscht kommt und das erste Gewitter die Natur erfrischt, so löst sich eine lange Spannung. Erleichterung und Freude greifen Platz. Ähnlich besitzt die Musik die Macht, die Spannung im Herzen, der dunklen Gefühle Gewalt zu lösen. Die Begeisterung des Herzens äußert sich unwillkürlich im Laut des Gesanges, in Tanz und rhythmischer Bewegung des Körpers. Von alters her wurde die begeisternde Wirkung des unsichtbaren Klanges, der die Herzen der Menschen bewegt und vereint, als Rätsel empfunden. Die Herrscher benützten diese natürliche Neigung zur Musik. Sie erhöhten und ordneten sie. Die Musik galt als etwas Ernstes, Heiliges, sie sollte die Gefühle der Menschen reinigen. Sie sollte die Tugenden der Helden preisen und so die Brücke schlagen zur unsichtbaren

Welt. Im Tempel nahte man Gott mit Musik und Pantomimen (aus denen sich später das Theater entwickelt hat). Die religiösen Gefühle gegen den Schöpfer der Welt wurden vereinigt mit den heiligsten menschlichen Gefühlen, den Gefühlen der Ehrfurcht vor den Ahnen. Sie wurden eingeladen zu diesen Gottesdiensten als Gäste des Himmelsherrn und Vertreter der Menschheit in jenen höheren Regionen. Indem so die eigene Vergangenheit mit der Gottheit verknüpft wurde in weihevollen Momenten religiöser Begeisterung, schloß sich das Band zwischen Gottheit und Menschheit. Der Herrscher, der in seinen Ahnen die Gottheit verehrte, war dadurch der Sohn des Himmels, in dem die himmlische und die irdische Welt sich mystisch berührten. Diese Gedanken sind die letzte und höchste Zusammenfassung der chinesischen Kultur. Meister Kung selbst sagte von dem großen Opfer, bei dem diese Bräuche vollzogen wurden: »Wer dieses Opfer ganz verstünde, der könnte die Welt regieren, als drehte sie sich auf seiner Hand.«

Die einzelnen Linien

Anfangs eine Sechs bedeutet:
Begeisterung, die sich äußert, bringt Unheil.

Jemand in untergeordneter Stellung hat vornehme Beziehungen, deren er sich begeistert rühmt. Durch diesen Übermut zieht er mit Notwendigkeit das Unheil an. Begeisterung darf nie ein egoistisches Gefühl sein, sondern nur als allgemeine Stimmung, die mit andern verbindet, hat sie ihre Berechtigung.

Sechs auf zweitem Platz bedeutet:
Fest wie ein Stein. Kein ganzer Tag.
Beharrlichkeit bringt Heil.

Es wird hier jemand gezeichnet, der sich von keinen Illusionen betören läßt. Während andere durch Begeisterung sich blenden lassen, erkennt er vollkommen klar die ersten Zeichen der Zeit. So ist er nach oben hin nicht schmeichlerisch, nach unten hin nicht nachlässig. So ist er fest wie Stein. Sobald das erste Anzeichen von Mißstimmung sich zeigt, weiß er sich rechtzeitig zurückzuziehen, ohne auch nur einen Tag zu versäumen. Beharrlichkeit in solchem Tun bringt Heil.
Konfuzius sagt darüber: »Die Keime zu kennen, das ist wohl göttlich. Der Edle ist im Verkehr nach oben hin nicht schmeichelnd, im Verkehr nach unten hin nicht anmaßend. Er kennt wohl die Keime. Die Keime sind der erste unmerkliche Beginn der Bewegung, das, was von Heil (und Unheil) zuerst sich zeigt.

Der Edle sieht die Keime und handelt sofort. Er wartet nicht erst den ganzen Tag. Im Buch der Wandlungen heißt es: ›Fest wie ein Stein. Kein ganzer Tag. Beharrlichkeit bringt Heil.‹

Fest wie ein Stein, wozu ein ganzer Tag?
Das Urteil kann man wissen.
Der Edle kennt Geheim- und Offenbares.
Er kennt das Schwache, kennt das Starke auch:
Drum schauen die Myriaden zu ihm auf.«

Sechs auf drittem Platz bedeutet:
Nach oben blickende Begeisterung schafft Reue.
Zögern bringt Reue.

Es ist hier das Gegenteil der vorigen Linie; dort Selbständigkeit, hier das begeisterte Emporblicken. Zögert man zu lange, so schafft auch das Reue. Es gilt in der Annäherung den richtigen Moment zu ergreifen; nur dann trifft man das Rechte.

○ Neun auf viertem Platz bedeutet:
Der Ursprung der Begeisterung. Er erreicht Großes.
Zweifle nicht.
Die Freunde scharen sich um dich
wie um eine Haarspange.

Jemand, der Begeisterung zu erwecken vermag durch die eigene Sicherheit und Freiheit von Bedenken: dadurch, daß er nicht zweifelt und ganz wahrhaftig ist, zieht er die Menschen an. Indem er ihnen Vertrauen schenkt, gewinnt er sie zu begeisterter Mitarbeit und hat Erfolg. Wie eine Haarspange den Haaren Halt gibt und sie vereinigt, so vereinigt er die Menschen durch den Halt, den er ihnen gibt.

Sechs auf fünftem Platz bedeutet:
Beharrlich krank und stirbt doch immer nicht.

Die Begeisterung wird hier verhindert. Man befindet sich unter dauerndem Druck, der nicht zu freiem Aufatmen kommen läßt. Aber dieser Druck hat unter Umständen sein Gutes. Man wird dadurch bewahrt, daß man seine Kräfte in leerer Begeisterung aufzehrt. So kann der dauernde Druck gerade dazu dienen, daß man am Leben bleibt.

Oben eine Sechs bedeutet:
Verblendete Begeisterung.
Aber wenn man nach der Vollendung zur Änderung kommt, so ist das kein Makel.

Wenn man sich von der Begeisterung verblenden läßt, so ist das vom Übel. Aber wenn diese Verblendung auch schon vollendete Tatsache ist und man kann sich noch ändern, so wird man frei von Makel. Ernüchterung aus falscher Begeisterung ist sehr wohl möglich und ist sehr günstig.

隨

17. SUI / DIE NACHFOLGE

䷐ *oben Dui, das Heitere, der See*
unten Dschen, das Erregende, der Donner

Oben ist das Heitere, dessen Charakter die Freude ist, unten das Erregende, dessen Charakter die Bewegung ist. Freude bei der Bewegung führt zur Nachfolge. Das Heitere ist die jüngste Tochter, das Erregende der älteste Sohn. Ein älterer Mann stellt sich unter ein junges Mädchen und nimmt Rücksicht auf sie. Dadurch bewegt er sie zur Nachfolge.

DAS URTEIL

Die Nachfolge hat erhabenes Gelingen.
Fördernd ist Beharrlichkeit. Kein Makel.

Um Nachfolge zu erreichen, muß man selbst erst sich anzupassen verstehen. Nur durch Dienen kommt man zum Herrschen; denn nur so erlangt man die freudige Zustimmung der Unteren, die zur Nachfolge nötig ist. Wo durch List oder Gewalt, Verschwörung oder Parteiung Nachfolge erzwungen werden soll, da regt sich immer Widerstand, der die bereitwillige Nachfolge verhindert.
Freudige Bewegung kann aber auch zu Üblem führen. Darum wird als Bedingung beigefügt: »Fördernd ist Beharrlichkeit«, d. h. Konsequenz im Rechten, und »ohne Makel«. Ebenso wie man selbst nur unter dieser Bedingung Nachfolge verlangen soll, darf man auch andern nur unter dieser Bedingung folgen, ohne Schaden zu nehmen.
Der Gedanke der Nachfolge unter Anpassung an das, was die Zeit erfordert, ist groß und wichtig, daher lautet auch das beigefügte Urteil so günstig.

DAS BILD

Inmitten des Sees ist der Donner: das Bild der Nachfolge.
So kehrt der Edle zur Zeit des Abenddunkels
zu Erholung und Ruhe ein.

Im Herbst zieht sich die Elektrizität wieder in die Erde zurück und ruht. Der Donner inmitten des Sees ist als Bild genommen, nicht der Donner in Bewegung, sondern der Donner der Winterruhe. Nachfolge ergibt sich aus diesem Bild in dem Sinn der Anpassung an die Zeiterfordernisse. Der Donner inmitten des Sees deutet auf Zeiten des Dunkels und der Ruhe. So gönnt sich der Edle, nachdem er den Tag über unermüdlich tätig war, zur Nachtzeit Erholung und Ruhe. Jede Lage wird nur dann gut, wenn man sich ihr anzupassen vermag und nicht durch falschen Widerstand sich aufreibt*.

Die einzelnen Linien

o Anfangs eine Neun bedeutet:
Das Maßgebende ändert sich. Beharrlichkeit bringt Heil.
Zur Tür hinausgehen im Verkehr schafft Werke.

Es gibt Ausnahmezustände, da das Verhältnis von Leiter und Geleitetem sich ändert. In der Idee der Anpassung und Nachfolge liegt es, daß man, wenn man andere leiten will, zugänglich bleibt und sich bestimmen läßt von den Ansichten der Untergebenen. Nur muß man dabei feste Grundsätze haben, daß man nicht schwankend wird, wo es sich nur um Meinungen des Tages handelt. Wenn man erst bereit ist, auf Meinungen anderer zu hören, so darf man nicht immer nur mit Gleichgesinnten und Parteigenossen zusammensitzen, sondern man muß zur Tür hinaus und mit Menschen allerlei Art, ob Freund, ob Feind, unbefangen verkehren. Nur dadurch bringt man etwas zustande.

Sechs auf zweitem Platz bedeutet:
Hängt man sich an den kleinen Knaben,
so verliert man den starken Mann.

Bei Freundschaft und engen Beziehungen muß man in der Auswahl vorsichtig sein. Man macht sich entweder eine gute oder eine schlechte Gesellschaft. Man kann nicht beide zugleich haben. Wenn man sich an Unwürdige wegwirft, so verliert man den Anschluß an geistig bedeutende Menschen, die einen im Guten zu fördern vermögen.

* Vgl. den Spruch von Goethe:
Noch ist es Tag, da rühre sich der Mann,
Die Nacht tritt ein, wo niemand wirken kann

Sechs auf drittem Platz bedeutet:
Hängt man dem starken Mann an,
so verliert man den kleinen Knaben.
Durch Nachfolge findet man, was man sucht.
Fördernd ist es, beharrlich zu bleiben.

Wenn man den rechten Anschluß bei bedeutenden Menschen gefunden hat, so ist damit naturgemäß ein gewisser Verlust verbunden. Man muß sich vom Niedern, Oberflächlichen scheiden. Aber man wird sich doch im Innersten befriedigt fühlen, indem man findet, was man für die Förderung der Persönlichkeit sucht und braucht. Nur gilt es, fest zu bleiben. Man muß wissen, was man will, und darf sich nicht durch Augenblicksneigungen irremachen lassen.

Neun auf viertem Platz bedeutet:
Die Nachfolge schafft Erfolg. Beharrlichkeit bringt Unheil.
Mit Wahrhaftigkeit auf dem Weg zu wandeln,
bringt Klarheit.
Wie könnte das ein Makel sein?

Es gelingt oft, wenn man einen gewissen Einfluß besitzt, daß man Nachfolger findet durch Leutseligkeit nach unten hin. Die Menschen, die sich einem anschließen, meinen es aber nicht ehrlich. Sie suchen ihren persönlichen Vorteil und suchen sich durch Schmeicheleien und Unterwürfigkeit unentbehrlich zu machen. Wenn man sich an solche Parteigänger gewöhnt, so daß man nicht mehr ohne sie sein kann, so bringt das Unheil. Nur wenn man ganz frei ist von dem eigenen Ich und mit Überzeugung nur auf das Rechte, Sachliche bedacht ist, bekommt man die Klarheit, solche Menschen zu durchschauen, und wird frei von Makel.

○ Neun auf fünftem Platz bedeutet:
Wahrhaft im Guten. Heil!

Jeder Mensch muß etwas haben, dem er nachfolgt, das ihm als Leitstern dient. Wer dem Schönen und Guten mit Überzeugung nachfolgt, der mag sich durch dieses Wort bestärkt finden.

Oben eine Sechs bedeutet:
Er findet feste Anhänglichkeit
und wird noch dazu gebunden.
Der König stellt ihn dem Westberg vor.

Es handelt sich um einen Menschen, der das Getriebe der Welt für seine Person schon hinter sich hat, einen erhabenen Weisen.

Aber es findet sich ein Nachfolger, der ihn versteht und nicht von ihm läßt. So kommt er noch einmal in die Welt zurück und hilft jenem bei seinem Werk. So entsteht eine Verbindung ewiger Art.
Das Gleichnis ist gewählt von der Dschoudynastie. Diese Dynastie ehrte verdiente Gehilfen dadurch, daß sie einen Platz bekamen im Ahnentempel der Herrscherfamilie auf dem Westberg. Dadurch wurde ein solcher Mann in den Schicksalsbereich des Herrscherhauses aufgenommen.

蠱

18. GU / DIE ARBEIT AM VERDORBENEN

oben Gen, das Stillehalten, der Berg
unten Sun, das Sanfte, der Wind

Das chinesische Zeichen Gu stellt eine Schüssel dar, in deren Inhalt Würmer wachsen. Das bedeutet das Verdorbene. Das ist dadurch gekommen, daß die sanfte Gleichgültigkeit des unteren Urzeichens mit der starren Trägheit des oberen Urzeichens zusammengekommen ist, so daß die Verhältnisse in Stagnation gerieten. Da also eine Verschuldung vorliegt, so enthalten diese Zustände die Aufforderung zu ihrer Beseitigung. Daher ist die Bedeutung des Zeichens nicht einfach »das Verdorbene«, sondern »das Verdorbene als Aufgabe«, die »Arbeit am Verdorbenen«.

DAS URTEIL

Die Arbeit am Verdorbenen hat erhabenes Gelingen.
Fördernd ist es, das große Wasser zu durchqueren.
Vor dem Anfangspunkt drei Tage,
nach dem Anfangspunkt drei Tage.

Was durch Schuld von Menschen verdorben ist, kann durch Arbeit von Menschen wieder gutgemacht werden. Es ist nicht unabänderliches Geschick, wie während der Stockungszeit, sondern eine Folge von Mißbrauch der menschlichen Freiheit, was den Zustand des Verderbens herbeigeführt hat. Deshalb ist die Arbeit an der Besserung aussichtsvoll, weil sie im Einklang mit den Möglichkeiten der Zeit steht. Nur darf man vor Arbeit und Gefahr – symbolisiert durch das Durchqueren des großen Wassers – nicht zurückschrecken, sondern muß energisch zugreifen.

Das Gelingen hat jedoch zur Vorbedingung die rechte Überlegung. Das ist ausgedrückt in dem Zusatz: »Vor dem Anfangspunkt drei Tage, nach dem Anfangspunkt drei Tage.« Erst muß man die Gründe kennen, die zum Verderben geführt haben, ehe man sie abstellen kann: daher Achtung während der Zeit vor dem Anfangspunkt. Und dann muß man sorgen, daß das neue Geleise sich sicher einfährt, so daß ein Rückfall vermieden wird: daher Achtung auf die Zeit nach dem Anfangspunkt. An die Stelle der Gleichgültigkeit und Trägheit, die zum Verderben geführt haben, müssen Entschlossenheit und Energie treten, damit auf das Ende ein neuer Anfang folgt.

DAS BILD

Unten am Berg weht der Wind: das Bild des Verderbens.
So rüttelt der Edle die Leute auf und stärkt ihren Geist.

Wenn der Wind unten am Berg weht, so wird er zurückgeworfen und verdirbt die Pflanzen. Das enthält die Aufforderung zu bessern. So ist es auch mit den niedrigen Stimmungen und Moden: sie bringen Verderben in die menschliche Gesellschaft. Um das zu beseitigen, muß der Edle die Gesellschaft erneuern. Die Methoden dazu werden ebenfalls den beiden Urzeichen entnommen, nur daß ihre Wirkungen sich geordnet nacheinander entfalten. Er muß die Stagnation beseitigen durch Aufrütteln der öffentlichen Meinung (wie der Wind aufrüttelnd wirkt) und dann den Charakter der Leute stärken und beruhigen (wie der Berg Ruhe und Nahrung allem Wachstum in seiner Umgebung gibt).

Die einzelnen Linien

Anfangs eine Sechs bedeutet:
Zurechtbringen des vom Vater Verdorbenen.
Wenn ein Sohn da ist,
bleibt auf dem heimgegangenen Vater kein Makel.
Gefahr. Schließlich Heil.

Das starre Stehenbleiben beim Hergebrachten hat Verderben zur Folge gehabt. Aber das Verderben ist noch nicht tief eingewurzelt, darum kann es noch leicht gebessert werden. Es ist, wie wenn ein Sohn das Verderben, das unter seinem Vater sich eingeschlichen hat, ausgleicht. Da bleibt auf dem Vater kein Makel sitzen. Aber man darf die Gefahr nicht übersehen und die Sache zu leicht nehmen. Nur wenn man sich der mit jeder Reform verbundenen Gefahr bewußt ist, geht schließlich alles gut.

Neun auf zweitem Platz bedeutet:

Zurechtbringen des von der Mutter Verdorbenen.

Man darf nicht zu beharrlich sein.

Es handelt sich um Fehler, die aus Schwachheit das Verderben veranlaßt haben. Daher das Symbol des von der Mutter Verdorbenen. Da ist beim Ausgleich eine gewisse zarte Rücksicht notwendig. Man darf nicht allzu schroff vorgehen wollen, damit man nicht durch Schroffheit verletzt.

Neun auf drittem Platz bedeutet:

Zurechtbringen des vom Vater Verdorbenen.

Ein wenig wird es Reue geben. Kein großer Makel.

Es ist hier jemand gezeichnet, der beim Zurechtbringen der Fehler der Vergangenheit etwas zu energisch vorgeht. Dadurch werden sicher dann und wann kleinere Unzuträglichkeiten und Verstimmungen entstehen. Aber besser zuviel als zuwenig Energie. Wenn man daher auch manchmal ein wenig zu bereuen hat, so bleibt man doch frei von jedem ernstlichen Makel.

Sechs auf viertem Platz bedeutet:

Dulden des vom Vater Verdorbenen.

Beim Fortmachen sieht man Beschämung.

Es wird hier die Lage gezeigt, daß jemand aus Schwachheit dem Verderben, das aus der Vergangenheit stammt und sich jetzt zu zeigen beginnt, nicht entgegentritt, sondern ihm seinen Lauf läßt. Wenn das so weitergeht, wird Beschämung die Folge sein.

○ Sechs auf fünftem Platz bedeutet:

Zurechtbringen des vom Vater Verdorbenen.

Man findet Lob.

Man sieht sich einem durch die Vernachlässigung früherer Zeiten entstandenen Verderben gegenüber. Man besitzt nicht die Kraft, ihm allein zu steuern. Doch findet man tüchtige Gehilfen, mit deren Unterstützung man zwar nicht einen schöpferischen Neuanfang, aber wenigstens eine gründliche Reform zuwege bringt, was auch des Lobes würdig ist.

Oben eine Neun bedeutet:

Dient nicht Königen und Fürsten.

Steckt sich höhere Ziele.

Nicht jeder Mensch ist verpflichtet, sich in die Weltgeschäfte zu mischen. Es gibt auch solche, die innerlich schon so weit entwickelt sind, daß sie die Berechtigung haben, der Welt ihren

Lauf zu lassen, ohne sich ins politische Leben reformierend einzumischen. Aber damit ist nicht gemeint, daß sie tatenlos oder bloß kritisch sich verhalten dürften. Nur die Arbeit an den höheren Zielen der Menschheit in der eigenen Person gibt die Berechtigung zu solcher Zurückgezogenheit. Denn wenn der Weise sich auch dem Tagesgetriebe fernhält, so schafft er doch unvergleichliche Menschheitswerte für die Zukunft*.

臨

19. LIN / DIE ANNÄHERUNG

䷒ *oben Kun, das Empfangende, die Erde*
unten Dui, das Heitere, der See

Das chinesische Wort Lin hat eine Reihe von Bedeutungen, die in einem einzigen deutschen Wort sich nicht erschöpfen lassen. Die alten Erklärungen des Buches der Wandlungen geben als erste Bedeutung »Großwerden« an. Was groß wird, sind die beiden starken Striche, die von unten her in das Zeichen hineinwachsen. Mit ihnen dehnt sich die lichte Kraft aus. Von da aus geht der Gedanke weiter zu dem Begriff der Annäherung, und zwar der Annäherung des Starken, Höherstehenden an das Niedrige. Es bedeutet dann schließlich auch die Herablassung eines Höheren gegen das Volk, ferner die Inangriffnahme der Geschäfte. Das Zeichen ist dem zwölften Monat (Januar–Februar) zugeordnet, da nach der Sonnenwende die lichte Kraft schon wieder im Aufsteigen begriffen ist.

DAS URTEIL

Die Annäherung hat erhabenes Gelingen.
Fördernd ist Beharrlichkeit.
Kommt der achte Monat, so gibt's Unheil.

Das Zeichen als Ganzes deutet auf eine Zeit hoffnungsfrohen Fortschritts. Der Frühling naht. Freude und Nachgiebigkeit bringen Hohe und Niedrige einander näher. Erfolg ist gewiß. Nur bedarf es der entschlossenen und beharrlichen Arbeit, um die Gunst der Zeit voll auszunützen. Und noch eins: Die Frühlingszeit dauert nicht ewig. Im achten Monat sind die Aspekten umgekehrt. Da sind nur noch zwei starke, lichte Linien übrig, die aber nicht im Vordringen, sondern im Rückzug sind (vgl. das

* In Europa ist die Stellung Goethes nach den Napoleonischen Kriegen ein Beispiel dieses Handelns.

nächste Zeichen). Diesen Umschlag gilt es rechtzeitig zu bedenken. Wenn man so dem Übel begegnet, ehe es noch in die Erscheinung getreten ist, ja noch ehe es sich zu regen begonnen hat, so wird man seiner Meister werden.

DAS BILD

Oberhalb des Sees ist die Erde: das Bild der Annäherung.
So ist der Edle in seiner Absicht zu lehren unerschöpflich
und im Ertragen und Schützen des Volkes ohne Grenzen.

Die Erde grenzt von oben an den See, das ist das Bild der Annäherung und Herablassung des Höheren gegen die Tieferstehenden. Aus den beiden Teilen des Bildes ergibt sich sein Verhalten zu diesen Menschen. Wie der See unerschöpfliche Tiefe zeigt, so ist der Weise unerschöpflich in seiner Bereitschaft, die Menschen zu belehren; und wie die Erde grenzenlos weit ist und alle Geschöpfe trägt und hegt, so trägt und hegt der Weise die Menschen, ohne durch Grenzen irgendwelcher Art einen Teil der Menschheit auszuschließen.

Die einzelnen Linien

o Anfangs eine Neun bedeutet:
Gemeinsame Annäherung. Beharrlichkeit bringt Heil.

Das Gute beginnt sich durchzusetzen und findet an einflußreicher Stelle Entgegenkommen. Von dort geht die Anregung an den tüchtigen Menschen aus, herbeizukommen. Da mag man sich dem Zug nach aufwärts anschließen. Nur muß man darauf bedacht sein, in der Zeitströmung sich selbst nicht zu verlieren, sondern beharrlich im Rechten zu bleiben: das bringt Heil.

o Neun auf zweitem Platz bedeutet:
Gemeinsame Annäherung. Heil! Alles ist fördernd.

Da man sich in der Lage befindet, von oben her zum Herbeikommen angeregt zu sein, und da man in sich selbst die Stärke und Konsequenz besitzt, die keiner Warnung bedarf, so hat man Heil. Auch die Zukunft braucht einem keine Sorge zu machen. Wohl weiß man, daß alles Irdische vergänglich ist und auf jeden Aufstieg ein Niedergang folgt: aber man läßt sich durch dieses allgemeine Schicksal nicht irremachen. Alles ist fördernd. Darum wird man rasch und brav und kühn die Lebenswege wandern.

Sechs auf drittem Platz bedeutet:
Behagliche Annäherung. Nichts, das fördernd wäre.
Erreicht man Trauer darüber, so wird man ohne Makel.

Es geht fröhlich voran. Man kommt zu Macht und Einfluß. Aber das birgt die Gefahr, daß man im Vertrauen auf seine Stellung sich behaglich fühlt und diese behaglich-lässige Stimmung im Verkehr mit den Menschen hervortreten läßt. Das ist unter allen Umständen schädlich. Doch ist die Möglichkeit des Umschlags der Stimmung gegeben. Wenn man Trauer über diese verkehrte Haltung empfindet, wenn man die Verantwortung fühlt, die in einer einflußreichen Stellung beschlossen ist, so macht man sich frei von Fehlern.

Sechs auf viertem Platz bedeutet:
Vollkommene Annäherung. Kein Makel.

Während die drei unteren Linien das Aufsteigen zu Macht und Einfluß bezeichnen, zeigen die drei oberen das Verhalten der Höhergestellten zu den Niedrigen, denen sie Einfluß verschaffen. Hier ist vollkommen vorurteilslose Annäherung eines Höherstehenden an einen tüchtigen Mann gezeigt, den er ohne Rücksicht auf Standesvorurteile in seinen Verkehr zieht. Das ist sehr günstig.

Sechs auf fünftem Platz bedeutet:
Weise Annäherung. Das ist recht für einen großen Fürsten. Heil!

Ein Fürst oder jemand in leitender Stellung soll die Weisheit besitzen, in seine Umgebung tüchtige Menschen zu ziehen, die sachkundig sind in der Leitung der Geschäfte. Seine Weisheit besteht ebensowohl darin, daß er die rechten Leute auszuwählen versteht, als auch darin, daß er die, die er ausgewählt hat, gewähren läßt, daß er sich nicht selbst in die Geschäfte einmischt. Denn nur durch diese Zurückhaltung wird er für alle Anforderungen die Leute finden, die nötig sind, um sie sachgemäß zu erledigen.

Oben eine Sechs bedeutet:
Großherzige Annäherung. Heil. Kein Makel.

Ein Weiser, der die Welt überwunden hat und innerlich schon mit dem Leben fertig ist, kann unter Umständen in die Lage kommen, noch einmal ins Diesseits hereinzukommen und sich den andern Menschen anzunähern. Das ist für die andern Menschen, denen er seine Belehrung und Hilfe zuwendet, von großem Heil. Aber auch für ihn selbst ist diese großherzige Selbsterniedrigung kein Makel.

觀

20. GUAN / DIE BETRACHTUNG (DER ANBLICK)

䷓ *oben Sun, das Sanfte, der Wind*
unten Kun, das Empfangende, die Erde

Der chinesische Name des Zeichens hat mit leichter Abwandlung der Betonung eine doppelte Bedeutung. Einerseits bedeutet es das Betrachten, andererseits das Gesehenwerden, das Vorbild. Diese Gedanken werden dadurch nahegelegt, daß das Zeichen aufgefaßt werden kann als das Bild eines Turmes , wie sie im alten China häufig waren. Von solchen Türmen hatte man eine weite Aussicht ringsumher, und andererseits war ein solcher Turm auf einem Berge weithin sichtbar. So wird durch das Zeichen ein Herrscher gezeigt, der nach oben das Gesetz des Himmels und nach unten die Sitten des Volkes betrachtet und der mit seiner guten Regierung ein erhabenes Vorbild für die Massen ist.

Das Zeichen ist dem achten Monat (September–Oktober) zugeordnet. Die lichte Kraft zieht sich zurück, die dunkle ist wieder im Steigen. Doch kommt diese Seite hier für die Gesamterklärung des Zeichens nicht in Betracht.

DAS URTEIL

Die Betrachtung.
Die Waschung ist geschehen, aber noch nicht die Darbringung. Vertrauensvoll blicken sie zu ihm auf.

Die Opferhandlung in China begann mit einer Waschung und Libation, durch die die Gottheit herbeigerufen wurde. Darauf wurden die Opfer dargebracht. Der Zeitpunkt zwischen beiden Handlungen ist der heiligste, der Augenblick höchster innerer Sammlung. Wenn die Frömmigkeit glaubensvoll und aufrichtig ist, so wirkt ihre Betrachtung auf die, die Zeugen sind, umwandelnd und ehrfurchtgebietend.

So ist in der Natur ein heiliger Ernst zu sehen in der Gesetzmäßigkeit, mit der alle Naturereignisse vor sich gehen. Die Betrachtung des göttlichen Sinns des Weltgeschehens gibt dem Mann, der auf Menschen zu wirken berufen ist, die Mittel an die Hand, dieselben Wirkungen auszuüben. Dazu ist eine innere Sammlung nötig, wie sie die religiöse Betrachtung in großen und glaubensstarken Menschen hervorbringt. Dadurch schauen sie die geheimnisvollen göttlichen Lebensgesetze und verschaffen ihnen durch den höchsten Ernst innerer Sammlung Verwirklichung in ihrer eigenen Persönlichkeit. So geht von ihrem Anblick eine geheimnisvolle geistige Macht aus, die auf die Menschen wirkt und sie unterwirft, ohne daß sie sich bewußt werden, wie das zugeht.

DAS BILD

Der Wind geht über die Erde hin:
das Bild der Betrachtung.
So besuchten die alten Könige die Weltgegenden,
betrachteten das Volk und spendeten Belehrung.

Wenn der Wind über die Erde weht, so kommt er überall hin, und das Gras muß sich seiner Macht beugen. Diese beiden Vorgänge finden in dem Zeichen ihre Bestätigung. Sie waren in Wirklichkeit umgesetzt in den Einrichtungen der Könige des Altertums, die einerseits durch regelmäßige Reisen sich den Anblick ihres Volkes verschafften, so daß ihnen nichts, was als Sitte im Volk lebte, entgehen konnte, und die dabei andererseits ihren Einfluß geltend machten, durch den solche Sitten, die nicht stimmten, geändert wurden.
Das Ganze deutet auf die Macht der überlegenen Persönlichkeit. Eine solche wird die große Menge der Menschen übersehen in ihren wirklichen Gesinnungen, so daß keine Täuschung ihm gegenüber möglich ist, und andererseits wird er durch sein bloßes Dasein, durch die Wucht seiner Persönlichkeit, Eindruck auf sie machen, so daß sie sich nach ihm richten wie das Gras nach dem Winde.

Die einzelnen Linien

Anfangs eine Sechs bedeutet:
Knabenhaftes Betrachten.
Für einen geringen Menschen kein Makel.
Für einen Edlen beschämend.

Ein verständnisloses Betrachten aus der Ferne ist hier gezeichnet. Es ist jemand da, der wirkt, aber dessen Wirkungen von den geringen Menschen nicht verstanden werden. Das tut bei der Masse nicht viel. Ob sie die Handlungen des herrschenden Weisen verstehen oder nicht: sie kommen ihnen doch zugute. Aber für den höheren Menschen ist das eine Schande. Er darf sich nicht mit törichtem, gedankenlosem Betrachten der herrschenden Einflüsse begnügen. Er muß sie im Zusammenhang betrachten und zu verstehen suchen.

Sechs auf zweitem Platz bedeutet:
Betrachtung durch die Türspalte.
Fördernd für die Beharrlichkeit einer Frau.

Durch die Türspalte hat man einen beschränkten Ausblick. Man sieht von innen nach außen. Die Betrachtungsweise ist subjektiv beschränkt. Man bezieht alles auf sich. Man kann sich nicht in den andern und seine Beweggründe hineinversetzen. Das ist für eine gute Hausfrau am Platz. Sie braucht nichts zu verstehen von den Welthändeln. Für einen Mann, der im öffentlichen Leben zu wirken hat, ist solche beschränkt egoistische Betrachtungsweise natürlich vom Übel*.

Sechs auf drittem Platz bedeutet:
Betrachtung meines Lebens
entscheidet über Fortschritt oder Rückzug.

Es ist hier der Platz des Übergangs. Man blickt nicht mehr nach außen, um mehr oder weniger beschränkte oder verwirrte Bilder zu erhalten, sondern man richtet die Betrachtung auf sich selbst, um die Richtung für seine Entschließungen zu bekommen. Diese Einkehr der Betrachtung ist gerade die Überwindung der naiven Selbstischkeit dessen, der alles nur von seinem Standpunkt aus betrachtet. Man kommt zur Reflexion und damit zur Objektivität. Die Selbsterkenntnis ist aber nicht eine Beschäftigung mit den eigenen Gedanken, sondern mit den Wirkungen, die von einem ausgehen. Nur die Lebenswirkungen geben ein Bild, das uns berechtigt, über Fortschritt oder Rückgang zu entscheiden.

Sechs auf viertem Platz bedeutet:
Betrachtung des Lichtes des Reichs.
Fördernd ist es, als Gast eines Königs zu wirken.

Hier ist ein Mann gezeichnet, der die Geheimnisse versteht, durch die man ein Reich zur Blüte bringt. Ein solcher Mann muß an einen maßgebenden Platz gebracht werden, wo er wirken kann. Er soll gleichsam Gast sein, d. h. er soll selbständig wirken können und geehrt werden, nicht als Werkzeug benützt werden.

○ Neun auf fünftem Platz bedeutet:
Betrachtung meines Lebens.
Der Edle ist ohne Makel.

* Die Verschiedenheit in der Bewertung des Verhaltens von Mann und Frau ist nicht auf das alte China beschränkt. Das Bild, das Schiller in der »Glocke« von der Hausfrau zeichnet, bewegt sich vollkommen in diesem Kreise.

Ein Mann an maßgebender Stelle, zu dem die andern aufblicken, muß dauernd zur Selbstprüfung bereit sein. Die rechte Art der Selbstprüfung besteht jedoch nicht darin, daß man sich untätig über sich selbst besinnt, sondern darin, daß man die Wirkungen prüft, die von einem ausgehen. Nur wenn diese Wirkungen gut sind, daß man einen guten Einfluß auf andere ausübt, wird die Betrachtung des eigenen Lebens die Befriedigung gewähren, ohne Fehler zu sein.

○ Oben eine Neun bedeutet:
Betrachtung seines Lebens.
Der Edle ist ohne Makel.

Während die vorige Linie einen Mann darstellt, der sich selbst betrachtet, ist hier an höchster Stelle alles Persönliche, aufs eigene Ich Bezogene, ausgeschaltet. Es ist hier ein Weiser gezeigt, der außerhalb des Weltgetriebes frei vom Ich die Gesetze des Lebens betrachtet und so als Höchstes erkennt, wie man frei von Makel wird.

噬嗑

21. SCHÏ HO / DAS DURCHBEISSEN

䷔ *oben Li, das Haftende, das Feuer*
unten Dschen, das Erregende, der Donner

Das Zeichen stellt einen geöffneten Mund dar (vgl. Nr. 27, I), zwischen dessen Zähnen ein Hindernis ist (an vierter Stelle). Infolge davon lassen sich die Lippen nicht vereinigen. Um eine Vereinigung herbeizuführen, bedarf es des energischen Durchbeißens des Hindernisses. Das Zeichen besteht ferner aus den Zeichen für Donner und Blitz, um anzudeuten, wie Hindernisse in der Natur gewaltsam beseitigt werden. Das energische Durchbeißen überwindet das Hindernis der Vereinigung im Mund. Das Gewitter mit Donner und Blitz überwindet die störende Spannung in der Natur. Prozeß und Strafe überwinden die Störungen des harmonischen Zusammenlebens durch Verbrecher und Verleumder. Im Unterschied zu dem Zeichen Nr. 6, der Streit, wo es sich um Zivilprozesse handelt, ist hier der Strafprozeß behandelt.

DAS URTEIL

Das Durchbeißen hat Gelingen.
Fördernd ist es, Gericht walten zu lassen.

Wenn ein Hindernis der Vereinigung entgegensteht, so schafft energisches Durchbeißen Erfolg. Das gilt in allen Verhältnissen. Immer wird die Einheit, wo sie nicht zustande kommt, durch einen Zwischenträger und Verräter, durch einen Hindernden und Hemmenden aufgehalten. Da muß man energisch durchgreifen, damit kein dauernder Schade entsteht. Solche bewußten Hinderungen verschwinden nicht von selbst. Gericht und Strafe sind nötig zur Abschreckung bzw. Beseitigung.
Aber es gilt dabei in der rechten Weise vorzugehen. Das Zeichen ist aus Li, Klarheit, und Dschen, Erregung, zusammengesetzt. Li ist weich, Dschen ist hart. Bloße Härte und Erregung wäre zu heftig im Strafen. Bloße Klarheit und Weichheit wäre zu schwach. Beides vereint schafft das rechte Maß. Wichtig ist, daß der entscheidende Mann, der durch den fünften Strich repräsentiert ist, seiner Natur nach milde ist, während er durch seine Stellung ehrfurchtgebietend wirkt.

DAS BILD

Donner und Blitz: das Bild des Durchbeißens.
So festigten die früheren Könige
die Gesetze durch klarbestimmte Strafen.

Die Strafen sind die einzelnen Anwendungen der Gesetze. Die Gesetze enthalten die Aufzeichnung der Strafen. Klarheit herrscht, wenn bei der Festsetzung der Strafen leichtere und schwerere je nach den entsprechenden Vergehen klar unterschieden werden. Das wird symbolisiert durch die Klarheit des Blitzes. Die Festigung der Gesetze erfolgt durch die gerechte Anwendung der Strafen. Das wird symbolisiert durch den Schrecken des Donners. Diese Klarheit und Strenge bezweckt, daß die Menschen in Respekt gehalten werden; nicht sind die Strafen um ihrer selbst willen wichtig. Die Hindernisse im Zusammenleben der Menschen werden alle groß durch Unklarheit der Strafbestimmungen und Lässigkeit in ihrer Ausführung. Nur durch Klarheit und bestimmte Raschheit der Strafen werden die Gesetze gefestigt.

Die einzelnen Linien*

Anfangs eine Neun bedeutet:
Steckt mit den Füßen im Block, daß die Zehen verschwin-
Kein Makel. [den.

* Die einzelnen Linien werden unabhängig vom Gesamtsinn des Zeichens so erklärt, daß der Erste und der Oberste Strafe erleiden, während die übrigen mit Verhängung von Strafen beschäftigt sind (vgl. dazu die entsprechenden Striche des Zeichens Nr. 4, Mong, die Jugendtorheit).

Wenn jemand sofort beim ersten Versuch, etwas Böses zu tun, der Strafe verfällt, so ist die Strafe nur leicht. Es werden nur die Zehen vom Block bedeckt. Er wird dadurch am Weitersündigen verhindert und wird so frei von Makel. Es ist das eine Mahnung, auf der Bahn des Bösen rechtzeitig einzuhalten.

Sechs auf zweitem Platz bedeutet:
Beißt durch weiches Fleisch, daß die Nase verschwindet.
Kein Makel.

Recht und Unrecht lassen sich im vorliegenden Fall leicht unterscheiden. Es ist, wie wenn man durch weiches Fleisch beißt. Aber man trifft auf einen harten Sünder. Darum geht man aus Zorn in der Erregung etwas zu weit. Das Verschwinden der Nase beim Zubeißen bedeutet, daß man den feinen Spürsinn infolge der Empörung verliert. Doch schadet das nicht viel, weil die Strafe als solche gerecht ist.

Sechs auf drittem Platz bedeutet:
Beißt auf altes Dörrfleisch und trifft auf Giftiges.
Kleine Beschämung. Kein Makel.

Es soll jemand eine Strafe vollziehen, zu der er nicht genügend Macht und Ansehen besitzt. Darum fügen sich die Bestraften nicht. Es handelt sich um eine alte Sache – symbolisiert durch gesalzenes Wildpret – und dabei stößt man auf Schwierigkeiten. Das alte Fleisch ist verdorben. Man zieht sich durch Beschäftigung mit der Sache giftigen Haß zu. Dadurch kommt man etwas in eine beschämende Lage. Aber da es ein Erfordernis der Zeit war, zu strafen, so bleibt man doch frei von Makel.

Neun auf viertem Platz bedeutet:
Beißt auf getrocknetes Knorpelfleisch.
Erhält Metallpfeile.
Fördernd ist es,
der Schwierigkeiten eingedenk und beharrlich zu sein.
Heil!

Es sind sehr große Schwierigkeiten zu überwinden. Mächtige Gegner sollen bestraft werden. Das ist sehr mühsam. Doch es gelingt. Aber man muß die Härte von Metall und die Geradheit eines Pfeils besitzen, um die Schwierigkeiten zu überwinden. Wenn man diese Schwierigkeiten kennt und beharrlich bleibt, so erlangt man Heil. Die schwierige Aufgabe gelingt zuletzt.

○ Sechs auf fünftem Platz bedeutet:
Beißt auf getrocknetes Muskelfleisch.
Erhält gelbes Gold.
Beharrlich der Gefahr bewußt sein. Kein Makel.

Man hat einen Fall zu entscheiden, der zwar nicht leicht, aber doch klar ist. Aber die eigene Natur ist zur Gutmütigkeit geneigt. Darum muß man sich zusammennehmen, daß man ist wie gelbes Gold, d. h. unparteiisch – Gelb ist die Farbe der Mitte – und treu wie Gold. Nur wenn man sich dauernd der Gefahren bewußt ist, die aus der Verantwortung entspringen, die man übernommen hat, bleibt man frei von Fehlern.

Oben eine Neun bedeutet:
Steckt mit dem Hals im hölzernen Kragen,
daß die Ohren verschwinden.
Unheil!

Es handelt sich hier im Unterschied zu der Anfangslinie um einen Menschen, der unverbesserlich ist. Er trägt zur Strafe den hölzernen Halskragen. Aber seine Ohren verschwinden darin. Er hört nicht mehr auf Warnungen, sondern ist taub für sie. Diese Verstockung führt ins Unheil*.

* Es ist zu bemerken, daß noch eine andere Deutung besteht, die von der Idee »oben das Licht, d. h. die Sonne, unten die Bewegung« ausgehend das Zeichen auf einen Markt deutet, der unten in Bewegung ist, während die Sonne oben am Himmel steht. Und zwar handelt es sich um einen Eßwarenmarkt. Das Fleisch deutet auf Eßwaren. Gold und Pfeile sind Handelsartikel. Das Verschwinden der Nase bedeutet das Verschwinden des Geruchs, d. h. der Betreffende ist nicht habgierig. Das Gift deutet auf die Gefahren des Reichtums usw.

Zu: »Anfangs eine Neun« bemerkt Kungtse:

Der Gemeine schämt sich nicht der Lieblosigkeit und scheut sich nicht vor Ungerechtigkeit. Wenn er keinen Vorteil winken sieht, so rührt er sich nicht. Wenn er nicht eingeschüchtert wird, so bessert er sich nicht. Doch wenn er im Kleinen zurechtgebracht wird, so nimmt er sich im Großen in acht. Das ist für den geringen Menschen ein Glück.

Zu: »Oben eine Neun« bemerkt Kungtse:

Wenn das Gute sich nicht ansammelt, reicht es nicht aus, einen berühmt zu machen. Wenn das Böse sich nicht ansammelt, ist es nicht stark genug, einen zu vernichten. Der Gemeine denkt deshalb, Gutes im Kleinen habe keinen Wert; darum unterläßt er es. Er denkt: Kleine Sünden schaden nichts. Darum gewöhnt er sie sich nicht ab. So sammeln sich seine Sünden an, bis sie sich nicht mehr bedecken lassen, und seine Schuld wird so groß, daß sie sich nicht mehr lösen läßt.

賁

22. BI / DIE ANMUT

䷕ *oben Gen, das Stillehalten, der Berg*
unten Li, das Haftende, das Feuer

Das Zeichen zeigt ein Feuer, das aus den geheimen Tiefen der Erde hervorbricht und emporflackernd den Berg, die himmlische Höhe, erleuchtet und verschönt. Die Anmut, die schöne Form ist nötig bei jeder Vereinigung, damit sie geordnet und lieblich wird und nicht chaotisch und ungeordnet.

DAS URTEIL

Anmut hat Gelingen.
Im Kleinen ist es fördernd, etwas zu unternehmen.

Die Anmut bringt Gelingen. Aber sie ist nicht das Wesentliche, die Grundlage, sondern nur die Verzierung. Daher darf sie nur sparsam, im Kleinen angewandt werden. In dem unteren Zeichen, Feuer, tritt eine weiche Linie zwischen zwei starke und macht sie schön; die starken aber sind das Wesen, die schwache Linie ist die verschönernde Form. Im oberen Zeichen, Berg, tritt die starke Linie bestimmend an die Spitze, so daß sie auch hier als ausschlaggebend in Betracht kommt. In der Natur sieht man am Himmel das starke Licht der Sonne. Auf ihr beruht das Leben der Welt. Aber dieses Starke, Wesentliche wird umgewandelt und findet anmutige Abwechslung durch Mond und Sterne. Im Menschenleben besteht die schöne Form darin, daß wie Berge feststehende, starke Ordnungen da sind, die durch die klare Schönheit gefällig gemacht werden. Die Betrachtung der Formen am Himmel verleiht die Fähigkeit, die Zeit und ihre wechselnden Anforderungen zu verstehen. Die Betrachtung der Formen im Menschenleben verleiht die Möglichkeit, die Welt zu gestalten.
Bemerkung: Das Zeichen zeigt die ruhende Schönheit: innen Klarheit und außen Stille. Das ist die Ruhe der reinen Betrachtung. Wenn das Begehren schweigt, der Wille zur Ruhe kommt, dann tritt die Welt als Vorstellung in die Erscheinung. Und als solche ist sie schön und dem Kampf des Daseins entnommen. Das ist die Welt der Kunst. Aber durch bloße Betrachtung wird der Wille nicht endgültig zur Ruhe gebracht. Er wird wieder erwachen, und alles Schöne war dann nur ein vorübergehender Moment der Erhebung. Darum ist dies noch nicht der eigentliche Weg zur Erlösung. Kungtse fühlte sich daher auch sehr unbehag-

lich, als er bei Gelegenheit einer Befragung des Orakels das Zeichen »Anmut« bekam.

DAS BILD

Unten am Berg ist das Feuer: das Bild der Anmut.
So verfährt der Edle bei der Klarstellung
der laufenden Angelegenheiten,
aber er wagt es nicht, danach Streitfragen zu entscheiden.

Das Feuer, dessen Schein den Berg erleuchtet und anmutig macht, leuchtet nicht auf große Entfernung. So genügt anmutige Form zwar, um kleinere Angelegenheiten zu erheitern und zu erhellen, aber wichtige Fragen können in dieser Weise nicht entschieden werden. Sie bedürfen größeren Ernstes.

Die einzelnen Linien

Anfangs eine Neun bedeutet:
Macht seine Zehen anmutig, verläßt den Wagen und geht.

Die Stellung zu Beginn und an untergeordnetem Platze bringt es mit sich, daß man die Mühe des Vorankommens selbst auf sich nehmen muß. Man hätte Gelegenheit, sich unter der Hand eine Erleichterung – dargestellt unter dem Bild des Wagens – zu verschaffen. Aber ein in sich geschlossener Mensch verschmäht solche auf zweifelhafte Weise erlangte Erleichterungen. Er findet es anmutiger, zu Fuß zu gehen, als unrechtmäßigerweise im Wagen zu fahren.

O Sechs auf zweitem Platz bedeutet:
Macht seinen Kinnbart anmutig.

Der Bart ist nichts Selbständiges. Er kann nur mit dem Kinn zusammen bewegt werden. Das Bild bedeutet daher, daß die Form nur im Gefolge und als Begleiterscheinung des Gehalts in Betracht kommt.
Der Bart ist eine überflüssige Zierde. Seine selbständige Pflege – ohne Rücksicht auf den zu schmückenden inneren Gehalt – wäre daher ein Zeichen einer gewissen Eitelkeit.

Neun auf drittem Platz bedeutet:
Anmutig und feucht.
Dauernde Beharrlichkeit bringt Heil.

Es ist eine höchst anmutige Lebenslage, in der man sich befindet. Anmut und feuchtverklärter Glanz umgeben einen. Diese Anmut kann wohl schmücken, sie kann aber auch versinken lassen. Daher die Warnung, nicht in der feuchten Bequemlichkeit zu versinken, sondern dauernd beharrlich zu bleiben. Darauf beruht das Heil.

Sechs auf viertem Platz bedeutet:
Anmut oder Einfachheit?
Ein weißes Pferd kommt wie geflogen:
Nicht Räuber er ist,
Will freien zur Frist.

Man ist in einer Lage, in der sich Zweifel ergeben, ob man weiterhin die Anmut äußeren Glanzes suchen soll oder ob es nicht besser ist, zur Einfachheit zurückzukehren. In diesem Zweifel liegt schon die Antwort. Von außen naht sich eine Bestärkung. Es kommt heran wie ein weißes Flügelpferd. Die weiße Farbe deutet auf Einfachheit. Und wenn es auch im ersten Augenblick enttäuschend wirken könnte, daß man die Bequemlichkeiten, die man auf anderm Wege sich verschaffen könnte, entbehren muß: in der treuen Verbindung mit dem Freund und Freier findet man Beruhigung. Das fliegende Pferd ist das Bild der Gedanken, die alle Schranken des Raums und der Zeit überfliegen.

Sechs auf fünftem Platz bedeutet:
Anmut in Hügeln und Gärten.
Das Seidenbündel ist ärmlich und klein.
Beschämung, doch schließlich Heil.

Man zieht sich aus dem Verkehr mit den Menschen der Tiefe, die nur Pracht und Luxus suchen, zurück in die Einsamkeit der Höhen. Da findet man einen Menschen, zu dem man aufblickt und den man sich zum Freunde machen möchte. Aber die Gastgeschenke, die man zu bieten hat, sind nur gering und dürftig, so daß man beschämt ist. Doch kommt es nicht auf die äußere Gabe an, sondern auf die wahre Gesinnung; darum geht schließlich alles gut.

O Oben eine Neun bedeutet:
Schlichte Anmut.
Kein Makel.

Hier auf der obersten Stufe wird aller Schmuck abgelegt. Die Form verdeckt nicht mehr den Gehalt, sondern läßt ihn zur vollen Geltung kommen. Die höchste Anmut besteht nicht in äußerer Verzierung des Materials, sondern in seiner schlichten, sachgemäßen Gestaltung.

剝

23. BO / DIE ZERSPLITTERUNG

☶ *oben Gen, das Stillehalten, der Berg*
☷ *unten Kun, das Empfangende, die Erde*

Die dunklen Linien sind im Begriff, nach oben zu steigen und auch den letzten festen und lichten Strich zu Fall zu bringen, indem sie ihn durch ihren Einfluß zersetzen. Das Gemeine, Dunkle bekämpft das Edle, Starke nicht direkt, sondern höhlt es durch unmerkliche Wirkung allmählich aus, so daß es schließlich zusammenbricht.

Das Zeichen stellt das Bild eines Hauses dar. Der oberste Strich ist das Dach. Indem nun das Dach zerbrochen wird, zerfällt das Haus.

Das Zeichen ist dem neunten Monat (Oktober–November) zugeordnet. Die Yinkraft dringt immer mächtiger heran und ist im Begriff, die Yangkraft völlig zu verdrängen.

DAS URTEIL

Die Zersplitterung. Nicht fördernd ist es, wohin zu gehen.

Es ist eine Zeit, da die Gemeinen im Vordringen sind und eben im Begriff stehen, die letzten Starken und Edlen zu verdrängen. Darum, weil das im Lauf der Zeit begründet ist, ist es für den Edlen unter solchen Umständen nicht förderlich, etwas zu unternehmen. Aus den Bildern und ihren Eigenschaften ist das rechte Verhalten in solchen widrigen Zeiten zu entnehmen. Das untere Zeichen bedeutet die Erde, deren Eigenschaft die Fügsamkeit und Hingebung ist, das obere Zeichen bedeutet den Berg, dessen Eigenschaft die Stille ist. Das legt den Rat nahe, sich in die böse Zeit zu fügen und stille zu sein. Es handelt sich hier nicht um menschliches Machen, sondern um Zeitverhältnisse, die nach himmlischen Gesetzen auch einen Wechsel von Zunahme und Abnahme, Fülle und Leere zeigen. Diesen Zeitverhältnissen läßt sich nicht entgegenwirken. Daher ist es nicht Feigheit, sondern Weisheit, wenn man sich fügt und vermeidet zu handeln.

DAS BILD

Der Berg ruht auf der Erde: das Bild der Zersplitterung.
So können die Oberen nur durch reiches Spenden an die Unteren ihre Stellung sichern.

Der Berg ruht auf der Erde. Wenn er steil und schmal ist und keine breite Grundlage hat, so muß er einstürzen. Nur dadurch, daß er breit und groß sich aus der Erde erhebt, nicht stolz und steil, ist seine Stellung gesichert. So ruhen auch die Herrschenden auf der breiten Grundlage des Volks. Auch für sie gilt es, freigebig und großzügig zu sein, wie die Erde, die alles trägt; dann werden sie ihre Stellung in Sicherheit bringen wie die Ruhe eines Berges.

Die einzelnen Linien

Anfangs eine Sechs bedeutet:
Das Bett wird zersplittert am Bein.
Die Beharrlichen werden vernichtet. Unheil.

Die Gemeinen kommen heran und fangen heimlich von unten an mit ihrer zerstörenden Wühlarbeit, um auf diese Weise den Platz, auf dem der Edle ruht, zu untergraben. Die Anhänger des Herrschers, die ihm treu bleiben, werden durch Verleumdung und alle möglichen Machenschaften vernichtet. Die Lage ist unheilvoll. Doch läßt sich nichts tun als warten.

Sechs auf zweitem Platz bedeutet:
Das Bett wird zersplittert am Rand.
Die Beharrlichen werden vernichtet. Unheil.

Die Macht der Gemeinen wächst. Schon naht sich die Gefahr der eigenen Person. Es kommen schon deutliche Anzeichen. Die Ruhe wird gestört. Während man sich in dieser gefährlichen Lage befindet, ist man zudem noch ohne Hilfe und Entgegenkommen von oben und unten. In dieser Isolierung ist äußerste Vorsicht nötig. Man muß sich nach der Zeit richten und rechtzeitig ausweichen. Wollte man unbeugsam und beharrlich seinen Standpunkt weiter vertreten, so würde das zum Untergang führen.

Sechs auf drittem Platz bedeutet:
Er zersplittert sich mit ihnen. Kein Makel.

Man steht mitten drin in einer schlechten Umgebung, mit der man auch durch äußere Verbindungen zusammenhängt. Doch besteht eine innere Beziehung zu einem höheren Menschen. Dadurch gewinnt man den inneren Halt, daß man sich frei machen kann von dem Wesen der Menschen der Umgebung. Man kommt dadurch wohl in Gegensatz zu ihnen, aber das ist kein Fehler.

Sechs auf viertem Platz bedeutet:
Das Bett wird zersplittert bis zur Haut. Unheil.

Das Unglück erreicht hier den eigenen Leib, nicht mehr nur den Ruheplatz. Eine Warnung oder sonstiger Zusatz ist nicht beigefügt. Das Unheil ist auf der Höhe: es läßt sich nicht mehr abwenden.

Sechs auf fünftem Platz bedeutet:

Ein Zug Fische. Durch die Palastdamen kommt Gunst.
Alles ist förderlich.

Hier in unmittelbarer Nähe des oberen starken und lichten Prinzips wandelt sich die Natur des Dunklen. Es widerstrebt nicht mehr ränkevoll dem starken Prinzip, sondern unterwirft sich seiner Leitung. Ja als Haupt der übrigen Schwachen führt es diese alle dem Starken zu, gleichwie eine Fürstin ihre Dienerinnen ihrem Gatten wie einen Zug Fische zuführt und dadurch seine Gunst erlangt. Indem das Niedere sich so freiwillig dem Höheren unterstellt, findet es sein Glück, und auch das Höhere kommt zu seinem Recht. Darum geht alles gut.

o Oben eine Neun bedeutet:

Eine große Frucht ist noch ungegessen da.
Der Edle erhält einen Wagen.
Dem Gemeinen zersplittert sein Haus.

Hier ist das Ende der Zersplitterung erreicht. Wenn sich das Unheil ausgetobt hat, kommen wieder bessere Zeiten. Der Same des Guten ist noch übrig. Gerade wenn die Frucht zur Erde fällt, wächst aus ihrem Samen aufs neue das Gute hervor. Der Edle kommt wieder zu Einfluß und Wirksamkeit. Er wird getragen von der öffentlichen Meinung wie auf einem Wagen. Am Gemeinen aber rächt sich seine Bosheit. Sein Haus zersplittert. Darin liegt ein Naturgesetz. Das Böse ist nicht nur dem Guten verderblich, sondern es vernichtet in seinen letzten Konsequenzen sich selbst; denn das Böse, das nur von der Verneinung lebt, kann aus sich selbst nicht bestehen. Auch der Gemeine fährt am besten, wenn er von einem Edlen in Zucht gehalten wird.

復

24. FU / DIE WIEDERKEHR (DIE WENDEZEIT)

䷗ *oben Kun, das Empfangende, die Erde*
unten Dschen, das Erregende, der Donner

Die Wendezeit wird dadurch angedeutet, daß, nachdem die dunklen Linien die lichten alle nach oben hinausgedrängt haben, nun wieder ein lichter Strich von unten her in das Zeichen eintritt. Die Zeit des Dunkels ist vorüber. Die Sonnenwende bringt den Sieg des Lichts. Das Zeichen ist dem elften Monat, dem Monat der Sonnenwende (Dezember–Januar) zugeordnet.

DAS URTEIL

Die Wiederkehr. Gelingen.
Ausgang und Eingang ohne Fehl.
Freunde kommen ohne Makel.
Hin und her geht der Weg.
Am siebten Tage kommt die Wiederkehr.
Fördernd ist es, zu haben, wohin man geht.

Nach einer Zeit des Zerfalls kommt die Wendezeit. Das starke Licht, das zuvor vertrieben war, tritt wieder ein. Es gibt Bewegung. Diese Bewegung ist aber nicht erzwungen. Das obere Zeichen Kun hat als Charakter die Hingebung. Es ist also eine natürliche Bewegung, die sich von selbst ergibt. Darum ist die Umgestaltung des Alten auch ganz leicht. Altes wird abgeschafft, Neues wird eingeführt, beides entspricht der Zeit und bringt daher keinen Schaden. Vereinigungen von Gleichgesinnten bilden sich. Aber dieser Zusammenschluß vollzieht sich in voller Öffentlichkeit, er entspricht der Zeit, und darum ist jedes egoistische Sonderbestreben ausgeschlossen, und aus diesen Vereinigungen ergibt sich kein Fehler. Die Wiederkehr ist im Naturlauf begründet. Die Bewegung ist kreisförmig. Der Weg ist in sich geschlossen. Darum braucht man nichts künstlich zu überstürzen. Es kommt alles von selber, wie es an der Zeit ist. Das ist der Sinn von Himmel und Erde.
Alle Bewegungen vollziehen sich in sechs Stufen. Die siebente Stufe bringt dann die Wiederkehr. So kommt im siebenten Monat nach der Sommersonnenwende, von der an das Jahr abwärts geht, die Wintersonnenwende, ebenso kommt in der siebenten Doppelstunde nach Sonnenuntergang der Sonnenaufgang. Dar-

um ist die Sieben die Zahl des jungen Lichts, die dadurch entsteht, daß die Sechs, die Zahl des großen Dunkels, sich um eins steigert. Damit kommt Bewegung in den Stillstand.

DAS BILD

Der Donner inmitten der Erde: das Bild der Wendezeit.
So schlossen die alten Könige zur Sonnwendzeit die Pässe.
Händler und Fremdlinge wanderten nicht,
und der Herrscher bereiste nicht die Gegenden.

Die Wintersonnenwende wurde in China von jeher als die Ruhezeit des Jahres gefeiert – ein Brauch, der sich in der Neujahrsruhezeit noch immer erhalten hat. Im Winter ist die Lebenskraft – symbolisiert durch das Erregende, den Donner – noch unter der Erde. Die Bewegung ist in ihren ersten Anfängen. Darum muß man sie durch Ruhe kräftigen, damit sie nicht durch vorzeitigen Verbrauch sich verläuft. Dieser Grundsatz, die wiedereinsetzende Kraft durch Ruhe erstarken zu lassen, gilt von allen entsprechenden Verhältnissen. Die wiederkehrende Gesundheit nach einer Krankheit, die wiederkehrende Verständigung nach einer Entzweiung: alles muß im ersten Anfang zart und schonend behandelt werden, damit die Wiederkehr zur Blüte führt.

Die einzelnen Linien

○ Anfangs eine Neun bedeutet:
Wiederkehr aus geringer Entfernung.
Es bedarf keiner Reue.
Großes Heil!

Kleine Abweichungen vom Guten sind nicht zu vermeiden. Man muß nur rechtzeitig umkehren, ehe man zu weit gegangen. Das ist besonders bei der Bildung des Charakters von Wichtigkeit. Jeder leise böse Gedanke muß sofort beseitigt werden, ehe man darin zu weit geht und sich verfestigt. So hat man keine Reue nötig, und alles geht sehr gut.

Sechs auf zweitem Platz bedeutet:
Ruhige Wiederkehr. Heil!

Die Umkehr bedarf immer eines Entschlusses und ist ein Akt der Selbstbezwingung. Sie wird erleichtert, wenn man in guter Gesellschaft ist. Wenn man es über sich gewinnt, sich herunterzugeben und sich nach guten Menschen zu richten, so bringt das Heil.

Sechs auf drittem Platz bedeutet:
Mehrfache Wiederkehr. Gefahr. Kein Makel.

Es gibt Menschen von einer gewissen inneren Unbeständigkeit. Für sie ist fortwährend Umkehr der Willensrichtung nötig. In diesem fortwährenden Abwenden vom Guten aus unbeherrschter Neigung und Wiederzuwenden aus besserem Entschluß liegt eine Gefahr. Aber da auf diese Weise eine Verfestigung im Bösen doch auch nicht eintritt, ist die allgemeine Richtung auf Ablegung des Fehlers nicht ausgeschlossen.

Sechs auf viertem Platz bedeutet:
In der Mitte der andern wandelnd,
kehrt man allein wieder.

Man ist mitten in einer Gesellschaft von geringen Menschen, aber man hat innere Beziehungen zu einem starken und guten Freund. Infolge davon kehrt man allein um. Obwohl von Lohn und Strafe nicht die Rede ist, so ist es doch sicher günstig; denn ein solcher Entschluß zum Guten trägt seinen Lohn in sich.

Sechs auf fünftem Platz bedeutet:
Großzügige Wiederkehr. Keine Reue.

Wenn die Zeit zur Umkehr da ist, dann soll man sich nicht hinter kleinliche Ausreden verstecken, sondern in sich gehen und sich prüfen. Und wenn man etwas falsch gemacht hat, dann soll man in großzügigem Entschluß seinen Fehler eingestehen. Das ist ein Weg, der niemand gereuen wird.

Oben eine Sechs bedeutet:
Verfehlung der Wiederkehr. Unheil.
Unglück von außen und innen.
Wenn man so Heere marschieren läßt,
wird man schließlich eine große Niederlage erleiden,
so daß es für den Landesherrn unheilvoll ist.
Zehn Jahre lang ist man nicht mehr imstande anzugreifen.

Wenn man die rechte Zeit zur Umkehr versäumt, so kommt man ins Unheil. Das Unglück ist innerlich begründet durch die falsche Stellung zum Weltzusammenhang. Äußeres Unglück ist die Folge dieser falschen Stellung. Es ist die Verstockung und ihr Gericht, das gezeichnet wird.

无妄

25. WU WANG / DIE UNSCHULD (DAS UNERWARTETE)

䷘ *oben Kiën, das Schöpferische, der Himmel*
unten Dschen, das Erregende, der Donner

Oben ist Kiën, der Himmel, unten ist Dschen, die Bewegung. Das untere Zeichen, Dschen, wird bestimmt durch den starken Strich, den es von oben her, vom Himmel, bekommen hat. Wenn demgemäß die Bewegung dem Gesetz des Himmels folgt, dann ist der Mensch unschuldig und ohne Falsch. Das ist das Echte, Natürliche, das durch keine Überlegungen und Hintergedanken getrübt ist. Wo man die Absicht merkt, da ist die Wahrheit und Unschuld der Natur verloren. Natur ohne die Direktive des Geistes ist nicht wahre Natur, sondern degenerierte Natur. Von dem Gedanken des Natürlichen aus geht die Gedankenbildung teilweise noch weiter, und so umfaßt das Zeichen auch noch den Gedanken des Unbeabsichtigten, Unerwarteten.

DAS URTEIL

Die Unschuld. Erhabenes Gelingen.
Fördernd ist Beharrlichkeit.
Wenn jemand nicht recht ist, so hat er Unglück,
und nicht fördernd ist es, irgend etwas zu unternehmen.

Der Mensch hat vom Himmel die ursprünglich gute Natur erhalten, daß sie ihn bei allen Bewegungen leite. Durch Hingabe an dieses Göttliche in ihm erlangt der Mensch eine lautere Unschuld, die ohne Hintergedanken an Lohn und Vorteil einfach das Rechte tut mit instinktiver Sicherheit. Diese instinktive Sicherheit bewirkt erhabenes Gelingen und ist fördernd durch Beharrlichkeit. Es ist aber nicht alles Instinktive Natur in diesem höheren Sinn des Wortes, sondern nur das Rechte, das mit dem Willen des Himmels übereinstimmt. Ohne dieses Rechte wirkt eine unüberlegte instinktive Handlungsweise nur Unglück. Meister Kung sagt darüber: »Wer von der Unschuld abweicht, wo kommt der hin? Des Himmels Wille und Segen ist nicht mit seinen Taten.«

DAS BILD

Unter dem Himmel geht der Donner:
Alle Dinge erlangen den Naturzustand der Unschuld.

So pflegten und nährten die alten Könige,
reich an Tugend und entsprechend der Zeit, alle Wesen.

Wenn der Donner – die Lebenskraft – im Frühling sich unter dem Himmel wieder regt, dann sproßt und wächst alles, und alle Geschöpfe erhalten von der schaffenden Natur die Kindesunschuld des ursprünglichen Wesens. So machen es auch die guten Herrscher der Menschen: Mit dem inneren Reichtum ihres Wesens sorgen sie für alles Leben und alle Kultur und tun alles, was zu deren Pflege nötig ist, zur rechten Zeit.

Die einzelnen Linien

o Anfangs eine Neun bedeutet:
Unschuldiger Wandel bringt Heil!

Die ersten ursprünglichen Regungen des Herzens sind immer gut, so daß man ihnen getrost folgen kann und gewiß sein darf, daß man Glück hat und seine Absicht erreicht.

Sechs auf zweitem Platz bedeutet:
Wenn man beim Pflügen nicht ans Ernten denkt
und beim Roden nicht an das Benützen des Feldes:
dann ist es fördernd, etwas zu unternehmen.

Man soll jede Arbeit um ihrer selbst willen tun, wie Zeit und Ort sie verlangen, und nicht nach dem Erfolg schielen, dann gerät sie, und was man unternimmt, hat Erfolg.

Sechs auf drittem Platz bedeutet:
Unverschuldetes Unglück:
Die Kuh, die von jemand angebunden war,
ist des Wanderers Gewinn, des Bürgers Verlust.

Manchmal kommt unverschuldetes Unglück über einen, das von einem andern veranlaßt wird, wie etwa, wenn ein Mann des Weges kommt und eine angebundene Kuh mitlaufen läßt. Sein Gewinn ist des Besitzers Verlust. Bei allen, auch bei unschuldigen Handlungen, muß man sich nach der rechten Zeit richten, sonst kommt unerwartetes Unglück über einen.

Neun auf viertem Platz bedeutet:
Wer vermag beharrlich zu sein, bleibt ohne Makel.

Was einem wirklich gehört, das kann man nicht verlieren, und wenn man es wegwürfe. Man braucht darum gar nicht besorgt zu sein. Man muß nur darum besorgt sein, daß man seinem eigenen Wesen treu bleibt und nicht auf andere hört.

○ Neun auf fünftem Platz bedeutet:
Bei unverschuldeter Krankheit gebrauche keine Arznei.
Es wird schon von selber gut werden.

Kommt von außen her, durch Zufall, ein unerwartetes Übel, das nicht in der eigenen Natur begründet ist und in ihr seinen Anhaltspunkt hat, so soll man nicht nach äußeren Mitteln greifen zu seiner Beseitigung, sondern der Natur ruhig ihren Lauf lassen, dann wird es von selbst besser.

Oben eine Neun bedeutet:
Unschuldiges Handeln bringt Unglück.
Nichts ist fördernd.

Wenn man in einer Lage ist, da kein Fortschritt mehr an der Zeit ist, da gilt es ruhig und ohne Hintergedanken zu warten. Wenn man unüberlegt handelt, um wider das Schicksal voranzukommen, so wird ein Erfolg nicht erreicht.

大畜

26. DA TSCHU
DES GROSSEN ZÄHMUNGSKRAFT

oben Gen, das Stillehalten, der Berg
unten Kiën, das Schöpferische, der Himmel

Das »Schöpferische« wird durch das »Stillehalten« bezähmt. Das gibt eine große Kraft, ganz anders als bei Nr. 9, wo nur das »Sanfte« das »Schöpferische« bezähmt. Während dort ein schwacher Strich die fünf Starken bezähmen soll, sind es hier zwei, außer dem Minister auch noch der Fürst. Darum ist ihre Zähmungskraft weit stärker. Eine dreifache Bedeutung liegt in dem Zeichen: der Himmel inmitten des Bergs gibt den Gedanken des Festhaltens = Beisammenhaltens; das Zeichen Gen, welches das Zeichen Kiën stillhält, gibt den Gedanken des Festhaltens = Zurückhaltens. Indem schließlich ein starker Strich oben der Herr des Zeichens ist, der als Weiser geehrt und gepflegt wird, so ergibt sich hieraus der Gedanke des Festhaltens = Pflege, Ernährung. Der letzte Gedanke kommt namentlich bei dem Herrn des Zeichens, dem starken oberen Strich, der den Weisen repräsentiert, zur Geltung.

DAS URTEIL

Des Großen Zähmungskraft. Fördernd ist Beharrlichkeit.
Nicht zu Hause essen bringt Heil.
Fördernd ist es, das große Wasser zu durchqueren.

Zum Festhalten und Ansammeln von großen, schöpferischen Kräften, wie es in dem Zeichen dargestellt ist, bedarf es eines starken, klaren Mannes, der vom Herrscher geehrt wird. Das Zeichen Kiën deutet auf starke Schöpferkraft, das Zeichen Gen auf Festigkeit und Wahrheit, beide deuten auf Licht und Klarheit und auf tägliche Erneuerung des Charakters. Nur durch eine solche tägliche Selbsterneuerung bleibt man auf der Höhe der Kraft. Während in ruhiger Zeit die Macht der Gewohnheit behilflich ist zur Ordnung, kommt es in solch großen Zeiten der Kraftansammlung ganz auf die Macht der Persönlichkeit an. Aber weil die Würdigen geehrt werden, wie die starke Persönlichkeit, die vom Herrscher mit der Leitung betraut ist, beweist, darum ist es günstig, nicht zu Hause zu essen, sondern in der Öffentlichkeit durch Übernahme eines Amtes sein Brot zu verdienen. Man ist im Einklang mit dem Himmel; darum gelingen auch schwere, gefahrvolle Unternehmungen, wie das Durchqueren des großen Wassers.

DAS BILD

Der Himmel inmitten des Berges:
das Bild von des Großen Zähmungskraft.
So lernt der Edle viele Worte der Vorzeit
und Taten der Vergangenheit kennen,
um dadurch seinen Charakter zu festigen.

Der Himmel inmitten des Berges deutet auf verborgene Schätze. So liegt in den Worten und Taten der Vergangenheit ein Schatz verborgen, der zur Festigung und Steigerung des eigenen Charakters verwendet werden kann. Das ist die rechte Art des Studiums, sich nicht auf historisches Wissen zu beschränken, sondern das Historische durch Anwendung immer wieder gegenwärtig zu machen.

Die einzelnen Linien

Anfangs eine Neun bedeutet:
Es ist Gefahr da. Fördernd ist es, abzustehen.

Man wünschte wohl ein kräftiges Fortschreiten. Allein in den Verhältnissen liegt eine Behinderung. Man sieht sich festgehalten. Wollte man den Fortschritt erzwingen, so würde das ins

Unglück bringen. Darum ist es besser, sich zu fassen und zu warten, bis den angesammelten Kräften ein Ausweg sich öffnet.

Neun auf zweitem Platz bedeutet:
Dem Wagen werden die Achsenlager abgenommen.

Hier ist das Fortschreiten gehemmt, ähnlich wie bei des Kleinen Zähmungskraft (Nr. 9, Neun auf drittem Platz). Aber während dort die hemmende Kraft gering ist und daher ein Konflikt entsteht zwischen dem Vorwärtsdrängenden und dem Hemmenden, infolgedessen dem Wagen die Speichen abspringen, ist hier die hemmende Kraft unbedingt überlegen. Daher findet kein Kampf statt. Man fügt sich und nimmt zunächst dem Wagen die Achsenlager ab, d. h. beschränkt sich zunächst aufs Warten. Dadurch sammelt sich die Spannkraft zu späterem energischem Fortschritt.

Neun auf drittem Platz bedeutet:
Ein gutes Pferd, das andern folgt.
Fördernd ist Bewußtsein der Gefahr und Beharrlichkeit.
Täglich übe dich im Wagenfahren und Waffenschutz.
Fördernd ist es, zu haben, wohin man geht.

Der Weg öffnet sich. Die Hemmung hat aufgehört. Man steht in Beziehung zu einem starken Willen, der in gleicher Richtung wirkt. Man kommt voran wie ein gutes Pferd, das einem andern folgt. Aber es droht noch Gefahr, deren man bewußt bleiben muß, um sich nicht die Festigkeit rauben zu lassen. So muß man einerseits sich üben in dem, was voran führt, andererseits in dem, was gegen unvermuteten Angriff schützt. Dann ist es gut, ein Ziel zu haben, dem man zustrebt.

Sechs auf viertem Platz bedeutet:
Das Schutzbrett eines jungen Stieres.
Großes Heil!

Diese Linie und die nächstfolgende sind es, die die vorwärtsstrebenden unteren zähmen. Ehe einem Stier die Hörner gewachsen sind, bringt man an seiner Stirn ein Schutzbrett an, das vorsorgt, daß, wenn erst die Hörner da sind, sie nicht mehr verletzen können. Eine gute Art der Zähmung ist es, der ausbrechenden Wildheit zu begegnen, ehe sie sich äußert; dadurch schafft man sich einen leichten und großen Erfolg.

○ Sechs auf fünftem Platz bedeutet:
Eines verschnittenen Ebers Zahn. Heil!

Hier ist die Zähmung des ungestüm Vorwärtsdrängenden auf indirekte Weise erreicht. Der Zahn des Ebers ist an sich gefährlich, aber wenn die Natur des Ebers verändert ist, so verliert er seine Gefährlichkeit. So muß man auch bei Menschen die Wildheit nicht direkt bekämpfen, sondern die Wurzeln der Wildheit beseitigen.

○ Oben eine Neun bedeutet:

Man erlangt den Himmelsweg. Gelingen.

Die Zeit der Hemmung ist vorüber. Die lange durch Hemmung angesammelte Kraft bricht sich Bahn und hat großen Erfolg. Es ist ein Weiser, der vom Herrscher geehrt wird und dessen Grundsätze nun durchdringen und die Welt gestalten.

頤

27. I / DIE MUNDWINKEL (DIE ERNÄHRUNG)

䷚ *oben Gen, das Stillehalten, der Berg*
unten Dschen, das Erregende, der Donner

Das Zeichen ist das Bild eines geöffneten Mundes: oben und unten die festen Lippen und dazwischen die Öffnung des Mundes. Vom Bild des Mundes, durch den man die Speisen aufnimmt, um sich zu ernähren, geht der Gedanke auf die Ernährung selbst über. In den drei unteren Linien ist die eigene Ernährung, und zwar die leibliche, in den drei oberen Linien ist die Ernährung und Pflege der andern, und zwar die geistige, höhere, zur Darstellung gebracht.

DAS URTEIL

Die Mundwinkel. Beharrlichkeit bringt Heil.
Sieh auf die Ernährung und womit einer selbst sucht
seinen Mund zu füllen.

Bei der Zuwendung von Pflege und Ernährung ist es wichtig, daß für die rechten Leute gesorgt wird und man für seine eigene Ernährung in der rechten Weise sorgt. Wenn man jemand kennenlernen will, so braucht man nur darauf zu sehen, wem jemand seine Pflege angedeihen läßt und welche Seiten seines eigenen Wesens er pflegt und nährt. Die Natur nährt alle Wesen. Der große Mann nährt und pflegt die Tüchtigen, um durch sie für alle Menschen zu sorgen.

Mong Dsï VI A 14 sagt hierzu: Wenn man erkennen will, ob einer tüchtig ist oder untüchtig, so braucht man auf nichts anderes zu sehen als darauf, welchen Teil seines Wesens er besonders wichtig nimmt. Der Leib hat edle Teile und unedle, hat wichtige Teile und geringe. Man darf um des Geringen willen nicht das Wichtige schädigen und um des Unedlen willen nicht das Edle schädigen. Wer die geringen Teile seines Wesens pflegt, der ist ein geringer Mensch. Wer die edlen Teile seines Wesens pflegt, der ist ein edler Mensch.

DAS BILD

Unten am Berg ist der Donner: das Bild der Ernährung.
So hat der Edle acht auf seine Worte
und ist mäßig im Essen und Trinken.

»Gott tritt hervor im Zeichen der Erregung.« Wenn im Frühling die Lebenskräfte sich wieder regen, dann entstehen alle Dinge aufs neue. »Er vollendet im Zeichen des Stillehaltens.« So werden im Vorfrühling, wenn die Samen zur Erde fallen, alle Dinge fertig. Das gibt das Bild der Ernährung durch Bewegung und Stille. Der Edle nimmt das zum Vorbild für die Ernährung und Pflege seines Charakters. Die Worte sind von innen nach außen gehende Bewegung. Essen und Trinken ist die von außen nach innen gehende Bewegung. Beide Arten von Bewegung sind durch Stille zu mäßigen. So bewirkt die Stille, daß die vom Mund ausgehenden Worte das Maß nicht überschreiten und die zum Mund eingehende Nahrung das Maß nicht überschreitet. Dadurch wird der Charakter gepflegt.

Die einzelnen Linien

Anfangs eine Neun bedeutet:
Du läßt Deine Zauberschildkröte fahren
und blickst nach mir mit herabhängenden Mundwinkeln.
Unheil!

Die Zauberschildkröte ist ein Wesen, das keiner irdischen Nahrung bedarf, sondern solche Zauberkraft besitzt, daß es von der Luft leben kann. Das Bild besagt, daß man seiner Art und Stellung nach ganz gut frei und unabhängig aus sich selbst heraus leben könnte. Statt dessen verzichtet man auf diese innere Selbständigkeit und blickt mit Neid und Unmut zu andern empor, die es äußerlich besser haben. Dieser niedrige Neid ruft aber bei dem andern nur Hohn und Verachtung hervor. Das ist vom Übel.

Sechs auf zweitem Platz bedeutet:
Nach dem Gipfel sich wenden um Ernährung.
Vom Wege abweichen, um von dem Hügel
Ernährung zu suchen:
Wenn man so fortmacht, bringt es Unheil.

Das Normale ist, daß man für seine Nahrung selbst sorgt oder sich von denen, die Pflicht und Recht dazu haben, auf rechtmäßige Weise ernähren läßt. Wenn man durch innere Schwäche nicht imstande ist, für seine Ernährung zu sorgen, so zeigt sich leicht eine Unruhe, indem man unter Umgehung des rechtmäßigen Erwerbs durch Gunst sich seinen Lebensunterhalt von höher Gestellten schenken läßt. Das ist unwürdig, denn man weicht von seiner Art ab. Das führt, dauernd betrieben, zu Unheil.

Sechs auf drittem Platz bedeutet:
Abweichen von der Ernährung.
Beharrlichkeit bringt Unheil.
Zehn Jahre handle nicht danach. Nichts ist fördernd.

Wer Nahrung sucht, die nicht nährt, der taumelt von Begierde zu Genuß, und im Genuß verschmachtet er nach Begierde. Leidenschaftlicher Taumel, um die Sinne zu befriedigen, führt nie zum Ziel. Nie (zehn Jahre ist eine vollendete Periode) darf man so handeln. Es kommt nichts Gutes dabei heraus.

Sechs auf viertem Platz bedeutet:
Nach dem Gipfel sich wenden um Ernährung bringt Heil.
Mit scharfen Augen wie ein Tiger umherspähen
in unersättlichem Begehren. Kein Makel.

Anders als bei der Sechs auf zweitem Platz, die einen Menschen bedeutet, der geschäftig nur auf seinen eigenen Vorteil bedacht ist, bedeutet diese Linie einen Menschen, der von hoher Stelle aus bestrebt ist, sein Licht leuchten zu lassen. Dazu braucht er Hilfskräfte, weil er allein sein hohes Ziel nicht erreichen kann. Begierig wie ein hungriger Tiger ist er darauf aus, die rechten Leute zu finden. Aber weil er nicht für sich, sondern für die Allgemeinheit sorgt, ist solcher Eifer kein Fehler.

○ Sechs auf fünftem Platz bedeutet:
Abweichen vom Weg.
Bleiben in Beharrlichkeit bringt Heil.
Man soll nicht das große Wasser durchqueren.

Man ist sich eines Mangels bewußt. Man sollte für die Ernährung der Menschen sorgen, aber man hat nicht die Kraft dazu. So muß man vom gewohnten Weg abweichen und sich von einem geistig überlegenen, aber äußerlich unscheinbaren Menschen Rat und Hilfe erbitten. Wenn man diese Gesinnung beharrlich hegt, so hat man Erfolg und Heil. Nur muß man sich seiner Abhängigkeit bewußt bleiben. Man darf nicht mit seiner eigenen Person hervortreten und große Werke, wie das Durchqueren des großen Wassers, unternehmen wollen.

○ Oben eine Neun bedeutet:

Die Quelle der Ernährung.
Bewußtsein der Gefahr bringt Heil.
Fördernd ist es, das große Wasser zu durchqueren.

Es ist hier ein Weiser höchster Art, von dem alle Einflüsse ausgehen, die für die Ernährung der andern sorgen. Eine solche Stellung bringt schwere Verantwortung. Bleibt er sich deren bewußt, so hat er Heil und mag auch große und schwere Werke, wie das Durchqueren des großen Wassers, getrost unternehmen. Sie bringen allgemeines Glück für ihn und alle.

大過

28. DA GO
DES GROSSEN ÜBERGEWICHT

䷛ *oben Dui, das Heitere, der See*
unten Sun, das Sanfte, der Wind, das Holz

Das Zeichen besteht aus vier starken Strichen im Innern und zwei schwachen Linien außen. Wenn die Starken außen und die Schwachen innen sind, so ist das gut und kein Übergewicht, nichts Außerordentliches liegt vor. Hier ist das Umgekehrte der Fall. Das Zeichen stellt einen Balken dar, der innen dick und schwer, aber an den Enden zu schwach ist. Das ist kein Dauerzustand. Er muß verändert werden, vorübergehen, sonst droht Unheil.

DAS URTEIL

Des Großen Übergewicht. Der Firstbalken biegt sich
Fördernd ist es, zu haben, wohin man gehe. [durch.
Gelingen.

Das Große ist im Übergewicht. Die Belastung ist zu groß für die tragenden Kräfte. Der Firstbalken, auf dem das ganze Dach ruht, biegt sich durch, weil seine tragenden Enden zu schwach für die Last sind. Es ist eine Zeit und Lage, die außerordentlicher Maßregeln bedarf, um überwunden zu werden, weil sie selbst eine Ausnahmezeit ist. Darum muß man darauf bedacht sein, möglichst rasch einen Übergang zu finden, zu handeln: das verspricht Erfolg; denn obwohl das Starke im Übergewicht ist, ist es doch in der Mitte, d. h. im inneren Schwerpunkt, so daß keine Revolution zu befürchten ist. Mit Gewaltmaßregeln freilich wird nichts erreicht. Man muß den Knoten lösen durch sanftes Eindringen in den Sinn der Lage (wie das durch die Eigenschaft des inneren Zeichens Sun nahegelegt ist), dann wird der Übergang in andere Verhältnisse gelingen. Es bedarf großer Überlegenheit; darum ist die Zeit des Übergewichts des Großen eine große Zeit.

DAS BILD

Der See geht über die Bäume weg:
das Bild des Übergewichts im Großen.
So ist der Edle, wenn er allein steht, unbesorgt,
und wenn er auf die Welt verzichten muß, unverzagt.

Außerordentliche Zeiten des Übergewichts des Großen sind wie eine Überschwemmung, da der See über die Bäume weggeht. Aber solche Zustände gehen vorüber. In den einzelnen Zeichen ist die rechte Haltung in solchen Ausnahmezeiten gegeben: Das Bild von Sun ist der Baum, der fest steht, auch wenn er einsam ist, und die Eigenschaft von Dui ist die Heiterkeit, die unverzagt bleibt, auch wenn sie auf die Welt verzichten muß.

Die einzelnen Linien

Anfangs eine Sechs bedeutet:
Unterlegen mit weißem Schilfgras. Kein Makel.

Wenn man in außerordentlichen Zeiten etwas beginnen will, so muß man außerordentliche Vorsicht walten lassen, wie man etwas Schweres, das auf den Boden gestellt werden soll, mit Schilfgras vorsichtig unterlegt, damit nichts zerbricht. Diese Vorsicht mag übertrieben scheinen, aber sie ist kein Fehler. Alle außerordentlichen Unternehmungen können nur gelingen bei äußerster Vorsicht in den Anfängen und Grundlagen.

○ Neun auf zweitem Platz bedeutet:
Ein trockener Pappelbaum treibt einen Wurzelsproß.

Ein älterer Mann bekommt eine junge Frau.
Alles ist fördernd.

Das Holz steht am Wasser, daher das Bild einer alten Pappel, die einen Wurzelsproß treibt. Das ist eine außerordentliche Wiederbelebung des Wachstumsprozesses. Dieselbe außerordentliche Lage ergibt sich, wenn ein älterer Mann ein junges Mädchen zur Frau bekommt, die zu ihm paßt. Trotz des Außergewöhnlichen der Lage geht alles gut.
Politisch betrachtet ist der Sinn der, daß es in außerordentlichen Zeiten günstig ist, sich zu den Niedrigen zu halten, denn hier ist die Möglichkeit einer Erneuerung gegeben.

Neun auf drittem Platz bedeutet:
Der Firstbalken biegt sich durch. Unheil.

Es ist eine Persönlichkeit gezeichnet, die in Zeiten des Übergewichts des Großen heftig durchfahren will. Sie nimmt von den andern keinen Rat, darum sind die andern auch nicht zu ihrer Unterstützung bereit. Dadurch wächst die Last, und es kommt zum Biegen oder Brechen. In gefahrvollen Zeiten beschleunigt eigenwilliges Zufahren nur den Zusammenbruch.

○ Neun auf viertem Platz bedeutet:
Der Firstbalken wird gestützt. Heil.
Sind Hintergedanken da, ist es beschämend.

Durch freundliche Beziehungen zu den Unteren gelingt es einem verantwortlichen Mann, der Lage Herr zu werden. Wenn er aber seine Beziehungen dazu mißbrauchen wollte, um für sich persönlich Macht und Erfolg zu erlangen, statt nur für die Rettung des Ganzen zu sorgen, so wäre das beschämend.

Neun auf fünftem Platz bedeutet:
Eine dürre Pappel treibt Blüten.
Ein älteres Weib bekommt einen Mann.
Kein Makel. Kein Lob.

Eine dürre Pappel, die Blüten treibt, erschöpft dadurch ihre Kräfte und kommt dem Ende dadurch nur näher. Eine ältere Frau nimmt sich noch einmal einen Mann. Aber es findet keine Erneuerung statt. Es bleibt alles steril. So bleibt doch nur die Sonderlichkeit bestehen, wenn auch alles in Ehren zugeht.
Politisch ist angedeutet, daß, wenn man in unsicheren Zeiten den Zusammenhang nach unten hin aufgibt und sich nur an seine Beziehungen zu höheren Ständen hält, damit ein Zustand geschaffen wird, der nicht dauerhaft ist.

Oben eine Sechs bedeutet:
Man muß durchs Wasser. Es geht über den Scheitel.
Unheil. Kein Makel.

Hier ist die Lage gezeichnet, daß das Außerordentliche aufs höchste gestiegen ist. Man ist mutig und will unter allen Umständen seine Aufgabe bewältigen. Dadurch kommt man in Gefahr. Das Wasser geht über einen weg. Das ist das Unheil. Aber das Leben zu lassen um der Durchsetzung des Guten und Rechten willen, das gibt keinen Makel. Es gibt Wichtigeres als das Leben.

坎

29. KAN / DAS ABGRÜNDIGE, DAS WASSER

䷜ *oben Kan, das Abgründige, das Wasser*
unten Kan, das Abgründige, das Wasser

Das Zeichen besteht aus der Wiederholung des Zeichens Kan. Es ist eines der acht Doppelzeichen. Das Zeichen Kan bedeutet das Hineinstürzen. Ein Yangstrich ist zwischen zwei Yinstriche hineingestürzt und wird von ihnen eingeschlossen wie das Wasser in einer Talschlucht. Es ist der mittlere Sohn. Das Empfangende hat den mittleren Strich des Schöpferischen erlangt, und so entsteht Kan. Als Bild ist es das Wasser, und zwar das Wasser, das von oben kommt und auf der Erde in Bewegung ist in Flüssen und Strömen und das alles Leben auf Erden veranlaßt. Auf den Menschen übertragen stellt es das Herz, die Seele dar, die im Leib eingeschlossen ist, das Lichte, das im Dunkeln enthalten ist, die Vernunft. Der Name des Zeichens hat, weil es wiederholt ist, den Zusatz: Wiederholung der Gefahr. Damit soll das Zeichen eine objektive Lage, an die man sich zu gewöhnen hat, nicht eine subjektive Gesinnung bezeichnen. Denn Gefahr als subjektive Gesinnung bedeutet entweder Tollkühnheit oder Hinterlist. Darum wird die Gefahr auch als Schlucht bezeichnet, d. h. ein Zustand, in dem man sich befindet wie das Wasser in einer Schlucht, und aus der man herauskommt wie das Wasser, wenn man sich richtig verhält.

DAS URTEIL

Das wiederholte Abgründige.
Wenn du wahrhaftig bist, so hast du im Herzen Gelingen,
und was du tust, hat Erfolg.

Durch die Wiederholung der Gefahr gewöhnt man sich daran. Das Wasser gibt das Beispiel für das rechte Verhalten in solchen Zuständen. Es fließt immer weiter und füllt alle Stellen, durch die es fließt, eben nur aus, es scheut vor keiner gefährlichen Stelle, vor keinem Sturz zurück und verliert durch nichts seine wesentliche eigne Art. Es bleibt sich in allen Verhältnissen selber treu. So bewirkt die Wahrhaftigkeit in schwierigen Verhältnissen, daß man innerlich im Herzen die Lage durchdringt. Und wenn man einer Situation erst innerlich Herr geworden ist, so wird es ganz von selbst gelingen, daß die äußeren Handlungen von Erfolg begleitet sind. Es handelt sich in der Gefahr um Gründlichkeit, die alles, was zu tun ist, auch wirklich erledigt, und um Vorwärtsschreiten, damit man nicht in der Gefahr verweilend darin umkommt.
Aktiv verwendet kann die Gefahr eine wichtige Bedeutung haben als Schutzmaßregel. So hat der Himmel seine gefahrvolle Höhe, die ihn gegen jeden Versuch eines Eingriffs schützt. So hat die Erde ihre Berge und Gewässer, die durch ihre Gefahren die Länder trennen. Ebenso wenden die Herrscher die Gefahr als Schutzmaßregel an, um sich nach außen gegen Angriffe, nach innen gegen Unruhen zu schützen.

DAS BILD

Das Wasser fließt ununterbrochen und kommt ans Ziel:
das Bild des wiederholten Abgründigen.
So wandelt der Edle in dauernder Tugend
und übt das Geschäft des Lehrens.

Das Wasser erreicht sein Ziel durch ununterbrochenes Fließen. Es füllt jede Vertiefung aus, ehe es weiterfließt. So macht es der Edle. Er legt Wert darauf, daß das Gute zur festen Charaktereigenschaft wird, nicht zufällig und vereinzelt bleibt. Auch bei der Belehrung anderer kommt alles auf die Konsequenz an. Denn nur durch Wiederholung wird der Stoff zum Eigentum des Lernenden.

Die einzelnen Linien

Anfangs eine Sechs bedeutet:
Wiederholung des Abgründigen.
Man gerät im Abgrund in ein Loch. Unheil.

Gewohnheit des Gefährlichen bewirkt leicht, daß die Gefahr ins eigne Wesen eingeht. Man weiß Bescheid und gewöhnt sich ans Böse. Damit hat man den rechten Weg verloren, und Unheil ist die natürliche Folge.

o Neun auf zweitem Platz bedeutet:
Der Abgrund hat Gefahr.
Man soll nur Kleines zu erreichen streben.

Innerhalb der Gefahr darf man nicht ohne weiteres danach trachten, unter allen Umständen herauszukommen, sondern muß sich zunächst zufrieden geben, wenn man von der Gefahr nicht überwunden wird. Man muß ruhig die Zeitumstände in Erwägung ziehen und sich mit Kleinem begnügen, da zunächst ein großer Erfolg nicht zu erreichen ist. Eine Quelle fließt auch erst spärlich, und es dauert eine Zeit, ehe sie sich einen Weg ins Freie bahnt.

Sechs auf drittem Platz bedeutet:
Vorwärts und rückwärts, Abgrund über Abgrund.
In solcher Gefahr halte zunächst inne,
sonst kommst du im Abgrund in ein Loch.
Handle nicht so.

Jeder Schritt vorwärts und rückwärts bringt in Gefahr. An ein Entkommen ist nicht zu denken. Darum darf man sich nicht zum Handeln verleiten lassen, durch das man nur noch tiefer in die Gefahr geriete. Sondern man muß, so unangenehm das Verweilen in solcher Lage ist, zunächst innehalten, bis ein Ausweg sich zeigt.

Sechs auf viertem Platz bedeutet:
Ein Krug Wein, eine Reisschale als Zugabe, Tongeschirr,
einfach zum Fenster hineingereicht.
Das ist durchaus kein Makel.

In Zeiten der Gefahr hören die umständlichen Formen auf. Die Hauptsache ist die wahrhaftige Gesinnung. Ein Beamter braucht für gewöhnlich, ehe er eingestellt wird, bestimmte Einführungsgeschenke und Empfehlungen. Hier ist alles aufs äußerste vereinfacht. Die Geschenke sind dürftig, ein Empfehlender ist nicht da, man stellt sich selber vor, und dennoch braucht man sich alles dessen nicht zu schämen, wenn man nur die ehrliche Absicht hat, einander zu helfen in der Gefahr.
Ein anderer Gedanke wird noch nahegelegt: Das Fenster ist der Ort, durch den Helle ins Zimmer kommt. Wenn man in schwierigen Zeiten jemand aufklären will, so muß man mit dem anfangen, was ohne weiteres klar und hell ist, und von da aus ganz einfach weitergehen.

Bemerkung: Es wurde die gewöhnliche Übersetzung »zwei Reisschalen« auf Grund von chinesischen Kommentaren verbessert.

○ Neun auf fünftem Platz bedeutet:
Der Abgrund wird nicht überfüllt,
er wird nur bis zum Rand gefüllt.
Kein Makel.

Die Gefahr entsteht daraus, daß man zu hoch hinaus will. Das Wasser in der Schlucht häuft sich nicht auf, sondern geht nur bis an den niedersten Rand, um herauszukommen. So braucht man in der Gefahr auch nur in der Linie des geringsten Widerstandes vorzugehen, dann erreicht man das Ziel. Große Werke können in solchen Zeiten nicht vollbracht werden; es ist genug, wenn man aus der Gefahr kommt.

Oben eine Sechs bedeutet:
Mit Stricken und Tauen gebunden,
eingeschlossen zwischen dornumhegten Kerkermauern;
drei Jahre findet man sich nicht zurecht.
Unheil!

Ein Mensch, der in der äußersten Gefahr den rechten Weg verloren hat und unverbesserlich in seine Sünden verstrickt ist, hat keine Aussicht, aus der Gefahr herauszukommen. Er gleicht einem Verbrecher, der gefesselt hinter dornumhegten Kerkermauern sitzt.

離

30. LI / DAS HAFTENDE, DAS FEUER

䷝ *oben Li, das Haftende, das Feuer*
unten Li, das Haftende, das Feuer

Auch dieses Zeichen ist ein Doppelzeichen. Das einfache Zeichen Li bedeutet »haften an etwas«, »bedingt sein«, »beruhen auf etwas«, »Helligkeit«. Eine dunkle Linie haftet an einem hellen Strich oben und unten, das Bild eines leeren Raumes zwischen zwei starken Strichen, wodurch diese hell werden. Es ist die mittlere Tochter. Das Schöpferische hat die zentrale Linie des Empfangenden in sich aufgenommen, und so entsteht Li. Als Bild ist es das Feuer. Das Feuer hat keine bestimmte Gestalt, sondern haftet an den brennenden Dingen und ist dadurch hell. Wie das Wasser vom Himmel herabkommt, so lodert das Feuer von der Erde empor. Während Kan die Seele bedeutet, die in dem Körper eingeschlossen ist, bedeutet Li die Natur in ihrer Verklärung.

DAS URTEIL

Das Haftende. Fördernd ist Beharrlichkeit.
Sie bringt Gelingen. Pflege der Kuh bringt Heil.

Das Dunkle haftet am Lichten und vollendet so dessen Helligkeit. Indem das Helle Licht ausstrahlt, bedarf es des Beharrlichen im Innern, damit es sich nicht restlos verbrennt, sondern dauernd leuchten kann. Alles Leuchtende in der Welt ist abhängig von etwas, an dem es haftet, damit es dauernd leuchten kann.
So haften Sonne und Mond am Himmel; Getreide, Gras und Bäume haften an der Erde. So haftet die doppelte Klarheit des berufenen Mannes am Rechten und vermag dadurch die Welt zu gestalten. Indem der Mensch, der bedingt und nicht unabhängig dasteht in der Welt, diese Bedingtheit anerkennt, sich abhängig macht von den harmonischen und guten Kräften des Weltzusammenhangs, hat er Gelingen. Die Kuh ist das Symbol der äußersten Fügsamkeit. Indem der Mensch diese Fügsamkeit und freiwillige Abhängigkeit in sich pflegt, erlangt er Klarheit ohne Schärfe und findet seinen Platz in der Welt.
Bemerkung: Es ist ein merkwürdiges Zusammentreffen, das der Beachtung wert ist, daß hier ebenso wie in der parsischen Religion das Feuer und die Pflege der Kuh miteinander verbunden sind.

DAS BILD

Die Helle erhebt sich zweimal: das Bild des Feuers.
So erleuchtet der große Mann durch Fortsetzung dieser Helle die vier Weltgegenden.

Jedes der beiden Einzelzeichen stellt die Sonne in einem Tageslauf dar. Es ist also eine wiederholte Tätigkeit der Sonne dargestellt. Damit ist die zeitliche Wirkung des Lichts angedeutet. Der große Mann setzt das Werk der Natur in der Menschenwelt fort. Durch die Klarheit seines Wesens bewirkt er, daß das Licht immer weiter sich verbreitet und immer mehr das Menschenwesen innerlich durchdringt.

Die einzelnen Linien

Anfangs eine Neun bedeutet:
Die Fußspuren laufen kreuz und quer.
Wenn man ernst dabei ist: kein Makel.

Es ist früher Morgen. Die Arbeit beginnt. Nachdem im Schlaf die Seele von der Außenwelt abgeschlossen war, fangen nun die Beziehungen zur Welt wieder an. Kreuz und quer laufen die Spuren der Eindrücke. Es herrscht eilige Geschäftigkeit. Wichtig ist dabei, die innere Sammlung zu bewahren, sich nicht mitreißen zu lassen von dem Getriebe des Lebens. Wenn man ernst und gesammelt ist, so erlangt man die nötige Klarheit zur Auseinandersetzung mit den zahlreichen Eindrücken, die auf einen einstürmen. Gerade zu Anfang ist solch gesammelter Ernst besonders wichtig; denn der Anfang enthält die Keime zu allem Weiteren.

○ Sechs auf zweitem Platz bedeutet:
Gelber Schein. Erhabenes Heil.

Der Mittag des Tages ist erreicht. Die Sonne strahlt in gelbem Schein. Gelb ist die Farbe der Mitte und des Maßes. Gelber Schein ist daher das Bild vollkommener Kultur und Kunst, deren höchste Harmonie im Maß besteht.

Neun auf drittem Platz bedeutet:
Beim Schein der untergehenden Sonne
schlagen die Menschen entweder auf den Topf und singen,
oder sie seufzen laut über das nahende Greisenalter.
Unheil.

Hier ist das Ende des Tages. Der Schein der niedergehenden Sonne erinnert an die Bedingtheit und Vergänglichkeit des Lebens. In dieser äußeren Unfreiheit werden die Menschen meist auch innerlich unfrei. Entweder ist ihnen die Vergänglichkeit ein Antrieb zu um so ausgelassenerer Lustigkeit, um das Leben zu genießen, solange es noch da ist, oder sie lassen sich von der Trauer hinreißen und verderben sich durch die Klage um das nahende Alter die kostbare Zeit. Beides ist vom Übel. Dem Edlen ist ein früher oder später Tod nicht zweierlei. Er pflegt seine Person und wartet sein Los ab und festigt dadurch sein Schicksal.

Neun auf viertem Platz bedeutet:
Plötzlich ist sein Kommen;
es brennt auf, erstirbt, wird weggeworfen.

Die Klarheit des Verstandes verhält sich zum Leben wie das Feuer zum Holz. Das Feuer haftet am Holz, aber es verzehrt auch das Holz. Die Verstandesklarheit wurzelt im Leben, aber sie kann das Leben auch verzehren. Es handelt sich darum, wie sie sich betätigt. Hier ist das Bild eines Meteors oder Strohfeuers gezeichnet. Ein aufgeregter, unruhiger Charakter kommt zu raschem Aufstieg. Aber es fehlen die nachhaltigen Wirkungen. Unter diesen Umständen ist es vom Übel, zu rasch sich auszugeben und als Meteor sich zu verzehren.

○ Sechs auf fünftem Platz bedeutet:

Weinend in Strömen, seufzend und klagend. Heil!

Hier ist der Höhepunkt des Lebens. Ohne Warnung würde man in dieser Position sich verzehren wie eine Flamme. Wenn man statt dessen Furcht und Hoffnung aufgibt, die Nichtigkeit von allem einsieht und weint und seufzt, besorgt, seine Klarheit zu wahren, so kommt aus dieser Trauer Heil. Es handelt sich hier um wirkliche Umkehr, nicht wie bei Neun auf drittem Platz nur um eine vorübergehende Stimmung.

Oben eine Neun bedeutet:

Der König gebraucht ihn, auszuziehen und zu züchtigen.
Am besten ist es dann, die Häupter zu töten
und die Nachläufer gefangenzunehmen. Kein Makel.

Der Zweck der Züchtigung ist, Zucht zu schaffen, nicht blindlings Strafe walten zu lassen. Es gilt, das Übel an der Wurzel zu heilen. Im Staatsleben gilt es, die Rädelsführer zu beseitigen, aber die Mitläufer zu schonen. Bei der Selbstbildung gilt es, schlechte Gewohnheiten auszurotten, aber harmlose Gewohnheiten zu dulden. Denn allzu strenge Askese führt wie allzu strenge Strafgerichte zu keinem Erfolg.

ZWEITE ABTEILUNG

咸

31. HIËN / DIE EINWIRKUNG (DIE WERBUNG)

䷞ *oben Dui, das Heitere, der See*
unten Gen, das Stillehalten, der Berg

Der Name des Zeichens bedeutet »allgemein«, »durchgängig« und in übertragenem Sinn »beeinflussen«, »anregen«. Das obere Zeichen ist Dui, das Heitere, das untere Gen, das Stillehalten. Das untere starre Zeichen regt durch beharrliche, stillehaltende Wirkung das obere schwache Zeichen an, das heiter und in Freudigkeit dieser Anregung entspricht. Gen, das untere Zeichen, ist der jüngste Sohn, das obere, Dui, die jüngste Tochter. So ist die allgemeine gegenseitige Anziehung der Geschlechter dargestellt. Dabei muß das Männliche die Initiative ergreifen und sich unter das Weibliche herunterbegeben bei der Werbung.
Wie die erste Abteilung des Buches mit den Zeichen für Himmel und Erde beginnt, als den Grundlagen alles Bestehenden, so die zweite Abteilung mit den Zeichen für Werbung und Ehe, als den Grundlagen aller sozialen Beziehungen.

DAS URTEIL

Die Einwirkung. Gelingen.
Fördernd ist Beharrlichkeit.
Ein Mädchen nehmen bringt Heil.

Das Schwache ist oben, das Starke unten, dadurch ziehen sich ihre Kräfte an, so daß sie sich vereinigen. Das schafft das Gelingen. Denn alles Gelingen beruht auf der Wirkung gegenseitiger Anziehung. Innerliches Stillhalten bei äußerer Freude bewirkt, daß die Freude nicht das Maß überschreitet, sondern in den Grenzen des Rechten bleibt. Das ist der Sinn der beigefügten Mahnung: Fördernd ist Beharrlichkeit; denn dadurch unterscheidet sich die Werbung, bei der der starke Mann sich unter das schwache Mädchen herunterbegibt und Rücksicht auf sie nimmt, von der Verführung. Diese Anziehung des Wahlverwandten ist ein allgemeines Naturgesetz. Der Himmel und die Erde ziehen sich gegenseitig an, und so entstehen alle Wesen.

Der Weise wirkt durch solche Anziehung auf die Herzen der Menschen, so kommt die Welt in Frieden. Aus den Anziehungen, die etwas ausübt, kann man die Natur aller Wesen im Himmel und auf Erden erkennen.

DAS BILD

Auf dem Berge ist ein See: das Bild der Einwirkung.
So läßt der Edle durch Aufnahmebereitschaft die
Menschen an sich herankommen.

Ein Berg, auf dem oben ein See ist, erlangt Anregung durch dessen Feuchtigkeit. Dieser Vorteil wird ihm zuteil, weil sein Gipfel nicht hervorragt, sondern vertieft ist. Das Bild ergibt den Rat, daß man sich innerlich niedrig und frei zu halten hat, so daß man für gute Ratschläge empfänglich bleibt. Wer alles besser wissen will, dem raten die Menschen bald nicht mehr.

Die einzelnen Linien

Anfangs eine Sechs bedeutet:
Die Einwirkung äußert sich in der großen Zehe.

Eine Bewegung, ehe sie wirklich ausgeführt wird, äußert sich zunächst in den Zehen. Der Gedanke der Einwirkung ist schon da. Aber er tritt zunächst für andere noch nicht in die Erscheinung. Solange die Absicht noch keine sichtbaren Wirkungen hat, ist sie für die Außenwelt gleichgültig, führt weder zum Guten noch zum Bösen.

Sechs auf zweitem Platz bedeutet:
Die Einwirkung äußert sich in den Waden.
Unheil!
Verweilen bringt Heil.

Die Wade folgt dem Fuß in der Bewegung. Sie kann nicht von selbst vorwärts und nicht allein stehenbleiben. Es ist eine Bewegung, die unselbständig und darum, weil sie nicht Herr ihrer selbst ist, unheilvoll ist. Man soll ruhig warten, bis man durch wirkliche Einwirkung zum Handeln veranlaßt wird. Dann bleibt man frei von Schaden.

Neun auf drittem Platz bedeutet:
Die Einwirkung äußert sich in den Schenkeln.
Hält sich an das, was ihm folgt.
Weitermachen ist beschämend.

Jede Stimmung des Herzens regt zu einer Bewegung an. Wonach das Herz strebt, dahin laufen die Schenkel, ohne sich zu besinnen; sie halten sich an das Herz, dem sie folgen. Aber aufs menschliche Leben übertragen ist diese Art, auf jede Einwirkung einer Laune hin sofort sich in Bewegung zu setzen, nicht das Richtige und führt, dauernd fortgesetzt, zu Beschämung. Ein dreifacher Gedanke ergibt sich: Man darf nicht ohne weiteres allen Leuten nachlaufen, auf die man einwirken möchte, sondern muß sich unter Umständen zurückhalten können. Ebensowenig darf man sofort allen Launen derer nachkommen, in deren Dienst man steht. Und schließlich soll man den Stimmungen des eigenen Herzens gegenüber nie die Hemmungsmöglichkeit vernachlässigen, auf der die menschliche Freiheit beruht.

○ Neun auf viertem Platz bedeutet:
Beharrlichkeit bringt Heil. Die Reue schwindet.
Wenn man aufgeregt hin und her denkt,
so folgen nur die Freunde,
auf die man bewußte Gedanken richtet.

Hier ist der Platz des Herzens erreicht. Die Anregung, die von hier ausgeht, ist am wichtigsten. Besonders ist darauf zu achten, daß der Einfluß beständig und gut sei, dann ist trotz der Gefahr, die sich aus der großen Beweglichkeit des menschlichen Herzens ergibt, keine Reue mehr nötig. Wenn die eigene ruhige Kraft des persönlichen Wesens wirkt, dann sind die Wirkungen normal. Alle Menschen, die für die Schwingungen eines solchen Geistes empfänglich sind, werden dann beeinflußt. Der Einfluß auf andere soll sich nicht als bewußte und gewollte Bearbeitung der andern äußern. Denn durch solche bewußte Agitation kommt man in Aufregung und wird aufgerieben von dem ewigen Hin und Her. Außerdem beschränken sich dann die Wirkungen auf die Menschen, auf die man bewußt seine Gedanken richtet.

○ Neun auf fünftem Platz bedeutet:
Die Einwirkung äußert sich im Nacken.
Keine Reue.

Der Nacken ist der unbeweglichste Teil des Körpers. Wenn die Einwirkung hier sich äußert, so bleibt der Wille doch fest, und die Einwirkung führt nicht zur Verwirrung. Darum kommt hier Reue gar nicht in Betracht. Was in diesen Tiefen des Wesens, dem Unterbewußten, vor sich geht, das kann vom Bewußtsein aus weder hervorgerufen noch gehindert werden. Allerdings ist bei eigener Unbeeinflußbarkeit ein Einfluß auf die Außenwelt auch nicht möglich.

Oben eine Sechs bedeutet:

Die Einwirkung äußert sich in Kinnladen, Wangen und Zunge.

Die äußerlichste Art, auf andre Einfluß bekommen zu wollen, ist durch bloßes Geschwätz, ohne daß den Worten etwas Wirkliches entspricht. Solche Anregung durch bloße Bewegung der Sprechwerkzeuge bleibt notwendig unbedeutend. Darum ist von Glück oder Unglück nichts hinzugefügt.

恒

32. HONG / DIE DAUER

䷟ *oben Dschen, das Erregende, der Donner*
unten Sun, das Sanfte, der Wind

Das starke Zeichen Dschen ist oben, das schwache Sun unten. Das Zeichen ist das Gegenstück zum vorigen: dort die Einwirkung, hier die Vereinigung als Dauerzustand. Die Bilder sind Donner und Wind, die ebenfalls dauernd verbundene Erscheinungen sind. Das untere Zeichen deutet auf Sanftheit im Innern, das obere auf Bewegung im Äußeren.

Auf gesellschaftliche Verhältnisse übertragen, haben wir hier die Einrichtung der Ehe als dauernder Verbindung der Geschlechter. Während bei der Werbung der junge Mann sich unter das Mädchen stellt, ist bei der Ehe, die durch das Zusammensein des ältesten Sohnes und der ältesten Tochter repräsentiert wird, der Mann nach außen hin leitend und bewegend, die Frau im Innern sanft und gehorchend.

DAS URTEIL

Gelingen. Kein Makel.

Fördernd ist Beharrlichkeit.

Fördernd ist, zu haben, wohin man gehe.

Die Dauer ist ein Zustand, dessen Bewegung sich nicht durch Hemmungen aufreibt. Sie ist nicht ein Ruhezustand; denn bloßer Stillstand ist Rückgang. Dauer ist vielmehr eine in sich geschlossene und darum stets sich erneuernde, nach festen Gesetzen sich vollziehende Bewegung eines organisierten, in sich fest geschlossenen Ganzen, bei der auf jedes Ende ein neuer Anfang folgt. Das Ende wird erreicht durch die Bewegung nach innen, das Einatmen, die Systole, die Konzentration. Diese Bewegung

geht über in einen neuen Anfang, bei dem die Bewegung nach außen gerichtet ist, das Ausatmen, die Diastole, die Expansion.
So haben die Himmelskörper ihre Bahnen am Himmel und können daher dauernd leuchten. Die Jahreszeiten haben ein festes Gesetz des Wechsels und der Umbildung und können daher dauernd wirken.
Und so hat auch der Berufene einen dauernden Sinn in seinem Weg, und die Welt kommt dadurch zur fertigen Bildung. Aus dem, worin die Dinge ihre Dauer haben, kann man die Natur aller Wesen im Himmel und auf Erden erkennen.

DAS BILD

Donner und Wind: das Bild der Dauer.
So steht der Edle fest und wandelt seine Richtung nicht.

Der Donner rollt, und der Wind weht. Beides ist etwas äußerst Bewegliches, so daß es dem Anschein nach das Gegenteil von Dauer ist. Aber ihr Hervortreten und Zurücktreten, ihr Kommen und Gehen folgt dauernden Gesetzen. So beruht die Selbständigkeit des Edlen auch nicht darin, daß er starr und unbeweglich ist. Er geht immer mit der Zeit und wandelt sich mit ihr. Das Dauernde ist die feste Richtung, das innere Gesetz seines Wesens, das alle seine Handlungen bestimmt.

Die einzelnen Linien

Anfangs eine Sechs bedeutet:
Zu rasch Dauer wollen, bringt beharrlich Unheil.
Nichts, was fördernd wäre.

Etwas Dauerndes läßt sich nur allmählich durch lange Arbeit und sorgfältiges Nachdenken schaffen. »Wenn man etwas zusammendrücken will, muß man es erst sich ordentlich ausdehnen lassen«, sagt Laotse in diesem Sinn. Wer gleich auf einmal zu viel verlangt, der überstürzt sich. Und weil er zu viel will, gelingt ihm schließlich gar nichts.

O Neun auf zweitem Platz bedeutet:
Reue schwindet.

Die Situation ist abnorm. Die Kraft des Charakters ist stärker als die zu Gebote stehende materielle Macht. Da könnte man vielleicht fürchten, daß man sich zu etwas hinreißen ließe, das über die Kraft geht. Allein da es die Zeit der Dauer ist, gelingt es, die innere Kraft zu beherrschen, so daß jedes Zuviel vermieden wird und so der Anlaß zur Reue schwindet.

Neun auf drittem Platz bedeutet:
Wer seinem Charakter nicht Dauer gibt,
dem bietet man Schande.
Beharrliche Beschämung.

Wenn man in seinem Wesen umgetrieben wird von Stimmungen, die von der Außenwelt durch Furcht und Hoffnung erregt werden, so verliert man die innere Konsequenz des Charakters. Solche innere Inkonsequenz führt dauernd zu peinlichen Erlebnissen. Diese Beschämungen kommen häufig von einer Seite, an die man nicht gedacht hatte. Sie sind auch nicht sowohl Wirkungen der Außenwelt, als gesetzmäßige Zusammenhänge, die von dem eigenen Wesen ausgelöst werden.

Neun auf viertem Platz bedeutet:
Im Feld ist kein Wild.

Wenn man auf der Jagd zu Schuß kommen will, so muß man es auf die rechte Weise anfangen. Wenn man dauernd dem Wild an einem Orte nachstellt, wo es keines gibt, so kann man noch so lange warten und findet keines. Dauer im Suchen genügt nicht. Was man nicht auf die rechte Weise sucht, findet man nicht.

Sechs auf fünftem Platz bedeutet:
Seinem Charakter Dauer geben durch Beharrlichkeit,
das ist für eine Frau von Heil, für einen Mann von Unheil.

Eine Frau soll ihr ganzes Leben einem Manne folgen, der Mann aber soll sich an das halten, was jeweils seine Pflicht ist; wenn er sich dauernd nach der Frau richten wollte, so wäre das für ihn ein Fehler.
Dementsprechend ist für eine Frau konservatives Halten am Hergebrachten ganz gut. Dagegen der Mann muß beweglich und anpassungsfähig bleiben und darf sich nur durch das bestimmen lassen, was jeweils seine Pflicht verlangt.

Oben eine Sechs bedeutet:
Rastlosigkeit als dauernder Zustand bringt Unheil.

Es gibt Menschen, die dauernd in hastiger Bewegung sind, ohne innerlich zur Ruhe zu kommen. Die Rastlosigkeit hindert nicht nur alle Gründlichkeit, sondern wird direkt zur Gefahr, wenn sie an maßgebender Stelle herrscht.

遯

33. DUN / DER RÜCKZUG

☰ *oben Kiën, das Schöpferische, der Himmel*
☶ *unten Gen, das Stillehalten, der Berg*

Die Kraft des Schattigen ist im Aufsteigen begriffen. Das Lichte zieht sich vor ihr in Sicherheit zurück, so daß jene ihm nichts anhaben kann. Es handelt sich bei diesem Rückzug nicht um menschliche Willkür, sondern um Gesetze des Naturgeschehens. Darum ist in diesem Fall der Rückzug die richtige Art des Handelns, die die Kräfte nicht aufreibt*.
Als Monatszeichen ist das Hexagramm dem sechsten Monat (Juli–August) beigeordnet, in dem die Winterkräfte schon wieder anfangen, ihre Wirkung zu zeigen.

DAS URTEIL

Der Rückzug. Gelingen.
Im Kleinen ist fördernd Beharrlichkeit.

Die Verhältnisse sind so, daß die feindlichen Kräfte, durch die Zeit begünstigt, im Vorrücken sind. In diesem Fall ist der Rückzug das richtige, und eben durch den Rückzug erlangt man Gelingen. Der Erfolg besteht darin, daß man den Rückzug richtig auszuführen vermag. Rückzug ist nicht zu verwechseln mit Flucht, die auf weiter nichts bedacht ist als Rettung unter allen Umständen. Rückzug ist ein Zeichen von Stärke. Man darf den rechten Moment nicht versäumen, solange man in vollem Besitz von Kraft und Stellung ist. Da versteht man rechtzeitig die Zeichen der Zeit zu deuten und bereitet einen zeitweiligen Rückzug vor, statt sich in einen verzweifelten Kampf auf Leben und Tod einzulassen. So räumt man auch dem Gegner nicht ohne weiteres das Feld, sondern erschwert ihm das Vorrücken, indem man im einzelnen noch immer Beharrlichkeit zeigt. Auf diese Weise bereitet man im Rückzug schon den Umschwung vor. Die Gesetze eines solchen aktiven Rückzugs zu verstehen, ist nicht leicht. Der Sinn, der in solcher Zeit verborgen liegt, ist bedeutend.

DAS BILD

Unter dem Himmel ist der Berg:
das Bild des Rückzugs.

* Es ist ein ähnlicher Gedanke in dem Zeichen ausgedrückt wie in dem Wort Jesu: »Ihr sollt nicht widerstreben dem Übel« (Matth. 5, 39).

So hält der Edle den Gemeinen fern,
nicht zornig, sondern gemessen.

Der Berg erhebt sich unter dem Himmel, aber in seiner Natur liegt es, daß er schließlich stehenbleibt. Der Himmel dagegen zieht sich nach oben vor ihm in die Ferne zurück, so daß er unerreichbar bleibt. Das ist das Bild für die Art, wie der Edle sich dem aufsteigenden Gemeinen gegenüber verhält. Er zieht sich in seiner Gesinnung vor ihm zurück. Er haßt ihn nicht; denn der Haß ist eine Art von innerer Beteiligung, durch die man sich mit dem gehaßten Gegenstand verbindet. Der Edle zeigt die Stärke (Himmel) darin, daß er den Gemeinen durch seine Gemessenheit zum Stillstand bringt (Berg).

Die einzelnen Linien

□ Anfangs eine Sechs bedeutet:
Beim Rückzug am Schwanz: das ist gefährlich.
Man darf nicht etwas unternehmen wollen.

Da das Zeichen das Abbild von etwas sich Zurückziehendem ist, so ist der erste Strich der Schwanz und der oberste der Kopf. Beim Rückzug ist es vorteilhaft, vorne zu sein. Hier ist man hinten in unmittelbarer Berührung mit den nachdrängenden Feinden. Das ist gefährlich. Unter solchen gefahrvollen Umständen ist es nicht ratsam, etwas zu unternehmen. Durch Stillehalten entgeht man am leichtesten der drohenden Gefahr.

□ Sechs auf zweitem Platz bedeutet:
Er hält ihn fest mit gelbem Ochsenleder.
Niemand vermag ihn loszureißen.

Gelb ist die Farbe der Mitte. Sie deutet auf das Korrekte, Pflichtgemäße. Das Leder eines Ochsen ist fest und unzerreißbar. Während die Edlen sich zurückziehen und die Geringen nachdrängen, ist hier ein Geringer gezeichnet, der sich so fest und zäh an die Edlen hält, daß sie sich von ihm nicht losmachen können. Und weil er das Rechte will und so stark ist in seinem Willen, erreicht er auch sein Ziel*. Auf diese Weise bestätigt die Linie das Wort des Urteils: »Im Kleinen (hier soviel wie: für den geringen Mann) ist günstig Beharrlichkeit.«

Neun auf drittem Platz bedeutet:
Aufgehaltener Rückzug ist peinlich und gefahrvoll.
Die Menschen als Knechte und Mägde zu halten, bringt Heil.

* Es ist ein ähnlicher Gedanke angedeutet wie in dem nächtlichen Kampf Jakobs mit dem Gott von Pniel 1. Mos. 32: »Ich lasse dich nicht, du segnest mich denn.«

Wenn es Zeit ist, sich zurückzuziehen, und man wird zurückgehalten, so ist das unangenehm und gefährlich zugleich, da einem die Freiheit des Handelns genommen ist. In solchem Falle ist der einzige Ausweg der, daß man die Menschen, die einen nicht gehen lassen, sozusagen in seinen Dienst nimmt, um sich so wenigstens die Initiative zu wahren und nicht wehrlos unter ihre Herrschaft zu kommen. Aber wenn dies auch ein Ausweg ist, erfreulich wird die Lage doch nicht. Denn was will man mit solchen Dienern ausrichten?

Neun auf viertem Platz bedeutet:
Freiwilliger Rückzug bringt dem Edlen Heil,
dem Gemeinen Niedergang.

Beim Rückzug handelt es sich für den höheren Menschen darum, daß er in aller Freundlichkeit und gerne Abschied nimmt. Der Rückzug fällt ihm auch innerlich leicht, weil er auf diese Weise seiner Überzeugung keine Gewalt anzutun braucht. Wer darunter zu leiden hat, das ist nur der Gemeine, von dem er sich zurückzieht und der ohne die Leitung des Edlen verkommen muß.

o Neun auf fünftem Platz bedeutet:
Freundlicher Rückzug. Beharrlichkeit bringt Heil.

Es ist die Sache des Edlen, rechtzeitig zu erkennen, wann es Zeit ist, sich zurückzuziehen. Wenn man den rechten Zeitpunkt wählt zum Rückzug, so kann sich dieser Rückzug in vollkommen freundschaftlichen Formen vollziehen, ohne daß unangenehme Auseinandersetzungen nötig würden. Aber trotz aller Verbindlichkeit der äußeren Form ist unbedingte Festigkeit des Entschlusses nötig, damit man sich nicht durch anderweitige Erwägungen irremachen läßt.

Oben eine Neun bedeutet:
Heiterer Rückzug. Alles ist fördernd.

Die Lage ist unzweideutig. Die innere Loslösung ist eine feststehende Tatsache. Dadurch hat man die Freiheit, zu gehen. Wo man seinen Weg so klar und zweifellos vor sich sieht, stellt sich eine heitere Fassung ein, die das Rechte ohne jedes Bedenken wählt. Ein solch klarer Weg führt stets zum Guten.

大壯

34. DA DSCHUANG
DES GROSSEN MACHT

☳ *oben Dschen, das Erregende, der Donner*
☰ *unten Kiën, das Schöpferische, der Himmel*

Die großen, d. h. lichten, starken Linien sind mächtig. Vier lichte Linien sind von unten her in das Zeichen eingetreten und sind im Begriff, weiter aufzusteigen. Das obere Halbzeichen ist Dschen, das Erregende, das untere Kiën, das Schöpferische. Das Schöpferische ist stark, das Erregende bewegend. Die Vereinigung von Bewegung und Stärke gibt den Sinn der Macht des Großen. Das Zeichen ist dem zweiten Monat (März–April) zugeordnet.

DAS URTEIL

Des Großen Macht. Fördernd ist Beharrlichkeit.

Das Zeichen deutet auf eine Zeit, da innerer Wert gewaltig aufsteigt und zur Macht kommt. Aber die Stärke hat die Mitte schon überschritten. Darum liegt die Gefahr nahe, daß man sich auf seine Macht verläßt, ohne jederzeit nach dem Rechten zu fragen, daß man auf Bewegung aus ist, ohne auf die rechte Zeit zu warten. Deshalb ist der Satz beigefügt, daß Beharrlichkeit förderlich ist. Denn das ist eben wirklich große Macht, die nicht in bloße Gewalt ausartet, sondern innerlich verbunden bleibt mit den Grundsätzen des Rechts und der Gerechtigkeit. Wenn man diesen Punkt versteht, daß Größe und Gerechtigkeit untrennbar verbunden sein müssen, so versteht man den wahren Sinn alles Weltgeschehens in Himmel und Erde.

DAS BILD

Der Donner ist am Himmel droben:
das Bild der Macht des Großen.
So tritt der Edle nicht auf Wege,
die nicht der Ordnung entsprechen.

Der Donner, die elektrische Kraft, steigt im Frühjahr nach oben. Diese Bewegung ist im Einklang mit der Richtung der Bewegung des Himmels. Es ist also eine Bewegung in Übereinstimmung mit dem Himmel, die große Macht bewirkt. Wahre Größe beruht aber darauf, daß sie in Einklang ist mit dem, was recht ist. Darum hütet sich der Edle in Zeiten großer Macht, etwas zu tun, das nicht im Einklang ist mit dem, was der Ordnung entspricht.

Die einzelnen Linien

Anfangs eine Neun bedeutet:
Macht in den Zehen.
Fortmachen bringt Unheil.
Das ist gewißlich wahr.

Die Zehen sind ganz unten und sind bereit voranzuschreiten. So ist große Macht an niederer Stelle geneigt, gewaltsam den Fortschritt zu erzwingen. Das würde aber, wenn man so weiter macht, sicher ins Unheil führen. Daher ist als Rat eine Warnung beigefügt.

Neun auf zweitem Platz bedeutet:
Beharrlichkeit bringt Heil.

Die vorausgesetzte Lage ist, daß die Pforten des Erfolgs sich zu öffnen beginnen. Der Widerstand beginnt zu weichen. Man kommt machtvoll voran. Dies ist der Punkt, wo allzu leicht der Übermut einsetzt, der sich nicht zügeln kann. Darum das Orakel, daß Beharrlichkeit – nämlich im inneren Gleichgewicht, ohne übertriebene Machtwirkung – Heil bringt.

Neun auf drittem Platz bedeutet:
Der Gemeine wirkt durch Macht, der Edle wirkt nicht so.
Fortmachen ist gefährlich.
Ein Ziegenbock stößt gegen eine Hecke
und verwickelt seine Hörner.

Das Pochen auf Macht führt zu Verwicklungen, wie ein Bock, der gegen eine Hecke stößt, seine Hörner verwickelt. Während der Gemeine, wenn er im Besitz der Macht ist, darin schwelgt, macht es der Edle nicht so. Er ist sich der Gefahr des Weitermachens unter allen Umständen bewußt und verzichtet daher rechtzeitig auf bloße Machtentfaltung.

○ Neun auf viertem Platz bedeutet:
Beharrlichkeit bringt Heil.
Die Reue schwindet.
Die Hecke öffnet sich, es gibt keine Verwicklung.
Die Macht beruht auf der Achse eines großen Wagens.

Wenn man beharrlich und still fortarbeitet an der Beseitigung

der Widerstände, dann gelingt es schließlich*. Die Hemmnisse weichen, und der Anlaß zur Reue, der auf einer Übertreibung der Anwendung von Macht beruht, verschwindet.
Die Macht zeigt sich nicht äußerlich, aber sie hat die Wirkung, daß sie schwere Lasten voranbringt wie ein großer Wagen, dessen Stärke auf seiner Achse beruht. Je weniger man die Macht nach außen hin anwendet, desto stärker wirkt sie.

Sechs auf fünftem Platz bedeutet:
Verliert den Bock in Leichtigkeit.
Keine Reue.

Der Bock zeichnet sich durch äußere Härte bei innerer Schwäche aus. Nun ist die Lage so, daß alles ganz leicht ist; kein Widerstand ist mehr vorhanden. Da mag man das kampfbereite, bockige Wesen ablegen und wird es nicht zu bereuen haben.

Oben eine Sechs bedeutet:
Ein Bock stößt gegen eine Hecke.
Er kann nicht zurück, er kann nicht voran.
Nichts ist fördernd.
Merkt man die Schwierigkeit, so bringt das Heil.

Wenn man sich zu weit vorwagt, so kommt man an einen toten Punkt, wo man weder vorwärts noch rückwärts kann und alles nur dazu dient, die Sache noch verwickelter zu machen. Bei solchem Eigensinn kommt man in unüberwindliche Schwierigkeiten. Wenn man die Lage einsieht und nicht fortmachen will, sondern sich beruhigt, so wird mit der Zeit alles wieder gut werden.

* Das gilt auch für Kämpfe mit der eigenen unvollkommenen Natur. Auch hier gilt es, trotz dauernder Rückfälle nicht müde zu werden, sondern fortzumachen, bis der Erfolg sich einstellt und der Moment eintritt, wo es heißt:

»Alles Vergängliche,
In Sünden Verfängliche,
Es war einmal.
Es wachsen Flügel,
Es hebt sich der Riegel
Zum ewigen Saal.«

晉

35. DSIN / DER FORTSCHRITT

oben Li, das Haftende, das Feuer
unten Kun, das Empfangende, die Erde

Das Zeichen stellt die Sonne dar, die über die Erde emporsteigt; es ist daher das Bild des raschen, leichten Fortschritts, der gleichzeitig immer weitere Ausdehnung und Klarheit bedeutet.

DAS URTEIL

Der Fortschritt:
Der starke Fürst wird geehrt durch Pferde in großer Menge.
An einem Tage wird er dreimal empfangen.

Als Beispiel wird eine Zeit geschildert, da ein starker Lehnsfürst die übrigen Fürsten um den Großkönig in Gehorsam und Frieden versammelt und vom Großkönig reich beschenkt und in nächste Nähe gezogen wird.
Es liegt darin ein doppelter Gedanke. Die eigentliche Wirkung des Fortschrittes geht von einem Mann in abhängiger Stellung aus, den die andern als ihresgleichen ansehen, weshalb sie ihm willig folgen. Dieser Führer besitzt innere Klarheit genug, um den großen Einfluß, den er hat, nicht zu mißbrauchen, sondern zugunsten des Herrn zu verwenden. Der Herr seinerseits ist frei von jeder Eifersucht, beschenkt den großen Mann reichlich und zieht ihn dauernd in seine Nähe. Ein erleuchteter Herr und ein gehorchender Diener, das sind die Bedingungen großen Fortschritts.

DAS BILD

Die Sonne steigt über die Erde empor:
das Bild des Fortschritts.
So macht der Edle selbst seine klaren Anlagen hell.

Das Licht der Sonne, das über die Erde aufsteigt, ist von Natur klar, aber je höher die Sonne steigt, desto mehr kommt sie aus den trüben Dünsten heraus und strahlt in um so weiterem Umfang in ihrer ursprünglichen Reinheit. So ist auch das wahre Wesen des Menschen ursprünglich gut, aber es wird getrübt durch den Zusammenhang mit dem Irdischen und bedarf daher der Läuterung, damit es in seiner ihm ursprünglich zukommenden Klarheit leuchten kann*.

* Hier ist das Thema, das in der »Höheren Bildung« (Da Hüo) ausführlich behandelt wird.

Die einzelnen Linien

Anfangs eine Sechs bedeutet:
Fortschreitend, aber zurückgewiesen.
Beharrlichkeit bringt Heil.
Wenn man kein Vertrauen findet, so bleibe man gelassen.
Kein Fehler.

Zu einer Zeit, da alles nach Fortschritt drängt, befindet man sich noch in Ungewißheit darüber, ob man nicht beim Fortschritt auf Zurückweisung stoßen könnte. Da gilt es, einfach im Rechten fortzumachen: das bringt schließlich Heil. Es kann sein, daß einem kein Vertrauen entgegengebracht wird. In diesem Fall erstrebe man nicht Vertrauen unter allen Umständen; man muß gelassen und heiter bleiben und sich nicht zum Zorn reizen lassen. So bleibt man ohne Fehler.

Sechs auf zweitem Platz bedeutet:
Fortschreitend, aber in Trauer.
Beharrlichkeit bringt Heil.
Man bekommt dann großes Glück von seiner Ahnfrau.

Der Fortschritt wird aufgehalten, man sieht sich gehindert, mit dem Menschen an leitender Stelle, zu dem man in Beziehung steht, in Verbindung zu kommen. Das bringt Trauer. Aber in solchem Fall gilt es, beharrlich zu bleiben, dann wird man von jener Persönlichkeit in mütterlicher Milde großes Glück erfahren. Dieses Glück kommt und ist wohlverdient, weil die gegenseitige Zuneigung nicht auf egoistisch-parteiischen Motiven beruht, sondern auf festen und korrekten Grundsätzen.

Sechs auf drittem Platz bedeutet:
Alle sind einverstanden. Die Reue schwindet.

Man strebt voran, und zwar in Gemeinschaft mit andern, durch deren Einverständnis man gehoben wird. Dadurch verschwindet der Anlaß zum Bedauern, der darin zu finden wäre, daß man nicht die Selbständigkeit besitzt, sich gegen jedes feindliche Geschick allein durchzusetzen.

Neun auf viertem Platz bedeutet:
Fortschritt wie ein Hamster.
Beharrlichkeit bringt Gefahr.

In Zeiten des Fortschritts ist es für starke Menschen leicht, wenn sie an unrichtiger Stelle sind, sich vieles zusammenzuscharren. Aber ein solches Gebaren ist lichtscheu. Und da Fortschrittszeiten immer auch Zeiten sind, da die Sonne alles lichtscheue Treiben an den Tag bringt, so bringt ein Beharren in solchem Tun notwendig Gefahr mit sich.

○ Sechs auf fünftem Platz bedeutet:
Die Reue schwindet.
Gewinn und Verlust nimm nicht zu Herzen.
Unternehmungen bringen Heil.
Alles ist fördernd.

Es ist hier eine Lage gezeichnet, da man in Fortschrittszeiten sich an maßgebender Stelle befindet und milde und zurückhaltend ist. Man könnte sich darüber Vorwürfe machen, daß man nicht energisch genug die Gunst der Zeit benutzt und alle möglichen Vorteile sich verschafft hat. Allein diese Reue schwindet. Man darf sich Verlust und Gewinn nicht zu Herzen nehmen. Das sind untergeordnete Dinge. Wichtiger ist, daß man Möglichkeiten zu erfolg- und segensreichem Wirken sich auf diese Weise gesichert hat.

Oben eine Neun bedeutet:
Fortschreiten mit den Hörnern darf man nur,
um sein eignes Gebiet zu strafen.
Bewußtsein der Gefahr bringt Heil.
Kein Makel.
Beharrlichkeit bringt Beschämung.

Fortschreiten mit den Hörnern, d. h. angriffsweise vorgehen, soll man in solchen Zeiten, um die es sich hier handelt, nur den Fehlern der eigenen Leute gegenüber. Dabei muß man sich bewußt bleiben, daß solch angriffsweises Vorgehen immer mit Gefahr verbunden ist. Dadurch vermeidet man die Fehler, die sonst drohen, und was man beabsichtigt hat, gelingt. Dagegen wird eine beharrliche Fortsetzung dieser allzu energischen Haltung, namentlich Fernerstehenden gegenüber, Beschämung bringen.

明夷

36. MING I
DIE VERFINSTERUNG DES LICHTS

☷☲ *oben Kun, das Empfangende, die Erde*
unten Li, das Haftende, das Feuer

Die Sonne ist hier unter die Erde gesunken, daher verdunkelt. Der Name des Zeichens bedeutet eigentlich Verwundung des Hellen, daher die einzelnen Linien auch vielfach von Verwundungen reden. Die Situation ist genau die entgegengesetzte wie beim vorigen Zeichen. Dort ein weiser Mann an der Spitze, der tüchtige Gehilfen hat, mit denen er gemeinsam voranschreitet; hier ein finsterer Mann an maßgebender Stelle, durch den der Tüchtige und Weise geschädigt wird.

DAS URTEIL

Die Verfinsterung des Lichts.
Fördernd ist es, in der Not beharrlich zu sein.

Man darf sich auch von ungünstigen Verhältnissen nicht wehrlos mitreißen, nicht in seiner inneren Willenshaltung beugen lassen. Dies ist möglich, wenn man innerlich licht ist und nach außen hin nachgiebig und fügsam. Durch diese Haltung läßt sich auch die größte Not überwinden. Man muß freilich unter Umständen sein Licht verbergen, um trotz Schwierigkeiten in der unmittelbaren Umgebung seinen Willen durchhalten zu können. Die Beharrlichkeit muß im innersten Bewußtsein leben und darf nach außen nicht hervortreten. Nur so kann man unter Schwierigkeiten seinen Willen wahren.

DAS BILD

Das Licht ist in die Erde hineingesunken:
das Bild der Verfinsterung des Lichts.
So lebt der Edle mit der großen Menge:
er verhüllt seinen Schein und bleibt doch hell.

In Zeiten der Finsternis gilt es vorsichtig und zurückhaltend zu sein. Nicht durch rücksichtsloses Auftreten soll man sich nutzlos übermächtige Feindschaft zuziehen. Man soll in solchen Zeiten die Gewohnheiten der Menschen zwar nicht mitmachen, aber sie auch nicht kritisch ans Licht ziehen. Im Verkehr muß man in solchen Zeiten nicht alles wissen wollen. Man muß manches auf sich beruhen lassen, ohne sich darum betören zu lassen.

Die einzelnen Linien

Anfangs eine Neun bedeutet:
Verfinsterung des Lichts im Fluge.
Er senkt seine Flügel.
Der Edle auf seiner Wanderschaft ißt drei Tage nichts.
Aber er hat, wohin er geht.
Der Wirt hat über ihn zu reden.

In großartigem Entschluß will man sich über alle Hindernisse emporschwingen. Aber da trifft man auf das feindliche Geschick. Man zieht sich zurück und weicht aus. Die Zeit ist schwer. Rastlos muß man ohne bleibende Stätte weitereilen. Wenn man nicht innerliche Kompromisse machen will, sondern seinen Grundsätzen treu bleiben, so kommt man in Mangel. Aber man hat sein festes Ziel, dem man zustrebt, auch wenn die Leute, bei denen man wohnt, einen nicht verstehen und über einen lästern.

○ Sechs auf zweitem Platz bedeutet:
Die Verfinsterung des Lichts verletzt ihn am linken Schenkel.
Er wirkt Hilfe mit der Macht eines Pferdes. Heil.

Hier ist der Herr des Lichts an untergeordnetem Platz. Er wird verletzt vom Herrn der Finsternis. Aber die Verwundung ist nicht lebensgefährlich, sondern nur hinderlich. Rettung ist noch möglich. Der Betroffene denkt nicht an sich selbst, sondern nur an die Rettung der anderen, die auch bedroht sind. Darum sucht er mit äußerster Kraft zu retten, was zu retten ist. In diesem pflichtmäßigen Handeln liegt das Heil.

Neun auf drittem Platz bedeutet:
Die Verfinsterung des Lichts auf der Jagd im Süden.
Man bekommt ihr großes Haupt.
Man darf nicht zu eilig Beharrlichkeit erwarten.

Scheinbar ist ein Spiel des Zufalls am Werk. Während der Starke und Getreue bestrebt ist, in eifriger Tätigkeit Ordnung zu schaffen, ohne alle Hintergedanken, trifft er wie zufällig den Rädelsführer der Unordnung und wird seiner habhaft. Damit ist der Sieg erlangt. Aber man darf nicht die Abstellung der Mißbräuche allzu hastig betreiben. Das wäre vom Übel, weil die Mißbräuche schon zu lange im Schwange waren.

Sechs auf viertem Platz bedeutet:
Er dringt in die linke Bauchhöhle ein.
Man erhält das Herz der Verfinsterung des Lichts
und verläßt Tor und Hof.

Man befindet sich in der Nähe des Hauptes der Finsternis und erfährt so seine geheimsten Gedanken. Auf diese Weise erkennt man, daß Besserung nicht mehr zu erhoffen ist, und wird rechtzeitig instand gesetzt, den Ort des Unheils zu verlassen, ehe es hereinbricht.

○ Sechs auf fünftem Platz bedeutet:
Verfinsterung des Lichts wie beim Prinzen Gi.
Fördernd ist Beharrlichkeit.

Der Prinz Gi lebte am Hof des finsteren Tyrannen Dschou Sin, der als historisches Beispiel ungenannt der ganzen Situation zugrunde liegt. Der Prinz Gi war ein Verwandter dieses Tyrannen, darum konnte er sich nicht vom Hofe zurückziehen. Er verbarg deshalb seine gute Gesinnung und stellte sich wahnsinnig. So wurde er denn als Sklave gehalten, ohne daß er durch äußere Unbilden in seiner Gesinnung sich hätte irremachen lassen.
Hieraus ergibt sich die Lehre für diejenigen, die in Zeiten der Finsternis ihren Platz nicht verlassen können. Sie bedürfen bei unbesiegbarer Beharrlichkeit im Innern nach außen hin doppelter Vorsicht, um der Gefahr zu entgehen.

□ Oben eine Sechs bedeutet:
Nicht Licht, sondern Dunkel.
Erst stieg er zum Himmel empor,
dann stürzte er in die Tiefen der Erde hinunter.

Hier ist der Höhepunkt der Finsternis erreicht. Die finstere Macht war erst so hoch gestellt, daß sie alle Guten und Lichten verletzen konnte. Zum Schluß jedoch geht sie an ihrer eigenen Finsternis zugrunde, denn das Böse muß in dem Augenblick stürzen, da es das Gute vollkommen überwunden und damit die Kraft aufgezehrt hat, der es bisher seinen Bestand verdankte.

家人

37. GIA JEN / DIE SIPPE

☲ *oben Sun, das Sanfte, der Wind*
unten Li, das Haftende, das Feuer

Das Zeichen stellt die Gesetze dar, die innerhalb der Sippe walten. Der oberste starke Strich stellt den Vater dar, der unterste den Sohn, der fünfte starke Strich stellt den Gatten dar, die zweite weiche Linie die Gattin. Andererseits stellen die beiden starken Linien auf fünftem und drittem Platz zwei Brüder dar, die zugehörigen schwachen Linien auf viertem und zweitem Platz ihre Frauen, so daß alle Beziehungen und Verhältnisse innerhalb der Sippe zu ihrem wesensgemäßen Ausdruck kommen. Jede einzelne Linie hat die ihrem Platz entsprechende Natur. Daß auf dem sechsten Platz, wo man eine schwache Linie erwarten könnte, dennoch ein starker Strich steht, bezeichnet aufs deutlichste die starke Herrschaft, die vom Haupt der Sippe ausgehen muß. Der Strich kommt hier nicht in seiner Eigenschaft als sechster, sondern als oberster in Betracht. Die Sippe zeigt die Gesetze im Innern des Hauses wirksam, die nach außen übertragen Staat und Welt in Ordnung halten. Der Einfluß, der vom Innern der Sippe nach außen wirkt, ist dargestellt unter dem Bild des Windes, der vom Feuer erzeugt wird.

DAS URTEIL

Die Sippe. Fördernd ist die Beharrlichkeit der Frau.

Die Grundlage der Sippe sind die Beziehungen von Gatte und Gattin. Das Band, das die Sippe zusammenhält, liegt in der Treue und Beharrlichkeit der Frau. Ihr Platz ist im Innern (zweite Linie), der Platz des Mannes im Äußern (fünfte Linie). Daß Mann und Frau ihren rechten Platz einnehmen, entspricht den großen Gesetzen der Natur. In der Sippe bedarf es der festen Autorität: das sind die Eltern. Wenn der Vater wirklich Vater ist und der Sohn Sohn, wenn der ältere Bruder seinen Platz als älterer Bruder ausfüllt und der jüngere seinen Platz als jüngerer Bruder, wenn der Gatte wirklich Gatte ist und die Gattin Gattin, dann ist die Sippe in Ordnung. Ist die Sippe in Ordnung, so kommen die ganzen Gesellschaftsbeziehungen der Menschheit in Ordnung. Von den fünf gesellschaftlichen Beziehungen liegen drei innerhalb der Sippe: die zwischen Vater und Sohn – die Liebe –, zwischen Mann und Frau – die Zucht –, zwischen älterem und jüngerem Bruder – die Ordnung. Die liebevolle Ehrfurcht des Sohnes wird dann weiterhin auf den Fürsten übertragen als Pflichttreue und die Ordnung und Zuneigung der Brüder auf den Freund als Treue und das Verhältnis zu den Vorgesetzten als Unterordnung. Die Sippe ist die Keimzelle der Gesellschaft, der Naturboden, auf dem die Ausübung der moralischen Pflichten durch natürliche Zuneigung erleichtert wird, so daß im engen Kreis die Grundlage geschaffen wird, von der sie dann auf die menschlichen Beziehungen im allgemeinen übertragen werden.

DAS BILD

Der Wind kommt aus dem Feuer hervor:
das Bild der Sippe.
So hat der Edle in seinen Worten die Sache
und in seinem Wandel die Dauer.

Die Hitze erzeugt Kraft; das bedeutet der Wind, der durch das Feuer entfacht wird und aus ihm hervorgeht. Das ist die Wirkung von innen nach außen. Ganz dasselbe ist bei der Regelung der Sippe notwendig. Auch hier muß die Wirkung von der eigenen Person auf andere ausgehen. Um eine solche Wirkung ausüben zu können, müssen die Worte eine Kraft haben; das können sie nur, wenn sie auf etwas Wirklichem beruhen, wie die Flamme auf dem Brennstoff. Nur wenn die Worte sachlich sind, sich auf bestimmte Verhältnisse klar beziehen, haben sie Einfluß. Allgemeine Reden und Ermahnungen sind gänzlich wirkungslos. Ferner müssen die Worte unterstützt werden von dem ganzen Benehmen, wie der Wind durch seine Dauer wirkt. Nur ein festes, konsequentes Handeln wird auf andere den Eindruck machen, daß sie sich ihm anpassen und nach ihm richten können. Sind Wort und Benehmen nicht im Einklang und konsequent, so bleibt die Wirkung aus.

Die einzelnen Linien

Anfangs eine Neun bedeutet:
Fester Abschluß innerhalb der Sippe. Reue schwindet.

Die Familie muß eine festbegrenzte Einheit bilden, innerhalb deren jedes Glied seinen Platz kennt. Von Anfang an müssen die Kinder an feste Ordnungen gewöhnt werden, noch ehe ihr Wille auf anderes gerichtet ist. Wenn man zu spät mit der Durchsetzung der Ordnung beginnt, wenn der Wille der Kinder schon verwöhnt ist, so leisten die großgewordenen Launen und Leidenschaften Widerstand, und es gibt Anlaß zur Reue. Wenn man mit der Ordnung rechtzeitig beginnt, so kommen wohl auch

Anlässe zur Reue vor. Sie sind beim Zusammenleben in größerem Kreis unvermeidbar. Aber die Reue schwindet immer wieder. Es zieht sich alles zurecht. Denn es gibt nichts, das leichter vermeidbar und schwerer durchführbar wäre, als den Kindern »den Willen zu brechen«.

○ Sechs auf zweitem Platz bedeutet:
Sie soll nicht ihrer Laune folgen.
Sie soll im Innern für Speise sorgen.
Beharrlichkeit bringt Heil.

Die Frau soll sich immer nach dem Willen des Hausherrn richten, sei es des Vaters, des Gatten oder des erwachsenen Sohnes*. Ihre Stellung ist inmitten des Hauses. Hier hat sie große und wichtige Pflichten, die sie nicht erst zu suchen braucht. Sie muß für die Nahrung der Angehörigen und die Opferspeisen sorgen. Dadurch wird sie zum Mittelpunkt für das gesellschaftliche und religiöse Leben der Familie. Beharrlichkeit in dieser Stellung bringt dem ganzen Hause Heil.
Auf allgemeine Verhältnisse übertragen, wird der Rat erteilt, nichts gewaltsam zu suchen, sondern auf die vorhandenen Pflichten ruhig sich zu beschränken.

Neun auf drittem Platz bedeutet:
Wenn es in der Sippe hitzig zugeht,
so entsteht Reue über zu große Strenge.
Doch Heil!
Wenn Weib und Kind tändeln und lachen,
so führt das schließlich zur Beschämung.

In der Familie soll die rechte Mitte zwischen Härte und Läßlichkeit herrschen. Zu große Strenge gegen das eigene Fleisch und Blut führt zu Reue. Das beste ist, feste Dämme zu errichten, innerhalb derer den einzelnen volle Bewegungsfreiheit gelassen wird. Doch ist im Zweifelsfalle zu große Strenge trotz einzelner Mißgriffe besser, weil die Zucht der Familie erhalten bleibt, als zu große Schwäche, die zu Schande führt.

Sechs auf viertem Platz bedeutet:
Sie ist der Reichtum des Hauses.
Großes Heil!

Die Hausfrau ist es, von der der Wohlstand der Familie abhängt. Wohlstand herrscht immer dann, wenn Ausgaben und Einnah-

* Vgl.: »Dienen lerne beizeiten das Weib nach seiner Bestimmung.«

men zueinander in gesundem Verhältnis stehen. Das führt zu großem Heil. Aufs öffentliche Leben übertragen, ist hier der treue Haushalter gemeint, der das allgemeine Wohl durch seine Maßregeln fördert.

○ Neun auf fünftem Platz bedeutet:

Ein König naht er seiner Sippe, fürchtet euch nicht.
Heil!

Ein König ist das Bild eines väterlichen, innerlich reichen Mannes. Er handelt nicht so, daß man sich vor ihm fürchten muß, sondern die ganze Familie kann Vertrauen haben, weil die Liebe herrscht im Verkehr*. Sein Wesen übt ganz von selbst den rechten Einfluß aus.

Oben eine Neun bedeutet:

Seine Arbeit ist ehrfurchtgebietend.
Schließlich kommt Heil.

Die Ordnung der Familie beruht letzten Endes auf der Person des Hausherrn. Wenn er seine Person so ausbildet, daß sie in der Kraft innerer Wahrheit imponierend wirkt, dann geht in der Familie alles gut. Man muß die Verantwortung in leitender Stellung selbst auf sich nehmen.

睽

38. KUI / DER GEGENSATZ

䷥ *oben Li, das Haftende, die Flamme*
unten Dui, das Heitere, der See

Das Zeichen besteht aus dem oberen Urzeichen Li, die Flamme, die nach oben flammt, und dem Urzeichen Dui, der See, unten, der nach unten sickert. Diese Bewegungen stehen zueinander im Gegensatz. Ferner ist Li die zweite und Dui die jüngste Tochter. Obwohl sie im selben Hause wohnen, gehören sie doch verschiedenen Männern an, und ihr Wille ist daher nicht gemeinsam, sondern auf Gegensätzliches gerichtet.

DAS URTEIL

Der Gegensatz. In kleinen Sachen Heil.

* Vgl.: »Furcht ist nicht in der Liebe.«

Wenn die Menschen in Gegensatz und Entfremdung leben, so läßt sich ein großes gemeinsames Werk nicht ausführen. Die Gesinnungen gehen zu weit auseinander. Vor allem darf man nicht schroff vorgehen, wodurch der Gegensatz nur noch verschärft würde, sondern muß sich auf allmähliche Wirkungen im kleinen beschränken. Hier ist noch Heil zu erwarten, da die Lage so ist, daß der Gegensatz nicht jede Verständigung ausschließt.
Der Gegensatz, der im allgemeinen als Hemmung erscheint, hat als polarer Gegensatz innerhalb eines umfassenden Ganzen auch seine guten und wichtigen Funktionen.
Die Gegensätze zwischen Himmel und Erde, Geist und Natur, Mann und Weib bewirken durch ihren Ausgleich die Schöpfung und Fortpflanzung des Lebens. In der sichtbaren Welt der Dinge ermöglicht der Gegensatz eine Sonderung in Arten, durch die Ordnung in die Welt kommt.

DAS BILD

Oben das Feuer, unten der See:
das Bild des Gegensatzes.
So behält der Edle bei aller Gemeinschaft seine Besonderheit.

Wie die beiden Elemente Feuer und Wasser, auch wenn sie beisammen sind, sich nie vermischen, sondern ihre eigene Natur behalten, so wird der gebildete Mensch auch durch Verkehr und gemeinsame Interessen mit anders gearteten Menschen sich nie dahin bringen lassen, daß er sich gemein macht, sondern er wird bei aller Gemeinsamkeit doch immer seine Eigenart wahren.

Die einzelnen Linien

Anfangs eine Neun bedeutet:
Die Reue schwindet.
Wenn du dein Pferd verlierst, so lauf ihm nicht nach.
Es kommt von selber wieder.
Wenn du böse Menschen siehst, so hüte dich vor Fehlern.

Auch in Zeiten des Gegensatzes kann man so handeln, daß man frei von Fehlern bleibt, so daß die Reue schwindet. Man darf bei beginnendem Gegensatz die Einheit nicht erzwingen wollen; dadurch würde man nur das Gegenteil erreichen, wie ein Pferd sich immer weiter entfernt, wenn man ihm nachläuft. Ist es unser Pferd, so kann man es ruhig laufen lassen: es kommt von selber wieder. So kommt auch ein Mensch, der zu uns gehört und infolge eines Mißverständnisses sich augenblicklich von uns entfernt, von selber wieder, wenn man ihn machen läßt. Auf der anderen Seite gilt es vorsichtig sein, wenn böse Menschen, die nicht zu uns gehören, sich herbeidrängen – auch infolge eines Mißverständnisses. Hier gilt es, Fehler zu vermeiden: sie nicht gewaltsam entfernen wollen, wodurch erst recht Feindschaft entstünde, sondern sie einfach dulden. Sie ziehen sich schon von selbst zurück.

o Neun auf zweitem Platz bedeutet:
Man begegnet seinem Herrn in enger Gasse.
Kein Makel.

Infolge der Mißverständnisse ist es nicht möglich, daß Menschen, die ihrer Art nach zusammengehören, auf ganz korrekte Weise zusammenkommen. Da mag denn ein zufälliges Zusammentreffen unter unformellen Umständen auch hingehen, wenn nur die innere Zusammengehörigkeit vorhanden ist.

Sechs auf drittem Platz bedeutet:
Man sieht den Wagen nach hinten gezerrt,
die Rinder festgehalten,
dem Menschen Haare und Nase abgeschnitten.
Kein guter Anfang, aber ein gutes Ende.

Manchmal sieht es so aus, als ob sich alles gegen einen verschworen habe; man sieht sich im Fortschritt gehemmt und zurückgehalten, man sieht sich beschimpft und verletzt (Abschneiden von Haaren und Nase war eine schwere, entehrende Strafe). Aber man darf sich dann nicht irremachen lassen, sondern muß trotz dieser Gegensätze festhalten an dem Menschen, mit dem man sich zusammengehörig weiß. So wird trotz des schlechten Anfangs das Ende schließlich gut werden.

Neun auf viertem Platz bedeutet:
Durch Gegensatz vereinsamt,
trifft man auf einen Gleichgesinnten,
mit dem man in Treuen verkehren kann.
Trotz der Gefahr kein Makel.

Wenn man in einer Gesellschaft ist, von der man durch einen inneren Gegensatz getrennt ist, so kommt man in Vereinsamung. Aber wenn man in solcher Lage einen Menschen trifft, der ursprünglich seinem ganzen Wesen nach zu einem gehört, dem man sein volles Vertrauen schenken kann, dann überwindet man alle Gefahren der Vereinsamung. Unser Wille hat Erfolg, und man wird frei von Fehlern.

o Sechs auf fünftem Platz bedeutet:
Die Reue schwindet.
Der Gefährte beißt sich durch die Hülle.
Wenn man hingeht zu ihm, wie wäre das ein Fehler?

Man findet einen treuen Menschen, den man in der allgemeinen Entfremdung zuerst verkennt. Aber er beißt sich durch die trennenden Hüllen durch. Da ist es nun für den, dem dieser Gefährte sich in seinem wahren Wesen zeigt, Pflicht, ihm entgegenzugehen und mit ihm zusammenzuarbeiten.

Oben eine Neun bedeutet:
Durch Gegensatz vereinsamt, sieht man seinen Gefährten
wie ein schmutzbeladenes Schwein,
wie einen Wagen voll Teufel.
Erst spannt man den Bogen nach ihm,
dann legt man den Bogen weg.
Nicht Räuber er ist, will freien zur Frist.
Beim Hingehen fällt Regen, dann kommt Heil.

Hier ist die Vereinsamung durch Mißverständnisse, nicht durch die äußeren Verhältnisse, sondern durch innere Zustände bedingt. Man verkennt seine besten Freunde, hält sie für unrein wie ein schmutziges Schwein und für gefährlich wie einen Wagen voll Teufel. Man setzt sich in Verteidigungsstellung. Aber schließlich erkennt man seinen Irrtum, legt den Bogen weg und merkt, daß der andere in bester Absicht zu enger Verbindung kommt. So löst sich die Spannung. Die Vereinigung löst den Gegensatz, wie der fallende Regen die Schwüle vor dem Gewitter ablöst. Alles geht gut, denn der Gegensatz schlägt gerade auf seiner Höhe in sein Gegenteil um.

蹇

39. GIËN / DAS HEMMNIS

䷦ *oben Kan, das Abgründige, das Wasser*
unten Gen, das Stillehalten, der Berg

Das Zeichen stellt einen gefährlichen Abgrund dar, der vor einem liegt; hinter sich hat man den steilen, unzugänglichen Berg. So ist man von Hemmnissen umgeben. Aber in der Eigenschaft des Berges, stillezuhalten, liegt auch gleichzeitig ein Fingerzeig, wie man aus den Hemmnissen herauskommen kann. Das Zeichen stellt Hemmnisse dar, die im Lauf der Zeit sich einstellen, die aber überwunden werden können und sollen. Daher ist die ganze Auskunft darauf gerichtet, die Hemmnisse zu überwinden.

DAS URTEIL

Das Hemmnis. Fördernd ist der Südwesten.
Nicht fördernd ist der Nordosten.
Fördernd ist es, den großen Mann zu sehen.
Beharrlichkeit ist von Heil.

Südwesten ist die Gegend des Rückzugs, Nordosten die Gegend des Vordringens. Es handelt sich um eine Lage, da sich Hemmnisse einem gegenüberstellen, die nicht direkt überwunden werden können. In diesem Fall ist es Weisheit, angesichts der Gefahr stehenzubleiben und sich zurückzuziehen. Dieser Rückzug ist jedoch nur die Vorbereitung zur Überwindung der Hemmnisse. Es gilt, sich mit gleichgesinnten Freunden zusammenzutun und sich der Leitung eines Mannes zu unterstellen, der der Lage gewachsen ist; dann wird es gelingen, die Hemmnisse zu beseitigen. Dazu bedarf es der Gesinnung der Beharrlichkeit gerade dann, wenn man scheinbar etwas tun muß, das vom Ziel abführt. Diese unbeirrbare Richtung des Innern bringt schließlich Heil. Das Hemmnis, das nur eine Zeitlang dauert, ist von Wert für die Bildung der eigenen Persönlichkeit. Das ist der Wert der Not.

DAS BILD

Auf dem Berg ist das Wasser: das Bild des Hemmnisses.
So wendet sich der Edle seiner eigenen Person zu
und bildet seinen Charakter.

Schwierigkeiten und Hemmnisse werfen den Menschen auf sich selbst zurück. Während aber der Gemeine die Schuld draußen bei andern Menschen sucht und das Schicksal anklagt, sucht der Edle den Fehler in sich selbst, und durch dieses Insichgehen wird die äußere Hemmung für ihn ein Anlaß innerer Bereicherung und Bildung.

Die einzelnen Linien

Anfangs eine Sechs bedeutet:
Gehen führt in Hemmnis, Kommen findet Lob.

Wenn man sich einem Hemmnis gegenüber sieht, so handelt es sich darum, zu überlegen, wie man damit am besten fertig wird. Wenn eine Gefahr uns droht, dürfen wir nicht blindlings nach vorwärts streben, das führte nur in Verwicklungen. Sondern es ist richtig, sich zunächst zurückzuziehen, nicht um den Kampf aufzugeben, sondern um den richtigen Augenblick für das Handeln abzuwarten.

Sechs auf zweitem Platz bedeutet:
Des Königs Diener ist in Hemmnis über Hemmnis.
Aber es ist nicht seine eigene Schuld.

Während man normalerweise das Hemmnis am besten umgeht und auf der Linie des geringsten Widerstands zu überwinden sucht, gibt es doch einen Fall, da man der Schwierigkeit entgegengehen muß, auch wenn sich Schwierigkeit auf Schwierigkeit türmt: wenn nämlich der Weg der Pflicht dahin führt, daß man nicht aus freier Entschließung handeln kann, sondern die Pflicht hat, im Dienste einer höheren Sache die Gefahr aufzusuchen. Dann mag man es tun und dabei innerlich vollkommen beruhigt sein, weil man nicht durch eigene Schuld sich in diese schwierige Situation begeben hat.

Neun auf drittem Platz bedeutet:
Gehen führt in Hemmnisse; da kommt er zurück.

Während die vorige Linie den Beamten zeigt, der um der Pflicht willen den Weg der Gefahr gehen muß, ist hier der Mann gezeigt, der als Familienvater oder Haupt der Seinen zu handeln hat. Wollte er sich leichtsinnig in Gefahr stürzen, so würde es doch nutzlos sein, weil die seiner Hut Anvertrauten allein nicht weiterkommen. Zieht er sich dagegen zurück und wendet sich den Seinen wieder zu, so begrüßen ihn diese mit großer Freude.

Sechs auf viertem Platz bedeutet:
Gehen führt in Hemmnisse,
Kommen führt zur Vereinigung.

Auch hier ist eine Lage gezeichnet, der man allein nicht gewachsen ist. In solchem Fall ist der gerade Weg nicht der kürzeste. Wollte man aus eigner Kraft vorwärtsstreben, ohne die nötigen Vorbereitungen, so fände man nicht den nötigen Beistand und würde zu spät erkennen, daß die Berechnungen täuschen, indem die Umstände, mit denen man rechnen zu können hoffte, sich als zu schwach erweisen. Darum ist es in diesem Fall richtiger, zunächst sich zurückzuhalten und zuverlässige Gefährten um sich zu sammeln, auf die man sich stützen kann, um die Hemmnisse zu überwinden.

○ Neun auf fünftem Platz bedeutet:

Inmitten der größten Hemmnisse kommen Freunde.

Hier sehen wir den Mann, der berufen ist, der Not zu steuern. Er darf den Hemmnissen nicht ausweichen wollen, auch wenn sie sich noch so gefährlich vor ihm auftürmen. Aber da er wirklich einen höheren Beruf hat, so ist die Macht seines Geistes stark genug, die Menschen an sich zu ziehen, daß sie kommen und ihm helfen, und er ist imstande, sie wirklich zu organisieren, damit durch die planvoll verteilte Zusammenarbeit aller Beteiligten das Hemmnis überwunden wird.

Oben eine Sechs bedeutet:

Gehen führt in Hemmnisse, Kommen führt zu großem Heil.

Fördernd ist es, den großen Mann zu sehen.

Es ist hier jemand gezeichnet, der die Welt und ihr Getriebe schon hinter sich hat. Wenn nun die Zeit der Hemmnisse für die Welt kommt, so könnte es scheinen, als wäre es das einfachste für ihn, einfach die Welt hinter sich zu lassen und sich hinaus ins Jenseits zu flüchten. Aber dieser Weg ist ihm versperrt. Er darf nicht allein selig werden und die Welt ihrer Not überlassen. Sondern seine Pflicht ruft ihn noch einmal zurück ins Weltgetriebe. Gerade seine Erfahrung und innere Freiheit ermöglichen ihm dann, etwas Großes und Reifes zu schaffen, das Heil bringt. Und es ist fördernd, den großen Mann zu sehen, mit dem zusammen man das Werk der Rettung vollbringen kann.

解

40. HIË / DIE BEFREIUNG

䷧ *oben Dschen, das Erregende, der Donner*
unten Kan, das Abgründige, das Wasser

Die Bewegung geht hier aus der Gefahr heraus. Das Hemmnis ist beseitigt, die Schwierigkeiten sind in der Lösung begriffen. Die Befreiung ist noch nicht vorüber, sondern setzt eben erst ein, und ihre verschiedenen Stadien kommen in dem Zeichen zur Darstellung.

DAS URTEIL

Die Befreiung. Fördernd ist der Südwesten.
Wenn nichts mehr da ist, wohin man zu gehen hätte,
ist das Wiederkommen von Heil.
Wenn es noch etwas gibt, wohin man gehen muß,
dann ist Raschheit von Heil.

Es handelt sich um eine Zeit, da Spannungen und Verwicklungen sich zu lösen beginnen. In solchen Zeiten gilt es, sobald wie möglich zu den gewöhnlichen Verhältnissen sich zurückzuziehen – dies die Bedeutung des Südwestens. Solche Zeiten des Umschlags sind sehr wichtig. Ähnlich wie ein befreiender Regen die Spannung der Atmosphäre löst und alle Knospen zum Springen bringt, wirkt eine Zeit der Befreiung von drückender Last erlösend und anregend auf das Leben. Aber eins ist wichtig: Man darf in solchen Zeiten den Triumph nicht übertreiben wollen. Es gilt, nicht weiter vorzudringen, als nötig ist. Sowie die Befreiung erreicht ist, zurückzukehren zur Ordnung des Lebens, das ist von Heil. Wenn noch Reste aufzuarbeiten bleiben, so gilt es, das so schnell wie möglich zu tun, damit reiner Tisch gemacht wird und keine Verzögerungen eintreten.

DAS BILD

Donner und Regen erheben sich:
das Bild der Befreiung.
So verzeiht der Edle Fehler und vergibt die Schuld.

Das Gewitter hat luftreinigende Wirkung. So macht es der Edle auch mit den Fehlern und Sünden der Menschen, die Spannungszustände hervorrufen. Durch Klarheit schafft er Befreiung. Aber wenn die Verfehlungen am Tage sind, dann bleibt er nicht dabei, sondern geht über die Fehler, die unabsichtlichen Übertretungen, einfach weg, wie der Donner verklingt, und vergibt die Schuld, die absichtlichen Übertretungen, wie das Wasser alles vom Schmutz reinigt.

Die einzelnen Linien

Anfangs eine Sechs bedeutet:
Ohne Makel.

Es werden nicht viele Worte gemacht, entsprechend der Situation. Die Hemmung ist vorüber, die Befreiung ist da. Man erholt sich in Ruhe und hält sich still. Das ist in Zeiten nach überstandenen Schwierigkeiten ganz das richtige.

O Neun auf zweitem Platz bedeutet:
Auf dem Feld erlegt man drei Füchse
und bekommt einen gelben Pfeil.
Beharrlichkeit ist von Heil.

Das Bild ist von der Jagd genommen. Der Jäger fängt drei listige Füchse und erhält zur Belohnung einen gelben Pfeil. Die Hemmnisse des öffentlichen Lebens sind die falschen Füchse, die als Schmeichler den Herrscher zu beeinflussen suchen. Sie müssen beseitigt werden, ehe Befreiung eintreten kann. Aber der Kampf darf nicht mit falschen Waffen geführt werden. Die gelbe Farbe deutet auf Maß und Mitte beim Vorgehen gegen die Feinde, der Pfeil auf die gerade Richtung. Wenn man sich der Aufgabe der Befreiung mit ganzem Herzen widmet, bekommt man eine solche Kraft der inneren Geradheit, daß sie als Waffe wirkt gegen alles Falsche und Gemeine.

Sechs auf drittem Platz bedeutet:
Wenn einer eine Last auf dem Rücken trägt
und trotzdem auf dem Wagen fährt,
veranlaßt er dadurch die Räuber, herbeizukommen.
Beharrlichkeit führt zu Beschämung.

Ein Mensch ist aus ärmlichen Verhältnissen heraus in eine bequeme Lage gekommen, da er von Not befreit ist. Wenn er nun nach Art eines Emporkömmlings es sich bequem machen will, ohne doch in seinem Wesen zu den bequemen Verhältnissen zu passen, so zieht er dadurch Räuber an, und wenn er so fort macht, gerät er bestimmt in Schande.
Kungtse sagt darüber: »Eine Last auf dem Rücken zu tragen, ist das Geschäft eines gemeinen Menschen. Ein Wagen ist das Gerät eines vornehmen Mannes. Wenn nun ein Gemeiner das Gerät

eines vornehmen Mannes benutzt, so denken die Räuber darauf, es ihm wegzunehmen. Wenn einer frech nach oben und hart nach unten ist, so denken die Räuber daran, ihn anzugreifen. Lässige Aufbewahrung verführt die Räuber zum Stehlen. Üppiger Schmuck eines Mädchens verlockt zum Raub ihrer Tugend.«

Neun auf viertem Platz bedeutet:
Befreie dich von deiner großen Zehe.
Dann kommt der Gefährte herbei,
und dem kannst du trauen.

Zu Zeiten des Stillstandes kommt es vor, daß gemeine Menschen sich einem höheren Menschen anschließen und durch tägliche Gewohnheit mit ihm zusammenwachsen und unentbehrlich werden, wie die große Zehe dem Fuß, dem sie das Gehen erleichtert. Aber wenn die Zeit der Befreiung naht mit ihrer Berufung zur Tat, dann muß man sich frei machen von solchen Zufallsbekanntschaften, mit denen man doch nicht innerlich zusammengehört. Denn sonst bleiben die gleichgesinnten Freunde, denen man wirklich trauen kann und mit denen gemeinsam sich etwas leisten läßt, voll Mißtrauen weg.

o Sechs auf fünftem Platz bedeutet:
Wenn der Edle sich nur befreien kann, das bringt Heil.
Er zeigt so den Gemeinen, daß es ihm ernst ist.

Befreiungszeiten bedürfen des inneren Entschlusses. Die Gemeinen sind nicht zu entfernen durch Verbote und äußere Mittel. Will man sie loswerden, so muß man sich innerlich erst vollkommen von ihnen losmachen, dann merken sie von selber, daß es einem ernst ist, und ziehen sich zurück.

Oben eine Sechs bedeutet:
Der Fürst schießt nach einem Habicht auf hoher Mauer.
Er erlegt ihn. Alles ist fördernd.

Der Habicht auf hoher Mauer ist das Bild eines machtvollen Gemeinen an hoher Stelle, der die Befreiung hindert. Er widersteht der Einwirkung durch innere Einflüsse, da er in seiner Bosheit verhärtet ist. Er muß gewaltsam beseitigt werden; dazu bedarf es der entsprechenden Mittel.
Kungtse sagt darüber: »Der Habicht ist der Zweck der Jagd. Pfeil und Bogen sind die Werkzeuge und Mittel. Der Schütze ist der Mensch, der die Mittel zum Zweck richtig gebrauchen muß. Der Edle birgt die Mittel in seiner Person. Er wartet die Zeit ab,

und dann handelt er. Wie sollte da nicht alles gut gehen? Er handelt und ist frei. Darum braucht er nur auszugehen und erlegt die Beute. So steht es mit einem Menschen, der handelt, nachdem er die Mittel fertiggestellt hat.«

損

41. SUN / DIE MINDERUNG

䷨ *oben Gen, das Stillehalten, der Berg*
unten Dui, das Heitere, der See

Das Zeichen stellt eine Minderung des unteren Zeichens zugunsten des oberen dar, indem der dritte, ursprünglich starke Strich nach oben gegangen ist und der ursprünglich schwache obere Strich an seine Stelle getreten ist. Das Untere wird also auf Kosten des Oberen vermindert. Das aber ist Verminderung schlechthin. Wenn man das Fundament eines Bauwerks vermindert und seine oberen Mauern verstärkt, so verliert das Ganze an Festigkeit. Ebenso ist eine Minderung des Volkswohlstands zugunsten der Regierung eine Verminderung schlechthin. Und die ganze Tendenz des Zeichens geht dahin, darauf hinzuweisen, wie diese Wohlstandsverschiebung vor sich gehen kann, ohne daß die Quellen des Wohlstands im Volk und seinen unteren Ständen dadurch versiegen.

DAS URTEIL

Minderung verbunden mit Wahrhaftigkeit
wirkt erhabenes Heil ohne Makel.
Man kann darin beharrlich sein.
Fördernd ist es, etwas zu unternehmen.
Wie übt man das aus?
Zwei kleine Schüsselchen mag man benützen zum Opfer.

Minderung bedeutet nicht unter allen Umständen etwas Schlechtes. Mehrung und Minderung kommen zu ihrer Zeit. Da gilt es, sich in die Zeit zu finden und die Armut nicht durch leeren Schein verdecken zu wollen. Wenn durch eine Zeit der geringen Dinge eine innere Wahrheit zum Ausdruck kommt, so darf man sich der Einfachheit nicht schämen. Sie ist dann gerade das richtige, das innere Kraft verleiht, durch die man dann wieder etwas unternehmen kann. Man darf selbst kein Bedenken tragen, wenn die äußere Schönheit der Kultur, ja selbst die Ausgestaltung religiöser Beziehungen unter der Einfachheit zu leiden hätte. Man muß von der Stärke der inneren Gesinnung etwas nehmen und es der Dürftigkeit der äußeren Erscheinung als Ersatz zulegen. Dann hilft die Kraft des Gehalts über die Schlichtheit der Form hinweg. Vor Gott bedarf es nicht des falschen Scheins. Auch mit geringen Mitteln läßt sich die Gesinnung des Herzens zum Ausdruck bringen*.

DAS BILD

Unten am Berg ist der See: das Bild der Minderung.
So bändigt der Edle seinen Zorn und hemmt seine Triebe.

Der See unten am Berg verdunstet. Dadurch wird er gemindert zu Gunsten des Bergs, der durch seine Feuchtigkeit bereichert wird. Der Berg ist das Bild eigensinniger Stärke, die sich zum Zorn verdichten kann; der See ist das Bild der unkontrollierten Lustigkeit, die sich zu leidenschaftlichen Trieben entwickeln kann, wenn sie auf Kosten der Lebenskräfte sich entwickelt. Da gilt es zu mindern: Der Zorn muß durch Stillehalten gemindert werden, die Triebe müssen durch Einschränkung gehemmt werden. Durch diese Minderung der niederen Seelenkräfte werden die höheren Seiten der Seele bereichert.

Die einzelnen Linien

Anfangs eine Neun bedeutet:
Wenn die Geschäfte fertig sind, rasch hingehen,
ist kein Makel.
Doch muß man überlegen,
wie weit man andere mindern darf.

Es ist selbstlos und gut, wenn man nach Erledigung der unmittelbar wichtigen eigenen Aufgaben seine Kraft in den Dienst der anderen stellt und, ohne viel daraus zu machen oder zu prahlen, rasch hilft, wo zu helfen ist. Aber der Mann an höherer Stelle, dem so geholfen wird, muß wohl überlegen, wieviel er annehmen darf, ohne den hilfreichen Diener oder Freund im wesentlichen zu schädigen. Nur wo solches Zartgefühl vorhanden ist, kann man sich ohne Bedenken unbedingt geben.

Neun auf zweitem Platz bedeutet:
Fördernd ist Beharrlichkeit.
Etwas zu unternehmen, ist von Unheil.

* Vgl. das Scherflein der Witwe im Lukasevangelium.

Ohne sich selbst zu mindern,
vermag man die andern zu mehren.

Ein edles Selbstbewußtsein und konsequenter Ernst, der sich nichts vergibt, ist die Gesinnung, die notwendig ist, wenn man andern dienen will. Wer sich wegwirft, um einem Höheren zu Willen zu sein, der mindert zwar seine eigene Stellung, ohne aber dem andern dauernd zu nützen. Das aber ist vom Übel. Ohne sich selbst aufzugeben, dem andern zu dienen, das erst ist der wahre Dienst von dauerndem Wert.

□ Sechs auf drittem Platz bedeutet:
Wenn drei Menschen miteinander wandern,
so vermindern sie sich um einen Menschen.
Wenn ein Mensch wandert,
so findet er seinen Gefährten.

Wo drei zusammen sind, da gibt es Eifersucht. Da muß einer weichen. Engste Verbindung ist nur zu zweien möglich. Wo aber einer einsam ist, da findet er sicher seinen Gefährten, der ihn ergänzt.

Sechs auf viertem Platz bedeutet:
Wenn man seine Mängel mindert,
macht man, daß der andre eilig kommt und Freude hat.
Kein Makel.

Oft hindern unsere Fehler selbst wohlgesinnte Menschen, uns näherzutreten. Diese Fehler werden oft verstärkt und schlimmer gemacht durch die Umgebung, in der wir uns befinden. Wenn man es über sich bringen kann, sich herabzugeben und sie abzulegen, so befreit man die wohlgesinnten Freunde von einem inneren Druck und bewirkt, daß sie sich nur um so schneller nahen zu beiderseitiger Freude.

○ Sechs auf fünftem Platz bedeutet:
Es mehrt ihn wohl jemand.
Zehn Paar Schildkröten können dem nicht widerstreben.
Erhabenes Heil!

Wenn jemand vom Schicksal zum Glück bestimmt ist, so kommt es unweigerlich. Alle Orakel, wie sie z. B. durch Schildkrötenschalen gewonnen werden, müssen in günstigen Zeichen zu seinen Gunsten übereinstimmen. Er braucht sich vor nichts zu fürchten, denn sein Glück ist höhere Fügung.

☐ Oben eine Neun bedeutet:

Wenn man ohne Minderung der anderen gemehrt wird,
so ist das kein Makel. Beharrlichkeit bringt Heil.
Fördernd ist es, etwas zu unternehmen.
Man bekommt Diener,
aber hat kein besonderes Heim mehr.

Es gibt Menschen, die Segen spenden für die ganze Welt. Jeder Kraftzuwachs, jede Mehrung, die ihnen zuteil wird, kommt allen Menschen zugute und bedeutet daher keine Minderung für die andern. Durch beharrliche und eifrige Arbeit hat man Erfolg und findet Gehilfen, wie man sie braucht. Aber was man wirkt, ist nicht ein irgendwie begrenzter Privatvorteil, sondern es ist offen und für jedermann zugänglich.

益

42. I / DIE MEHRUNG

䷩ *oben Sun, das Sanfte, der Wind*
unten Dschen, das Erregende, der Donner

Der Gedanke der Mehrung drückt sich dadurch aus, daß der unterste starke Strich des oberen Halbzeichens sich heruntergesenkt und unter das untere Halbzeichen gestellt hat. Der Grundgedanke des Buchs der Wandlungen kommt auch in dieser Auffassung zum Ausdruck. Wahres Herrschen muß Dienen sein. Ein Opfer des Höheren, das eine Mehrung des Niederen bewirkt, wird Mehrung schlechthin genannt, um dadurch den Geist anzudeuten, der allein imstande ist, der Welt zu helfen.

DAS URTEIL

Die Mehrung. Fördernd ist es, etwas zu unternehmen.
Fördernd ist es, das große Wasser zu durchqueren.

Durch das Opfer, das von oben her zur Mehrung des Unteren gebracht wird, entsteht im Volk eine Stimmung der Freude und Dankbarkeit, die für die Blüte des Gemeinwesens überaus wertvoll ist. Wenn die Menschen so ihren Führern zugetan sind, dann läßt sich etwas unternehmen, und auch schwierige, gefahrvolle Dinge werden gelingen. Darum gilt es in solchen aufsteigenden Zeiten, deren Entwicklung von Erfolg begleitet ist, zu arbeiten und die Zeit auszunutzen. Diese Zeit ist wie die Zeit, wenn Himmel und Erde sich vermählen, wenn die Erde der schöpferischen Kraft des Himmels teilhaftig wird und nun die Lebewesen gestaltet und verwirklicht. Die Zeit der Mehrung dauert nicht, darum muß sie benützt werden, solange sie da ist.

DAS BILD

Wind und Donner: das Bild der Mehrung.
So der Edle: Sieht er Gutes, so ahmt er es nach,
hat er Fehler, so legt er sie ab.

Indem man beobachtet, wie Donner und Wind sich gegenseitig mehren und verstärken, lernt man den Weg zu seiner eignen Selbstmehrung und Besserung. Wenn man an anderen etwas Gutes entdeckt, soll man es nachahmen und so alles Gute auf Erden sich zu eigen machen. Sieht man an sich selbst etwas Schlechtes, so lege man es ab. Dadurch wird man frei vom Bösen. Diese ethische Veränderung ist die wichtigste Mehrung der Persönlichkeit.

Die einzelnen Linien

□ Anfangs eine Neun bedeutet:
Fördernd ist es, große Taten zu vollbringen.
Erhabenes Heil! Kein Makel.

Wenn man von oben her eine große Förderung erfährt, muß man den Kraftzuwachs, den man so erhält, dazu benützen, etwas Großes zu leisten, zu dem man sonst vielleicht weder Kraft noch Verantwortungsfreudigkeit gefunden hätte. Dadurch, daß man frei von Selbstsucht ist, wird großes Heil bewirkt, und indem man großes Heil zustande bringt, bleibt man frei von Vorwürfen.

○ Sechs auf zweitem Platz bedeutet:
Es mehrt ihn wohl jemand.
Zehn Paar Schildkröten können dem nicht widerstreben.
Dauernde Beharrlichkeit bringt Heil.
Der König stellt ihn dar vor Gott. Heil!

Die wirkliche Mehrung kommt dadurch, daß man in sich die Bedingungen dafür schafft: Aufnahmebereitschaft und Liebe zum Guten. Dadurch kommt das Erstrebte von selber mit naturgesetzlicher Notwendigkeit. Wo die Mehrung so in Einklang steht mit den höchsten Weltgesetzen, kann sie durch keine Konstellation von Zufällen verhindert werden. Nur kommt alles darauf an, daß man sich durch unerwartetes Glück nicht leichtsinnig machen läßt, sondern durch innere Stärke und Beständigkeit es sich zu eigen macht. Dann bekommt man Bedeutung vor Gott und Menschen und kann etwas ausrichten zum besten der Welt.

Sechs auf drittem Platz bedeutet:
Man wird gemehrt durch unheilvolle Ereignisse.
Kein Makel, wenn du wahrhaftig bist
und in der Mitte wandelst
und dem Fürsten berichtest mit einem Siegel.

Eine Zeit des Segens und der Bereicherung ist in ihrer Wirkung so stark, daß selbst sonst unheilvolle Ereignisse denen zum besten dienen müssen, die davon betroffen sind. Sie werden frei von Fehlern und gewinnen dadurch, daß sie der Wahrheit entsprechend handeln, eine solche innere Autorität, daß sie Einfluß ausüben, als seien sie durch Brief und Siegel bestätigt.

□ Sechs auf viertem Platz bedeutet:
Wenn du in der Mitte wandelst
und dem Fürsten berichtest,
so wird er folgen.
Fördernd ist es, benützt zu werden
bei der Verlegung der Hauptstadt.

Es ist von Wichtigkeit, daß es Menschen gibt, die zwischen Führern und Geführten vermitteln. Das müssen selbstlose Persönlichkeiten sein, namentlich in Zeiten der Mehrung, da vom Führer Nutzen ausgehen soll für das Volk. Von dem Segen darf nichts in selbstsüchtiger Weise zurückgehalten werden, sondern er muß wirklich denen zugute kommen, für die er bestimmt ist. Eine solche Vermittlerpersönlichkeit, die auch auf den Führer einen guten Einfluß ausübt, ist besonders wichtig in Zeiten, da es sich um große, für die Zukunft entscheidende Unternehmungen handelt, die der inneren Zustimmung aller Beteiligten bedürfen.

○ Neun auf fünftem Platz bedeutet:
Wenn du wahrhaftig ein gütiges Herz hast,
so frage nicht. Erhabenes Heil!
Wahrhaftig wird Güte als deine Tugend anerkannt werden.

Wirkliche Güte rechnet und fragt nicht nach Würdigkeit und Dank, sondern sie wirkt sich aus nach innerer Notwendigkeit. Ein solch wahrhaft gütiges Herz findet sich auch belohnt, indem es anerkannt wird, und so wird der segensvolle Einfluß sich ungehemmt ausdehnen.

Oben eine Neun bedeutet:
Er gereicht niemand zur Mehrung.
Es schlägt ihn wohl gar jemand.
Er hält sein Herz nicht dauernd fest. Unheil!

Der Sinn der Lage ist, daß die Oberen durch Verzicht die Unteren mehren sollen. Indem man diese Pflicht versäumt und niemand nützt, entzieht man sich auch dem fördernden Einfluß der andern und sieht sich bald vereinsamt. Dadurch zieht man sich Angriffe zu. Eine Gesinnung, die nicht dauernd im Einklang ist mit den Forderungen der Zeit, wird notwendig Unheil mit sich bringen. Konfuzius sagt über diese Linie: »Der Edle bringt seine Person in Ruhe, ehe er sich bewegt; er faßt sich in seinem Sinn, ehe er redet; er festigt seine Beziehungen, ehe er um etwas bittet. Indem der Edle diese drei Stücke in Ordnung bringt, ist er in völliger Sicherheit. Wenn man aber unvermittelt ist in seinen Bewegungen, so tun die Leute nicht mit. Wenn man aufgeregt ist in seinen Worten, so finden sie keinen Widerhall bei den Leuten. Wenn man ohne vorherige Beziehungen etwas verlangt, so geben es einem die Leute nicht. Wenn niemand mit einem ist, so kommen die Schädiger herbei.«

夬

43. GUAI / DER DURCHBRUCH (DIE ENTSCHLOSSENHEIT)

oben Dui, das Heitere, der See
unten Kiën, das Schöpferische, der Himmel

Das Zeichen bedeutet einerseits einen Durchbruch nach lange angesammelter Spannung, wie den Durchbruch eines geschwellten Flusses durch seine Dämme, wie einen Wolkenbruch. Auf menschliche Verhältnisse übertragen, ist es andererseits die Zeit, da allmählich die Gemeinen im Schwinden sind. Ihr Einfluß ist im Abnehmen, und durch eine entschlossene Aktion kommt eine Änderung der Verhältnisse zum Durchbruch. Das Zeichen ist dem dritten Monat (April–Mai) zugeordnet.

DAS URTEIL

Der Durchbruch.
Entschlossen muß man am Hof des Königs
die Sache bekanntmachen.
Der Wahrheit gemäß muß sie verkündet werden. Gefahr!
Man muß seine eigene Stadt benachrichtigen.
Nicht fördernd ist es, zu den Waffen zu greifen.
Fördernd ist es, etwas zu unternehmen.

Wenn in einer Stadt auch nur ein Gemeiner an herrschendem Platz sich hält, so vermag er die Edlen zu bedrücken. Wenn im Herzen auch nur noch eine Leidenschaft nistet, so vermag sie die Vernunft zu umdüstern. Leidenschaft und Vernunft können nicht zusammen bestehen, darum ist unbedingter Kampf notwendig, wenn man das Gute zur Herrschaft bringen will. Für den entschlossenen Kampf des Guten zur Beseitigung des Bösen gibt es aber bestimmte Regeln, die nicht außer acht gelassen werden dürfen, wenn man Erfolg haben will. 1. Entschlossenheit muß auf einer Vereinigung von Stärke und Freundlichkeit beruhen. 2. Ein Kompromiß mit dem Schlechten ist nicht möglich; es muß unter allen Umständen offen diskreditiert werden. Ebenso dürfen auch die eigenen Leidenschaften und Fehler nicht beschönigt werden. 3. Der Kampf darf nicht direkt durch Gewalt geführt werden. Wo das Böse gebrandmarkt ist, da sinnt es auf Waffen, und wenn man ihm den Gefallen tut, es Schlag gegen Schlag zu bekämpfen, so zieht man den kürzeren, weil man dadurch selbst in Haß und Leidenschaft verwickelt wird. Darum gilt es, beim eigenen Haus anzufangen: persönlich auf der Hut zu sein vor den gebrandmarkten Fehlern. Dadurch stumpfen sich die Waffen des Bösen von selbst ab, wenn sie keinen Gegner finden. Ebenso dürfen auch eigene Fehler nicht direkt bekämpft werden. Solange man sich mit ihnen herumschlägt, bleiben sie immer siegreich. 4. Die beste Art, das Böse zu bekämpfen, ist energischer Fortschritt im Guten.

DAS BILD

Der See ist an den Himmel emporgestiegen:
das Bild des Durchbruchs.
So spendet der Edle Reichtum nach unten hin
und scheut es, bei seiner Tugend zu verweilen.

Wenn das Wasser des Sees an den Himmel emporgestiegen ist, so läßt das einen Wolkenbruch befürchten. Das läßt sich der

Edle zur Warnung dienen, indem er rechtzeitig einem gewaltsamen Zusammenbruch vorbeugt. Wer nur für sich allein Reichtum anhäufen wollte, ohne an andre zu denken, der würde es bestimmt erleben, daß es einen Zusammenbruch mit ihm gibt. Denn auf alles Sammeln folgt ein Zerstreuen. Darum zerstreut der Edle schon während des Sammelns. Ebenso ist er bei der Bildung seines Charakters darauf bedacht, sich nicht in Eigensinn zu versteifen, sondern sich in dauernder strenger Selbstprüfung eindrucksfähig zu erhalten.

Die einzelnen Linien

Anfangs eine Neun bedeutet:
Mächtig in den vorwärtsschreitenden Zehen.
Geht man hin und ist der Sache nicht gewachsen,
so macht man einen Fehler.

In Zeiten entschlossenen Voranschreitens ist besonders der erste Anfang schwierig. Man fühlt sich zu entschlossenem Voranschreiten begeistert. Aber der Widerstand ist noch sehr stark. Da gilt es, die eigene Kraft zu ermessen und nur so weit sich einzulassen, als man des Erfolges sicher ist. Blinde Draufgängerei ist vom Übel, denn gerade zu Anfang kann ein unerwarteter Rückschlag von den unheilvollsten Folgen sein.

Neun auf zweitem Platz bedeutet:
Alarmruf. Abends und nachts Waffen.
Fürchte nichts.

Bereit sein ist alles. Entschlossenheit ist mit Vorsicht untrennbar verbunden. Wenn man sorgfältig und besonnen ist, so braucht man nicht zu erschrecken und aufgeregt zu werden. Wenn man allezeit wachsam ist, solange noch keine Gefahr da ist, so ist man gewappnet, wenn die Gefahr naht, und braucht sich nicht zu fürchten. Der Edle ist auf der Hut vor dem, was noch nicht zu sehen ist, und besorgt vor dem, was noch nicht zu hören ist; darum weilt er inmitten der Schwierigkeiten, als wären es keine Schwierigkeiten. Wenn man seinen Charakter ausbildet, so fügen sich einem die Menschen von selbst. Siegt die Vernunft, so ziehen sich die Leidenschaften von selbst zurück. Besonnen sein und nicht die Rüstung vergessen, das ist der rechte Weg zur Sicherheit.

Neun auf drittem Platz bedeutet:
Mächtig in den Backenknochen zu sein bringt Unheil.
Der Edle ist fest entschlossen.

Er wandelt einsam und kommt in den Regen.
Er wird bespritzt, und man murrt wider ihn.
Kein Makel.

Die Lage, in der man sich befindet, ist zweideutig. Während alle im entschlossenen Kampf gegen das Gemeine begriffen sind, ist man allein in einer gewissen Beziehung zu einem gemeinen Menschen. Wollte man sich nun äußerlich stark zeigen und, ehe die Verhältnisse reif sind, sich gegen ihn wenden so würde man damit nur die Gesamtlage gefährden; denn der Gemeine würde dann vorzeitig zu Gegenmaßregeln greifen. Die Aufgabe des höheren Menschen ist hier überaus schwierig. Er muß innerlich fest entschlossen sein und, während er mit dem Gemeinen verkehrt, sich doch von aller Beteiligung an seiner Gemeinheit fernhalten. Dabei wird er natürlich verkannt. Man denkt, er gehöre mit zu der Partei des Gemeinen. Er ist ganz einsam, weil ihn niemand versteht. Seine Beziehungen zu dem Gemeinen beschmutzen ihn in den Augen der Menge, und man wendet sich murrend gegen ihn. Aber er trägt die Verkennung und macht keinen Fehler, da er sich selber treu bleibt.

Neun auf viertem Platz bedeutet:
An den Oberschenkeln ist keine Haut,
und das Gehen fällt schwer.
Ließe man sich führen wie ein Schaf,
so würde die Reue schwinden.
Wenn man aber diese Worte hört,
so wird man sie nicht glauben.

Man leidet an innerer Unruhe, so daß man nicht auf seinem Platz beharren kann. Man möchte unter allen Umständen voran und findet dabei unübersteigliche Hindernisse. So ist man mit seiner Lage in innerem Konflikt. Das kommt von dem Eigensinn, mit dem man seinen Willen durchsetzen möchte. Würde man von diesem Eigensinn lassen, so ginge alles gut. Aber dieser Rat wird wie so viele gute Ratschläge überhört werden. Denn der Eigensinn macht, daß man zwar Ohren hat, aber nicht hört.

○ Neun auf fünftem Platz bedeutet:
Dem Unkraut gegenüber braucht es feste Entschlossenheit.
In der Mitte wandeln bleibt frei von Makel.

Unkraut wächst immer wieder nach und läßt sich schwer ausrotten. So bedarf der Kampf gegen einen hochstehenden Gemeinen feste Entschlossenheit. Man steht mit ihm in Beziehungen, und es ist infolge davon zu fürchten, daß man den Kampf als hoffnungslos aufgibt. Aber das darf nicht sein. Man muß entschlossen weitermachen und darf sich nicht vom Weg abbringen lassen. Nur so bleibt man frei von Makel.

□ Oben eine Sechs bedeutet:

Kein Ruf! Schließlich kommt Unheil.

Der Sieg scheint errungen zu sein. Es ist nur noch ein Rest übrig von dem Bösen, dessen entschlossene Ausrottung an der Zeit ist. Es sieht alles ganz leicht aus. Aber gerade darin besteht die Gefahr. Wenn man nicht auf der Hut ist, gelingt es dem Bösen, durch Verdeckung zu entkommen, und wenn es erst entgangen ist, so entsteht neues Unheil aus den übriggebliebenen Keimen; denn das Böse stirbt nicht leicht. Auch beim Bösen des eigenen Charakters muß man gründliche Arbeit tun. Wenn man nachlässigerweise etwas übriglassen wollte, so würde daraus neues Übel entstehen.

姤

44. GOU / DAS ENTGEGENKOMMEN

䷫ *oben Kiën, das Schöpferische, der Himmel*
unten Sun, das Sanfte, der Wind

Das Zeichen deutet auf eine Lage, da das dunkle Prinzip heimlich und unerwartet von innen und unten her sich wieder eindrängt, nachdem es beseitigt war. Das Weibliche kommt von sich aus den Männern entgegen. Das ist eine gefährliche und nicht günstige Lage, wegen der möglichen Konsequenzen, die es rechtzeitig zu erkennen und dadurch zu verhindern gilt.
Das Zeichen ist dem fünften Monat (Juni–Juli) zugeordnet, da mit der Sommersonnenwende das dunkle Prinzip allmählich wieder aufzusteigen beginnt.

DAS URTEIL

Das Entgegenkommen. Das Mädchen ist mächtig.
Man soll ein solches Mädchen nicht heiraten.

Das Emporkommen des Gemeinen ist unter dem Bild eines frechen Mädchens gezeichnet, das sich leichthin preisgibt und dadurch die Herrschaft an sich reißt. Das wäre nicht möglich, wenn das Starke und Lichte dem nicht auch seinerseits entgegenkäme. Das Gemeine sieht so harmlos und schmeichelnd

aus, daß man seine Freude daran hat. Es sieht so klein und schwach aus, daß man meint, unbesorgt mit ihm scherzen zu können.
So kommt der Gemeine nur dadurch hoch, daß der Edle ihn für ungefährlich hält und ihm Macht verleiht. Würde man ihm vom ersten Anfang an entgegentreten, so würde er nie zu Einfluß gelangen können.
Aber die Zeit des Entgegenkommens hat doch auch noch eine andere Seite, die der Beachtung wert ist. Wenn das Entgegenkommen des Schwachen dem Starken gegenüber nicht die Regel sein darf, so hat es doch zu Zeiten seine große Bedeutung. Wenn Himmel und Erde einander entgegenkommen, so kommen alle Geschöpfe zum Gedeihen. Wenn Fürst und Gehilfe einander entgegenkommen, so kommt die Welt in Ordnung. Ein gegenseitiges Entgegenkommen der füreinander bestimmten und aufeinander angewiesenen Prinzipien ist nötig. Nur muß es frei sein von unreinen Nebengedanken, sonst ist es vom Übel.

DAS BILD

Unter dem Himmel ist der Wind:
das Bild des Entgegenkommens.
So macht es der Fürst beim Verbreiten seiner Befehle
und ihrer Verkündigung an die vier Himmelsgegenden.

Die Lage ist ähnlich wie bei dem Zeichen »Anblick« (Nr. 20). Dort weht der Wind über die Erde, hier weht er unter dem Himmel. Beide Male kommt er überall hin. Aber wenn dort der Wind auf der Erde unten war, so ergab das das Bild der Kenntnisnahme der Verhältnisse durch den Herrscher. Hier weht der Wind von oben; das deutet auf den Einfluß, den der Herrscher durch seine Befehle ausübt. Der Himmel ist den Dingen auf Erden fern, aber er bringt sie in Bewegung durch den Wind. Der Herrscher ist dem Volke fern, aber er bringt es in Bewegung durch seine Befehle und Willensäußerungen.

Die einzelnen Linien

□ Anfangs eine Sechs bedeutet:
Man muß es hemmen mit ehernem Radschuh.
Beharrlichkeit ist von Heil.
Wenn man es hingehen läßt, so erfährt man Unheil.
Auch ein mageres Schwein hat die Anlage dazu, umherzutoben.

Wenn ein minderwertiges Element sich eingeschlichen hat, so muß man es sofort energisch hemmen. Dadurch, daß es konsequent gehemmt wird, kann man üble Wirkungen vermeiden. Wenn man ihm seinen Lauf läßt, so entsteht sicher Unheil daraus. Man darf durch die Geringfügigkeit dessen, was sich einschleicht, sich nicht dazu verführen lassen, es zu leicht zu nehmen. Solange ein Schwein noch jung und mager ist, kann es noch nicht viel umhertollen, aber wenn es sich erst satt und stark gefressen hat, kommt seine wahre Natur zur Geltung, wenn man es nicht vorher schon beschränkt hat.

o Neun auf zweitem Platz bedeutet:
Im Behälter ist ein Fisch. Kein Makel!
Nicht fördernd für Gäste.

Das niedere Element wird nicht vergewaltigt, aber unter sanfter Kontrolle gehalten. Dann ist nichts Schlimmes zu befürchten. Nur muß man dafür sorgen, daß es nicht mit Fernerstehenden zusammenkommt, weil es – losgelassen – seine schlechten Seiten ungehemmt entfalten würde.

Neun auf drittem Platz bedeutet:
An den Oberschenkeln ist keine Haut,
und das Gehen fällt schwer.
Wenn man der Gefahr eingedenk ist,
macht man keinen großen Fehler.

Man ist innerlich in Versuchung, sich mit dem schlechten Element, das sich einem anbietet, einzulassen. Das ist eine sehr gefährliche Lage. Glücklicherweise ist man daran durch die Umstände behindert. Man möchte gern, aber kann nicht. Das gibt eine schmerzliche Unentschiedenheit des Handelns. Aber wenn man sich über die Gefährlichkeit der Lage klar wird, so wird man wenigstens größere Fehler vermeiden.

Neun auf viertem Platz bedeutet:
Im Behälter ist kein Fisch.
Daraus erhebt sich Unheil.

Die kleinen Leute muß man dulden, damit sie einem wohlgesinnt bleiben. Dann kann man sie auch benutzen, wenn man sie einmal braucht. Wenn man sich ihnen entfremdet und ihnen nicht entgegenkommt, so wenden sie sich von einem ab, und man hat sie nicht zur Verfügung, wenn man sie einmal braucht. Das hat man sich dann aber selbst zuzuschreiben.

○ Neun auf fünftem Platz bedeutet:
Mit Weidenblättern bedeckte Melone:
verborgene Linien.
Da fällt es einem vom Himmel herunter zu.

Die Melone ist wie der Fisch ein Symbol des dunklen Prinzips. Sie ist süß, aber fault leicht, weshalb sie mit Weidenblättern schützend zugedeckt wird. Die Lage ist so, daß ein starker, hoher, in sich gefestigter Mensch die Niedrigen, die unter seiner Hand sind, duldend schützt. Er hat die festen Linien der Ordnung und Schönheit in sich selbst. Aber er macht sie nicht geltend. Er fällt jenen nicht durch äußeres Scheinen oder lästige Mahnungen beschwerlich, sondern läßt sie ganz frei, im festen Vertrauen auf die innerlich umbildende Macht, die einer starken und reinen Persönlichkeit innewohnt. Und siehe da! Das Schicksal ist günstig. Die Niedrigen werden beeinflußt und fallen ihm als reife Früchte zu.

Oben eine Neun bedeutet:
Er kommt mit seinen Hörnern entgegen.
Beschämung. Kein Makel.

Wenn man sich aus der Welt zurückgezogen hat, so wird einem das Getriebe der Welt oft unerträglich. Oft gibt es Menschen, die sich in edlem Stolz von allem Gemeinen fernhalten und es schroff zurückstoßen, wo es ihnen entgegenkommt. Solche Menschen werden als stolz und unzugänglich gescholten, aber da sie nicht mehr durch Pflichten des Handelns an die Welt gebunden sind, so ist das weiter nicht schlimm. Sie wissen die Abneigung der Masse in Fassung zu tragen.

萃

45. TSUI / DIE SAMMLUNG

☱ *oben Dui, das Heitere, der See*
☷ *unten Kun, das Empfangende, die Erde*

Das Zeichen ist dem Zeichen Bi, Zusammenhalten (Nr. 8), nach Form und Bedeutung verwandt. Dort das Wasser über der Erde, hier ein See über der Erde. Der See ist der Sammlungspunkt des Wassers, daher ist die Idee der Sammlung hier noch stärker ausgedrückt als in jenem Zeichen. Derselbe Grundgedanke ergibt sich auch daraus, daß es hier zwei starke Striche sind auf viertem und fünftem Platz, welche die Sammlung bewirken, während dort nur ein Strich an fünfter Stelle inmitten der Schwachen steht.

DAS URTEIL

Die Sammlung. Gelingen.
Der König naht sich seinem Tempel.
Fördernd ist es, den großen Mann zu sehen.
Das bringt Gelingen. Fördernd ist Beharrlichkeit.
Große Opfer zu bringen schafft Heil.
Fördernd ist es, etwas zu unternehmen.

Die Sammlung der Menschen in größeren Gemeinschaften ist entweder eine natürliche, wie innerhalb der Familie, oder eine künstliche, wie im Staat. Die Familie sammelt sich um den Vater als ihr Oberhaupt. Die Fortsetzung dieser Sammlung vollzieht sich durch die Ahnenopfer, bei denen sich der ganze Klan versammelt. Die Ahnen werden durch die gesammelte Andacht der Hinterbliebenen in ihrem Geiste konzentriert, so daß sie sich nicht zerstreuen und auflösen.
Wo die Menschen gesammelt werden sollen, bedarf es der religiösen Kräfte. Aber es muß auch ein menschliches Haupt als Mittelpunkt der Sammlung da sein. Um andere sammeln zu können, muß dieser Mittelpunkt der Sammlung erst in sich selbst gesammelt sein. Nur durch gesammelte moralische Kraft läßt sich die Welt einigen. Solche großen Einigungszeiten werden dann auch große Werke hinterlassen. Das ist der Sinn der großen Opfer, die gebracht werden. Und auch auf weltlichem Gebiet bedarf es in Zeiten der Sammlung großer Werke.

DAS BILD

Der See ist oberhalb der Erde:
das Bild der Sammlung.
So erneuert der Edle seine Waffen,
um Unvorhergesehenem zu begegnen.

Wenn das Wasser im See sich sammelt, so daß es über die Erde emporsteigt, so droht ein Durchbruch. Dagegen muß man Vorkehrungen treffen. So entsteht auch leicht Streit, wo Menschen sich in großer Anzahl sammeln; wo Güter sich sammeln, entsteht leicht Raub. Darum muß man sich in Zeiten der Sammlung rechtzeitig rüsten, um Unerwartetes abzuwehren. Das Leid auf Erden kommt meist durch unerwartete Ereignisse, auf die man nicht gerüstet ist. Ist man gefaßt, so läßt es sich verhüten.

Die einzelnen Linien

Anfangs eine Sechs bedeutet:

Wenn du wahrhaftig bist, doch nicht bis zum Ende,
so gibt es bald Verwirrung, bald Sammlung.
Wenn du rufst, so kannst du nach einem Griff wieder lachen.
Bedaure nichts. Hingehen ist ohne Makel.

Die Lage ist hier, daß man sich sammeln will um einen Führer, zu dem man aufblickt. Doch befindet man sich in zahlreicher Gesellschaft, durch die man sich beeinflussen läßt, so daß man in seinem Entschluß wankend wird. So hat man keinen festen Mittelpunkt für eine Sammlung. Wenn man aber dieser Not Ausdruck verleiht und um Hilfe ruft, so genügt ein Griff des Führers, um alle Not zu wenden. Darum darf man sich nicht irremachen lassen. Sich an jenen Führer anzuschließen, ist ohne weiteres das rechte.

Sechs auf zweitem Platz bedeutet:

Sich ziehen lassen bringt Heil und bleibt ohne Makel.
Wenn man wahrhaftig ist,
ist es auch fördernd, ein kleines Opfer zu bringen.

Man soll in Zeiten der Sammlung seinen Weg nicht willkürlich wählen. Es sind geheime Kräfte am Werk, die die Menschen zusammenführen, die zueinander passen. Dieser Anziehung muß man sich überlassen, dann macht man keinen Fehler. Wo innere Beziehungen vorhanden sind, da sind keine großen Vorbereitungen und Förmlichkeiten nötig. Man versteht sich ohne weiteres, wie die Gottheit auch ein kleines Opfer gnädig annimmt, wenn es von Herzen kommt.

Sechs auf drittem Platz bedeutet:

Sammlung unter Seufzen. Nichts, das fördernd wäre.
Hingehen ist ohne Makel. Kleine Beschämung.

Man hat oft das Bedürfnis des Anschlusses, aber alle andern in der Umgebung haben sich schon untereinander zusammengeschlossen, so daß man isoliert bleibt. Die ganze Lage ist so, daß sie sich als unhaltbar erweist. Da gilt es, sich dem Fortschritt zuzuwenden, entschlossen sich an einen Mann anzuschließen, der dem Mittelpunkt der Sammlung näher steht und einen in den geschlossenen Kreis einzuführen vermag. Das ist kein Fehler, auch wenn man als Außenseiter zunächst eine etwas beschämende Stellung hat.

○ Neun auf viertem Platz bedeutet:
Großes Heil! Kein Makel.

Es ist hier ein Mann gezeichnet, der im Namen seines Herrn die Menschen um sich sammelt. Da er keine Sondervorteile für sich erstrebt, sondern uneigennützig an der allgemeinen Einheit arbeitet, so ist seine Arbeit von Erfolg gekrönt, und alles wird recht.

○ Neun auf fünftem Platz bedeutet:
Wenn man beim Sammeln die Stellung hat,
so gibt das keinen Makel.
Wenn manche noch nicht wahrhaft dabei sind,
so bedarf es erhabener, dauernder Beharrlichkeit,
dann schwindet die Reue.

Wenn sich die Menschen von selbst um einen sammeln, so ist das, wenn es einem ungesucht zuteil wird, nur gut. Man bekommt dadurch einen gewissen Einfluß, der durchaus nützlich sein kann. Aber damit ist natürlich auch die Möglichkeit gegeben, daß sich manche um einen sammeln, die nicht aus innerem Vertrauen kommen, sondern nur um der einflußreichen Stellung willen. Das ist gewiß bedauerlich. Solchen Leuten gegenüber gibt es kein anderes Mittel, als ihr Vertrauen zu erwerben durch vermehrte, unentwegte Pflichttreue und Beständigkeit. Dadurch wird das geheime Mißtrauen allmählich überwunden, und der Anlaß zum Bedauern fällt weg.

Oben eine Sechs bedeutet:
Klagen und Seufzen, Tränen in Strömen.
Kein Makel.

Es kann vorkommen, daß man sich wohl anschließen möchte, aber in seinen guten Absichten verkannt wird. Da ist man traurig und klagt. Aber das ist der rechte Weg. Denn dadurch kann es kommen, daß der andere zur Besinnung kommt und man den gesuchten und schmerzlich vermißten Anschluß doch noch findet.

升

46. SCHONG / DAS EMPORDRINGEN

䷭ *oben Kun, das Empfangende, die Erde*
unten Sun, das Sanfte, der Wind, das Holz

Das untere Zeichen, Sun, hat als Bild das Holz, das obere, Kun, bedeutet die Erde. Damit ist der Gedanke verbunden, daß das Holz in der Erde emporwächst. Dieses »Empordringen« ist im Gegensatz zu dem »Fortschritt« (Nr. 35) mit Anstrengung verbunden, wie die Pflanze Kraft braucht, um durch die Erde emporzudringen. Darum steht das Zeichen, obwohl es mit Erfolg verbunden ist, in Beziehung zur Anstrengung des Willens. Der »Fortschritt« zeigt mehr Expansion, das »Empordringen« mehr geradliniges Aufsteigen zu Macht und Einfluß aus Unbekanntheit und Niedrigkeit.

DAS URTEIL

Das Empordringen hat erhabenes Gelingen.
Man muß den großen Mann sehen.
Fürchte dich nicht!
Aufbruch nach Süden bringt Heil.

Das Empordringen der tüchtigen Elemente stößt auf kein Hindernis, darum ist es von großem Erfolg begleitet. Die Art, die das Empordringen ermöglicht, ist nicht gewalttätig, sondern bescheiden und fügsam. Aber da man von der Zeiten Gunst getragen wird, kommt man voran. Man muß hingehen und die maßgebenden Leute aufsuchen. Man braucht sich davor nicht zu fürchten; denn der Erfolg wird nicht ausbleiben. Nur muß man sich an die Arbeit machen; denn Tätigkeit (dies die Bedeutung des Südens) ist von Heil.

DAS BILD

Inmitten der Erde wächst das Holz:
das Bild des Empordringens.
So häuft der Edle hingebenden Wesens Kleines,
um es zu Hohem und Großem zu bringen.

Das Holz in der Erde wächst ohne Hast und ohne Rast der Höhe zu, indem es sich fügsam um die Hindernisse herumbiegt. So ist der Edle hingebend in seinem Charakter und ruht nie in seinem Fortschritt*.

Die einzelnen Linien

□ Anfangs eine Sechs bedeutet:

Empordringen, das Zutrauen findet, bringt großes Heil.

Hier ist die Anfangslage des Aufstiegs. Wie das Holz für sein Empordringen die Kraft aus der Wurzel entnimmt, die an sich ganz unten ist, so entstammt die Kraft zum Emporkommen dieser Stellung. Sie ist niedrig und unbekannt. Aber es besteht eine innere Verwandtschaft des Wesens zu den oberen Herrschenden, und diese Gemeinsamkeit verschafft einem das Zutrauen, das man braucht, um etwas leisten zu können.

Neun auf zweitem Platz bedeutet:

Wenn man wahrhaftig ist,
so ist es auch fördernd, ein kleines Opfer zu bringen.
Kein Makel.

Es ist hier ein starker Mann vorausgesetzt. Er paßt zwar insofern nicht in seine Umgebung, als er zu rauh ist und zu wenig auf Formen gibt. Aber er ist innerlich aufrichtig, darum findet er Entgegenkommen, und seine Dürftigkeit in den äußeren Formen bringt keinen Schaden. Die Aufrichtigkeit ist hier der Ausfluß solider Eigenschaften, während sie bei dem entsprechenden Strich des vorigen Zeichens die Wirkung innerer Demut ist.

Neun auf drittem Platz bedeutet:

Man dringt empor in eine leere Stadt.

Hier fallen alle Hemmungen weg, die dem Vordringen sonst gesteckt sind. Es geht mit merkwürdiger Leichtigkeit voran. Unbedenklich folgt man dieser Straße, um den Erfolg auszunützen. Es sieht, äußerlich betrachtet, so aus, wie wenn alles in bester Ordnung wäre. Dennoch ist kein glückverheißender Ausdruck beigefügt. Es fragt sich, wie lange ein solcher hemmungsloser Erfolg dauert. Doch gilt es, solchen Bedenken nicht nachzuhängen, weil dadurch die Kraft nur gehemmt würde, sondern rasch die Gunst der Zeit sich zunutze zu machen.

* Vgl. dazu: »Beschäftigung, die nie ermattet,
Die langsam schafft, doch nie zerstört,
Die zu dem Bau der Ewigkeiten
Zwar Sandkorn nur für Sandkorn reicht,
Doch von der großen Schuld der Zeiten
Minuten, Tage, Jahre streicht.«

Sechs auf viertem Platz bedeutet:

Der König bringt ihn dem Berg Ki dar. Heil. Kein Makel.

Der Berg Ki ist im Westen Chinas, dem Stammlande des Königs Wen, von dessen Sohne, dem Herzog von Dschou, die Worte zu den Einzellinien beigefügt sind. Es ist eine Erinnerung an die Zeiten der Erhebung der Dynastie Dschou. Damals wurden die großen Gehilfen vom König Wen dem Gott des heimatlichen Berges vorgestellt, und sie bekamen ihren Platz zur Seite des Herrschers in den Ahnenhallen. Es ist hier ein Stadium gezeichnet, in dem das Empordringen zum Ziele gelangt. Man wird berühmt vor Menschen und Göttern und aufgenommen in den Kreis der Männer, die das Leben der Nation im Geiste aufbauen, und bekommt dadurch dauernde, überzeitliche Bedeutung.

o Sechs auf fünftem Platz bedeutet:

Beharrlichkeit bringt Heil. Man dringt empor auf Stufen.

Wenn man immer weiter vorankommt, so ist es wichtig, daß man sich am Erfolg nicht berauscht. Man muß gerade bei großem Erfolg dauernd nüchtern bleiben, keine Stufen überspringen wollen, sondern langsam, wie zögernd, Schritt für Schritt weiter gehen. Nur dieser ruhige, stetige Fortschritt, der nichts überstürzt, führt zum Ziel.

Oben eine Sechs bedeutet:

Empordringen im Dunkeln.
Fördernd ist es, unablässig beharrlich zu sein.

Wer blindlings empordringt, der ist innerlich betört. Er kennt nur den Fortschritt, nicht den Rückzug. Dabei erschöpft man sich aber. Wichtig ist es, in solchem Falle unablässig darauf bedacht zu sein, daß man gewissenhaft und konsequent sein und bleiben muß. Nur dadurch wird man von blindem Drange frei, der stets vom Übel ist.

困

47. KUN / DIE BEDRÄNGNIS (DIE ERSCHÖPFUNG)

䷮ *oben Dui, das Heitere, der See*
unten Kan, das Abgründige, das Wasser

Oben ist der See, das Wasser darunter. Der See ist leer und erschöpft. Noch auf eine andere Weise kommt der Gedanke der Erschöpfung heraus: oben eine dunkle Linie, die zwei lichte unten hält; unten ist eine lichte Linie zwischen zwei dunkle eingeklemmt. Das obere Zeichen gehört dem dunklen Prinzip an, während das untere dem lichten Prinzip angehört. So sind überall die Edlen von den Gemeinen unterdrückt und in Schranken gehalten.

DAS URTEIL

Die Bedrängnis. Gelingen. Beharrlichkeit.
Der große Mann wirkt Heil. Kein Makel.
Wenn man etwas zu sagen hat, wird es nicht geglaubt.

Notzeiten sind das Gegenteil von Erfolg. Aber sie können zu Erfolg führen, wenn sie den rechten Menschen treffen. Wenn ein starker Mensch in Not kommt, so bleibt er trotz aller Gefahr heiter, und diese Heiterkeit ist die Grundlage späterer Erfolge. Sie ist die Beständigkeit, die stärker ist als das Schicksal. Wer sich durch Erschöpfung innerlich brechen läßt, der hat freilich keinen Erfolg. Aber wen die Not nur beugt, in dem erzeugt sie eine Kraft der Gegenwirkung, die sicher mit der Zeit ans Licht kommt. Doch dazu ist kein Gemeiner fähig. Nur der große Mann wirkt Heil und bleibt ohne Makel. Freilich nach außen hin ist ihm zunächst der Einfluß versagt, da seine Worte keine Wirkung haben. Darum gilt es in Zeiten der Not innerlich stark zu sein und wenig Worte zu machen.

DAS BILD

Im See ist kein Wasser: das Bild der Erschöpfung.
So setzt der Edle sein Leben daran,
um seinem Willen zu folgen.

Wenn das Wasser aus dem See nach unten geflossen ist, muß der See vertrocknen und sich erschöpfen. Das ist Schicksal. Das ist das Bild widriger Schicksale im Menschenleben. In solchen Zeiten läßt sich nichts tun, als daß man sein Schicksal auf sich nimmt und sich selbst treu bleibt. Es handelt sich dabei aber um die tiefste Schicht des eigentlichen Wesens; denn nur die ist jedem äußeren Schicksal überlegen.

Die einzelnen Linien

Anfangs eine Sechs bedeutet:
Man sitzt bedrängt unter einem kahlen Baum
und gerät in ein finsteres Tal.
Drei Jahre lang sieht man nichts.

Wenn man in Not kommt, ist es vor allem wichtig, stark zu sein und die Not innerlich zu überwinden. Wenn man aber schwach ist, dann übermannt einen die Not. Statt weiterzuschreiten, bleibt man sitzen unter einem kahlen Baum und gerät immer mehr in Finsternis und Schwermut hinein. Dadurch wird die Lage nur immer aussichtsloser. Diese Haltung ist die Folge einer inneren Verblendung, die man durchaus überwinden muß.

○ Neun auf zweitem Platz bedeutet:
Man ist bedrängt bei Wein und Speisen.
Der Mann mit den scharlachroten Kniebinden kommt eben.
Fördernd ist es, Opfer darzubringen.
Aufbrechen ist von Unheil.
Kein Makel.

Hier ist es eine innere Bedrängnis, in der man sich befindet. Äußerlich geht alles gut; man hat zu essen und zu trinken. Aber man ist erschöpft durch die Gewöhnlichkeiten des Lebens, aus denen sich kein Ausweg zeigt. Doch von oben her kommt Hilfe. Ein Fürst – die Fürsten trugen im alten China scharlachrote Kniebinden – ist auf der Suche nach tüchtigen Gehilfen. Aber es sind noch Hindernisse zu überwinden. Darum ist es wichtig, diesen Hindernissen im Unsichtbaren zu begegnen durch Opfer und Gebet. Unvorbereitet aufzubrechen würde ins Unheil führen, obwohl es sittlich nicht unrecht ist. Man muß hier durch innere Geduld eine widrige Situation überwinden.

Sechs auf drittem Platz bedeutet:
Man läßt sich bedrängen durch Stein
und stützt sich auf Dornen und Disteln.
Man geht in sein Haus und sieht nicht seine Frau. Unheil!

Es zeigt sich hier ein Mann, der unruhig und unentschieden ist in Zeiten der Not. Erst will er voran, da stößt er auf Hindernisse, die allerdings nur dann eine Bedrängnis bedeuten, wenn man dagegen in unüberlegter Weise angeht. Man will mit dem Kopfe durch die Wand und fühlt sich infolge davon durch die Wand bedrängt. Dann stützt man sich auf Dinge, die keinen Halt in sich selbst haben und für den nur bedenklich sind, der sich auf sie stützt. Nun kehrt man unentschlossen um und zieht sich in sein Haus zurück, aber nur, um zu neuer Enttäuschung zu entdecken, daß seine Frau nicht da ist.
Kungtse sagt darüber: »Wenn jemand sich von etwas, das ihn nicht bedrängen sollte, bedrängen läßt, so wird sein Name sicher in Schande geraten. Wenn er sich auf Dinge stützt, auf die man sich nicht stützen kann, so wird sein Leben sicher in Gefahr geraten. Wer in Schande und Gefahr ist, dem naht die Todesstunde; wie kann er da noch seine Frau sehen!«

Neun auf viertem Platz bedeutet:

Er kommt ganz sachte, bedrängt in einem goldnen Wagen.
Beschämung, aber man kommt zu Ende.

Ein wohlhabender Mann sieht die Not der Unteren und möchte auch ganz gerne helfen. Doch greift er nicht rasch und energisch zu, wo es nötig ist, sondern fängt die Sache zögernd und gemessen an. Da stößt er auf Hindernisse. Mächtige und reiche Leute der Bekanntschaft ziehen ihn in ihre Kreise. Er muß mittun und kann sich ihnen nicht entziehen. Daher befindet er sich in einer großen Verlegenheit. Aber die Not ist vorübergehend. Die ursprüngliche Stärke der Natur gleicht den begangenen Fehler wieder aus, und das Ziel wird erreicht.

○ Neun auf fünftem Platz bedeutet:

Es werden ihm Nase und Füße abgeschnitten.
Man ist bedrängt von dem in purpurnen Kniebinden.
Sachte kommt die Freude.
Fördernd ist es, Opfer und Spenden zu bringen.

Es ist jemand, dem das Wohl der Menschen am Herzen liegt, von oben und unten her bedrängt (das ist der Sinn der abgeschnittenen Nase und Füße). Man findet keine Hilfe bei den Menschen, deren Pflicht es wäre, bei dem Rettungswerk mitzuhelfen (die Minister trugen purpurne Kniebinden). Doch entwickeln sich die Dinge allmählich zum Bessern. Bis dahin gilt es in starker innerer Sammlung vor Gott zu treten und für das Wohl des Ganzen zu beten und zu opfern.

Oben eine Sechs bedeutet:
Er ist bedrängt von Ranken.
Er bewegt sich unsicher und spricht: »Bewegung schafft Reue.«
Wenn man darüber Reue empfindet und sich aufmacht, so hat man Heil.

Man ist bedrängt durch Bande, die sich leicht zerreißen lassen. Die Bedrängnis naht sich ihrem Ende. Aber man ist noch unschlüssig. Man ist noch beeinflußt von dem früheren Zustand und denkt, man werde es zu bereuen haben, wenn man sich bewegt. Aber sobald man zur Einsicht kommt, diese geistige Haltung ablegt und einen starken Entschluß faßt, so gelingt es, der Bedrängnis Herr zu werden.

井

48. DSING / DER BRUNNEN

䷯ *oben Kan, das Abgründige, das Wasser*
unten Sun, das Sanfte, der Wind, das Holz

Unten ist das Holz, oben das Wasser. Das Holz steigt in die Erde, um das Wasser heraufzuholen. Es ist das Bild des altchinesischen Wippbrunnens. Mit dem Holz sind nicht etwa die Eimer, die in alter Zeit von Ton waren, gemeint, sondern die Holzstange, durch deren Bewegungen das Wasser aus dem Brunnen gehoben wird. Das Bild deutet auch auf die Pflanzenwelt, die in ihren Adern das Wasser aus der Erde emporhebt. Der Brunnen, aus dem man Wasser schöpft, enthält außerdem den Gedanken der unerschöpflichen Nahrungsspende.

DAS URTEIL

Der Brunnen.
Man mag die Stadt wechseln,
aber kann nicht den Brunnen wechseln.
Er nimmt nicht ab und nimmt nicht zu.
Sie kommen und gehen und schöpfen aus dem Brunnen.
Wenn man beinahe das Brunnenwasser erreicht hat,
aber noch nicht mit dem Seil drunten ist
oder seinen Krug zerbricht, so bringt das Unheil.

Die Hauptstädte wurden im alten China zuweilen verlegt, teils aus Gründen der Gunst der Lage, teils bei dem Wechsel der Dynastien. Der Baustil wechselte im Lauf der Jahrhunderte, aber die Form des Brunnens ist von uralter Zeit bis auf den heutigen Tag dieselbe geblieben. So ist der Brunnen ein Bild der gesellschaftlichen Organisation der Menschheit in ihren primitivsten Lebensnotwendigkeiten, die von allen politischen Gestaltungen unabhängig ist. Die politischen Gestaltungen, die Nationen wechseln, aber das Leben der Menschen mit seinen Erfordernissen bleibt ewig dasselbe. Das läßt sich nicht ändern. Dieses Leben ist auch unerschöpflich. Es wird nicht weniger noch mehr und ist für alle da. Geschlechter kommen und gehen, und sie alle genießen das Leben in seiner unerschöpflichen Fülle.

Für eine gute staatliche oder gesellschaftliche Organisation der Menschen ist aber ein Doppeltes nötig. Man muß bis auf die Grundlagen des Lebens hinuntergehen. Alle Oberflächlichkeit in der Lebensordnung, die die tiefsten Lebensbedürfnisse unbefriedigt läßt, ist ebenso unvollkommen, als hätte man gar keinen Versuch zur Ordnung gemacht. Ebenso ist eine Fahrlässigkeit, durch die der Krug zerbricht, vom Übel. Wenn z. B. der militärische Schutz eines Staates so übertrieben wird, daß er Kriege hervorruft, durch die die Macht des Staates vernichtet wird, so ist das ein Zerbrechen des Krugs. Auch für den einzelnen Menschen kommt das Zeichen in Betracht. So verschieden die Anlagen und Bildungen der Menschen sind, die menschliche Natur in ihren Grundlagen ist bei jedem dieselbe. Und jeder Mensch kann bei seiner Bildung aus dem unerschöpflichen Born der göttlichen Natur des Menschenwesens schöpfen. Aber auch hier drohen zwei Gefahren: einmal, daß man in seiner Bildung nicht durchdringt bis zu den eigentlichen Wurzeln des Menschentums, sondern in Konvention steckenbleibt – eine solche Halbbildung ist ebenso schlimm wie Unbildung –, oder daß man plötzlich zusammenbricht und die Bildung seines Wesens vernachlässigt.

DAS BILD

Über dem Holz ist Wasser: das Bild des Brunnens.
So ermuntert der Edle das Volk bei der Arbeit
und ermahnt es, einander zu helfen.

Unten ist das Zeichen Sun, Holz, darüber das Zeichen Kan, Wasser. Das Holz saugt das Wasser nach oben. Wie das Holz als Organismus die Tätigkeit des Brunnens nachahmt, die allen Teilen der Pflanze zugute kommt, so ordnet der Edle die menschliche Gesellschaft, daß sie wie ein Pflanzenorganismus zum Wohl des Ganzen ineinandergreift.

Die einzelnen Linien

Anfangs eine Sechs bedeutet:

Der Schlamm des Brunnens wird nicht getrunken.

Zu einem alten Brunnen kommen keine Tiere.

Wenn sich jemand in den sumpfigen Niederungen umhertreibt, so versinkt sein Leben im Schlamm. Ein solcher Mensch verliert seine Bedeutung für die Menschheit. Wer sich selbst wegwirft, zu dem kommen auch die andern nicht mehr. Niemand kümmert sich schließlich mehr um ihn.

Neun auf zweitem Platz bedeutet:

Am Brunnenloch schießt man Fische.

Der Krug ist zerbrochen und rinnt.

Das Wasser ist an sich klar. Aber man gebraucht es nicht. So halten sich nur Fische im Brunnen auf, und wer kommt, kommt nur, um Fische zu fangen; aber der Krug ist zerbrochen, so daß man die Fische nicht darin aufbewahren kann.
Es wird eine Lage geschildert, da jemand an sich gute Gaben hätte; aber sie werden vernachlässigt. Niemand kümmert sich um ihn. Dadurch kommt er innerlich herunter. Er gibt sich mit gemeinen Menschen ab und kann nichts Tüchtiges mehr leisten.

Neun auf drittem Platz bedeutet:

Der Brunnen ist gereinigt, aber man trinkt nicht daraus.

Das ist meines Herzens Leid;

denn man könnte daraus schöpfen.

Wäre der König klar,

so genösse man gemeinsam das Glück.

Hier ist ein tüchtiger Mann vorhanden. Er gleicht einem gereinigten Brunnen, dessen Wasser man trinken könnte. Aber er wird nicht gebraucht. Das ist das Leid der Menschen, die ihn kennen. Der Wunsch besteht, daß der Fürst es erfahre; dann wäre es für alle Beteiligten ein Glück.

Sechs auf viertem Platz bedeutet:

Der Brunnen wird ausgemauert, kein Makel.

Wenn der Brunnen ausgemauert wird, so kann man ihn zwar solange nicht benützen, aber die Arbeit ist nicht vergebens; sie bewirkt, daß das Wasser klar bleibt. So gibt es im Leben auch Zeiten, in denen man sich selbst in Ordnung bringen muß. Während dieser Zeit kann man zwar nichts für andere leisten, aber sie ist dennoch wertvoll, weil man durch innere Ausbildung seine Kraft und Fähigkeiten steigert, so daß man nachher um so mehr leistet.

○ Neun auf fünftem Platz bedeutet:
Im Brunnen ist ein klarer, kühler Quell,
den man trinken kann.

Das ist ein guter Brunnen, der auf seinem Grunde eine Quelle lebendigen Wassers hat. Ein Mann, der solche Tugenden hat, ist zum Retter und Führer der Menschen geboren. Er hat das Wasser des Lebens. Dennoch fehlt das Zeichen: Heil. Beim Brunnen kommt alles darauf an, daß das Wasser geschöpft wird. Das beste Wasser ist für die Erfrischung der Menschen nur als Möglichkeit da, solange es nicht gehoben ist. So kommt es auch bei Führern der Menschheit darauf an, daß man aus ihrer Quelle trinkt, ihre Worte ins Leben überführt.

Oben eine Sechs bedeutet:
Man schöpft aus dem Brunnen ohne Hinderung.
Er ist zuverlässig. Erhabenes Heil!

Der Brunnen ist für alle da. Kein Verbot hemmt die Schöpfenden. Aber so viele auch kommen, sie finden, was sie brauchen; denn der Brunnen ist zuverlässig. Er hat eine Quelle und versiegt nicht; darum ist er für das ganze Land ein großes Heil: so der wirklich große Mann, der unerschöpflich reich ist an innerem Gut. Je mehr Menschen aus ihm schöpfen, desto größer wird sein Reichtum.

革

49. GO / DIE UMWÄLZUNG (DIE MAUSERUNG)

䷰ *oben Dui, das Heitere, der See*
unten Li, das Haftende, das Feuer

Das Zeichen bedeutet ursprünglich ein Tierfell, das sich im Lauf des Jahres durch Mauserung ändert. Von da aus wird das Wort übertragen auf die Mauserungen im Staatsleben, die großen Umwälzungen, die mit einem Regierungswechsel verbunden sind. Die beiden Figuren, aus denen das Zeichen sich zusammensetzt, sind wie bei Kui, »der Gegensatz« (Nr. 38), die beiden jüngeren Töchter Li und Dui. Aber während dort die ältere der beiden oben steht und sich daraus im wesentlichen nur ein Gegensatz der Tendenzen ergibt, ist hier die jüngere oben, und die Wirkungen gehen gegeneinander, die Kräfte bekämpfen sich wie Feuer und Wasser (See), von denen jedes das andere zu vernichten strebt. Daher der Gedanke der Umwälzung.

DAS URTEIL

Die Umwälzung.
Am eigenen Tag, da findest du Glauben.
Erhabenes Gelingen, fördernd durch Beharrlichkeit.
Die Reue schwindet.

Staatliche Umwälzungen sind etwas überaus Schweres. Man darf sie nur im äußersten Notfall, wenn kein anderer Ausweg übrig ist, vornehmen. Nicht jeder ist dazu berufen, sondern nur der, der das Vertrauen des Volkes hat, und auch der erst dann, wenn die Zeit erfüllt ist. Man muß dabei in der rechten Weise vorgehen, daß man das Volk erfreut und durch Aufklärung Ausschreitungen verhindert. Man muß dabei ferner ganz frei von selbstsüchtigen Zielen sein und muß wirklich der Not des Volkes abhelfen. Nur dann hat man nichts zu bereuen.
Die Zeiten ändern sich und mit ihnen die Anforderungen. So ändern sich die Jahreszeiten im Lauf des Jahres. So gibt es auch im Weltenjahr Frühling und Herbst der Völker und Nationen, die gesellschaftliche Umgestaltungen erfordern.

DAS BILD

Im See ist Feuer: das Bild der Umwälzung.
So ordnet der Edle die Zeitrechnung
und macht die Zeiten klar.

Das Feuer unten und der See oben bekämpfen und vernichten einander. So findet im Lauf des Jahres auch ein Kampf der lichten und der dunklen Kraft statt, der sich in den Umwälzungen der Jahreszeiten auswirkt. Der Mensch wird Herr über den Wechsel der Natur, wenn er seine Regelmäßigkeit erkennt und den Zeitverlauf entsprechend einteilt. Dadurch kommt Ordnung und Klarheit in den scheinbar chaotischen Wechsel der Zeiten, und man kann sich schon im voraus auf die Erfordernisse der verschiedenen Zeiten einstellen.

Die einzelnen Linien

Anfangs eine Neun bedeutet:
Man wird eingewickelt in das Fell einer gelben Kuh.

Änderungen darf man erst unternehmen, wenn es nicht mehr anders möglich ist. Darum ist zunächst äußerste Zurückhaltung nötig. Man muß innerlich ganz fest werden, sich mäßigen – Gelb ist die Farbe der Mitte, die Kuh ist das Symbol der Fügsamkeit – und zunächst noch nichts unternehmen; denn jedes vorzeitige Losschlagen hat üble Folgen.

Sechs auf zweitem Platz bedeutet:
Am eigenen Tage, da mag man umwälzen.
Aufbruch bringt Heil. Kein Makel.

Wenn man alles versucht hat, um die Verhältnisse zu reformieren, ohne daß es einen Erfolg hatte, dann ergibt sich die Notwendigkeit einer Revolution. Allein eine solche tiefgreifende Umwälzung muß wohl vorbereitet sein. Es muß ein Mann da sein, der die Fähigkeiten und das öffentliche Vertrauen besitzt. Einem solchen Mann mag man sich dann zuwenden. Das bringt Heil und ist kein Fehler. Es handelt sich zunächst erst um die innere Stellung zu dem Neuen, das kommen muß. Man muß ihm gleichsam entgegengehen. Nur dadurch wird es vorbereitet.

Neun auf drittem Platz bedeutet:
Aufbruch bringt Unheil. Beharrlichkeit bringt Gefahr.
Wenn die Rede von der Umwälzung dreimal ergangen ist, dann mag man sich ihm zuwenden und wird Glauben finden.

Wenn Wechsel nötig ist, dann gibt es zwei Fehler, die man vermeiden muß. Der eine ist zu rasches und rücksichtsloses Vorgehen, das mit Unheil verbunden ist. Der andere ist überkonservatives Zögern, das ebenfalls gefährlich ist. Man darf nicht auf jede Rede hören, die nach Änderung des Bestehenden ruft. Aber man darf wiederholte und wohlbegründete Beschwerden auch nicht überhören. Wenn dreimal das Wort vom Wechsel an einen kommt und man es wohl überlegt hat, dann mag man ihm Glauben schenken und darauf eingehen. Dann wird man Glauben finden und etwas erreichen*.

Neun auf viertem Platz bedeutet:
Die Reue schwindet. Man findet Glauben.
Die Staatsordnung zu wechseln, bringt Heil.

Grundstürzende Änderungen erfordern die nötige Autorität. Sowohl die innere Charakterstärke muß da sein als auch die ein-

* Vergleiche dazu in Goethes Märchen das dreimalige: »Es ist an der Zeit«, ehe die große Umwälzung eintritt.

flußreiche Stellung. Es muß einer höheren Wahrheit entsprechen, was man tut, und darf nicht willkürlichen oder kleinlichen Motiven entspringen, dann bringt es großes Heil. Wenn keine solche innere Wahrheit einer Revolution zugrunde liegt, ist sie immer vom Übel und hat keinen Erfolg. Denn die Menschen unterstützen schließlich doch nur solche Unternehmungen, für deren innere Gerechtigkeit sie ein instinktives Gefühl haben.

○ Neun auf fünftem Platz bedeutet:

Der große Mann ändert wie ein Tiger.

Noch ehe er das Orakel fragt, findet er Glauben.

Ein Tigerfell mit seinen deutlich sichtbaren schwarzen Streifen auf gelbem Grund ist weithin sichtbar deutlich gegliedert. So ist es bei Umwälzungen, die ein großer Mann zustande bringt: es werden große, klare Richtlinien sichtbar, die jedermann verstehen kann. So braucht er nicht erst das Orakel zu fragen, denn ganz von selbst fällt ihm das Volk zu.

Oben eine Sechs bedeutet:

Der Edle ändert wie ein Panther.

Der Geringe mausert sich im Gesicht.

Aufbruch bringt Unheil.

In Beharrlichkeit weilen bringt Heil.

Nachdem die großen grundsätzlichen Fragen entschieden sind, sind noch Umgestaltungen im einzelnen und genauere Durchführungen notwendig. Diese sind zu vergleichen mit den ebenfalls deutlichen, aber kleineren Flecken des Pantherfells. Auch bei den Geringen findet infolge davon eine Änderung statt. Sie mausern sich ebenfalls der neuen Ordnung entsprechend. Freilich ist diese Mauserung nicht tiefgehend, aber das läßt sich auch nicht erwarten. Man muß sich mit dem Möglichen zufrieden geben. Wollte man zu weit gehen und zu viel erreichen wollen, so würde das zur Beunruhigung und zum Unheil ausschlagen. Denn was durch eine große Umwälzung erstrebt werden soll, sind klare, gefestigte Zustände, die eine allgemeine Beruhigung bei dem zur Zeit Möglichen gewähren.

鼎

50. DING / DER TIEGEL

oben Li, das Haftende, das Feuer
unten Sun, das Sanfte, der Wind, das Holz

Das ganze Zeichen ist das Bild des Tiegels, unten die Beine, dann der Bauch, dann die Ohren, bzw. Henkel, und oben die Ringe zum Tragen. Das Bild des Tiegels legt gleichzeitig den Gedanken der Ernährung nahe. Der Tiegel, aus Bronze gegossen, war das Gerät, das im Ahnentempel und bei Festmählern die gekochten Speisen enthielt. Aus ihm wurden sie vom Hausherrn in die Schüsseln der Gäste geschöpft.
Auch der Brunnen hat den Nebengedanken der Nahrungsspende, aber mehr für das Volk. Der Tiegel als Gerät der verfeinerten Kultur legt Pflege und Ernährung der tüchtigen Männer nahe, deren Pflege der Staatsregierung zugute kam (vgl. die vier Zeichen der Ernährung, Nr. 5, 27, 48, 50).
Dieses Zeichen und das Zeichen »Brunnen« sind die beiden einzigen Zeichen im Buch der Wandlungen, die konkrete künstliche Gegenstände darstellen. Allein auch hier hat der Gedanke seine abstrakte Seite. Unten Sun ist Holz und Wind, oben Li ist die Flamme; es stellt also die durch Holz und Wind entfachte Flamme dar, die ebenfalls den Gedanken der Speisenbereitung nahelegt.

DAS URTEIL

Der Tiegel. Erhabenes Heil. Gelingen.

Während der Brunnen die soziale Grundlage der Gesellschaft behandelt, die wie das Wasser ist, das dem Holz zur Nahrung dient, so wird hier der kulturelle Überbau der Gesellschaft angedeutet. Hier ist es das Holz, das der Flamme, dem Geistigen, zur Nahrung dient. Alles Sichtbare muß sich steigern und fortsetzen ins Unsichtbare hinein. Dadurch bekommt es die rechte Weihe und rechte Klarheit und wurzelt in den Weltzusammenhängen fest.
So ist hier die Kultur gezeigt, wie sie ihren Gipfel in der Religion hat. Der Tiegel dient zum Opfern für Gott. Das höchste Irdische muß dem Göttlichen geopfert werden. Aber das wahrhaft Göttliche zeigt sich nicht abgesondert vom Menschlichen. Gottes höchste Offenbarung ist in Propheten und Heiligen. Ihre Verehrung ist die wahre Gottesverehrung. Der Wille Gottes, der durch sie geoffenbart wird, muß demütig entgegengenommen

werden, dann entsteht eine innere Erleuchtung und das wahre Weltverständnis, das zu großem Heil und Erfolg führt.

DAS BILD

Über dem Holz ist Feuer: das Bild des Tiegels.
So festigt der Edle
durch Richtigmachung der Stellung das Schicksal.

Das Holz ist das Schicksal des Feuers; solange es unten vorhanden ist, brennt das Feuer oben. So ist es mit dem menschlichen Leben. Auch im Menschen ist ein Schicksal, das seinem Leben die Kraft verleiht. Und wenn es gelingt, dem Leben und Schicksal den richtigen Platz anzuweisen, dann festigt man das Schicksal, indem so das Leben unmittelbar im Einklang mit dem Schicksal ist. Es finden sich in diesen Worten Andeutungen über die Pflege des Lebens, wie sie durch die Geheimlehre der chinesischen Yogapraxis von Mund zu Mund überliefert werden.

Die einzelnen Linien

Anfangs eine Sechs bedeutet:
Ein Tiegel mit umgekippten Beinen.
Fördernd zur Entfernung des Stockenden.
Man nimmt eine Nebenfrau um ihres Sohns willen.
Kein Makel.

Wenn man den Tiegel umkehrt, ehe man ihn in Gebrauch nimmt, so hat das nichts zu sagen; im Gegenteil, der Unrat kommt auf diese Weise heraus. Eine Nebenfrau ist an sich niedrig stehend, aber weil sie einen Sohn hat, kommt sie zu Ehren.

Diese beiden Gleichnisse drücken den Gedanken aus, daß in Zeiten hoher Kultur, wie sie durch das Zeichen angedeutet sind, jedermann, der guten Willens ist, irgendwie ankommen kann. Wenn man noch so niedrig ist, wenn man nur bereit ist, sich zu reinigen, so wird man angenommen. Man kommt in eine Lage, da man sich fruchtbar an Leistungen erweisen kann und infolge davon Anerkennung findet.

Neun auf zweitem Platz bedeutet:
Im Tiegel ist Nahrung.
Meine Genossen haben Neid,
aber sie können mir nichts anhaben.
Heil!

In Zeiten hoher Kultur kommt alles darauf an, daß man wirklich etwas leistet. Wenn man sich nur auf diese wirklichen Leistungen verläßt, so wird man zwar vielleicht Neid und Mißgunst erleben, aber das ist nicht gefährlich. Je mehr man sich auf seine positiven Leistungen beschränkt, desto weniger können einem die Neider anhaben.

Neun auf drittem Platz bedeutet:
Der Henkel des Tiegels ist verändert.
Man ist behindert in seinem Wandel.
Das Fett des Fasans wird nicht gegessen.
Wenn erst der Regen fällt, dann erschöpft sich die Reue.
Endlich kommt Heil.

Der Henkel ist die Stelle, an der der Tiegel aufgehoben wird. Wenn der Henkel sich ändert, so kann der Tiegel nicht aufgehoben und benutzt werden, und die schönen Speisen, die darin sind, wie das Fett von Fasanen, dienen bedauerlicherweise niemand zur Nahrung.

Es ist damit jemand gezeichnet, der in einer Zeit hoher Kultur an einer Stelle sich befindet, wo er von niemand beachtet und anerkannt wird. Das ist für sein Wirken eine schwere Hemmung. Seine ganzen guten Eigenschaften und Geistesgaben werden auf diese Weise nutzlos verbraucht. Allein man muß nur dafür sorgen, daß man innerlich wirklich geistigen Besitz hat. Dann wird sicher schließlich die Zeit kommen, da die Hemmnisse sich lösen und alles gut geht.

Die Lösung der Spannung ist hier wie sonst durch das Fallen des Regens symbolisiert.

Neun auf viertem Platz bedeutet:
Der Tiegel bricht die Beine.
Das Mahl des Fürsten wird verschüttet,
und die Gestalt wird befleckt.
Unheil!

Man hat eine schwere, verantwortungsvolle Aufgabe, deren Erfüllung man nicht gewachsen ist. Da man zudem sich dieser Aufgabe nicht mit voller Kraft widmet, sondern sich mit niedrigstehenden Menschen abgibt, so mißlingt die Durchführung. Damit bringt man sich auch selbst in Schimpf und Schande.

Kungtse sagt darüber: »Schwacher Charakter bei geehrter Stellung, geringes Wissen und große Pläne, kleine Kraft und schwere Verantwortung werden selten dem Unheil entgehen.«

○ Sechs auf fünftem Platz bedeutet:
Der Tiegel hat gelbe Henkel, goldne Tragringe.
Fördernd ist Beharrlichkeit.

Es ist ein Mann an herrschender Stelle, der in seinem Wesen zugänglich und bescheiden ist. Durch diese innere Haltung gelingt es ihm, starke und tüchtige Gehilfen zu finden, die ihn ergänzen und ihm bei seinem Werk helfen. Es ist wichtig, daß man sich in dieser Stellungnahme, die einer dauernden inneren Selbstverleugnung bedarf, nicht irremachen läßt, sondern daran festhält.

○ Oben eine Neun bedeutet:
Der Tiegel hat Nephritringe. Großes Heil!
Nichts, das nicht fördernd wäre.

Beim vorigen Strich sind die Tragringe golden genannt, um ihre Stärke zu bezeichnen. Hier heißen sie von Nephrit. Der Nephrit zeichnet sich dadurch aus, daß er Härte mit einem milden Glanz vereinigt. Vom Standpunkt des Mannes aus, der für den Rat zugänglich ist, wirkt dieser Rat als starke Förderung. Hier ist der Rat bezeichnet vom Standpunkt des Weisen aus, der ihn erteilt. Er wird dabei milde und geläutert sein wie edler Nephrit. Auf diese Weise findet das Werk Wohlgefallen vor den Augen der Gottheit, die großes Heil spendet, und wird angenehm bei Menschen, weshalb alles gut geht.

震

51. DSCHEN / DAS ERREGENDE (DAS ERSCHÜTTERN, DER DONNER)

䷲ *oben Dschen, das Erregende, der Donner*
unten Dschen, das Erregende, der Donner

Das Zeichen Dschen ist der älteste Sohn, der die Herrschaft energisch und machtvoll ergreift. Ein Yangstrich entsteht unter zwei Yinstrichen und dringt machtvoll empor. Diese Bewegung ist so heftig, daß sie Schrecken erregt. Als Bild dient der Donner, der aus der Erde hervorbricht und durch seine Erschütterung Furcht und Zittern verursacht.

DAS URTEIL

Das Erschüttern bringt Gelingen.
Das Erschüttern kommt: Hu, Hu!
Lachende Worte: Ha, Ha!
Das Erschüttern erschreckt hundert Meilen,
und er läßt nicht Opferlöffel und Kelch fallen.

Die Erschütterung, die durch das Hervortreten Gottes im Innern der Erde aufsteigt, macht, daß der Mensch sich fürchtet, aber diese Furcht vor Gott ist etwas Gutes; denn sie bewirkt, daß Fröhlichkeit und Freude folgen kann. Wenn man innerlich gelernt hat, was Furcht und Zittern ist, so ist man gegen den Schrecken durch äußere Einflüsse gesichert. Wenn auch der Donner tost, also, daß er hundert Meilen im Umkreis erschreckt, so bleibt man innerlich so gefaßt und ehrerbietig, daß man die Opferhandlung nicht unterbricht. Ein solcher tiefer, innerer Ernst, der alle äußeren Schrecken machtlos abprallen läßt, ist die Geistesverfassung, wie sie die Führer der Menschen und die Herrscher haben müssen.

DAS BILD

Fortgesetzter Donner: das Bild des Erschütterns.
So macht der Edle unter Furcht und Zittern sein Leben recht
und erforscht sich selbst.

Der fortgesetzte Donner bringt durch seine Erschütterung Furcht und Zittern mit sich. So steht der Edle stets in Ehrfurcht vor dem Hervortreten Gottes und bringt sein Leben in Ordnung und erforscht sein Herz, ob nichts im geheimen dem Willen Gottes widerspricht. So ist die Ehrfurcht die Grundlage der wahrhaftigen Lebensbildung.

Die einzelnen Linien

o Anfangs eine Neun bedeutet:
Das Erschüttern kommt: Hu, Hu!
Darauf folgen lachende Worte: Ha, Ha!
Heil!

Furcht und Zittern der Erschütterung kommt zuerst an einen, so daß man den andern gegenüber sich in Nachteil gestellt sieht. Aber das ist nur vorläufig. Wenn man durch das Gericht hindurch ist, so kommt die Erleichterung. Und so bringt gerade der Schrecken, in den man zunächst hinein muß, im ganzen betrachtet, Heil.

Sechs auf zweitem Platz bedeutet:
Das Erschüttern kommt mit Gefahr.
Hunderttausendfach verlierst du deine Schätze
und mußt auf die neun Hügel steigen.

Jage ihnen nicht nach.
Nach sieben Tagen bekommst du sie wieder.

Es ist eine Lage gezeichnet, da man durch eine Erschütterung in Gefahr gerät und große Verluste erleidet. Die Verhältnisse sind so, daß Widerstand der Richtung der Zeitbewegung entgegen ist und daher keinen Erfolg hat. Darum soll man sich einfach zurückziehen in Höhengebiete, die unzugänglich sind für die drohenden Gefahren. Die Verluste an Besitz muß man mit in Kauf nehmen und soll sich nicht übermäßig darum kümmern. Ohne daß man dem Besitz nachjagt, wird man ihn von selber wiederbekommen, wenn die Zeit vorüber ist, deren Erschütterungen den Besitz geraubt haben.

Sechs auf drittem Platz bedeutet:
Das Erschüttern kommt und macht fassungslos.
Wenn man infolge des Erschütterns handelt,
so bleibt man frei von Unglück.

Es gibt dreierlei Erschütterungen: die Erschütterung des Himmels, das ist der Donner, ferner die Erschütterung des Schicksals und endlich die Erschütterung des Herzens.
Hier handelt es sich weniger um innere Erschütterung als um die Erschütterung des Schicksals. In solchen Erschütterungszeiten verliert man zu leicht die Besonnenheit, so daß man alle Möglichkeiten des Handelns verkennt und stumm dem Schicksal den Lauf läßt. Wenn man sich durch die Erschütterung des Schicksals zu innerer Bewegung bringen läßt, so wird man die äußeren Schicksalsschläge ohne große Mühe überwinden.

Neun auf viertem Platz bedeutet:
Das Erschüttern gerät in Schlamm.

Die innere Bewegung hängt in ihrem Erfolg zum Teil auch von den Umständen ab. Wenn die Umstände so sind, daß weder Widerstand vorhanden ist, der sich energisch bekämpfen ließe, noch die Dinge nachgeben, so daß ein Sieg errungen werden kann, sondern alles zäh und träge ist wie Schlamm, so wird die Bewegung gelähmt.

Sechs auf fünftem Platz bedeutet:
Das Erschüttern geht hin und her: Gefahr.
Aber man verliert durchaus nichts,
nur gibt es Geschäfte.

Es ist hier nicht nur eine einmalige Erschütterung, sondern eine wiederholte, die gar keine Zeit zum Aufatmen läßt. Aber dennoch bringt die Erschütterung keinen Verlust, da man darauf bedacht ist, sich im Zentrum der Bewegung zu halten und dadurch von dem Schicksal befreit zu sein, wehrlos hin und her geworfen zu werden.

Oben eine Sechs bedeutet:
Das Erschüttern bringt Verfall und ängstliches Umherblicken.
Vorangehen bringt Unheil.
Wenn es noch nicht den eignen Leib erreicht,
sondern erst den Nachbar erreicht hat,
so ist kein Makel.
Die Genossen haben zu reden.

Die innere Erschütterung raubt einem die Besinnung und Klarheit des Blickes, wenn sie aufs höchste gestiegen ist. In einer solchen Erschütterung ist es natürlich nicht möglich, besonnen zu handeln. Da ist es das richtige, sich stillzuhalten, bis die Ruhe und Klarheit sich wiedergefunden hat.
Dazu ist man aber nur imstande, solange man selbst noch nicht von der Aufregung angesteckt ist, während man an der Umgebung schon die unheilvollen Wirkungen einer solchen Erregung beobachten kann. Zieht man sich nun rechtzeitig von der Handlung zurück, so bleibt man frei von Fehlern und Schaden. Aber die Genossen in ihrer Erregung, die sich nicht mehr warnen lassen, werden sicher mit einem unzufrieden sein. Allein darauf darf man keine Rücksicht nehmen.

艮

52. GEN / DAS STILLEHALTEN, DER BERG

䷳ *oben Gen, das Stillehalten, der Berg*
unten Gen, das Stillehalten, der Berg

Das Bild des Zeichens ist der Berg, der jüngste Sohn von Himmel und Erde. Das Männliche ist oben, wohin es seiner Natur nach strebt, das Weibliche unten, wohin seine Bewegungsrichtung führt. So ist Ruhe vorhanden, da die Bewegung ihr normales Ende erreicht hat.
Auf den Menschen angewandt, ist das Problem gezeigt, die Ruhe des Herzens zu erlangen. Das Herz ist sehr schwer zur Ruhe zu bringen. Während der Buddhismus die Ruhe erstrebt durch Ab-

klingen jeglicher Bewegung im Nirwana, ist der Standpunkt des Buchs der Wandlungen, daß Ruhe nur ein polarer Zustand ist, der als seine Ergänzung dauernd die Bewegung hat.
Vielleicht sind in den Worten des Textes Anweisungen zur Yogaübung enthalten.

DAS URTEIL

Stillehalten seines Rückens,
so daß er seinen Leib nicht mehr empfindet.
Er geht in seinen Hof und sieht nicht seine Menschen.
Kein Makel.

Die wahre Ruhe ist die, daß man stillehält, wenn die Zeit gekommen ist, stillezuhalten, und daß man vorangeht, wenn die Zeit gekommen ist, voranzugehen. Auf diese Weise ist Ruhe und Bewegung in Übereinstimmung mit den Erfordernissen der Zeit, und dadurch gibt es Licht des Lebens.
Das Zeichen ist Ende und Anfang aller Bewegung. Der Rücken wird genannt, weil im Rücken alle Nervenstränge sich befinden, die die Bewegung vermitteln. Wenn man die Bewegung dieser Rückenmarksnerven zum Stillstand bringt, so verschwindet sozusagen das Ich in seiner Unruhe. Wenn nun der Mensch innerlich so ruhig geworden ist, dann mag er sich der Außenwelt zuwenden. Er sieht in ihr nicht mehr den Kampf und das Gewühl der Einzelwesen und hat deshalb die wahre Ruhe, wie sie nötig ist, um die großen Gesetze des Weltgeschehens zu verstehen und dementsprechend zu handeln. Wer aus dieser Tiefenlage heraus handelt, der macht keinen Fehler.

DAS BILD

Zusammenstehende Berge: das Bild des Stillehaltens.
So geht der Edle mit seinen Gedanken nicht über seine Lage hinaus.

Das Herz denkt dauernd. Das läßt sich nicht ändern. Aber es sollen die Bewegungen des Herzens, d. h. die Gedanken, sich auf die gegenwärtige Lebenslage beschränken. Alles Darüberhinausdenken macht das Herz nur wund*.

Die einzelnen Linien

Anfangs eine Sechs bedeutet:
Stillehalten seiner Zehen.

* Vergl. Goethe: »Sehnsucht ins Ferne, Künftige zu beschwichtigen,
Beschäftige dich hier und heut im Tüchtigen.«

Kein Makel.
Fördernd ist dauernde Beharrlichkeit.

Das Ruhigbleiben der Zehen bedeutet ein Stehenbleiben, noch ehe man angefangen hat, sich zu bewegen. Der Anfang ist die Zeit, da man wenig Fehler macht. Man ist noch in Übereinstimmung mit der ursprünglichen Unschuld. Man sieht die Dinge intuitiv, wie sie sind, noch unbeeinflußt von der Verdunkelung durch Interessen und Begehrlichkeit. Wer anfangs stillesteht, solange er die Wahrheit noch nicht verlassen hat, der findet das richtige. Nur ist dauernde Festigkeit nötig, damit man nicht in ein willenloses Sichtreibenlassen hineingerät.

Sechs auf zweitem Platz bedeutet:
Stillehalten seiner Waden.
Er kann den nicht retten, dem er folgt.
Sein Herz ist nicht froh.

Das Bein kann sich nicht selbständig bewegen, sondern ist in seiner Bewegung abhängig von der Bewegung des Leibes. Wenn der Leib in starker Bewegung ist und das Bein wird plötzlich angehalten, so führt die weitergehende Bewegung des Leibes dazu, daß der Mensch fällt.

So ist es auch mit einem Menschen, der sich im Gefolge einer stärkeren Persönlichkeit befindet. Er wird mitgerissen. Selbst wenn er auf der Bahn des Unrechts einhält, so kann er doch den andern in seiner starken Bewegung nicht mehr aufhalten. Wo der Herr vorwärts drängt, kann ihn der Diener, auch wenn er es noch so gut meint, nicht retten.

Neun auf drittem Platz bedeutet:
Stillehalten seiner Hüften.
Steifmachen seines Kreuzbeins.
Gefährlich. Das Herz erstickt.

Es handelt sich hier um erzwungene Ruhe. Das Herz, das in der Unruhe ist, soll gewaltsam gebändigt werden. Aber das Feuer, das gewaltsam zurückgedrängt wird, wandelt sich zu beizendem Rauch, der erstickend sich ausbreitet.

Bei Meditations- und Konzentrationsübungen darf man daher nicht gewaltsam vorgehen. Sondern die Ruhe muß sich ganz natürlich aus einem Zustand innerer Sammlung heraus entwickeln. Wenn gewaltsam durch künstliches Steifhalten die Ruhe erzwungen werden soll, so wird die Meditation zu großen Unzuträglichkeiten führen.

Sechs auf viertem Platz bedeutet:
Stillehalten seines Rumpfes.
Kein Makel.

Ruhighalten des Rückens, wie es in den Worten zum Gesamtzeichen erwähnt ist, bedeutet, daß man das Ich vergißt. Das ist die höchste Stufe der Ruhe. Hier ist diese Stufe der Ruhe noch nicht erreicht. Man vermag es zwar schon, das Ich mit seinen Gedanken und Regungen stillezuhalten. Aber man wird doch noch nicht ganz frei davon. Immerhin ist das Stillehalten des Herzens eine wichtige Funktion, die mit der Zeit zum völligen Ausschalten der egoistischen Triebe führt. Wenn man auch noch nicht von allen Gefahren des Zweifels und der Unruhe frei bleibt, so ist dennoch diese Gemütshaltung, da sie auf dem Weg zu jener andern, höheren liegt, kein Fehler.

Sechs auf fünftem Platz bedeutet:
Stillehalten seiner Kinnladen.
Die Worte haben Ordnung.
Die Reue schwindet.

In gefährlicher Lage, namentlich solange man der Lage nicht gewachsen ist, ist man sehr leicht mit Reden und vorlauten Scherzen bei der Hand. Aber durch unvorsichtiges Reden kommt man leicht in Situationen, da man nachher manches zu bereuen hat. Allein, wenn man sich im Reden zurückhält, so bekommen die Worte immer mehr eine feste Gestalt, und dann verschwindet jeder Anlaß zur Reue.

o Oben eine Neun bedeutet:
Großzügiges Stillehalten.
Heil!

Hier ist die Vollendung der Bemühung zur Ruhe gegeben. Man ist ruhig nicht in kleinlich abgezirkelter Weise im einzelnen, sondern eine allgemeine Resignation im ganzen gibt Ruhe und Heil für alles Einzelne.

漸

53. DSIËN / DIE ENTWICKLUNG (ALLMÄHLICHER FORTSCHRITT)

䷴ *oben Sun, das Sanfte, der Wind, das Holz*
unten Gen, das Stillehalten, der Berg

Das Zeichen besteht aus Sun (Holz, Eindringen) oben bzw. außen und Gen (Berg, Stille) unten bzw. innen. Ein Baum auf dem Berg entwickelt sich langsam und ordnungsgemäß, infolge davon steht er festgewurzelt. Dadurch ergibt sich der Gedanke der Entwicklung, die Schritt für Schritt allmählich weitergeht. Auch die Eigenschaften der Figuren deuten darauf hin: Innen ist Ruhe, die vor Unbesonnenheiten schützt, und außen Eindringen, das die Entwicklung und den Fortschritt ermöglicht.

DAS URTEIL

Die Entwicklung. Das Mädchen wird verheiratet. Heil!
Fördernd ist Beharrlichkeit.

Zögernd ist die Entwicklung, die dazu führt, daß das Mädchen dem Mann in sein Heim folgt. Es müssen die verschiedenen Formalitäten erledigt werden, ehe die Heirat zustande kommt. Diese allmähliche Entwicklung kann auch auf andere Verhältnisse übertragen werden, immer, wenn es sich um korrekte Beziehungen der Zusammenarbeit handelt, z. B. bei Anstellung eines Beamten. Da muß eine korrekte Entwicklung abgewartet werden. Ein überstürztes Vorgehen wäre nicht gut. Ebenso ist es schließlich, wo man Einfluß auf andere ausüben will. Auch da handelt es sich um einen korrekten Weg der Entwicklung durch die Kultur der eigenen Persönlichkeit. Aller agitatorische Einfluß wirkt nicht auf die Dauer.

Auch im Innern muß die Entwicklung denselben Weg nehmen, wenn dauernde Resultate erreicht werden sollen.

Das Sanfte, sich Anpassende, aber doch auch Eindringende ist das Äußere, das aus innerer Ruhe hervorgehen muß.

Gerade das Allmähliche der Entwicklung macht es notwendig, daß Beständigkeit vorhanden ist. Denn nur die Beständigkeit bewirkt, daß der langsame Fortschritt sich doch nicht im Sande verläuft.

DAS BILD

Auf dem Berge ist ein Baum: das Bild der Entwicklung.

So weilt der Edle in würdiger Tugend,
um die Sitten zu bessern.

Der Baum auf dem Berge ist weithin sichtbar, und seine Entwicklung ist von Einfluß auf das Landschaftsbild der ganzen Gegend. Er schießt nicht empor wie die Sumpfgewächse, sondern sein Wachstum geht allmählich vor sich. Die Wirkung auf die Menschen kann auch nur allmählich sein. Keine plötzliche Beeinflussung oder Erweckung ist nachhaltig. Ganz allmählich muß der Fortschritt sein. Und um diesen Fortschritt in der öffentlichen Meinung, den öffentlichen Sitten zu erreichen, ist es nötig, daß die Persönlichkeit Einfluß und Schwerkraft bekommt. Dies geschieht durch sorgfältige und dauernde Arbeit an der eigenen moralischen Entwicklung.

Die einzelnen Linien

Anfangs eine Sechs bedeutet:
Die Wildgans zieht allmählich dem Ufer zu.
Der junge Sohn ist in Gefahr.
Es gibt Gerede. Kein Makel.

Die einzelnen Linien haben alle den allmählichen Zug der Wildgans zum Bild. Die Wildgans ist das Symbol der ehelichen Treue. Es heißt von ihr, daß sie nach dem Tod des Gatten sich nicht mit anderen vereinigt.
Die erste Linie zeigt die erste Station auf dem Zug der Wasservögel vom Wasser zur Höhe. Das Ufer wird erreicht. Die Lage ist die eines einsamen jungen Menschen, der anfangen will, sich im Leben durchzusetzen. Weil er niemand hat, der ihm entgegenkommt, sind seine ersten Schritte langsam und zögernd, und er ist von Gefahr umgeben. Natürlich wird er vielfach kritisiert. Aber gerade die Schwierigkeiten machen, daß er sich nicht übereilt und sein Fortschritt gelingt.

O Sechs auf zweitem Platz bedeutet:
Die Wildgans zieht allmählich dem Felsen zu.
Essen und Trinken in Frieden und Eintracht. Heil!

Der Fels ist ein sicherer Platz am Ufer. Die Entwicklung ist einen Schritt weiter. Man ist über die anfängliche Unsicherheit hinaus und hat eine gesicherte Lebensstellung gefunden, durch die man einen auskömmlichen Lebensunterhalt hat. Dieser erste Erfolg, der die Bahn der Möglichkeit des Wirkens eröffnet, gibt der Stimmung eine gewisse Fröhlichkeit, und beruhigt schreitet man der Zukunft zu.

Von der Wildgans heißt es, daß sie ihre Genossen herbeiruft, wenn sie Futter findet; das ist das Bild des Friedens und der Eintracht im Glück. Man will sein Glück nicht für sich allein haben, sondern ist bereit, es mit andern zu teilen.

Neun auf drittem Platz bedeutet:
Die Wildgans zieht allmählich der Hochebene zu.
Der Mann zieht aus und kehrt nicht wieder.
Die Frau trägt ein Kind, aber bringt es nicht zur Welt.
Unheil!
Fördernd ist es, Räuber abzuwehren.

Die trockene Hochebene ist nicht für die Wildgans. Zieht sie dorthin, so hat sie ihren Weg verloren und ist zu weit gegangen. Das widerspricht dem Gesetz der Entwicklung.
So geht es auch im Menschenleben. Wenn man nicht die Dinge sich ruhig entwickeln läßt, sondern von sich aus sich voreilig in den Kampf stürzt, so bringt das Unheil. Das eigene Leben schlägt man in die Schanze, und die Familie geht darüber zugrunde. Aber das ist keineswegs notwendig, sondern nur die Folge davon, daß man das Gesetz der natürlichen Entwicklung übertritt. Wenn man nicht von sich aus den Kampf aufsucht, sondern sich darauf beschränkt, seinen Platz kraftvoll zu behaupten und unberechtigte Angriffe abzuwehren, so geht alles gut.

Sechs auf viertem Platz bedeutet:
Die Wildgans zieht allmählich dem Baume zu.
Vielleicht bekommt sie einen flachen Ast. Kein Makel.

Der Baum ist kein Platz, der für eine Wildgans geeignet ist. Aber wenn sie klug ist, findet sie einen flachen Ast, auf dem sie stehen kann. Im Leben kommt man im Lauf der Entwicklung auch oft in Situationen, die einem nicht entsprechen, in denen man sich schwer ohne Gefahr behaupten kann. Da ist es wichtig, daß man klug und nachgiebig ist. Dann kann man mitten in der Gefahr einen sicheren Platz ausfindig machen, an dem sich leben läßt.

o Neun auf fünftem Platz bedeutet:
Die Wildgans zieht allmählich dem Gipfel zu.
Die Frau bekommt drei Jahre lang kein Kind.
Endlich kann sie nichts verhindern. Heil!

Der Gipfel ist ein hoher Platz. Auf hoher Stelle gerät man leicht in Vereinsamung. Man wird verkannt von dem, auf den man angewiesen ist: die Frau von ihrem Mann, der Beamte von seinem

Herrn. Die Ursache davon sind falsche Menschen, die sich dazwischen gedrängt haben. Die Folge ist, daß die Beziehungen steril bleiben und nichts geleistet wird. Aber die Entwicklung bringt es mit sich, daß solche Mißverständnisse sich lösen und die Vereinigung schließlich doch zustande kommt.

Oben eine Neun bedeutet:

Die Wildgans zieht allmählich den Wolkenhöhen zu.
Ihre Federn können zum heiligen Tanz verwendet werden.
Heil!

Hier ist das Leben abgeschlossen. Das Werk liegt vollendet da. Hoch erhebt sich seine Bahn in den Himmel, wie der Flug der Wildgänse, wenn sie jeden irdischen Boden verlassen haben. Da fliegen sie hin und halten die Ordnung ihres Fluges ein, Figuren strenger Linien bildend.
Und wenn ihre Federn herunterfallen, so können sie zum Schmuck bei den heiligen Tempeltanzpantomimen verwendet werden.
So ist das Leben eines vollendeten Menschen ein helles Licht für die Menschen der Erde, die zu ihm als Vorbild aufsehen.

歸妹

54. GUI ME
DAS HEIRATENDE MÄDCHEN

䷵ *oben Dschen, das Erregende, der Donner*
unten Dui, das Heitere, der See

Oben ist Dschen, der älteste Sohn, unten Dui, die jüngste Tochter. Der Mann geht voran, das Mädchen folgt ihm erfreut. Es wird der Eintritt des Mädchens in das Haus des Mannes geschildert. Es gibt im ganzen vier Zeichen, die die Beziehungen zwischen Gatten schildern. Nr. 31, Hiën, »allseitiger Einfluß«, schildert die Anziehung, die ein junges Paar aufeinander ausübt. Nr. 32, Hong, »die Dauer«, schildert die dauernden Verhältnisse der Ehe. Nr. 53, Dsiën, »die Entwicklung«, schildert die zögernden und zeremoniellen Vorgänge beim Abschluß einer korrekten Ehe. Gui Me, »die Heirat des Mädchens«, endlich zeigt einen älteren Mann, dem ein junges Mädchen zur Ehe folgt.
Bemerkung: In China herrscht formell die Einehe. Jeder Mann hat nur eine offizielle Frau. Diese Verbindung, die weniger die beiden Beteiligten als die Familien angeht, wird unter strenger

Beobachtung der Formen geschlossen. Doch behält der Mann das Recht, auch den zarteren Neigungen persönlicher Art Gehör zu schenken. Ja es ist die schönste Pflicht einer guten Frau, ihm darin behilflich zu sein. Auf diese Weise wird das Verhältnis ein schönes und offenes. Das Mädchen, das nach der Wahl des Mannes in die Familie eintritt, ordnet sich der Hausfrau bescheiden unter als jüngere Schwester. Selbstverständlich handelt es sich hier um sehr heikle und zarte Fragen, die viel Takt auf jeder Seite erfordern. Doch wenn die Umstände günstig sind, findet sich hier die Lösung eines Problems, die der europäischen Kultur nicht gelungen ist. Selbstverständlich entspricht die Weiblichkeit in China so wenig dem Ideal, wie die Ehen in Europa durchschnittlich im Einklang mit den europäischen Eheidealen sind.

DAS URTEIL

Das heiratende Mädchen.
Unternehmungen bringen Unheil.
Nichts, das fördernd wäre.

Ein Mädchen, das in die Familie aufgenommen ist, ohne Hauptfrau zu sein, muß sich besonders vorsichtig und zurückhaltend benehmen. Es darf sich nicht von sich aus aufmachen, um die Hausfrau zu verdrängen, denn das würde Unordnung bedeuten, und man käme dadurch in unhaltbare Verhältnisse.
Das bezieht sich auf alle freien Verhältnisse unter Menschen. Während die rechtlich geordneten Verhältnisse einen festen Zusammenhang von Pflichten und Rechten aufweisen, beruhen die Neigungsverhältnisse der Menschen in ihrer Dauer rein auf taktvoller Zurückhaltung.
Diese Neigung als Prinzip der Beziehungen ist von größter Bedeutung in allen Verhältnissen der Welt, denn aus der Vereinigung von Himmel und Erde kommt der Bestand der ganzen Natur, und ebenso ist unter den Menschen die freie Neigung als Prinzip der Vereinigung Anfang und Ende.

DAS BILD

Oberhalb des Sees ist der Donner:
das Bild des heiratenden Mädchens.
So erkennt der Edle durch die Ewigkeit des Endes das Vergängliche.

Der Donner erregt das Wasser des Sees, das ihm in schimmernden Wellen folgt. Das ist das Bild des Mädchens, das dem Manne seiner Wahl folgt. Allein jede Verbindung von Menschen untereinander schließt die Gefahr in sich, daß sich Verirrungen einschleichen, die zu endlosen Mißverständnissen und Unzuträglichkeiten führen. Darum gilt es, das Ende dauernd in Betracht zu ziehen. Wenn man sich treiben läßt, kommt man zusammen und geht wieder auseinander, wie es der Tag fügt. Wenn man dagegen ein dauerhaftes Ende ins Auge faßt, so wird es einem gelingen, die Klippen zu umgehen, die näheren Beziehungen der Menschen untereinander entgegenstehen.

Die einzelnen Linien

Anfangs eine Neun bedeutet:
Das heiratende Mädchen als Nebenfrau.
Ein Lahmer, der auftreten kann.
Unternehmungen bringen Heil.

Die Fürsten des Altertums hatten eine feste Rangordnung unter den Palastdamen, die der Königin unterstellt waren wie die jüngeren Schwestern der ältesten. Sie waren auch vielfach aus der Familie der Königin, die sie selbst ihrem Gatten zuführte.
Der Sinn ist der, daß ein junges Mädchen, wenn sie im Einverständnis mit der Ehefrau in eine Familie eintritt, dieser nach außen hin nicht gleichsteht, sondern bescheiden zurücktreten wird. Aber wenn sie es versteht, sich in den Zusammenhang einzufügen, so bekommt sie eine Stellung, die durchaus befriedigend ist, und sie wird sich geborgen fühlen in der Liebe des Gatten, dem sie Kinder bringt.
Dieselbe Bedeutung ergibt sich in den Beziehungen von Beamten. Ein Fürst hat vielleicht einen Mann, mit dem er persönlich befreundet ist und den er in sein Vertrauen zieht. Dieser Mann muß taktvollerweise nach außen hin zurücktreten hinter den offiziellen Staatsminister. Aber obwohl er durch diese Stellung gehindert ist wie ein Lahmer, kann er doch etwas ausrichten durch die Güte seines Wesens.

Neun auf zweitem Platz bedeutet:
Ein Einäugiger, der sehen kann.
Fördernd ist die Beharrlichkeit eines einsamen Menschen.

Die Lage ist hier so, daß das Mädchen sich mit einem Manne verbunden hat, der sie enttäuscht. Mann und Frau sollen zusammenwirken wie die beiden Augen. Hier ist das Mädchen einsam zurückgeblieben. Der Mann ihrer Wahl ist entweder untreu geworden oder gestorben. Aber sie verliert das innere Licht der Treue nicht. Ob auch das andere Auge erloschen ist, sie hält die Treue fest auch in der Einsamkeit.

□ Sechs auf drittem Platz bedeutet:

Das heiratende Mädchen als Sklavin.

Sie heiratet als Nebenfrau.

Ein Mädchen, das sich in geringer Stellung befindet und keinen Mann bekommt, kann als Nebenfrau unter Umständen noch unterkommen.

Die Situation ist die, daß man allzusehr nach Freuden begehrt, die man auf normalem Weg nicht erlangen kann. So gibt man sich in eine Lage hinein, die mit der eigenen Würde sich nicht ganz verträgt. Es wird weder ein Urteil noch eine Warnung beigefügt, sondern einfach die Situation als solche aufgedeckt, so daß sich jeder selbst die Lehre daraus ziehen kann.

Neun auf viertem Platz bedeutet:

Das heiratende Mädchen verzögert die Frist.

Eine späte Heirat kommt zu ihrer Zeit.

Das Mädchen ist sehr gut, will sich nicht wegwerfen und versäumt darüber die übliche Zeit der Ehe. Das schadet aber nichts. Sie wird für ihre Reinheit belohnt und findet schließlich, wenn auch spät, doch noch den für sie bestimmten Gatten.

○ Sechs auf fünftem Platz bedeutet:

Der Herrscher I verheiratet seine Tochter.

Da waren die gestickten Kleider der Fürstin nicht so prächtig wie die der Dienerin.

Der Mond, der fast voll ist, bringt Heil.

Der Herrscher I ist Tang, der Vollender. Er hat ein Gesetz erlassen, daß die kaiserlichen Prinzessinnen in der Ehe ebenfalls ihren Männern untertan sein müssen (vgl. Nr. 11, Strich 5). Der Kaiser wartet nicht auf Werbung, sondern gibt seine Tochter nach freiem Ermessen in die Ehe. Darum ist die Initiative auf Seiten der Familie des Mädchens hier in der Ordnung.

Wir sehen hier ein Mädchen vornehmer Abkunft, die in bescheidene Verhältnisse heiratet und sich mit Anmut der neuen Lage anzupassen versteht. Sie ist frei von aller Eitelkeit äußeren Schmuckes, vergißt ihren Rang in der Ehe und stellt sich unter ihren Gatten, wie der Mond, der noch nicht ganz voll ist, der Sonne nicht direkt gegenübertritt.

□ Oben eine Sechs bedeutet:

Die Frau hält den Korb, aber es sind keine Früchte darin.

Der Mann sticht das Schaf, aber es fließt kein Blut.

Nichts, das fördernd wäre.

Beim Opfer für die Ahnen mußte die Frau die Früchte in einem Korb darbringen, der Mann persönlich das Opfertier schlachten. Hier werden die Formen nur oberflächlich erfüllt. Die Frau nimmt einen leeren Korb, der Mann sticht ein schon vorher geschlachtetes Schaf, nur eben um die Form zu wahren. Aber diese unfromme, frivole Gesinnung verheißt kein Glück für die Ehe.

豐

55. FONG / DIE FÜLLE

䷶ *oben Dschen, das Erregende, der Donner*
unten Li, das Haftende, die Flamme

Dschen ist die Bewegung, Li die Flamme, deren Eigenschaft die Klarheit ist. Im Innern Klarheit, nach außen Bewegung, das gibt Größe und Fülle. Es ist eine Zeit hoher Kultur, die durch das Zeichen dargestellt wird. Allerdings liegt in dem Umstand, daß es sich um ein Höchstes handelt, auch der Gedanke schon angedeutet, daß dieser außerordentliche Zustand der Fülle sich nicht dauernd wird halten lassen.

DAS URTEIL

Die Fülle hat Gelingen.
Der König erreicht sie.
Sei nicht traurig; du mußt sein wie die Sonne am Mittag.

Eine Zeit höchster Größe und Fülle herbeizuführen, ist nicht jedem Sterblichen beschieden. Es muß ein geborener Herrscher über die Menschen sein, der so etwas vermag, weil sein Wille auf das Große gerichtet ist. Die Zeit einer solchen Fülle ist meist kurz. Ein Weiser könnte daher angesichts des folgenden Niedergangs wohl traurig werden. Doch ziemt sich solche Trauer nicht für ihn. Nur ein Mann, der innerlich frei von Sorge und Kummer ist, kann eine Zeit der Fülle heraufführen. Er muß sein wie die Sonne am Mittag, die alles unter dem Himmel erleuchtet und erfreut.

DAS BILD

Donner und Blitz kommen beide: das Bild der Fülle.
So entscheidet der Edle die Prozesse und führt die Strafen aus.

Das Zeichen hat eine gewisse Beziehung zu dem Zeichen »das Durchbeißen«, Nr. 21, wo ebenfalls Donner und Blitz beisammen sind, aber in umgekehrter Reihenfolge. Während dort die Gesetze festgelegt werden, werden sie hier ausgeführt und angewandt. Innen die Klarheit ermöglicht eine genaue Prüfung des Sachverhalts, und außen die Erschütterung sorgt für strenge und präzise Durchführung der Strafen.

Die einzelnen Linien

Anfangs eine Neun bedeutet:
Wenn man seinem bestimmten Herrn begegnet, so mag man zehn Tage beisammen sein, und es ist kein Fehler. Hingehen findet Anerkennung.

Um eine Zeit der Fülle herbeizuführen, bedarf es der Vereinigung von Klarheit und energischer Bewegung. Wo diese beiden Eigenschaften in zwei Menschen sich finden, da passen diese Menschen zueinander, und auch wenn sie zur Zeit der Fülle einen vollen Kreislauf beisammen sind, ist es nicht zu lang und kein Fehler. Darum mag man hingehen, um zu wirken; es wird Anerkennung finden.

Sechs auf zweitem Platz bedeutet:
Der Vorhang ist von solcher Fülle,
daß man am Mittag die Polsterne sieht.
Durch Hingehen erreicht man Mißtrauen und Haß.
Wenn man durch Wahrheit ihn erweckt, kommt Heil.

Oft kommt es vor, daß sich zwischen den Herrscher, der das Große will, und den Mann, der das Große ausführen könnte, Intrigen und Parteiränke eindrängen, die verfinsternd wirken wie eine Sonnenfinsternis. Dann sieht man statt der Sonne die Nordsterne am Himmel. Der Herr wird in den Schatten gedrängt durch eine Partei, die die Herrschaft an sich gerissen. Wollte man in solcher Zeit etwas Energisches unternehmen, so würde man nur auf Mißtrauen und Neid stoßen, die alle Bewegung unmöglich machen würden. Da gilt es dann, innerlich in der Macht der Wahrheit zu stehen, die schließlich so stark ist, daß sie im Unsichtbaren auf den Herrscher wirkt, so daß alles gut geht.

Neun auf drittem Platz bedeutet:
Das Gestrüpp ist von solcher Fülle,
daß man am Mittag die kleinen Sterne sieht.
Er bricht seinen rechten Arm. Kein Makel.

Hier wird als Bild die fortschreitende Bedeckung der Sonne geschildert. An diesem Punkt ist die Totalität erreicht, darum sieht man am Mittag selbst die kleinen Sterne.
Auf gesellschaftliche Verhältnisse übertragen, ist hier der Fürst so verfinstert, daß auch die unbedeutendsten Menschen sich hervordrängen können. Da ist es für einen tüchtigen Mann, der die rechte Hand des Herrschers sein könnte, unmöglich, etwas zu unternehmen. Es ist, als wäre die Hand gebrochen. Aber es ist nicht seine Schuld, daß er auf diese Weise am Handeln verhindert ist.

Neun auf viertem Platz bedeutet:
Der Vorhang ist von solcher Fülle,
daß man am Mittag die Polsterne sieht.
Er begegnet seinem gleichen Herrn. Heil!

Hier ist die Finsternis schon im Abnehmen, darum findet sich das einander Entsprechende zusammen. Auch hier muß die Ergänzung gefunden werden: zur Handelsfreudigkeit die nötige Weisheit. Dann wird alles gut gehen. Es ist hier die umgekehrte Ergänzung in Betracht gezogen wie beim ersten Strich. Dort sollte die Weisheit durch Energie ergänzt werden, hier die Energie durch Weisheit.

○ Sechs auf fünftem Platz bedeutet:
Es kommen Linien, es naht Segen und Ruhm. Heil!

Der herrschende Mann ist bescheiden, so daß er für Rat der Tüchtigen zugänglich ist. So kommen Männer in seine Umgebung, die ihm die Richtlinien des Handelns nahebringen. Dadurch kommt Segen, Ruhm und Heil für ihn und alles Volk.

Oben eine Sechs bedeutet:
Sein Haus ist in Fülle.
Er verdeckt seine Sippe.
Er späht durch das Tor und merkt niemand mehr.
Drei Jahre lang sieht er nichts. Unheil!

Es ist hier ein Mann gezeichnet, der durch seinen Hochmut und Eigenwillen das Gegenteil erreicht von dem, was er erstrebt. Er sucht Fülle und Pracht für seine Wohnung. Er will unbedingt Herr sein in seinem Haus. Aber dadurch entfremdet er sich seine Familie, so daß er schließlich ganz vereinsamt dasteht.

旅

56. LÜ / DER WANDERER

䷷ *oben Li, das Haftende, das Feuer*
unten Gen, das Stillehalten, der Berg

Der Berg (Gen) steht still, oben das Feuer (Li) flammt auf und verweilt nicht. Darum bleiben sie nicht beisammen. Fremde, Trennung ist das Los des Wanderers.

DAS URTEIL

Der Wanderer. Durch Kleinheit Gelingen.
Dem Wanderer ist Beharrlichkeit von Heil.

Als Wanderer und Fremdling darf man nicht schroff sein und hoch hinaus wollen. Man hat keinen großen Bekanntenkreis, darum darf man sich nicht brüsten. Man muß vorsichtig und zurückhaltend sein, so schützt man sich vor Übel. Wenn man gegen die andern zuvorkommend ist, so erringt man Erfolge. Der Wanderer hat keine feste Stätte, die Straße ist seine Heimat. Darum muß er dafür sorgen, daß er innerlich recht und fest ist, daß er nur an guten Orten verweilt und nur mit guten Menschen verkehrt. Dann hat er Heil und kann unangefochten seine Straße ziehen.

DAS BILD

Auf dem Berg ist Feuer: das Bild des Wanderers.
So ist der Edle klar und vorsichtig in der Anwendung von Strafen und verschleppt keine Streitigkeiten.

Wenn das Gras auf dem Berge abbrennt, so gibt es einen hellen Schein. Aber das Feuer verweilt nicht, sondern wandert der neuen Nahrung nach. Es ist nur eine rasch vorübergehende Erscheinung. So soll es auch mit Strafen und Prozessen sein. Sie müssen eine rasch vorübergehende Erscheinung sein und dürfen sich nicht verschleppen. Die Gefängnisse müssen etwas sein, das die Leute nur vorübergehend, wie Gäste, aufnimmt. Sie dürfen nicht zu Wohnräumen der Menschen werden.

Die einzelnen Linien

Anfangs eine Sechs bedeutet:
Wenn der Wanderer sich mit kleinlichen Dingen abgibt, so zieht er sich dadurch Unglück zu.

Ein Wanderer darf sich nicht entwürdigen und sich mit gemeinen Dingen am Weg abgeben. Gerade je niedriger und wehrloser seine Stellung nach außen hin ist, desto mehr muß er innerlich seine Würde wahren. Denn wenn ein Fremder denkt, dadurch freundliche Aufnahme zu finden, daß er sich zu Scherzen und Lächerlichkeiten hergibt, so irrt er sich. Die Folgen sind nur Verachtung und beleidigende Behandlung.

Sechs auf zweitem Platz bedeutet:
Der Wanderer kommt zur Herberge.
Er hat seinen Besitz bei sich.
Er erlangt eines jungen Dieners Beharrlichkeit.

Der Wanderer, der hier gezeichnet wird, ist bescheiden und zurückhaltend. Innerlich verliert er sich nicht selbst, darum findet er einen Ruheort. Nach außen hin verliert er nicht die Zuneigung der Menschen, darum fördern ihn alle, so daß er Besitz erwerben kann. Außerdem findet sich ein treuer und zuverlässiger Diener bei ihm ein, wie er für den Wanderer von unschätzbarem Wert ist.

Neun auf drittem Platz bedeutet:
Dem Wanderer verbrennt seine Herberge.
Er verliert die Beharrlichkeit seines jungen Dieners.
Gefahr.

Ein gewalttätiger Fremder weiß sich nicht zu benehmen. Er mischt sich in Angelegenheiten und Streitigkeiten, die ihn nichts angehen. Dadurch verliert er seinen Ruheplatz. Er behandelt seinen Diener fremd und hochfahrend. Dadurch verliert er dessen Treue. Wenn man als Fremder niemand mehr hat, auf den man sich verlassen kann, so ist das sehr gefährlich.

Neun auf viertem Platz bedeutet:
Der Wanderer ruht an einem Unterkunftsort.
Er erlangt seinen Besitz und eine Axt.
Mein Herz ist nicht froh.

Hier ist ein Wanderer gezeichnet, der sich äußerlich zu bescheiden versteht, obwohl er innerlich stark und vorwärtsdringend ist. Darum findet er wenigstens einen Unterkunftsort, an dem er weilen kann. Auch gelingt es ihm, Besitz zu erwerben. Aber er ist mit seinem Besitz nicht in Sicherheit. Er muß stets auf der Hut sein, bereit, sich mit bewaffneter Hand zu verteidigen. Darum fühlt er sich nicht wohl. Es kommt ihm dauernd zum Bewußtsein, daß er ein Fremder ist in fremdem Land.

o Sechs auf fünftem Platz bedeutet:
Er schießt einen Fasan; auf den ersten Pfeil fällt er.
Schließlich kommt dadurch Lob und Amt.

Die Staatsmänner auf Reisen pflegten sich bei den Fürsten durch das Geschenk eines Fasans einzuführen. Der Wanderer will hier in Fürstendienste treten. Er schießt zu diesem Zweck einen Fasan, den er beim ersten Schuß erlegt. So findet er Freunde, die ihn loben und empfehlen, und wird schließlich von dem Fürsten angenommen, der ihm ein Amt verleiht.

Oft kommen Verhältnisse vor, die einen veranlassen, in der Fremde seine Heimat zu suchen. Wenn man es versteht, die Lage zu treffen und sich in der rechten Weise einzuführen, so mag man einen Freundeskreis und Wirkungskreis auch in der Fremde finden.

Oben eine Neun bedeutet:
Dem Vogel verbrennt sein Nest.
Der Wanderer lacht erst,
dann muß er klagen und weinen.
Er verliert die Kuh im Leichtsinn. Unheil!

Das Bild des Vogels, dem sein Nest verbrennt, zeigt den Verlust des Ruheorts. Wenn der Vogel beim Bau seines Nestes leichtsinnig und unvorsichtig war, so kann ihm dieses Unglück begegnen. So auch dem Wanderer. Wenn er sich gehen läßt in Scherz und Lachen und nicht mehr daran denkt, daß er ein Wanderer ist, so wird er später zu weinen und zu klagen haben. Denn wenn man im Leichtsinn seine Kuh, d. i. seine bescheidene Anpassungsfähigkeit, verliert, so ist das vom Übel.

巽

57. SUN / DAS SANFTE (DAS EINDRINGLICHE, DER WIND)

䷸ *oben Sun, das Sanfte, der Wind, das Holz*
unten Sun, das Sanfte, der Wind, das Holz

Sun ist eines der acht Doppelzeichen. Es ist die älteste Tochter, hat als Bild den Wind oder das Holz, als Eigenschaft die Sanftheit, die jedoch eindringt wie der Wind oder das Holz mit seinen Wurzeln.

Das Dunkle, das an sich starr und unbeweglich ist, wird aufgelöst durch das eindringende lichte Prinzip, dem es sich unterordnet in Sanftheit. In der Natur ist es der Wind, der die angehäuften Wolken auseinandertreibt und heitre Himmelsklarheit schafft. Im Menschenleben ist es die durchdringende Klarheit des Urteils, die alle dunklen Hintergedanken zunichte macht. Im Leben der Gemeinschaft ist es der mächtige Einfluß einer bedeutenden Persönlichkeit, die alle lichtscheuen Machenschaften aufdeckt und auseinandertreibt.

DAS URTEIL

Das Sanfte. Durch Kleines Gelingen.
Fördernd ist es, zu haben, wohin man geht.
Fördernd ist es, den großen Mann zu sehen.

Eindringlichkeit erzeugt allmähliche und unscheinbare Wirkungen. Es soll nicht durch Vergewaltigung gewirkt werden, sondern durch ununterbrochene Beeinflussung. Diese Wirkungen sind weniger in die Augen fallend als die durch Überrumpelung gewonnenen, aber sie sind nachhaltiger und völliger. Damit man auf diese Weise wirken kann, muß man ein klares Ziel haben; denn nur dadurch, daß die eindringliche Beeinflussung immer in derselben Richtung wirkt, wird etwas erreicht.

Das Kleine kann nur dann etwas erreichen, wenn es sich einem bedeutenden Manne unterordnet, der die Fähigkeit besitzt, Ordnung zu schaffen.

DAS BILD

Einander folgende Winde:
das Bild des Sanft-Eindringenden.
So verbreitet der Edle seine Gebote
und wirkt seine Geschäfte.

Das Eindringliche des Windes beruht auf seiner Unaufhörlichkeit. Dadurch wird er so machtvoll. Er nimmt die Zeit als Mittel zur Wirkung. So muß auch der Gedanke des Herrschers in die Volksseele eindringen. Auch dazu ist eine dauernde Einwirkung durch Aufklärung und Gebot vonnöten. Erst wenn das Gebot in die Volksseele übergegangen ist, ist ein darauf bezügliches Handeln möglich. Unvorbereitetes Handeln schreckt nur zurück und wirkt abstoßend.

Die einzelnen Linien

□ Anfangs eine Sechs bedeutet:
Beim Vorgehen und Rückweichen
ist fördernd die Beharrlichkeit eines Kriegers.

Das sanfte Wesen geht oft bis zur Unentschlossenheit. Man fühlt nicht die Kraft, entschlossen fortzuschreiten. Tausend Bedenken erheben sich, aber man hat auch nicht Lust, sich zurückzuziehen, sondern treibt unentschlossen hin und her. In solchem Fall ist eine militärische Entschlossenheit das richtige, daß man entschieden das tut, was die Ordnung erfordert. Entschlossene Disziplin ist weit besser als unentschlossene Zuchtlosigkeit.

Neun auf zweitem Platz bedeutet:
Eindringen unter das Bett.
Man benützt Priester und Magier in großer Zahl.
Heil! Kein Makel.

Zuweilen hat man es mit verborgenen Feinden zu tun, ungreifbaren Einflüssen, die sich in die dunkelsten Winkel verkriechen und von dort aus die Leute suggestiv beeinflussen. In solchen Fällen ist es nötig, diesen Dingen bis in die geheimsten Winkel nachzuspüren, um festzustellen, um was für Einflüsse es sich handelt – dies die Aufgabe der Priester –, und sie zu beseitigen – dies die Aufgabe der Magier. Gerade das Anonyme solcher Umtriebe erfordert besonders unermüdliche Energie, die sich aber belohnt macht. Denn wenn solche unkontrollierbaren Einflüsse erst ans Licht gebracht und gebrandmarkt sind, haben sie ihre Macht über die Menschen verloren.

Neun auf drittem Platz bedeutet:
Wiederholtes Eindringen. Beschämung.

Das eindringliche Nachdenken darf nicht zu weit getrieben werden, sonst hemmt es die Entschlußfähigkeit. Wenn eine Sache gründlich durchgedacht ist, dann gilt es, sich zu entscheiden und zu handeln. Durch wiederholtes Durchdenken kommt man immer aufs neue in Bedenklichkeit und dadurch in Beschämung, weil man sich zum Handeln als unfähig erweist.

□ Sechs auf viertem Platz bedeutet:

Reue schwindet.

Auf der Jagd fängt man drei Arten von Wild.

Wenn man angeborene Bescheidenheit infolge der verantwortungsvollen Stelle, die man bekleidet, und der Erfahrungen, die man gesammelt hat, mit energischer Betätigung verbindet, so erreicht man sicher einen großen Erfolg. Die drei Arten von Tieren dienten zu Opfern für die Götter, zur Bewirtung der Gäste und zum täglichen Gebrauch. Wenn man für alle drei Zwecke etwas erlegte, so war das Jagdergebnis besonders gut.

○ Neun auf fünftem Platz bedeutet:

Beharrlichkeit bringt Heil. Reue schwindet.

Nichts, das nicht fördernd ist.

Kein Anfang, aber ein Ende.

Vor der Änderung drei Tage, nach der Änderung drei Tage. Heil!

Während bei der »Arbeit am Verdorbenen« (Nr. 18) ein ganz neuer Ausgangspunkt geschaffen werden muß, handelt es sich hier nur um Reformen. Der Anfang war nicht gut, aber man ist an einen Zeitpunkt gekommen, da eine neue Richtung eingeschlagen werden kann. Man muß ändern und bessern. Das muß man tun in Beständigkeit, d. h. in rechter und fester Gesinnung, dann wird es gelingen, und die Reue schwindet. Nur ist es zu beachten, daß solche Verbesserungen sorgfältiger Überlegung bedürfen. Ehe man die Änderung bewerkstelligt, ist wiederholte Überlegung nötig, und nachdem die Änderung da ist, muß man auch noch eine Zeitlang sorgfältig untersuchen, wie die Besserungen sich in Wirklichkeit ausnehmen. Solche sorgfältige Arbeit ist von Heil begleitet.

Oben eine Neun bedeutet:

Eindringen unter das Bett.

Er verliert seinen Besitz und seine Axt.

Beharrlichkeit bringt Unheil.

Die Erkenntnis ist eindringlich genug. Man dringt den schädlichen Einflüssen bis in die geheimsten Winkel nach. Aber man hat keine Kraft mehr, sie entscheidend zu bekämpfen. In diesem Fall ist jeder Versuch, in die persönlichen Gebiete der Finsternis einzudringen, nur vom Übel.

兌

58. DUI / DAS HEITERE, DER SEE

oben Dui, das Heitere, der See
unten Dui, das Heitere, der See

Dui ist wie Sun eines der acht Doppelzeichen. Dui bedeutet die jüngste Tochter, hat als Bild den lächelnden See, als Eigenschaft die Freude. Die Freude beruht nicht, wie es wohl scheinen könnte, auf der Weichheit, die sich in der oberen Linie zeigt. Die Eigenschaft des weichen bzw. dunklen Prinzips ist nicht Freude, sondern Schwermut. Vielmehr beruht die Freude darauf, daß innen zwei starke Striche sind, die sich äußern durch das Mittel der Weichheit.
Wahre Freude beruht also darauf, daß im Innern Festigkeit und Stärke vorhanden sind, die nach außen hin weich und milde auftreten.

DAS URTEIL

Das Heitere. Gelingen. Günstig ist Beharrlichkeit.

Die fröhliche Stimmung wirkt ansteckend, darum hat sie Erfolg. Aber die Freude bedarf als Grundlage der Beständigkeit, damit sie nicht zu unbeherrschter Lustigkeit ausartet. Wahrheit und Stärke müssen im Herzen wohnen, während die Milde nach außen im Verkehr zutage tritt. Auf diese Weise nimmt man Gott und den Menschen gegenüber die rechte Stellung ein und erreicht etwas. Durch bloßes Einschüchtern ohne Milde läßt sich unter Umständen für den Augenblick etwas erreichen, aber nicht für die Dauer. Wenn man dagegen durch Freundlichkeit die Herzen der Menschen gewinnt, so bewirkt man, daß sie alle Beschwerden gern auf sich nehmen, ja wenn es sein muß, selbst den Tod nicht scheuen. So groß ist die Macht der Freude über die Menschen.

DAS BILD

Aufeinander beruhende Seen: das Bild des Heiteren.
So tut sich der Edle mit seinen Freunden zusammen zur Besprechung und Einübung.

Ein See verdunstet nach oben und erschöpft sich dadurch allmählich. Wenn aber zwei Seen miteinander in Verbindung sind, so erschöpfen sie sich nicht so leicht, weil einer den andern bereichert. So ist es auch auf wissenschaftlichem Gebiet. Die Wissenschaft soll eine erfrischende und belebende Kraft sein. Das kann sie nur werden im belebenden Verkehr mit gleichgesinnten Freunden, mit denen man sich bespricht und übt in der Anwendung der Lebenswahrheiten. So wird das Wissen vielseitig und bekommt eine heitere Leichtigkeit, während das Wissen der Autodidakten immer etwas Schweres und Einseitiges behält.

Die einzelnen Linien

Anfangs eine Neun bedeutet:
Zufriedene Heiterkeit. Heil!

Eine stille, wortlose, in sich gesammelte Freude, die nichts von außen begehrt und mit allem zufrieden ist, bleibt frei von allen egoistischen Zu- und Abneigungen. In dieser Freiheit liegt das Heil, denn sie birgt die ruhige Sicherheit des in sich gefestigten Herzens.

○ Neun auf zweitem Platz bedeutet:
Wahrhaftige Heiterkeit. Heil! Die Reue schwindet.

Oft befindet man sich in Beziehung zu minderwertigen Menschen, aus deren Mitte andere Freuden winken, als sie dem höheren Menschen gemäß sind. Wollte man an solchen Freuden teilnehmen, so würde das sicher Reue nach sich ziehen; denn ein höherer Mensch ist mit niederen Freuden nicht wirklich zu befriedigen. Wenn man infolge dieser Erkenntnis sich in seinem Willen nicht beirren läßt, so daß man nicht an dieser Art Gefallen findet, dann wagt einem selbst eine zweifelhafte Umgebung keine unedlen Freuden anzubieten, da sie einen ja doch nicht erfreuen würden. – Damit aber ist jeder Anlaß zum Bedauern beseitigt.

□ Sechs auf drittem Platz bedeutet:
Kommende Heiterkeit. Unheil!

Die wahre Freude muß aus dem eigenen Innern quellen. Wenn man aber innerlich leer ist, so daß man sich an die Außenwelt verliert, so kommen die Freuden von außen herbei. Das ist es, was manche Menschen als Zerstreuung begrüßen. Menschen, die aus innerer Haltlosigkeit das Bedürfnis nach Zerstreuung haben, werden stets Gelegenheit haben, sich zu zerstreuen. Sie ziehen die äußerlichen Freuden durch die Leere ihres Wesens an sich. Dadurch verlieren sie sich immer mehr, was natürlich vom Übel ist.

Neun auf viertem Platz bedeutet:
Überlegte Heiterkeit ist nicht beruhigt.
Nach Abtun der Fehler hat man Freude.

Oft befindet sich der Mensch mitteninne zwischen verschiedenen Arten der Freude. Solange man noch nicht entschieden ist, welche Art der Freude man wählen will, die höhere oder die niedere, solange befindet man sich innerlich in Unruhe. Erst wenn man klar erkannt hat, daß die Leidenschaft Leiden bringt, vermag man sich so zu entscheiden, daß man das Niedere von sich abtut und die höheren Freuden erstrebt. Ist diese Entscheidung besiegelt, so hat man die wahre innere Heiterkeit und Ruhe gefunden, und der innere Widerstreit ist überwunden.

○ Neun auf fünftem Platz bedeutet:

Wahrhaftigkeit gegen das Zersetzende ist gefährlich.

Auch dem besten Menschen nahen sich gefährliche Elemente. Wenn man sich mit diesen einläßt, so wirkt ihr zersetzender Einfluß ganz langsam, aber sicher und zieht seine Gefahren unvermeidlich hintennach. Wer aber die Lage erkennt und die Gefahr zu durchschauen versteht, der weiß sich zu hüten und bleibt frei von Schaden.

□ Oben eine Sechs bedeutet:

Verführende Heiterkeit.

Wenn man innerlich eitel ist, so lockt man die Freuden der Zerstreuung an und hat unter ihnen zu leiden (vgl. Sechs auf drittem Platz). Wenn man innerlich nicht gefestigt ist, so wirken die Freuden der Außenwelt, denen man sich nicht entzieht, so stark auf einen ein, daß man mitgerissen wird. Hier ist von Gefahr, von Heil oder Unheil nicht mehr die Rede. Man hat die Steuerung des Lebens aus der Hand gegeben, und es hängt vom Zufall und äußeren Einflüssen ab, was aus einem wird.

渙

59. HUAN / DIE AUFLÖSUNG

䷺ *oben Sun, das Sanfte, der Wind*
unten Kan, das Abgründige, das Wasser

Der Wind, der oben über das Wasser fährt, zerstreut es und löst es auf in Schaum und Dunst. Darin liegt auch der Gedanke, daß die Lebensenergie, wenn sie sich im Menschen staut (was durch die Eigenschaft des unteren Zeichens als Gefahr angedeutet ist), durch die Sanftheit wieder zerstreut und aufgelöst wird.

DAS URTEIL

Die Auflösung. Gelingen.
Der König naht seinem Tempel.
Fördernd ist es, das große Wasser zu durchqueren.
Fördernd ist Beharrlichkeit.

Das Zeichen hat in seinem Text Ähnlichkeit mit dem Zeichen Tsui, »die Sammlung« (Nr. 45). Dort handelt es sich um Sammlung des Getrennten, wie das Wasser sich in Seen auf der Erde sammelt. Hier handelt es sich um Zerstreuung und Auflösung des trennenden Egoismus. Das Zeichen »die Auflösung« zeigt sozusagen den Weg, der zur Sammlung führt. Daher erklärt sich die Ähnlichkeit des Textes.

Zur Überwindung des trennenden Egoismus der Menschen bedarf es der religiösen Kräfte. Die gemeinsame Feier der großen Opferfeste und Gottesdienste, die zugleich den Zusammenhang und die soziale Gliederung von Familie und Staat zum Ausdruck brachten, war das Mittel, das die großen Herrscher anwandten, um die Herzen in gemeinsamer Wallung des Gefühls durch heilige Musik und Pracht der Zeremonien zum Bewußtsein des gemeinsamen Ursprungs aller Wesen zu bringen, wodurch die Trennung überwunden, die Erstarrung aufgelöst wurde. Ein weiteres Mittel ist das Zusammenwirken an gemeinsamen großen Unternehmungen, die dem Willen ein großes Ziel vorhalten und in der Richtung auf dieses Ziel alles Trennende auflösen, wie in einem Schiff, das einen großen Strom durchquert, alle Insassen sich in der gemeinsamen Arbeit einigen müssen.

Zu solcher Auflösung der Härte des Egoismus ist aber nur jemand fähig, der selbst von allen egoistischen Nebengedanken frei in Gerechtigkeit und Beständigkeit verharrt.

Der Wind fährt über das Wasser: das Bild der Auflösung.
So opferten die alten Könige dem Herrn und bauten Tempel.

Das Wasser beginnt im Herbst und Winter zu erstarren und zu Eis zu gefrieren. Wenn die milden Lüfte des Frühlings kommen, löst sich die Erstarrung, und das in Eisschollen Zerstreute vereinigt sich wieder. So ist es auch mit dem Sinn des Volkes. Durch Härte und Selbstsucht erstarrt das Herz, und in dieser Erstarrung trennt es sich von allem andern. Egoismus und Habsucht isolieren die Menschen. Darum muß eine fromme Rührung das Menschenherz ergreifen. Es muß gelöst werden in heiligen Schauern der Ewigkeit, die es erschüttern durch die Ahnung des gemeinsamen Schöpfers aller Wesen und einigen durch die Macht der Gemeinschaftsgefühle bei der heiligen Feier der Anbetung des Göttlichen.

Die einzelnen Linien

Anfangs eine Sechs bedeutet:
Er bringt Hilfe mit der Macht eines Pferdes.

Hier handelt es sich darum, daß, noch ehe die Trennung vollzogen ist, die ersten Anfänge dazu überwunden werden; daß die Wolken zerstreut werden, noch ehe Sturm und Regen eingetreten sind. In solchen Zeiten, da geheime Abweichungen der Stimmungen auftreten und gegenseitige Mißverständnisse die Folge sind, muß man rasch und stark handeln, um diese Mißverständnisse und das gegenseitige Mißtrauen aufzulösen.

□ Neun auf zweitem Platz bedeutet:
Bei der Auflösung läuft er seiner Stütze zu.
Die Reue schwindet.

Wenn man in sich selbst die Anfänge der Entfremdung von andern, des Menschenhasses und der Mißstimmung entdeckt, dann gilt es, diese Stockungen zu zerstreuen. Man muß sich innerlich aufmachen, seiner Stütze zueilen. Eine solche Stütze des Menschen liegt nie im Haß, sondern immer in einer gemäßigten und gerechten, mit Wohlwollen gepaarten Beurteilung der Menschen. Wenn man diesen freien Blick auf die Menschheit wieder gewinnt, unter Zerstreuung alles schwarzgalligen Unmuts, verschwindet aller Anlaß zur Reue.

Sechs auf drittem Platz bedeutet:
Er löst sein Ich auf. Keine Reue.

Die Arbeit kann unter Umständen so schwer werden, daß man nicht mehr an sich selbst denken kann. Man muß die eigene Person vollkommen auf die Seite setzen, alles zerstreuen, was das Ich trennend um sich sammeln möchte. Nur auf der Grundlage eines großen Verzichtes gewinnt man die Kraft zu großen Leistungen. Dadurch, daß man sein Ziel außer sich hat in einer großen Sache, kann man diesen Standpunkt gewinnen.

□ Sechs auf viertem Platz bedeutet:

Er löst sich von seiner Schar. Erhabenes Heil!
Durch Auflösung folgt Anhäufung.
Das ist etwas, an das Gewöhnliche nicht denken.

Wenn man an einer Aufgabe arbeitet, die ins große Ganze geht, muß man alle Privatfreundschaften beiseite lassen. Nur wenn man über den Parteien steht, leistet man etwas Ausschlaggebendes. Wer diesen Verzicht auf das Nahe wagt, wird die Fernen gewinnen. Aber man muß einen weiten Überblick über die Zusammenhänge des Lebens haben, wie ihn nur ungewöhnliche Menschen erlangen, um diesen Standpunkt verstehen zu können.

○ Neun auf fünftem Platz bedeutet:

Auflösend wie Schweiß sind seine lauten Rufe.
Auflösung! Ein König weilt ohne Makel.

In Zeiten allgemeiner Auflösung und Trennung ist ein großer Gedanke der Organisationspunkt der Genesung. Wie eine Krankheit durch lösenden Schweiß ihre Krise findet, so ist in Zeiten allgemeiner Stockung ein großer, suggestiver Gedanke eine wahre Erlösung. Die Menschen haben etwas, um das sie sich sammeln können, einen herrschenden Mann, der die Mißverständnisse zerstreuen kann.

Oben eine Neun bedeutet:

Er löst sein Blut auf.
Weggehen, Sichfernhalten, Hinausgehen ist ohne Makel.

Das Auflösen des Blutes bedeutet auflösen, was Blut und Wunden bringen könnte, die Gefahr vermeiden. Es ist hier aber nicht der Gedanke ausgesprochen, daß man nur für sich selbst Schwierigkeiten umgeht, sondern der, daß man die Seinen rettet, ihnen hilft wegzugehen, noch ehe die Gefahr da ist, sich fernzuhalten von einer schon vorhandenen Gefahr und den Ausweg zu finden aus einer Gefahr, die sie schon ergriffen hat. Auf diese Weise tut man das Rechte.

節

60. DSIË / DIE BESCHRÄNKUNG

oben Kan, das Abgründige, das Wasser
unten Dui, das Heitere, der See

Der See hat einen beschränkten Raum. Wenn mehr Wasser hineinkommt, so fließt er über. Darum muß man ihm Schranken setzen. Es sind im Bild die Wasser unten und die Wasser oben, zwischen denen die Feste des Himmels als Schranke ist.
Das chinesische Wort für Beschränkung bedeutet eigentlich die festen Glieder, durch die die Bambusstengel eingeteilt sind. Im gewöhnlichen Leben ist damit gemeint die Sparsamkeit, die feste Schranken für ihre Ausgaben hat. Im moralischen Leben sind es die festen Schranken, die sich der Edle steckt für seine Handlungen, die Schranken der Treue und der Uneigennützigkeit.

DAS URTEIL

Beschränkung. Gelingen.
Bittere Beschränkung darf man nicht beharrlich üben.

Schranken sind bemühend. Aber sie richten etwas aus. Durch Sparsamkeit im gewöhnlichen Leben ist man gerüstet auf Zeiten der Not. Durch Zurückhalten erspart man sich Beschämung. Aber ebenso sind Schranken in der Ordnung der Weltverhältnisse unentbehrlich. Die Natur hat feste Schranken für Sommer und Winter, Tag und Nacht, und durch diese Schranken erhält das Jahr seine Bedeutung. So dient die Sparsamkeit dazu, daß durch feste Schranken in den Ausgaben die Güter erhalten bleiben und die Menschen nicht geschädigt werden.
Nur ist auch in der Beschränkung Maßhalten nötig. Wollte man seiner eigenen Natur allzu bittere Schranken auferlegen, so würde sie darunter leiden. Wollte man die Beschränkung der andern zu weit treiben, so würden sie sich empören. Darum sind auch in der Beschränkung Schranken nötig.

DAS BILD

Oberhalb des Sees ist Wasser:
das Bild der Beschränkung.
So schafft der Edle Zahl und Maß und untersucht,
was Tugend und rechter Wandel ist.

Der See ist etwas Endliches; das Wasser ist unerschöpflich. Der See kann nur ein bestimmtes Maß des unendlichen Wassers fassen. Darin besteht seine Eigenart. Durch Sonderung und Aufrichtung von Schranken gewinnt auch im Leben das Individuum seine Bedeutung. Hier handelt es sich nun darum, diese Sonderungen, die sozusagen das Rückgrat der Moral sind, ganz klar festzusetzen. Unbeschränkte Möglichkeiten sind nichts, was für den Menschen geeignet ist. Dadurch würde sein Leben nur zerfließen im Grenzenlosen. Um stark zu werden, bedarf es der freien Schrankensetzung der Pflicht. Nur indem der einzelne sich mit diesen Schranken umgibt und frei für sich das Gebot der Pflicht festsetzt, gewinnt er die Bedeutung als freier Gast.

Die einzelnen Linien

Anfangs eine Neun bedeutet:
Nicht zu Tür und Hof hinausgehen ist kein Makel.

Oft möchte man etwas unternehmen, sieht sich aber unübersteigbaren Schranken gegenüber. Da gilt es, die Einsicht zu haben, wo man innehalten muß. Wenn man das richtig versteht und nicht über die Schranken hinausgeht, die einem gesteckt sind, dann sammelt man eine Kraft, daß man imstande ist, energisch zu handeln, wenn die Zeit dazu gekommen ist. Verschwiegenheit ist bei Vorbereitung wichtiger Dinge von prinzipieller Wichtigkeit.

Kungtse sagt darüber: »Wo Unordnung entsteht, da sind die Worte die Stufe dazu. Wenn der Fürst nicht verschwiegen ist, so verliert er den Diener. Wenn der Diener nicht verschwiegen ist, so verliert er das Leben. Wenn Sachen im Keime nicht verschwiegen behandelt werden, so schadet das der Vollendung. Darum ist der Edle sorgfältig im Verschweigen und geht nicht hinaus.«

Neun auf zweitem Platz bedeutet:
Nicht zu Tor und Hof hinausgehen bringt Unheil.

Wenn die Zeit des Handelns gekommen ist, gilt es rasches Zugreifen. Wie das Wasser anfangs in einem See sich sammelt, ohne hinauszufließen, sich aber sicher einen Weg öffnet, wenn der See voll ist, so ist es auch im Menschenleben. Es ist ganz gut, zu zögern, solange die Zeit noch nicht gekommen ist, aber nicht länger. Wenn die Hindernisse beseitigt sind, so daß man handeln kann, ist das ängstliche Zögern ein Fehler, der sicher Unheil bringt, weil man die Gelegenheit versäumt hat.

Sechs auf drittem Platz bedeutet:
Wer keine Beschränkung kennt, wird zu klagen haben.
Kein Makel.

Wenn man nur auf Freuden und Genuß bedacht ist, verliert man leicht das Gefühl für die notwendigen Schranken. Aber wenn man sich der Verschwendung hingibt, wird man die Folgen unter Bedauern zu erfahren haben. Man darf die Fehler nicht an andern suchen wollen. Nur wenn man seinen Fehler selbst einsieht, wird man durch solche unangenehmen Erlebnisse frei von Fehlern.

Sechs auf viertem Platz bedeutet:
Zufriedene Beschränkung. Gelingen.

Jede Beschränkung hat ihren Wert. Aber wenn diese Beschränkung noch dauernde Anstrengung erfordert, dann ist sie mit zu viel Kraftaufwand verbunden. Wo die Beschränkung aber etwas Natürliches ist, wie es z. B. in der Natur des Wassers liegt, nach unten zu fließen, da führt sie notwendig zu Erfolg, weil sie in diesem Fall eine Kraftersparnis bedeutet. Die Energie, die sonst im vergeblichen Kampf mit dem Objekt sich erschöpft, kommt restlos der Sache zugut, und der Erfolg kann nicht ausbleiben.

○ Neun auf fünftem Platz bedeutet:
Süße Beschränkung bringt Heil.
Hingehen bringt Achtung.

Die Beschränkung muß in der richtigen Weise durchgeführt werden, um zu wirken. Wenn man nur andern Schranken auferlegen und sich selbst ihnen entziehen will, werden diese Schranken immer bitter empfunden und erzeugen Widerstreben. Wenn dagegen jemand, der in leitender Stellung ist, selbst mit der Beschränkung beginnt, wenig Leistungen von seinen Leuten verlangt und mit bescheidenen Mitteln etwas zustande bringt, so kommt dadurch Heil. Wo ein solches Vorbild wirkt, da findet es Nachfolge, so daß geraten muß, was man unternimmt.

Oben eine Sechs bedeutet:
Bittere Beschränkung: Beharrlichkeit bringt Unheil.
Reue schwindet.

Wenn man zu streng ist in der Beschränkung, so halten es die Menschen nicht aus. Je konsequenter man in solcher Strenge ist, desto mehr ist es vom Übel; denn ein Rückschlag läßt sich auf die Dauer nicht vermeiden. So rächt sich auch der gequälte Körper, wenn man mit zu strenger Askese vorgehen will. Aber wenn diese rücksichtslose Strenge auch nicht etwas ist, das sich dauernd und regelmäßig anwenden ließe, so kann es doch Zeiten geben, da sie das einzige Mittel ist, sich vor Verschuldung und Reue zu wahren. Es sind das die Situationen, da Rücksichtslosigkeit gegen die eigene Person das einzige Mittel ist, die Seele zu retten, die sonst in Halbheit und Versuchung unterginge.

中孚

61. DSCHUNG FU / INNERE WAHRHEIT

䷼ *oben Sun, das Sanfte, der Wind*
unten Dui, das Heitere, der See

Über dem See weht der Wind und bewegt die Oberfläche des Wassers. So zeigen sich sichtbare Wirkungen des Unsichtbaren. Das Zeichen besteht oben und unten aus festen Strichen, während es in der Mitte frei ist. Das deutet auf die Freiheit des Herzens von Voreingenommenheiten, so daß es fähig ist zur Aufnahme der Wahrheit. Die beiden Teilzeichen haben umgekehrt in der Mitte einen festen Strich. Das deutet auf die Kraft der inneren Wahrheit in ihren Wirkungen.
Die Eigenschaften der Teilzeichen sind: oben Sanftheit, Nachgiebigkeit gegen die Unteren, unten Fröhlichkeit im Gehorsam gegen die Oberen. Solche Zustände schaffen die Grundlage eines gegenseitigen Vertrauens, das Erfolge ermöglicht.
Das Zeichen Fu (Wahrheit) ist eigentlich das Bild eines Vogelfußes über einem Jungen. Es enthält die Idee des Brütens. Das Ei ist hohl. Die Kraft des Lichten muß belebend von außen wirken. Aber es muß doch schon ein Keim des Lebens im Innern sein, damit das Leben geweckt werden kann. Es lassen sich weitgehende Spekulationen an diese Gedanken knüpfen.

DAS URTEIL

Innere Wahrheit. Schweine und Fische. Heil!
Fördernd ist es, das große Wasser zu durchqueren.
Fördernd ist Beharrlichkeit.

Schweine und Fische sind die ungeistigsten und daher am schwersten zu beeinflussenden Tiere. Die Kraft der inneren Wahrheit muß einen hohen Grad erreicht haben, ehe sich ihr Einfluß auch auf solche Wesen erstreckt. Wenn man solchen widerspenstigen, schwer zu beeinflussenden Menschen gegenübersteht, beruht das ganze Geheimnis des Erfolgs darauf, daß man den richtigen

Weg findet, um Zugang zu ihnen zu finden. Man muß sich erst innerlich ganz frei machen von seinen Voreingenommenheiten. Man muß sozusagen die Psyche des andern ganz unbefangen auf sich wirken lassen; dann kommt man ihm innerlich nah, versteht ihn und bekommt Macht über ihn, so daß die Kraft der eigenen Person durch die geöffnete Pforte Einfluß auf den andern gewinnt. Wenn man so keine Hindernisse unüberwindlich findet, dann mag man auch die gefährlichsten Dinge unternehmen – wie das Durchqueren des großen Wassers –, und es wird gelingen. Nur ist es wichtig, daß man versteht, worauf die Kraft innerer Wahrheit beruht. Sie ist nicht identisch mit einfacher Intimität oder geheimem Zusammenhalten. Solch intimes Zusammenhalten kann auch unter Räubern stattfinden. Auch in diesem Fall bedeutet es freilich eine Kraft. Aber sie gereicht nicht zum Heil, weil sie nicht unüberwindlich ist. Alles Zusammengehen auf Grund von Interessengemeinschaft geht nur bis an einen gewissen Punkt. Wo die Interessengemeinschaft aufhört, hört auch das Zusammenhalten auf, und intimste Freundschaft schlägt oft in Haß um. Nur wo die Grundlage das Rechte, die Beständigkeit ist, bleibt die Verbindung so fest, daß sie alles überwindet.

DAS BILD

Über dem See ist der Wind:
das Bild der inneren Wahrheit.
So bespricht der Edle die Strafsachen,
um Hinrichtungen aufzuhalten.

Der Wind bewegt das Wasser, weil er in seine Zwischenräume einzudringen vermag. So sucht der Edle, wo er Fehler der Menschen abzuurteilen hat, in ihr Inneres verständnisvoll einzudringen und dadurch eine liebevolle Beurteilung der Umstände zu gewinnen. Die ganze antike Rechtsprechung der Chinesen war von diesem Grundsatz geleitet. Höchstes Verständnis, das zu verzeihen versteht, galt als höchste Gerechtigkeit. Eine solche Rechtsprechung war nicht erfolglos; denn der moralische Eindruck sollte so stark sein, daß ein Mißbrauch solcher Milde nicht zu befürchten war. Denn sie entsprang nicht der Schwäche, sondern überlegener Klarheit.

Die einzelnen Linien

Anfangs eine Neun bedeutet:
Bereitsein bringt Heil.
Sind Hintergedanken da, so ist das beunruhigend.

Die Hauptsache für die Kraft innerer Wahrheit ist, daß man in sich gefestigt und bereit ist. Aus dieser inneren Haltung entspringt das richtige Verhalten zur Außenwelt. Wenn man dagegen geheime Beziehungen besonderer Art pflegen wollte, so würde einen das um die innere Selbständigkeit bringen, und je mehr man sich gesichert fühlte in dem Bewußtsein, in andern seinen Rückhalt zu finden, desto mehr käme man in Unruhe und Sorgen, ob nun auch diese geheimen Verbindungen wirklich haltbar sind. Dadurch verliert man den inneren Frieden und die Kraft innerer Wahrheit.

Neun auf zweitem Platz bedeutet:
Ein rufender Kranich im Schatten.
Sein Junges antwortet ihm.
Ich habe einen guten Becher. Ich will ihn mit dir teilen.

Hier ist von unwillkürlichem Einfluß des inneren Wesens auf gleichgestimmte Menschen die Rede. Der Kranich braucht sich nicht auf hohem Hügel zu zeigen. Wenn er auch ganz im Verborgenen seinen Ruf ertönen läßt, sein Junges hört seine Stimme und kennt sie und gibt ihm Antwort. Wo eine fröhliche Stimmung ist, da findet sich auch ein Genosse ein, der einen Becher Wein mit einem teilt.
So zeigt sich das Echo, das durch Sympathie im Menschen erweckt wird. Wo eine Stimmung sich wahr und rein ausspricht, wo eine Tat der klare Ausdruck der Gesinnung ist, da wirken sie geheimnisvoll in die Ferne, zunächst auf solche, die innerlich aufnahmebereit sind. Aber diese Kreise erweitern sich. Die Wurzel aller Wirkung liegt im eignen Innern. Wenn das sich ganz wahr und stark in Wort und Tat äußert, dann ist die Wirkung groß. Die Wirkung ist nur das Spiegelbild dessen, was aus der eigenen Brust hervorgeht. Jede Absicht auf Wirkung würde diese Wirkung nur zerstören.
Kungtse sagt darüber: »Der Edle weilt in seinem Zimmer. Äußert er seine Worte gut, so findet er Zustimmung aus einer Entfernung von über tausend Meilen. Wieviel mehr aus der Nähe! Weilt der Edle in seinem Zimmer und äußert seine Worte nicht gut, so findet er Widerspruch aus einer Entfernung von über tausend Meilen. Wieviel mehr noch aus der Nähe! Die Worte gehen von der eigenen Person aus und wirken auf die Menschen. Die Werke entstehen in der Nähe und werden sichtbar in der Ferne. Worte und Werke sind des Edlen Türangel und Armbrustfeder. Indem sich diese Angel und Feder bewegen, bringen

sie Ehre oder Schande. Durch Worte und Werke bewegt der Edle Himmel und Erde. Muß man da nicht vorsichtig sein?«

□ Sechs auf drittem Platz bedeutet:
Er findet einen Genossen,
bald trommelt er, bald hört er auf.
Bald schluchzt er, bald singt er.

Hier ist die Kraftquelle nicht im eigenen Ich, sondern in der Beziehung zu andern Menschen. Wenn man auch noch so nahe mit ihnen steht, wenn unser Schwerpunkt auf ihnen beruht, so läßt sich nicht vermeiden, daß man umhergeworfen wird zwischen Freude und Leid. Himmelhoch jauchzend, zu Tode betrübt, das ist das Schicksal derer, die abhängen von der inneren Übereinstimmung mit andern Menschen, die sie lieben. Hier wird nur das Gesetz ausgesprochen, daß dem so ist. Ob dieser Zustand als lästig oder als höchstes Glück der Liebe empfunden wird, bleibt der subjektiven Beurteilung des Betroffenen überlassen.

□ Sechs auf viertem Platz bedeutet:
Der Mond, der beinahe voll ist.
Das Gespannpferd geht verloren.
Kein Makel.

Um die Kraft der inneren Wahrheit zu steigern, muß man sich dem Höheren zuwenden, von dem man Erleuchtung empfangen kann wie der Mond von der Sonne. Dabei ist aber eine gewisse Demut nötig, wie der Mond sie hat, der nicht ganz voll ist. Tritt der Mond als Vollmond der Sonne direkt gegenüber, so beginnt er auch sofort wieder abzunehmen. Wie man der Quelle der Erleuchtung gegenüber demütig und ehrfurchtsvoll sein muß, so muß man andererseits auf menschliche Parteiungen verzichten. Nur wenn man seinen Weg geht wie ein Pferd, das geradeaus läuft, ohne nach seinem Mitpferd zu schielen, behält man die innere Freiheit, die vorwärts bringt.

○ Neun auf fünftem Platz bedeutet:
Er besitzt Wahrheit, die verkettet.
Kein Makel.

Hier ist der Herr gezeichnet, der durch die Kraft seines Wesens alles zusammenhält. Nur wenn seine Charakterstärke so umfassend ist, daß er alle beeinflussen kann, die zu seiner Herrschaft gehören, ist er so, wie er sein muß. Die Suggestivkraft muß vom Herrscher ausgehen. Sie wird alle die Seinigen fest zusammenknüpfen und einigen. Ohne diese Zentralkraft ist alle äußere Einigung nur Lüge, die im entscheidenden Augenblick zerbricht.

Oben eine Neun bedeutet:
Hahnenruf, der zum Himmel dringt.
Beharrlichkeit bringt Unheil.

Der Hahn ist zuverlässig. Er ruft, wenn es Morgen wird. Er kann aber nicht selbst zum Himmel fliegen. Er kräht nur. So soll durch bloße Worte Glaube erweckt werden. Das gelingt wohl gelegentlich. Aber wenn man es dauernd betreibt, so ist das vom Übel.

小過

62. SIAU GO / DES KLEINEN ÜBERGEWICHT

䷽ *oben Dschen, das Erregende, der Donner*
unten Gen, das Stillehalten, der Berg

Während bei dem Zeichen »Des Großen Übergewicht« (Nr. 28) die starken Striche im Übergewicht sind, und zwar innen, eingeschlossen zwischen die beiden Striche zu Anfang und zu Ende, sind hier die schwachen Striche im Übergewicht, ebenfalls außen, während die starken innen sind. Darauf beruht eben der Ausnahmezustand. Sind die starken Striche außen, so haben wir die Zeichen I, Ernährung, und Dschung Fu, Innere Wahrheit, die beide nicht Ausnahmezustände bezeichnen. Wenn die Starken innen im Übergewicht sind, so müssen sie sich durchsetzen. Das schafft Kampf und Ausnahmezustände im Großen. Hier dagegen muß notgedrungen das Schwache die Vertretung nach außen übernehmen. Wenn man an einem entscheidenden Platz steht, dem man seinem Wesen nach eigentlich nicht gewachsen ist, so ist außerordentliche Vorsicht nötig.

DAS URTEIL

Des Kleinen Übergewicht. Gelingen.
Fördernd ist Beharrlichkeit.
Man mag kleine Dinge tun, man soll nicht große Dinge tun.
Der fliegende Vogel bringt die Botschaft:
Es ist nicht gut, nach oben zu streben,
es ist gut, unten zu bleiben. Großes Heil!

Außerordentliche Bescheidenheit und Gewissenhaftigkeit wird sicher von Erfolg belohnt werden, nur ist es wichtig, daß sie nicht leere Formel und kriechendes Wesen werden, sondern mit der rechten Würde im persönlichen Auftreten verbunden bleiben, so daß man sich nicht wegwirft. Man muß verstehen, was die Forderungen der Zeit sind, um die rechte Ergänzung für die Mängel und Schäden der Zeit zu finden. Immerhin darf man sich nicht auf große Erfolge gefaßt machen, da dazu die nötige Stärke fehlt. Darum ist die Botschaft so wichtig, nicht nach hohen Dingen zu streben, sondern sich zu den niedrigen zu halten. Daß diese Botschaft durch einen Vogel gebracht wird, ergibt sich aus der Gestalt des Zeichens. Die vier starken, schweren Striche im Innern, die nur von zwei schwachen Strichen außen gestützt werden bei Da Go, Nr. 28, geben das Bild des lastenden Firstbalkens. Hier sind die tragenden leichten Striche außen und in der Überzahl; das gibt das Bild des schwebenden Vogels. Aber der Vogel soll sich nicht überheben und in die Sonne fliegen wollen, sondern sich herablassen auf die Erde, wo sein Nest ist. Damit gibt er die Botschaft, die das Zeichen verkündet.

DAS BILD

Auf dem Berg ist der Donner:
das Bild von des Kleinen Übergewicht.
So legt der Edle im Wandel
das Übergewicht auf die Ehrerbietung.
Bei Trauerfällen legt er das Übergewicht auf die Trauer.
Bei seinen Ausgaben legt er
das Übergewicht auf die Sparsamkeit.

Der Donner auf dem Berge ist anders als der in der Ebene. In den Bergen ist der Donner viel näher, während er außerhalb der Gebirge weniger hörbar ist als der Donner eines gewöhnlichen Gewitters. So entnimmt der Edle diesem Bild die Aufforderung, in allen Dingen die Pflicht näher und unmittelbarer ins Auge zu fassen als die Menschen des Alltags, obwohl infolge davon sein Betragen von außen her gesehen kleinlich erscheinen könnte. Er nimmt es besonders genau mit seinen Handlungen. Bei Trauerfällen steht ihm die innere Ergriffenheit weit näher als äußerer Formelkram, und so ist er bei Aufwendungen für seine eigene Person außerordentlich einfach und anspruchslos. Dieses alles bewirkt, daß er den Menschen der Masse gegenüber eine Ausnahmeerscheinung ist. Aber das Wesen dieser Ausnahme liegt darin, daß sie nach außen hin auf der Seite des Geringen sich befindet.

Die einzelnen Linien

Anfangs eine Sechs bedeutet:
Der Vogel kommt durch Fliegen ins Unheil.

Der Vogel soll zunächst im Nest bleiben, bis er flügge ist. Will er vorher fliegen, so zieht er sich Unheil zu. Außerordentliche Maßnahmen dürfen erst getroffen werden, wenn es nicht mehr anders geht. Zunächst muß man sich so lange als möglich ins Herkömmliche fügen, sonst verbraucht man sich und seine Kraft und erreicht doch nichts.

○ Sechs auf zweitem Platz bedeutet:
Sie geht an ihrem Ahnherrn vorbei und trifft die Ahnfrau.
Er erreicht nicht seinen Fürsten und trifft den Beamten.
Kein Makel.

Zwei Ausnahmefälle sind hier genannt: Im Ahnentempel, wo Generationenwechsel stattfindet, steht der Enkel auf derselben Seite wie der Großvater; darum hat er zu ihm die nächsten Beziehungen. Hier ist die Frau des Enkels gezeichnet, die beim Opfer am Ahnherrn vorübergeht und sich der Ahnfrau zuwendet. Dieses außerordentliche Verhalten ist aber ein Ausdruck ihrer Bescheidenheit. Sie wagt es eher, vor die Ahnfrau zu treten, der sie sich durch ihr Geschlecht verwandt fühlt; darum ist dieses Abweichen von der Regel kein Fehler.
Ein anderes Bild ist das des Beamten, der zunächst ordnungsgemäß bei seinem Fürsten Audienz sucht. Wenn er ihn aber nicht trifft, sucht er nichts mit Gewalt zu erzwingen, sondern findet sich in gewissenhafter Pflichterfüllung zurecht, indem er sich einreiht in die Zahl der Beamten. Auch diese außerordentliche Zurückhaltung ist in Ausnahmezeiten kein Fehler. (Als Regel gilt, daß jeder Beamte zunächst eine Audienz bei seinem Fürsten hat, durch den er angestellt wird. Hier geht die Anstellung von dem Minister aus.)

Neun auf drittem Platz bedeutet:
Wenn man sich nicht außerordentlich vorsieht,
so kommt etwa einer von hinten und schlägt einen.
Unheil!

Zuzeiten ist außerordentliche Vorsicht unbedingt nötig. Aber gerade in solchen Lebenslagen gibt es gerade und starke Persönlichkeiten, die im Bewußtsein ihres guten Rechts es verschmähen, sich vorzusehen, weil sie das für kleinlich halten. Vielmehr gehen sie stolz und unbekümmert ihre Straße. Aber dieses Selbstver-

trauen täuscht sie. Es gibt Gefahren, die aus dem Hinterhalt sich nahen und denen sie nicht gewachsen sind.
Immerhin handelt es sich um eine Gefahr, der man nicht unbedingt ausgesetzt ist, sondern die sich vermeiden läßt, wenn man die Zeitlage versteht, die eine Hinwendung auf das Kleine, Unbedeutende in außerordentlicher Weise verlangt.

Neun auf viertem Platz bedeutet:
Kein Makel. Ohne vorbeizugehen, trifft er ihn.
Hingehen bringt Gefahr. Man muß sich hüten.
Handle nicht. Sei dauernd beharrlich.

Die Härte des Charakters ist durch die Weichheit der Stellung gemildert, so daß man keinen Fehler macht. Man befindet sich in einer Lage, da man sich aufs äußerste zurückhalten muß. Man darf von sich aus nichts unternehmen, um das Gewünschte zu treffen. Und wenn man hingehen wollte, um gewaltsam sein Ziel zu erreichen, so käme man in Gefahr. Darum muß man sich hüten und nicht handeln, sondern dauernd die innere Beharrlichkeit wahren.

o Sechs auf fünftem Platz bedeutet:
Dichte Wolken,
kein Regen von unserm westlichen Gebiet.
Der Fürst schießt und trifft jenen in der Höhle.

Da hier ein hoher Platz ist, ist aus dem Bild des fliegenden Vogels das der fliegenden Wolken geworden. Aber ob die Wolken auch noch so dicht sind, sie fliegen am Himmel dahin und spenden keinen Regen. So kann in außerordentlichen Zeiten wohl ein geborener Herrscher da sein, der berufen wäre, die Welt in Ordnung zu bringen, aber er vermag nichts auszurichten und dem Volk seinen Segen nicht zuzuwenden, weil er allein steht und keinen Gehilfen hat.
In solchen Zeiten muß man nach Gehilfen suchen, mit denen zusammen man das Werk vollbringen kann. Aber diese Gehilfen muß man bescheiden in der Verborgenheit suchen, in die sie sich zurückgezogen haben. Nicht auf Berühmtheit und großen Namen kommt es an, sondern auf wirkliche Leistungen.
Durch solche Bescheidenheit findet man den rechten Mann und vermag das außerordentliche Werk trotz aller Schwierigkeit zu vollenden.

Oben eine Sechs bedeutet:
Ohne ihn zu treffen, geht er an ihm vorbei.

Der fliegende Vogel verläßt ihn. Unheil!
Das bedeutet Unglück und Schaden.

Wenn man über das Ziel hinausschießt, so kann man es nicht treffen. Wenn der Vogel nicht in sein Nest will, sondern immer höher hinaus, so fällt er schließlich dem Jäger ins Netz. Wer in Zeiten des Außerordentlichen im Kleinen nicht haltzumachen weiß, sondern unruhig immer weiter will, der zieht sich Unheil durch Götter und Menschen zu, weil er sich von der Naturordnung entfernt.

既濟

63. GI DSI / NACH DER VOLLENDUNG

䷾ *oben Kan, das Abgründige, das Wasser*
unten Li, das Haftende, das Feuer

Das Zeichen ist die Ausgestaltung des Zeichens Tai, der Friede (Nr. 11). Der Übergang aus der Verwirrung zur Ordnung ist vollzogen, und nun ist auch im einzelnen alles auf seinem Platz. Die starken Linien sind auf den starken, die schwachen Linien sind auf den schwachen Plätzen. Das ist ein sehr günstiger Aspekt. Allein er gibt doch zu denken. Gerade wenn das vollkommene Gleichgewicht erreicht ist, kann jede Bewegung dazu führen, daß aus dem Zustand der Ordnung wieder der Zerfall entsteht. Dem einen starken Strich, der nach oben gegangen ist und so die Ordnung im einzelnen vollkommen gemacht hat, folgen die anderen ihrer Natur entsprechend nach, und so entsteht dann plötzlich wieder das Zeichen Pi, die Stockung (Nr. 12). So deutet das Zeichen auf die Verhältnisse eines Höhepunktes, die äußerste Vorsicht nötig machen.

DAS URTEIL

Gelingen im Kleinen. Fördernd ist Beharrlichkeit.
Im Anfang Heil, am Ende Wirren.

Der Übergang von der alten in die neue Zeit ist schon vollzogen. Prinzipiell ist alles schon geregelt. Nur noch im einzelnen läßt sich Erfolg erzielen. Dabei kommt es jedoch darauf an, daß man stets die rechte Gesinnung wahrt. Es geht alles seinen Gang wie von selbst. Das verführt zu leicht dazu, daß man in seiner Anspannung erlahmt und die Dinge laufen läßt, ohne sich im einzelnen darum zu kümmern. Diese Gleichgültigkeit ist aber die

Wurzel allen Übels. Aus ihr entspringen mit Notwendigkeit Verfallserscheinungen. Hier ist die Regel aufgestellt, wie es in der Geschichte zu gehen pflegt. Aber diese Regel ist kein unausweichliches Gesetz. Wer sie versteht, der vermag durch unausgesetzte Beständigkeit und Vorsicht ihre Wirkungen zu vermeiden.

DAS BILD

Das Wasser ist oberhalb des Feuers:
das Bild des Zustands nach der Vollendung.
So bedenkt der Edle das Unglück
und rüstet sich im voraus dagegen.

Wenn das Wasser im Kessel über dem Feuer hängt, so stehen beide Elemente in Beziehung, und es wird dadurch Kraft erzeugt. (Vgl. die Entstehung des Dampfes.) Allein die dadurch entstehende Spannung gebietet Vorsicht. Läuft das Wasser über, so wird das Feuer ausgelöscht, und seine Kraftwirkung geht verloren. Ist die Hitze zu groß, so verdampft das Wasser und geht in die Luft. Die Elemente, die hier in Beziehung zueinander stehen und so Kraft wirken, sind an sich einander feindlich. Nur die äußerste Vorsicht kann Schaden verhüten. So gibt es auch im Leben Verhältnisse, da alle Kräfte ausgeglichen sind und zusammenwirken und daher scheinbar alles in bester Ordnung ist. Der Weise allein erkennt in solchen Zeiten die Momente der Gefahr und weiß durch rechtzeitige Vorkehrungen sie zu bannen.

Die einzelnen Linien

Anfangs eine Neun bedeutet:
Er hemmt seine Räder.
Er kommt mit dem Schwanz ins Wasser.
Kein Makel.

In Zeiten nach einem großen Übergang ist alles auf Fortschritt und Entwicklung aus und drängt voran. Aber dieses Vorwärtsdrängen zu Beginn ist nicht gut und führt sicher zu Verlust und Sturz, indem man über das Ziel hinausschießt. Ein starker Charakter läßt sich daher durch den allgemeinen Schwindel nicht anstecken, sondern hemmt rechtzeitig seinen Lauf. So wird er wohl nicht ganz unberührt bleiben von den unheilvollen Folgen des allgemeinen Drängens, aber es trifft ihn nur von hinten wie einen Fuchs, der das Wasser schon überschritten hat und nur noch mit dem Schwanz ins Wasser kommt, und kann ihm nicht wesentlich schaden, da sein Verhalten das Richtige getroffen hat.

○ Sechs auf zweitem Platz bedeutet:

Die Frau verliert ihren Wagenvorhang.
Lauf ihm nicht nach, am siebten Tage bekommst du es.

Wenn eine Frau im Wagen fuhr, hatte sie einen Vorhang, der sie den Blicken der Neugierigen verbarg. Kam dieser Vorhang abhanden, so wäre es gegen die gute Sitte gewesen, weiterzufahren. Auf das öffentliche Leben übertragen bedeutet es, daß einem, wenn man etwas leisten will, von maßgebender Seite nicht das Vertrauen entgegengebracht wird, dessen man sozusagen zu seinem persönlichen Schutz bedarf. Gerade in Zeiten nach der Vollendung kann man finden, daß die Herrschenden stolz und selbstbewußt werden und sich nicht mehr darum kümmern, unbekannten Talenten mit Aufmerksamkeit entgegenzukommen.

Hieraus entsteht nun in der Regel die Streberei. Wenn einem von oben her kein Vertrauen entgegengebracht wird, so sucht man Mittel und Wege, um es zu finden und sich ans Licht zu bringen. Von einem solchen unwürdigen Verfahren wird jedoch abgeraten. »Such nicht danach.« Wirf dich nicht an die Außenwelt weg, sondern warte ruhig und bilde selbständig deinen persönlichen Wert aus. Die Zeiten ändern sich. Sind die sechs Stufen des Zeichens vorüber, so kommt die neue Ära. Was einem gehört, kann man nicht auf die Dauer verlieren. Es kommt ganz von selbst zu einem. Man muß nur warten können.

Neun auf drittem Platz bedeutet:

Der hohe Ahn züchtigt das Teufelsland.
Nach drei Jahren überwindet er es.
Gemeine darf man nicht verwenden.

Der »hohe Ahn« ist der dynastische Titel des Herrschers Wu Ding aus der Yin-Dynastie. Nachdem er mit starker Hand die Zustände im Reich geordnet hatte, führte er langwierige Kolonialkriege zur Unterwerfung der von Hunnen bewohnten nördlichen Grenzgebiete, aus denen dauernd Einfälle drohten. Die Situation, die gezeichnet ist, ist die, daß nach Zeiten der Vollendung, wenn eine neue Macht aufgekommen und im Innern alles in Ordnung ist, mit einer gewissen Notwendigkeit die koloniale Expansion beginnt. Hierbei ist in der Regel mit langwierigen Kämpfen zu rechnen. Aber dabei ist eine richtige Kolonialpolitik besonders wichtig. Man darf die sauer erworbenen Gebiete nicht als eine Versorgungsanstalt betrachten für Menschen, die sich in der Heimat irgendwie unmöglich gemacht haben, aber für die Kolonien noch gerade gut genug sind. Dadurch verdirbt man von vornherein jeden Erfolg. Das gilt im Großen wie im Kleinen; denn nicht nur aufsteigende Staaten treiben Kolonialpolitik. Jeder aufstrebenden Unternehmung liegen der Trieb nach Expansion und die damit verbundenen Gefahren nahe.

Sechs auf viertem Platz bedeutet:
Die schönsten Kleider geben Lumpen.
Den ganzen Tag sei vorsichtig.

In Zeiten der Kulturblüte kommen immer zuweilen Erschütterungen vor, die einen inneren Schaden der Gesellschaft aufdecken und dann zunächst allgemeines Aufsehen erregen. Da jedoch die allgemeine Lage günstig ist, lassen sich solche Schäden unschwer flicken und vor der Öffentlichkeit verheimlichen. Dann verschwindet wieder alles aus dem Gedächtnis, und es sieht so aus, als herrschte eitel Friede. Dem Denkenden jedoch sind solche Vorfälle ernste Winke, die er nicht vernachlässigt. Nur dadurch kann man die üblen Folgen abwenden.

Neun auf fünftem Platz bedeutet:
Der Nachbar im Osten, der einen Ochsen schlachtet,
bekommt nicht soviel wirkliches Glück
wie der Nachbar im Westen mit seinem kleinen Opfer.

Auch die religiöse Haltung wird durch die seelische Stimmung in Zeiten nach der Vollendung beeinflußt. An Stelle der einfachen alten Formen tritt bei den Gottesdiensten immer reichere Ausgestaltung und immer größerer äußerer Prunk. Aber dieser Prachtentfaltung fehlt der innere Ernst. Menschliche Willkür tritt an die Stelle des gewissenhaften Innehaltens des göttlichen Willens. Aber während der Mensch sieht, was vor Augen ist, sieht Gott das Herz an. Darum ruht nicht soviel Segen auf dem mächtigen, aber kalten Gottesdienste, wie auf einem einfachen, frommen Opfer ruht.

Oben eine Sechs bedeutet:
Er kommt mit dem Haupt ins Wasser. Gefahr.

Hier ist zum Schluß nochmals eine Warnung beigefügt. Nach dem Übergang über ein Wasser kann man nur dann mit dem Kopf ins Wasser kommen, wenn man sich leichtsinnig wieder dem Wasser zuwendet. Solange man vorwärts schreitet und nicht zurücksieht, entgeht man dieser Gefahr. Allein es liegt etwas Verlockendes darin, stehenzubleiben und auf die überwundene Gefahr zurückzublicken. Solche eitle Selbstbespiegelung bringt aber kein Glück. Man gerät dadurch in Gefahr, und wenn man sich nicht noch entschließt, unaufhaltsam fortzuschreiten, so fällt man dieser Gefahr zum Opfer.

未濟

64. WE DSI / VOR DER VOLLENDUNG

䷿ *oben Li, das Haftende, die Flamme*
unten Kan, das Abgründige, das Wasser

Es ist in dem Zeichen die Zeit angedeutet, da der Übergang aus der Unordnung zur Ordnung noch nicht vollendet ist. Der Umschwung ist zwar schon vorbereitet, indem alle Striche des oberen Trigramms zu denen des unteren in Beziehung stehen. Aber sie sind noch nicht auf ihrem Platz. Während das vorige Zeichen dem Herbst gleicht, der den Übergang vom Sommer zum Winter bildet, ist dieses Zeichen wie der Frühling, der aus der Stokkungszeit des Winters in die fruchtbare Zeit des Sommers führt. Mit diesem hoffnungsvollen Ausblick schließt das Buch der Wandlungen ab.

DAS URTEIL

Vor der Vollendung. Gelingen.
Wenn aber der kleine Fuchs,
wenn er beinahe den Übergang vollendet hat,
mit dem Schwanz ins Wasser kommt,
dann ist nichts, das fördernd wäre.

Die Verhältnisse sind schwierig. Die Aufgabe ist groß und verantwortungsvoll. Es handelt sich um nichts Geringeres, als die Welt aus der Verwirrung in die Ordnung zurückzuführen. Dennoch ist es eine Aufgabe, die Erfolg verheißt, da ein Ziel vorhanden ist, das die auseinanderstrebenden Kräfte zu vereinigen vermag. Nur muß man zunächst noch leise und behutsam vorgehen. Man muß vorgehen wie ein alter Fuchs, der übers Eis geht. In China ist die Vorsicht des Fuchses, wenn er über Eis geht, sprichwörtlich. Er horcht stets auf das Krachen und sucht sich sorgfältig und umsichtig die sichersten Stellen aus. Ein junger Fuchs, der diese Vorsicht noch nicht kennt, geht kühnlich drauflos, und da kann es vorkommen, daß er hineinfällt, wenn er beinahe schon über das Wasser ist, und seinen Schwanz naß macht. Dann war natürlich die ganze Mühe vergeblich. Dementsprechend ist in Zeiten vor der Vollendung Überlegung und Vorsicht die Grundbedingung des Erfolges.

DAS BILD

Das Feuer ist oberhalb des Wassers:
das Bild des Zustands vor dem Übergang.
So ist der Edle vorsichtig in der Unterscheidung der Dinge, damit jedes auf seinen Platz kommt.

Wenn das Feuer, das ohnehin nach oben dringt, oben und das Wasser, dessen Bewegung abwärts geht, unten ist, so gehen ihre Wirkungen auseinander und bleiben ohne Beziehung. Will man eine Wirkung erreichen, so muß man erst erforschen, was die Natur der in Betracht kommenden Kräfte und welches der ihnen zukommende Platz ist. Bringt man die Kräfte an der rechten Stelle zum Einsatz, so haben sie die gewünschte Wirkung, und die Vollendung wird erreicht. Um aber die äußeren Kräfte richtig handhaben zu können, ist es vor allem nötig, daß man selbst den richtigen Standpunkt einnimmt. Denn nur von da aus kann man richtig wirken.

Die einzelnen Linien

Anfangs eine Sechs bedeutet:
Er kommt mit dem Schwanz ins Wasser.
Beschämend.

In Zeiten der Unordnung ist es verlockend, sich möglichst rasch vorzudrängen, um etwas Sichtbares zu leisten. Aber diese Begeisterung führt zu nichts als Mißerfolg und Beschämung, solange die Zeit noch nicht gekommen ist, etwas zu wirken. In dieser Zeit ist es klug, wenn man sich durch Zurückhaltung den Schimpf des Mißlingens erspart. (Man beachte den Unterschied der Situation vom ersten Strich des vorigen Zeichens.)

Neun auf zweitem Platz bedeutet:
Er hemmt seine Räder.
Beharrlichkeit bringt Heil.

Auch hier ist die Zeit zum Handeln noch nicht gekommen. Aber die Geduld, die vonnöten ist, darf nicht ein träges Warten sein, das in den Tag hineinlebt. Das würde dauernd zu keinem Erfolg führen. Sondern man muß in sich die Kraft ausbilden, die einen befähigt voranzukommen. Man muß gleichsam einen Wagen haben, um den Übergang zu vollziehen. Aber man muß ihn noch hemmen. Geduld im höchsten Sinn ist gehemmte Kraft. Daher darf man nicht einschlafen und das Ziel aus dem Auge verlieren. Wenn man stark und beständig in seinem Entschluß bleibt, dann geht schließlich alles gut.

Sechs auf drittem Platz bedeutet:
Vor der Vollendung bringt Angriff Unheil.
Fördernd ist es, das große Wasser zu durchqueren.

Die Zeit des Übergangs ist da. Aber man hat nicht die Kraft, den Übergang zu vollenden. Wollte man versuchen, ihn zu erzwingen, so wäre das unheilvoll, eben weil dann der Zusammenbruch unvermeidlich wäre. Was ist aber zu tun? Man muß eine neue Lage schaffen, man muß die Kräfte tüchtiger Gehilfen heranziehen und mit ihnen gemeinsam den entscheidenden Schritt tun – das große Wasser durchqueren. Dann wird die Vollendung möglich werden.

Neun auf viertem Platz bedeutet:
Beharrlichkeit bringt Heil. Reue schwindet.
Erschütterung, um das Teufelsland zu züchtigen.
Drei Jahre lang gibt es Belohnungen mit großen Reichen.

Nun ist die Zeit des Kampfes. Der Übergang muß vollzogen werden. Man muß sich in seinem Entschluß ganz stark machen; das bringt Heil. Alle Bedenken, die einem in solch ernsten Kampfzeiten aufsteigen können, müssen schweigen. Es gilt einen heißen Kampf, das Teufelsland, die Mächte des Zerfalls zu erschüttern und zu züchtigen. Aber der Kampf hat auch seinen Lohn. Jetzt ist die Zeit, Grundlagen der Macht und Herrschaft zu legen für die Zukunft.

○ Sechs auf fünftem Platz bedeutet:
Beharrlichkeit bringt Heil. Keine Reue.
Das Licht des Edlen ist wahrhaftig.
Heil!

Der Sieg ist errungen. Die Kraft der Beständigkeit ist nicht zuschanden geworden. Es ist alles gut gegangen. Alle Bedenken sind überwunden. Der Erfolg hat die Tat gerechtfertigt. Aufs neue strahlt das Licht einer edlen Persönlichkeit und setzt sich durch unter Menschen, die daran glauben und sich darum sammeln. Die neue Zeit und mit ihr das Heil ist da. Und wie die Sonne nach dem Regen doppelt schön erstrahlt oder der Wald nach einem Brande aus den verkohlten Trümmern mit vermehrter Frische grünt, so hebt sich die neue Zeit vom Elend der alten um so glänzender ab.

Oben eine Neun bedeutet:
In wahrem Vertrauen trinkt man Wein.
Kein Makel. Wenn man aber sein Haupt naß macht,
so verliert man das in Wahrheit.

Vor der Vollendung an der Grenze der neuen Zeit ist man im vollen gegenseitigen Vertrauen mit den Seinen zusammen und verbringt die Zeit des Wartens beim Wein. Da die neue Zeit schon unmittelbar vor der Tür steht, ist das kein Makel. Nur muß man dabei auf das rechte Maß bedacht sein. Wenn man sich den Kopf im Übermut begießt, so verliert man die günstige Lage durch Unmäßigkeit.

Bemerkung: Wie das Zeichen »Nach der Vollendung« den allmählichen Übergang aus der Zeit des Aufstiegs über die Kulturhöhe zur Stockungszeit darstellt, so stellt das Zeichen »Vor der Vollendung« den Übergang aus dem Chaos zur Ordnung dar. Dieses Zeichen steht am Ende des Buchs der Wandlungen. Es weist darauf hin, daß in jedem Ende ein neuer Anfang liegt. So gibt es den Menschen Hoffnung. Das Buch der Wandlungen ist ein Buch der Zukunft.

ZWEITES BUCH
DAS MATERIAL

EINLEITUNG

Der erste Teil brachte den Text des Kernstücks aus dem Buch der Wandlungen. Dabei wurde das Gewicht darauf gelegt, sozusagen nur die geistige Seite, die Weisheit, die unter den oft wunderlichen Formen verborgen ist, ans Licht zu bringen. Das, was unser Kommentar bietet, ist eine Zusammenfassung dessen, was im Lauf der Jahrhunderte im Anschluß an die Zeichen und Linien von den bedeutendsten Denkern Chinas gedacht und gesagt wurde. Oft aber wird dem Leser der Gedanke aufsteigen: Warum ist das alles so? Warum sind diese oft ganz unerwarteten Bilder mit den Zeichen und Linien verknüpft? Aus welchen Tiefen des Bewußtseins tauchen sie auf? Sind es rein willkürliche Bildungen, oder folgen sie bestimmten Gesetzen? Wie kommt es ferner, daß diese Bilder nun gerade mit diesen Gedanken verknüpft sind? Ist es nicht Willkürlichkeit, tiefe philosophische Gedanken zu suchen, wo dem Anschein nach nur groteske Phantasiebilder ihr Spiel treiben? Auf alle diese Fragen soll der zweite Teil Antwort geben, soweit es möglich ist. Er soll das Material entfalten, aus dem jene Gedankenwelt hervorgeht, den Körper bieten zu jenem Geist. Und da zeigt es sich, wie ein geheimer Zusammenhang tatsächlich besteht, wie auch scheinbar willkürliche Bilder doch irgendwie eine Unterlage haben in der Struktur der Zeichen, wenn man diese nur tief genug versteht. Die ältesten Kommentare, in denen technische Ableitung und gedankenmäßige Ausführungen in der Regel verknüpft sind, stammen von Kungtse selbst oder mindestens aus seiner Umgebung. Wir haben das, was sie an Gedankengehalt bieten, schon im ersten Teil mitverwendet. Hier werden sie mit dem Text zusammen, ohne den sie nicht verständlich sind, noch einmal gegeben und nach ihrer technischen Seite hin ausgeführt. Diese technische Seite ist zum vollen Verständnis des Buchs unbedingt erforderlich, und kein chinesischer Kommentar läßt sie beiseite. Es schien aber dennoch angezeigt, sie von der geistigen zu trennen, um den europäischen Leser nicht allzusehr durch Ungewohntes zu verwirren. Daß dabei Wiederholungen nicht zu vermeiden waren, habe ich nicht bedauert. Das Buch der Wandlungen ist ein Werk, das organisch langsam in Jahrtausenden herangereift ist und das man sinnend und meditierend in sich aufnehmen muß. Und dabei eröffnet gerade die scheinbare Wiederholung immer neue Ausblicke. Was im zweiten Teil geboten wird, ist im wesentlichen das, was unter dem Namen der »zehn Flügel« bekannt ist. Diese zehn Flügel

oder Erläuterungen enthalten tatsächlich die älteste Kommentarliteratur über das Buch der Wandlungen.
Der erste dieser Kommentare heißt Tuan Dschuan. Tuan ist eigentlich der Schweinskopf, so wie er bei Opfern dargebracht wurde. Durch Klanggleichheit bekam das Wort ferner den Sinn von »Entscheidung«. Tuan, »Entscheidung«, oder Tsï, »Urteil«, bzw. Hi Tsï, »beigefügte Urteile«, war der Name, der den Urteilen über die einzelnen Zeichen gegeben wurde. Diese »Urteile« oder »Entscheidungen« werden dem König Wen von Dschou (ca. 1150 v. Chr.) zugeschrieben, und es ist im allgemeinen nicht an dieser Tatsache gezweifelt worden. Zu diesen Entscheidungen gibt nun der Tuan Dschuan oder »Kommentar zu den Entscheidungen« die genauen Erklärungen auf Grund der Struktur und des sonstigen Materials der Zeichen. Dieser Kommentar wird chinesischerseits dem Kungtse zugeschrieben. Er ist durchaus gründliche, wertvolle Arbeit und wirft viel Licht auf die innere Organisation der Zeichen des I Ging. Da notorisch bekannt ist, daß Kungtse sich viel mit dem Buch der Wandlungen beschäftigt hat, und da die Anschauungen dieses Kommentars nirgends den Anschauungen des Kungtse widersprechen, sehe ich keinen Grund, in die Behauptung der Autorschaft Kungtses Zweifel zu setzen. Dieser Kommentar zerfällt entsprechend den beiden Abteilungen des Buchs der Wandlungen in zwei Teile und bildet die beiden ersten Flügel oder Erläuterungen. Wir haben ihn aufgeteilt und den einzelnen Zeichen, zu denen er gehört, jeweils beigegeben*.
Der dritte und vierte Flügel wird von dem sogenannten Siang Dschuan, Kommentar zu den Bildern, gebildet. Auch dieser Kommentar ist entsprechend dem Text in zwei Hälften geteilt. In seiner heutigen Form besteht er aus den sogenannten »großen Bildern«, die sich auf die Bilder der beiden Halbzeichen beziehen und daraus den Sinn des Gesamtzeichens ableiten, um aus dieser Betrachtung wieder Schlüsse für das menschliche Leben zu ziehen.
Dieser Kommentar gehört seinem ganzen Gedankenkreis nach

* James Legge in »The Sacred Books of China, the Texts of Confucianism Part II, the Yi King, Oxford 1882« macht viel Aufhebens davon, daß erst durch Abtrennung der Kommentare vom Text das eigentliche Verständnis des I Ging ermöglicht werde. Er sondert daher die alten Kommentare sorgfältig ab, gibt dann aber dem Text die Kommentare der Sung-Zeit bei. Warum die Sung-Zeit, die ein Jahrtausend später ist, dem ursprünglichen Text näher gestanden haben soll als Konfuzius, darüber hat sich Legge nicht geäußert. In Wirklichkeit folgt er mit peinlicher Genauigkeit der auch von uns benützten Rezension Dschou I Dschê Dschung aus der Kanghi-Zeit. Legges Übersetzung steht hinter seinen übrigen sehr zurück. Er erspart sich z. B. einfach die Übersetzung der Namen der Zeichen, die freilich nicht ganz leicht, aber um so notwendiger ist. Auch sonst kommen entschiedene Mißverständnisse vor.

in die Umgebung der »Höheren Bildung« (Da Hüo), also ebenfalls in die nächste Umgebung von Kungtse.
Außer den »Großen Bildern« enthält dieser Kommentar aber auch noch die »Kleinen Bilder«; das sind ganz kurze Winke zu den Worten des Herzogs von Dschou zu den einzelnen Linien. Von »Bildern« ist dabei in keiner Weise die Rede. Es muß durch irgendein Mißverständnis bzw. Zufall gekommen sein, daß dieser Kommentar zu dem Text der einzelnen Linien in diesen Kommentar zu den »Bildern« mit hineingekommen ist. Dieser Linienkommentar enthält nur ganz kurze Andeutungen, die meist gereimt sind. Möglich, daß sie zur Gedächtnishilfe niedergeschriebene Schlagworte einer sonst ausführlicheren Erklärung waren. Daß sie alt sind und aus der konfuzianischen Schule stammen, ist ebenfalls sicher. Wie nahe sie an Kungtse selbst heranreichen, darüber möchte ich kein bestimmtes Urteil abgeben.
Auch diese Kommentare wurden aufgeteilt und den ihnen entsprechenden Stellen zugewiesen.
Der fünfte und sechste Flügel wird gebildet von einem Aufsatz, über den manche Unklarheit herrscht: er heißt Hi Tsï oder Da Dschuan und ist ebenfalls in zwei Hälften geteilt. Die Bezeichnung Da Dschuan findet sich bei Sï Ma Tsiën und bedeutet »Großer Kommentar«, »Große Abhandlung«. Über die Bezeichnung Hi Tsï, »Beigefügte Urteile«, sagt Dschu Hi folgendes: »Die beigefügten Urteile sind ursprünglich die Urteile, die König Wen und der Herzog von Dschou gemacht und den Zeichen und ihren Linien beigefügt haben, eben der heutige Text des Buches. Der vorliegende Abschnitt ist der Kommentar, in dem Kungtse die beigefügten Urteile erklärt, wobei er eine allgemeine Einführung in den ganzen Text des Gesamtwerks gibt.« Man sieht sofort die Unklarheit der Definition. Wenn die »Beigefügten Urteile« die Bemerkungen des Königs Wen und Herzogs Dschou zu den Zeichen und einzelnen Linien sind, so erwartet man von einem »Kommentar zu den beigefügten Urteilen« eben einen Kommentar zu den betreffenden Bemerkungen und keine Abhandlung über das Werk im allgemeinen. Nun findet sich schon ein Kommentar zu den Entscheidungen der Zeichen, d. h. zum Text des Königs Wen. Dagegen fehlt ein ausführlicher Kommentar zu den Bemerkungen zu den einzelnen Linien des Herzogs von Dschou. Was wir haben, sind nur die kurzen Stichworte, die unter dem offenbar falschen Titel »Kleine Bilder« gehen. Wohl aber finden sich Reste eines solchen Kommentars oder vielmehr einer ganzen Anzahl solcher Kommentare. Einige davon – zu den beiden ersten Zeichen – sind in den Wen Yen

(Kommentar zu den Textworten) enthalten, worüber weiter unten noch näher gesprochen werden soll. Einige Erklärungen zu einzelnen Linien sind in dem Kommentar zu den beigefügten Urteilen da und dort zerstreut. Es ist höchst wahrscheinlich, daß wir in dem, was heute unter dem Namen Hi Tsï Dschuan geht, zwei ganz verschiedene Dinge beisammen haben: eine Sammlung von Aufsätzen über das Buch der Wandlungen im allgemeinen, vermutlich das, was Sï Ma Tsiën den großen Kommentar, Da Dschuan, nannte, und darin zerstreut und dürftig nach Gesichtspunkten geordnet die Reste eines Kommentars zu den beigefügten Urteilen der einzelnen Striche. Manches weist darauf hin, daß wir in diesem Kommentar auf dieselbe Quelle kommen, wie sie auch in dem einen Kommentar der unter dem Namen Wen Yen (Kommentar zu den Textworten) gehenden Sammlung vorliegt.

Daß die unter dem Namen Hi Tsï oder Da Dschuan gehenden Abhandlungen nicht von Kungtse niedergeschrieben sind, ist ganz klar. Es werden ja darin häufig Sätze als Aussprüche des Meisters zitiert*. Es ist natürlich Traditionsgut der konfuzianischen Schule, und zwar aus verschiedenen Zeiten, darin enthalten.

Ein sehr wichtiger Abschnitt ist der sogenannte siebente Flügel, genannt Wen Yen (Kommentar zu den Textworten). Es ist der Rest eines Kommentars zum Buch der Wandlungen oder vielmehr einer ganzen Serie solcher Kommentare. Er enthält sehr wertvolles Material aus der konfuzianischen Schule. Leider geht er nicht über das zweite Zeichen, Kun, hinaus.

Zum Zeichen Kiën, das Schöpferische, enthält er im ganzen vier verschiedene Kommentare, die in der Übersetzung (die ebenfalls auf die beiden Zeichen Kiën und Kun verteilt ist) als a, b, c, d bezeichnet sind. Der Kommentar a gehört derselben Schicht an wie die in den Hi Tsï zerstreuten Kommentarreste; sie geben den Text mit angehängter Frage: »Was heißt das?«, ähnlich wie das im Kung-Yang-Kommentar zum Tschun Tsiu der Fall ist. Kommentar b und c enthalten kurze Bemerkungen zu den einzelnen Linien im Stil des Kommentars der »Kleinen Bilder«. Kommentar d beschäftigt sich wieder mit dem Urteil zum ganzen Zeichen und den einzelnen Strichen, ebenso wie a, nur in freierer Weise. Zum Zeichen Kun ist nur noch ein Kommentar vorhanden, der der Art nach mit Kommentar a verwandt ist, obwohl er eine andere Schicht repräsentiert (der Text wird den Ausführungen

* Auch hier wird die Entstehung des Buchs der Wandlungen in das »Mittlere Altertum« verlegt, eine Zeiteinteilung, nach der die Epoche der Frühlings- und Herbst-Annalen, die mit Kungtse schließt, als »Jüngeres Altertum« geht. Daß diese Zeiteinteilung nicht von Kungtse selbst gebraucht sein kann, ist ohne weiteres klar.

des Meisters nachgestellt), die in den Hi Tsï übrigens ebenfalls vorkommt.

Der achte Flügel, Besprechung der Zeichen, Schuo Gua, enthält altes Material zu der Erklärung der acht Urzeichen. Darunter dürfte manches Stück sein, das über Kungtse zeitlich hinaufgeht und seinerseits von ihm bzw. seiner Schule kommentiert ist.

Der neunte Flügel: die Reihenfolge, Anordnung der Zeichen, Sü Gua, enthält eine zum Teil recht schwach motivierte Erklärung, weshalb die Zeichen in ihrer heutigen Reihenfolge stehen, die nur dadurch interessant ist, daß sie zuweilen eigenartige Deutungen der Namen der Zeichen gibt, die sicher auf alter Überlieferung beruhen. Auch dieser Kommentar, der mit Kungtse natürlich nichts zu tun hat, wurde aufgeteilt und den einzelnen Zeichen zugeordnet unter der Überschrift: Reihenfolge.

Der letzte Flügel: Dsa Gua oder Vermischte Zeichen sind in Versus memoriales gefaßte Definitionen der einzelnen Zeichen, größtenteils in paarweiser Gegenüberstellung, die übrigens von der Ordnung im jetzigen Buch der Wandlungen sehr wesentlich abweichen. Auch diese Definitionen wurden unter der Überschrift »Vermischte Zeichen« aufgeteilt und den einzelnen Zeichen beigegeben.

Im folgenden werden zunächst die beiden Abschnitte Schuo Gua, Besprechung der Zeichen, und Hi Tsï Dschuan oder Da Dschuan, Kommentar zu den beigefügten Urteilen oder – richtiger – großer Kommentar, in Übersetzung gegeben und dann noch einiges über die Struktur der Zeichen aus verschiedenen Quellen beigebracht, das zum Verständnis des zweiten Teils von Wichtigkeit ist.

SCHUO GUA
BESPRECHUNG DER ZEICHEN

KAPITEL I

§ 1 Die heiligen Weisen vor alters machten das Buch der Wandlungen also: Um in geheimnisvoller Weise den lichten Göttern zu helfen, erfanden sie das Schafgarbenorakel. Sie teilten dem Himmel die Zahl drei zu und der Erde die Zahl zwei und berechneten danach die weiteren Zahlen.

Sie betrachteten die Veränderungen im Dunkeln und Lichten und stellten danach die Zeichen fest. Sie erzeugten Bewegungen im Festen und Weichen und ließen so die einzelnen Linien entstehen. Sie brachten sich in Übereinstimmung mit SINN und LEBEN und stellten demgemäß die Ordnung des Rechten auf. Indem sie die Ordnung der Außenwelt bis zu Ende durchdachten und das Gesetz des eignen Innern bis zum tiefsten Kern verfolgten, gelangten sie bis zum Verständnis des Schicksals.

Dieser erste Paragraph bezieht sich auf das gesamte Buch der Wandlungen und die ihm zugrunde liegenden Prinzipien. Der ursprüngliche Zweck der Zeichen des Buchs der Wandlungen war die Erfragung des Schicksals. Da jedoch die göttlichen Wesen ihrem Wissen nicht unmittelbar Ausdruck geben, mußte ein Mittel gefunden werden, durch das sie sich vernehmlich machen konnten. Der Medien für die Äußerung der übermenschlichen Intelligenz waren seit alters drei: Menschen, Tiere und Pflanzen, in denen das Leben auf verschiedene Weise pulsiert. Dazu kam als viertes die Benützung des Zufalls, in dem sich gerade bei dem Mangel des unmittelbaren Sinnes ein tieferer Sinn Ausdruck verschaffen konnte. Diese Benützung des Zufalls ergab das Orakel. Das Buch der Wandlungen beruht auf dem Pflanzenorakel, das durch medial veranlagte Menschen gehandhabt wird.

Die festgesetzte Sprache für die Kommunikation mit den übermenschlichen Intelligenzen beruht auf der Zahl und ihrer Symbolik. Die Grundprinzipien der Welt sind Himmel und Erde, Geist und Materie. Die Erde ist das abgeleitete, darum wird ihr die Zahl zwei zugeteilt. Der Himmel ist die letzte Einheit, die aber die Erde in sich befaßt, darum wird ihm die Zahl drei zu-

geteilt – da die Eins zu abstrakt und unbeweglich ist, weil sie keine Mannigfaltigkeit in sich enthält. Dementsprechend wurden dann weiterhin die ungeraden Zahlen der himmlischen, die geraden Zahlen der irdischen Welt zugeteilt.
Die aus sechs Linien bestehenden Zeichen sind sozusagen Abbildungen von wirklichen Weltzuständen mit ihren Kombinationen der lichten, himmlischen und der dunklen, irdischen Kraft. Innerhalb dieser Zeichen ist aber die Möglichkeit der Veränderung und Umgestaltung der einzelnen Linien gegeben, so daß aus jedem Zeichen ein neues entsteht, wie die Zustände der Welt sich fortwährend wandeln. Der Vorgang des Wandels zeigt sich an den bewegten Linien, das Endergebnis im neuentstandenen Zeichen.
Außer dem Zweck des Orakels dient aber das Buch der Wandlungen auch zum intuitiven Verständnis der Weltverhältnisse, zum Eindringen in die letzten Tiefen von Natur und Geist. Die Zeichen geben die Bilder der Zustände und Verhältnisse der Welt im ganzen, die einzelnen Linien behandeln innerhalb dieser Gesamtverhältnisse die wechselnden Einzellagen. Das Buch der Wandlungen befindet sich im Einklang mit dem Sinn und Leben der Welt (Naturgesetz = Dau und Sittengesetz = De). Darum vermag es die Regeln aufzustellen darüber, was für jedermann das rechte ist. Der letzte Sinn der Welt, das Schicksal, das Sosein der Welt, wie sie nun einmal durch schöpferische Entscheidung (Ming) geworden ist, wird erreicht, indem man in der Welt der äußeren Erfahrung (Natur) und der inneren Erfahrung (Geist) hinabsteigt bis in die letzten Quellen. Beide Wege führen zum selben Ziel. (Vgl. hierzu das erste Kapitel von Laotse.)

§ 2 Die heiligen Weisen vor alters machten das Buch der Wandlungen also: Sie wollten den Ordnungen des inneren Gesetzes und des Schicksals nachgehen. Darum stellten sie den SINN des Himmels fest und nannten ihn: das Dunkle und das Lichte. Sie stellten den SINN der Erde fest und nannten ihn: das Weiche und das Feste. Sie stellten den SINN des Menschen fest und nannten ihn: die Liebe und die Gerechtigkeit. Diese drei Grundkräfte nahmen sie zusammen und verdoppelten sie. Darum bilden im Buch der Wandlungen immer sechs Linien ein Zeichen.

Die Plätze werden eingeteilt in dunkle und lichte, darauf stehen abwechselnd weiche und feste. Darum hat das Buch der Wandlungen sechs Plätze, die die Linienfiguren bilden.

Dieser Paragraph handelt von den Elementen der einzelnen Zeichen und ihrem Zusammenhang mit dem Weltverlauf. Wie am Himmel aus Abend und Morgen ein Tag wird durch den Wechsel von Dunkel und Licht (Yin und Yang), so werden abwechselnd die geraden und ungeraden Plätze der einzelnen Zeichen als dunkel und licht bezeichnet. Platz 1, 3, 5 sind lichte Plätze, Platz 2, 4, 6 sind dunkle Plätze. Wie ferner auf der Erde aus Festem und Weichem alle Wesen gebildet sind, so erhalten die einzelnen Linien festen, d. h. ungeteilten, oder weichen, d. h. geteilten, Charakter. Diesen beiden Grundkräften in Himmel und Erde entsprechen im Menschen die polaren Eigenschaften der Liebe und der Gerechtigkeit, wobei Liebe dem lichten, Gerechtigkeit dem dunklen Prinzip entspricht. Diese menschlichen Eigenschaften finden, da es sich hierbei um etwas Subjektives, nichts Objektives handelt, in den Elementen der Zeichen (Plätzen und Strichen) keinen besonderen Ausdruck. Wohl aber kommt die Dreiheit der Weltprinzipien innerhalb der Gesamtzeichen und ihrer Einteilung zum Ausdruck. Diese drei Prinzipien zerfallen in Subjekt (Mensch), Objekt mit Form (Erde) und Gehalt (Himmel). Der unterste Platz innerhalb der Zeichen ist der Platz der Erde, der mittlere der des Menschen, der oberste der des Himmels. Entsprechend der polaren Zweiheit werden nun die ursprünglich aus drei Strichen bestehenden Zeichen verdoppelt, so daß es zwei Plätze der Erde, des Menschen, des Himmels gibt. Und zwar sind dann jeweils die beiden unteren Plätze die der Erde, Platz drei und vier die des Menschen und die beiden oberen die des Himmels.

Es ist eine vollkommen geschlossene Weltbetrachtung, die hier ihren Ausdruck findet. Sie steht in unmittelbarem Zusammenhang mit der des Werkes »Maß und Mitte«.

Dieses erste Kapitel gehört seinem ganzen Gedankengehalt nach zu der unter dem Namen »Beigefügte Urteile« gehenden Sammlung von Essays über den Sinn und die Struktur der Gesamtzeichen. Mit dem folgenden ist kein Zusammenhang da.

KAPITEL II

§ 3 Himmel und Erde bestimmen die Richtung. Berg und See stehen in Verbindung ihrer Kräfte. Donner und Wind regen einander auf. Wasser und Feuer bekämpfen einander nicht. So werden die acht Zeichen durcheinander gestellt.

Das Vergehende zu zählen, beruht auf der Vorwärtsbewegung. Das Kommende zu wissen, beruht auf der rückläufigen Bewegung. Darum hat das Buch der Wandlungen rückläufige Zahlen.

Hier werden in einem vermutlich sehr alten Spruch die acht Urzeichen genannt in paarweiser Reihenfolge, die der Überlieferung nach auf Fu Hi zurückgeht, also zur Zeit der Abfassung des Buchs der Wandlungen in der Dschoudynastie schon vorhanden war. Diese Reihenfolge wird die Reihenfolge des früheren Himmels oder vorweltliche Reihenfolge genannt. Die einzelnen Zeichen sind den Zeichen der Windrose folgendermaßen beigeordnet – wobei zu beachten ist, daß im Chinesischen der Süden oben zu stehen pflegt:

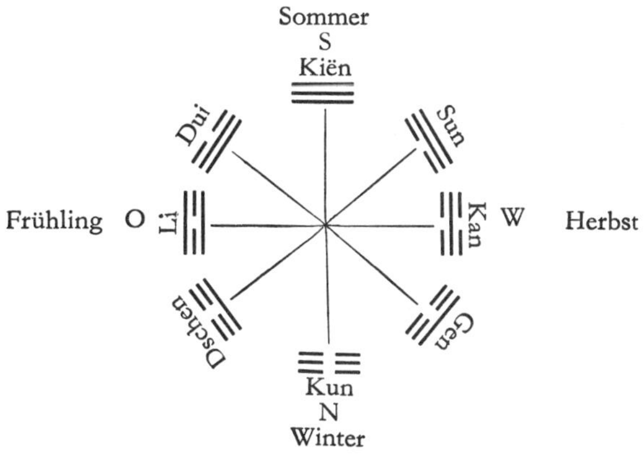

Kiën, Himmel, und Kun, Erde, bestimmen die Richtungsachse Nord-Süd. Dann kommt die Beziehung Gen, Berg, und Dui, See. Sie stehen insofern in Verbindung ihrer Kräfte, als der Wind vom Berg nach dem See weht und die Wolken und Dünste vom See nach dem Berg aufsteigen. Dschen, Donner, und Sun, Wind, verstärken einander bei ihrem Hervortreten. Li, Feuer, und Kan, Wasser, stehen in der Welt der Erscheinung in unversöhnlichem Gegensatz. Aber in den vorweltlichen Beziehungen stören ihre Wirkungen einander nicht, sondern halten einander im Gleichgewicht.

Beim Durcheinanderstellen der Zeichen, d. h. wenn sie in Bewegung kommen, ist eine doppelte Bewegung zu konstatieren, die gewöhnliche, rechtläufige, sich im Zeitverlauf summierende und expandierende, durch die das Vergehende bestimmt wird, und eine entgegengesetzte, rückläufige, sich im Zeitverlauf zusammenfaltende und kontrahierende, durch die die Keime der Zukunft sich gestalten. Die Kenntnis dieser Bewegung verleiht das Wissen der Zukunft. Bildlich ausgedrückt: Wenn man versteht, wie der Baum sich im Samenkorn zusammenzieht, so versteht man die künftige Entfaltung des Samenkorns zum Baum.

§ 4 Der Donner bewirkt die Bewegung, der Wind bewirkt die Auflösung, der Regen bewirkt die Befeuchtung, die Sonne bewirkt die Erwärmung, das Stillehalten bewirkt die Innehaltung, das Heitre bewirkt die Erfreuung, das Schöpferische bewirkt die Beherrschung, das Empfangende bewirkt die Bergung.

Hier werden abermals die durch die acht Urzeichen dargestellten Kräfte in ihrer Wirkung auf die Natur dargestellt. Dabei werden die vier ersten mit ihren Bildern, die vier letzten mit ihren Namen genannt, da nur die vier ersten in ihren Bildern zeitlich wirksame Naturkräfte bezeichnen, während die andern auf Zustände deuten, die im Lauf des Jahres eintreten.

Dabei haben wir eine vorwärtsgehende (aufsteigende) Linie, in der die Kräfte des vergangenen Jahres sich auswirken. – Die Verfolgung dieser Linie führt nach § 3 zur Kenntnis der Vergangenheit, die als Ursache in ihren Wirkungen latent gegenwärtig ist. In der zweiten Hälfte, die nicht nach den Bildern (Erscheinungen), sondern nach den Eigenschaften der Zeichen benannt ist, setzt eine rückläufige Bewegung ein (der Sprung von Li, das im Osten steht, zurück zu Gen im Nordwesten). In dieser Linie entwickeln sich die Kräfte des kommenden Jahres. – Die Verfolgung dieser Linie führt zur Kenntnis der Zukunft, die als Wirkung durch ihre Ursachen, bzw. Keime, die sich kontrahierend verdichten, vorbereitet wird.

Die Kräfte wirken sich innerhalb der vorweltlichen Anordnung immer in paarweisen Gegensätzen aus. Der Donner, die elektrische Kraft, weckt die Samen des alten Jahres. Sein Gegenstück, der Wind, löst die Starrheit des winterlichen Eises auf. Der Regen befeuchtet die Samen, so daß sie keimen können, sein Gegenstück, die Sonne, gibt die nötige Wärme dazu. Daher der Spruch: »Wasser und Feuer bekämpfen einander nicht.« Nun kommen die rückläufigen Kräfte. Das Stillehalten hemmt die

weitere Expansion; die Samenanlage beginnt. Sein Gegenstück, das Heitere, bewirkt die Freuden der Ernte. Dann kommen zum Abschluß die richtunggebenden Kräfte: das Schöpferische, das das große Gesetz des Daseins repräsentiert, und das Empfangende, das das Bergen im Mutterschoß zeigt, in den alles zurückkehrt, nachdem es den Kreislauf des Lebens vollendet.
Wie im Jahreslauf sind auch im Menschenleben solche aufsteigenden und rückläufigen Kraftlinien vorhanden, aus denen Vergangenheit und Zukunft entnommen werden kann.

§ 5 Gott tritt hervor im Zeichen des Erregenden, er macht alles völlig im Zeichen des Sanften, er läßt die Geschöpfe einander erblicken im Zeichen des Haftenden (des Lichts), er läßt sie einander dienen im Zeichen des Empfangenden. Er erfreut sie im Zeichen des Heiteren, er kämpft im Zeichen des Schöpferischen, er müht sich im Zeichen des Abgründigen, er vollendet sie im Zeichen des Stillehaltens.

Hier ist die Reihenfolge der acht Zeichen nach der Ordnung des Königs Wen gegeben, die die Reihenfolge des späteren Himmels oder innerweltliche Ordnung genannt wird. Die Zeichen sind hier aus ihrer paarweise entgegengesetzten Ordnung gelöst und in der zeitlichen Reihenfolge ihres Hervortretens in die Erscheinung im Kreislauf des Jahres gezeigt. Dabei ist die Ordnung der Zeichen sehr wesentlich verändert. Himmelsrichtungen und Jahreszeiten sind kombiniert. Die Ordnung stellt sich folgendermaßen dar:

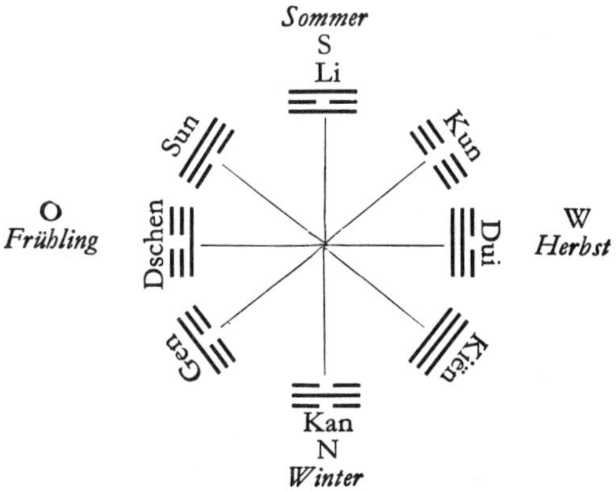

Das Jahr beginnt die Schöpfertätigkeit Gottes zu zeigen in dem Zeichen Dschen, das Erregende, das im Osten steht und den Frühling bedeutet. Über die Art, wie diese Wirksamkeit Gottes in der Natur vor sich geht, enthält das Folgende nähere Ausführungen.
Es ist höchst wahrscheinlich, daß der obige Spruch ein Rätselspruch aus alter Zeit ist, der im Folgenden eine Deutung erfahren hat, die wohl auf die Gedankenwelt der Schule des Kungtse hinweist.

Alle Wesen treten hervor im Zeichen des Erregenden. Das Erregende steht im Osten.
Sie werden völlig im Zeichen des Sanften. Das Sanfte steht im Südosten. Völligkeit bedeutet, daß alle Wesen rein und völlig werden.
Das Haftende ist die Helle, in der alle Wesen einander erblicken. Es ist das Zeichen des Südens. Daß die heiligen Weisen mit dem Gesicht nach Süden gewandt waren, wenn sie den Sinn des Weltreichs anhörten, hat die Bedeutung, daß sie sich dem Hellen zuwandten bei ihrem Walten. Offenbar entnahmen sie das diesem Zeichen.
Das Empfangende bedeutet die Erde. Sie sorgt dafür, daß alle Wesen ernährt werden. Darum heißt es: »Er läßt sie einander dienen im Zeichen des Empfangenden.«
Das Heitere ist der Mittherbst, der alle Wesen erfreut. Darum heißt es: »Er erfreut sie im Zeichen des Heiteren.«
»Er kämpft im Zeichen des Schöpferischen.« Das Schöpferische ist das Zeichen des Nordwestens. Es bedeutet, daß hier das Dunkle und das Lichte einander aufregen.
Das Abgründige bedeutet das Wasser. Es ist das Zeichen des genauen Nordens, das Zeichen der Mühe, dem alle Wesen zufallen. Darum heißt es: »Er müht sich im Zeichen des Abgründigen.«
Das Stillehalten ist das Zeichen des Nordostens, wo

aller Wesen Anfang und Ende vollendet wird. Darum heißt es: »Er vollendet sie im Zeichen des Stillehaltens.«

Hier werden Jahreslauf und Tageslauf miteinander in Einklang gebracht. Was im vorigen Abschnitt als die Entfaltung des Göttlichen dargestellt war, wird hier nach seiner Erscheinung in der Natur dargestellt. Die Zeichen werden den Jahreszeiten und Himmelsrichtungen zugeteilt, ohne Schematismus, durch gelegentliche Hinweise, aus denen sich das oben gezeichnete Schema ergibt. Der Frühling regt sich, und damit kommt Keimen und Sprossen in die Natur. Das entspricht dem Morgen des Tages. Dieses Erwachen ist dem Zeichen des Erregenden, Dschen, zugeteilt, das als Donner und elektrische Kraft aus der Erde hervorströmt. Dann kommt die linde Luft, die die Pflanzenwelt erneuert und die Erde mit Grün kleidet. Das entspricht dem Zeichen des Sanften, Eindringenden, Sun. Sun hat als Bild sowohl den Wind, der das starre Wintereis auflöst, als auch das Holz, das organisch sich entwickelt. Die Wirkung dieses Zeichens ist, daß die Dinge in ihre Formen sozusagen einströmen, sich entwickeln und auswachsen zu dem, was im Keim als Form vorgebildet ist. Darauf kommt die Höhe des Jahres, Mittsommer, bzw. im Tageslauf der Mittag. Hier steht das Zeichen Li, das Haftende, das Licht. Hier erblicken die Wesen einander. Das vegetativ Organische geht über ins seelisch Bewußte. So ist das zugleich ein Bild der menschlichen Gemeinschaft, in der der Herrscher, der Klarheit zugewandt, über den Erdkreis waltet. Es ist zu beachten, daß das Zeichen Li den Platz im Süden einnimmt, den bei der vorweltlichen Ordnung das Zeichen Kiën, das Schöpferische, innehatte. Li besteht dem Wesen nach aus dem unteren und dem oberen Strich von Kiën, die den zentralen Strich von Kun in sich aufgenommen haben. Man muß zum vollen Verständnis die innerweltliche Ordnung immer als transparent sich vorstellen, wobei die vorweltliche Ordnung durchschimmert. So kommen wir hier bei dem Zeichen Li gleichzeitig auf den Herrscher Kiën, der mit dem Gesicht nach Süden gewandt regiert. Darauf kommt das Reifen der Feldfrüchte, das Kun, die Erde, das Empfangende, gewährt. Es ist die Zeit der Erntearbeit, des gemeinsamen Dienens. Dann folgt der Mittherbst unter dem Zeichen des Heiteren, Dui, das, wie der Abend den Tag, so als Herbst das Jahr seiner Reife und Freude zuführt. Es kommt dann die strenge Zeit, da sich zeigen muß, was geleistet ist. Gericht liegt in der Luft. Von der Erde kehren die Gedanken zurück zum Himmel, dem Schöpferischen, Kiën. Ein Kampf wird gekämpft. Eben während

das Schöpferische zur Herrschaft kommt, ist der äußeren Auswirkung nach die dunkle Yinkraft am mächtigsten. Daher regen hier das Dunkle und das Lichte einander auf. Ein Zweifel, wer in diesem Kampf siegen wird, kann nicht bestehen, da es nur die letzte Auswirkung vorher gelegener Ursachen ist, die durch das Schöpferische ihr Gericht findet. Darauf folgt dann der Winter im Zeichen des Abgründigen, Kan. Kan, das im Norden – am Platz des Empfangenden in der vorweltlichen Ordnung – steht, hat als Symbol die Talschlucht. Es kommt die Mühe des Sammelns in die Scheunen. Wie das Wasser keine Mühe scheut, sondern sich immer der tiefsten Stelle zuwendet, weshalb ihm alles zufließt, so ist der Winter im Jahreslauf und die Mitternacht im Tageslauf die Zeit der Sammlung. Geheimnisvoll bedeutend ist das Zeichen Stillehalten, Gen, das als Symbol den Berg hat. Hier knüpft sich in tiefverborgener Stille im Samenkorn das Ende aller Dinge an einen neuen Anfang. Tod und Leben, Sterben und Auferstehen sind die Gedanken, die der Übergang vom alten Jahr ins neue auslöst.
So ist der Kreis geschlossen. Wie in der Natur der Tag oder das Jahr, so ist jedes Leben, ja jeder Erlebniszyklus ein Zusammenhang, durch den Altes und Neues verknüpft wird. Von hier aus ist es zu verstehen, wenn in mehreren der 64 Zeichen Südwesten die Arbeitszeit und Gemeinsamkeit bedeutet und Nordwesten die einsame Zeit, da Altes beendet und Neues begonnen wird.

§ 6 Der Geist ist geheimnisvoll in allen Wesen und wirkt durch sie. Unter allem, was die Dinge bewegt, gibt es nichts Schnelleres als den Donner. Unter allem, was die Dinge beugt, gibt es nichts Schnelleres als den Wind. Unter allem, was die Dinge erwärmt, gibt es nichts Austrocknenderes als das Feuer. Unter allem, was die Dinge erfreut, gibt es nichts Erfreulicheres als den See. Unter allem, was die Dinge feuchtet, gibt es nichts Feuchteres als das Wasser. Unter allem, was die Dinge endet und die Dinge anfängt, gibt es nichts Herrlicheres als das Stillehalten.

Darum: Wasser und Feuer ergänzen einander, Donner und Wind stören einander nicht, Berg und See stehen in Kraftwirkung miteinander: so nur ist Veränderung und Umgestaltung möglich und können alle Dinge vollendet werden.

Hier wird nur die Wirkung der sechs abgeleiteten Urzeichen aufgeführt. Diese Wirkung ist die Wirkung des Geistigen, das nicht ein Ding neben Dingen ist, sondern die Kraft, die durch die verschiedenen Wirkungen von Donner, Wind usw. sich beweist. Die beiden Urzeichen »das Schöpferische« und »das Empfangende« sind nicht genannt, weil sie als Himmel und Erde eben die Ausstrahlungen des Geistes sind, innerhalb deren durch die Wirkung der abgeleiteten Kräfte die sichtbare Welt entsteht und sich wandelt. Jede dieser Kräfte wirkt in einer bestimmten Richtung; aber Bewegung und Wandlung ist nur möglich dadurch, daß die paarweise entgegengesetzten Kräfte, ohne einander aufzuheben, die Kreisbewegung in Schwung setzen, auf der das Leben der Welt beruht.

KAPITEL III

Das dritte Kapitel behandelt die acht Zeichen einzeln und gibt die Symbolzusammenhänge, mit denen sie verknüpft sind. Es ist insofern von Wichtigkeit, als aus diesen Symbolzusammenhängen sich vielfach die Textworte zu den einzelnen Strichen erklären lassen. Die Kenntnis dieser Zusammenhänge ist technisch wichtig für das Verständnis des Buchs der Wandlungen in Beziehung auf seinen Aufbau.

§ 7 Die Eigenschaften

Das Schöpferische ist stark, das Empfangende ist hingebend, das Erregende bedeutet Bewegung. Das Sanfte ist eindringend. Das Abgründige ist gefährlich. Das Haftende bedeutet Abhängigkeit. Das Stillehalten bedeutet Stehenbleiben. Das Heitere bedeutet Freude.

§ 8 Die symbolischen Tiere

Das Schöpferische wirkt im Pferd, das Empfangende in der Kuh, das Erregende im Drachen, das Sanfte im Hahn, das Abgründige im Schwein, das Haftende im Fasan, das Stillehalten im Hund, das Heitere im Schaf.

Das Schöpferische wird symbolisiert durch das Pferd*, das rasch und unermüdlich dahinrennt, das Empfangende durch die sanfte Kuh. Das Erregende, dessen Bild der Donner ist, hat den

* Es sind hier Varianten zum Text des I Ging vorhanden, in denen das Schöpferische den Drachen, das Empfangende die Stute, das Haftende die Kuh hat.

Drachen, der aus der Tiefe sich an den Gewitterhimmel emporschwingt, entsprechend dem einen starken Strich, der unterhalb der beiden weichen Linien nach oben drängt. Das Sanfte, Eindringende hat den Hahn, der als Wächter der Zeit mit seiner Stimme die Stille durchdringt, die sich ausbreitet wie der Wind: das Bild des Sanften. Das Abgründige hat als Bild das Wasser. Das Schwein ist unter den Haustieren das im Schlamm und Wasser lebende. Das Haftende, der Schein, hat in seinem Zeichen Li schon ursprünglich das Bild eines fasanartigen Feuervogels. Das Stillehalten hat den Hund, den treuen Wächter, zum Tier, das Heitere das Schaf, das als Tier des Westens gilt; die beiden oberen, getrennten Striche deuten auf die Hörner des Schafs.

§ 9 Die Körperteile

Das Schöpferische wirkt im Haupt, das Empfangende in der Bauchhöhle, das Erregende im Fuß, das Sanfte in den Schenkeln, das Abgründige im Ohr, das Haftende (der Schein) im Auge, das Stillehalten in der Hand, das Heitere im Mund.

Das Haupt beherrscht den ganzen Leib. Die Bauchhöhle dient zum Aufbewahren, der Fuß tritt auf und bewegt, die Hand hält fest. Die Schenkel verzweigen sich verhüllt nach unten, der Mund öffnet sich sichtbar nach oben. Das Ohr ist außen hohl, das Auge ist innen hohl: lauter Gegensatzpaare, die den Zeichen entsprechen.

§ 10 Die Familie der Urzeichen

Das Schöpferische ist der Himmel, darum wird es der Vater genannt. Das Empfangende ist die Erde, darum wird es die Mutter genannt.

Im Zeichen des Erregenden sucht sie zum erstenmal die Kraft des Männlichen und bekommt einen Sohn. Darum heißt das Erregende der älteste Sohn.

Im Zeichen des Sanften sucht das Männliche zum erstenmal die Kraft des Weiblichen und erhält eine Tochter. Darum heißt das Sanfte die älteste Tochter.

Im Abgründigen sucht sie zum zweitenmal und bekommt einen Sohn. Darum heißt das der mittlere Sohn.

Im Haftenden sucht er zum zweitenmal und bekommt eine Tochter. Darum heißt das die mittlere Tochter.

Im Stillehalten sucht sie zum drittenmal und bekommt einen Sohn. Darum heißt dies der jüngste Sohn.

Im Heiteren sucht er zum drittenmal und bekommt eine Tochter. Darum heißt das die dritte Tochter.

Bei den Söhnen stammt der Ableitung nach das Materielle von der Mutter, daher zwei weibliche Strichelemente, während das beherrschende, determinierende Strichelement vom Vater stammt und umgekehrt. Die Geschlechter schlagen in den Nachkommen jeweils in ihr Gegenteil um.

Hier in der innerweltlichen Ordnung ist ein Geschlechterwechsel der abgeleiteten Zeichen gegenüber der vorweltlichen Ordnung zu beobachten. In der vorweltlichen Ordnung ist jeweils der unterste Strich geschlechtsbestimmend. Da sind die Söhne: 1. Dschen, das Erregende, 2. Li, das Haftende (die Sonne), 3. Dui, das Heitere. Sie stehen in der Anordnung in der Osthälfte. Die Töchter sind: 1. Sun, das Sanfte, 2. Kan, das Abgründige (der Mond), 3. Gen, das Stillehaltende. Sie stehen in der Westhälfte. Es haben also in der innerweltlichen Ordnung nur Dschen und Sun ihr Geschlecht beibehalten. Die Anordnung zeigt die Söhne links von Kiën, dem Schöpferischen, während Kun die beiden älteren Töchter rechts von sich, die jüngste links zwischen sich und Kiën hat.

§ 11 Weitere Symbole

Das Schöpferische ist der Himmel, ist rund, ist der Fürst, ist der Vater, ist der Nephrit, ist das Metall, ist die Kälte, ist das Eis, ist das Tiefrote, ist ein gutes Pferd, ist ein altes Pferd, ist ein mageres Pferd, ist ein wildes Pferd, ist das Baumobst.

Die meisten der Symbole ergeben sich von selbst. Der Nephrit ist das Symbol der fleckenlosen Reinheit und der Festigkeit, ebenso das Metall. Kälte und Eis ergeben sich aus der Stellung des Zeichens im Nordwesten. Das Tiefrote ist die gesteigerte Farbe des Lichten (im Text ist Schwarzblau die Farbe des Schöpferischen entsprechend der Farbe des Himmels). Die verschiedenen Pferde deuten auf Kraft, Dauer, Festigkeit, Stärke (das »wilde« Pferd ist ein mythisches Tier mit Sägezähnen, das selbst einen Tiger zerbeißen kann). Das Obst ist das Symbol der Dauer im Wechsel.

Zusätze späterer Kommentare: ist gerade, ist der Drache, ist das Obergewand, ist das Wort.

Das Empfangende ist die Erde, ist die Mutter, ist Tuch, ist der Kessel, ist die Sparsamkeit, ist ebenmäßig, ist ein Kalb mit der Kuh, ist ein großer Wagen, ist die Form, ist die Menge, ist der Stamm. Unter den Erdarten ist es die schwarze.

Die ersten Symbole sind ohne weiteres verständlich. Das Tuch ist das Ausgebreitete; die Erde ist mit Leben bedeckt wie mit einem Gewand. Im Kessel kocht man die Dinge, bis sie gar sind; so ist die Erde der große Schmelztiegel des Lebens. Die Sparsamkeit ist eine Grundeigenschaft der Natur. Ebenmäßig bedeutet, daß sie keine Zu- und Abneigung kennt. Kalb mit Kuh ist Symbol der Fruchtbarkeit; der große Wagen ist das Symbol, daß sie alle Wesen trägt. Form und Verzierung ist das Gegenteil des Gehalts, der im Schöpferischen gegeben ist. Die Menge oder Mehrheit steht im Gegensatz zur Einheit des Schöpferischen. Der Stamm ist das, aus dem die Zweige entspringen, wie alles Leben aus der Erde entspringt. Schwarz ist das gesteigerte Dunkel*.

Das Erregende ist der Donner, ist der Drache, ist dunkelgelb, ist das Ausbreiten, ist eine große Straße, ist der älteste Sohn, ist entschieden und heftig, ist grüner, junger Bambus, ist Schilf und Rohr. Unter den Pferden bedeutet es die, die gut wiehern können, die mit weißen Hinterbeinen, die galoppierenden, die mit einem Stern auf der Stirn.
Unter den Nutzpflanzen sind es die Hülsenfrüchte. Schließlich ist es das Starke, das üppig Gedeihende.

Dunkelgelb ist die Mischung des dunklen Himmels und der gelben Erde. Das Ausbreiten – vielleicht ist zu lesen: die Blüten – deutet auf das üppige Wachstum im Frühling, das die Erde mit einem Pflanzenkleide überzieht. Die große Straße deutet auf den allgemeinen Weg zum Leben im Frühling. Bambus, Schilf und Rohr sind besonders rasch wachsende Pflanzen. Das Wiehern der Pferde deutet auf ihre Verwandtschaft mit dem Donner. Die weißen Hinterbeine leuchten weithin beim Lauf. Der Galopp ist die bewegteste Gangart. Die Hülsenfrüchte tragen beim Keimen noch die Hülse des Samens an sich.

* Im Text ist die Farbe des Empfangenden Gelb, sein Tier die Stute.

Das Sanfte ist das Holz, ist der Wind, ist die älteste Tochter, ist die Richtschnur, ist die Arbeit, ist das Weiße, ist das Lange, ist das Hohe, ist Fortschritt und Rückzug, ist das Unentschiedene, ist der Geruch.
Unter den Menschen bedeutet es die Grauhaarigen, bedeutet es die mit breiter Stirn, bedeutet es die mit viel Weiß im Auge, bedeutet es die, die dem Gewinn nahe stehen, so daß sie auf dem Markt das Dreifache bekommen. Schließlich ist es das Zeichen der Heftigkeit.

Die ersten Bedeutungen sind ohne weiteres verständlich. Die Richtschnur ist das Zeichen insofern, als es sich auf die windartige Ausbreitung von Befehlen bezieht. Weiß ist die Farbe des Yinprinzips. Hier ist das Yin im Anfang an unterster Stelle. Das Holz wächst lang; der Wind kommt in große Höhen hinauf. Fortschritt und Rückzug bezieht sich auf die Unentschiedenheit des Windes; hierher gehört auch die Unentschiedenheit und der Geruch, der durch den Wind vermittelt wird. Die Grauhaarigen, spärlich behaarten Menschen haben viel Weiß im Haar. Die mit viel Weiß im Auge sind hochmütig und heftig. Heftig sind auch die Gewinnsüchtigen, so daß schließlich das Zeichen in sein Gegenteil umschlägt und die Heftigkeit, d. h. Dschen, repräsentiert.

Das Abgründige ist das Wasser, sind Gräben, ist der Hinterhalt, ist das Geradebiegen und Krummbiegen, ist der Bogen und das Rad.
Unter den Menschen bedeutet es die Melancholischen, die im Herzen Kranken, die mit Ohrenschmerzen.
Es ist das Zeichen des Blutes, ist das Rote.
Unter den Pferden bedeutet es die mit schönem Rükken, mit wildem Mut, die den Kopf hängen lassen, die dünne Hufe haben, die Stolpernden.
Unter den Wagen bedeutet es die mit vielen Fehlern.
Es ist das Durchdringen, ist der Mond.
Es bedeutet die Diebe.
Unter den Holzarten bedeutet es die festen mit viel Mark.

Die ersten Eigenschaften ergeben sich wieder von selbst. Das Gerade- und Krummbiegen liegt im schlängelnden Gang des Was-

sers; von da aus kommt der Gedanke auf Gebogenes, auf Bogen und Rad. Der Trübsinn wird ausgedrückt durch den einen starken Strich, der zwischen zwei schwachen eingeklemmt ist, ebenso die Herzkrankheit. Das Zeichen ist die Mühe und das Ohr. Durch mühsames Anhören gibt es Ohrenschmerzen.
Das Blut ist die Flüssigkeit des Körpers, daher ist seine Farbe rot, wenn auch etwas heller als die von Kiën, dem Schöpferischen. Durch das Durchdringen bekommt es, auf den Wagen angewandt, das Bild eines zerbrochenen Wagens, der als Lastwagen dient. Das Durchdringen wird nahegelegt durch den durchdringenden Strich in der Mitte, der zwischen die zwei schwachen eingekeilt ist. Als Wasserelement bedeutet es den Mond, der somit als männlich erscheint. Die heimlich Durchdringenden und Fortschleichenden sind die Diebe. Ebenso ist auch die Markigkeit des Holzes etwas, das mit der Eigenschaft des Durchdringens zusammenhängt.

Das Haftende ist das Feuer, ist die Sonne, ist der Blitz, ist die mittlere Tochter.
Es bedeutet Panzer und Helme, es bedeutet Lanzen und Waffen. Unter den Menschen bedeutet es die mit großem Bauch.
Es ist das Zeichen der Trockenheit. Es bedeutet die Schildkröte, die Krabbe, die Schnecke, die Muschel, die Karettschildkröte.
Unter den Bäumen bedeutet es die oben am Stamm dürren.

Soweit sich die verschiedenen Symbole nicht von selbst verstehen, werden sie nahegelegt durch die Bedeutung des Feuers, der Hitze und Trockenheit, ferner durch den Charakter des Zeichens, das außen fest und innen hohl bzw. weich ist. Hierher gehören die Waffen, der dicke Bauch, die Schaltiere, die hohlen Bäume, die oben anfangen dürr zu werden.

Das Stillehalten ist der Berg, ist ein Nebenweg, bedeutet kleine Steine, bedeutet Türen und Öffnungen, bedeutet Früchte und Samen, bedeutet Eunuchen und Wächter, bedeutet die Finger, ist der Hund, ist die Ratte und die Arten der Schwarzschnäbel.
Unter den Bäumen bedeutet es die festen, knotigen.

Ein Nebenweg wird durch die Bergpfade nahegelegt, ebenso die

Steine. Das Tor wird durch die Form des Zeichens ☶ nahegelegt. Früchte und Samen sind die Vermittlung zwischen Ende und Anfang der Pflanzen. Eunuchen sind Türhüter, Wächter sind Straßenhüter, beide schützen und bewachen. Die Finger sind zum Festhalten da. Der Hund bewacht, die Ratte nagt, die Vögel mit schwarzen Schnäbeln können Dinge leicht festhalten. Ebenso sind die knotigen Stämme diejenigen, die am meisten standhalten.

> Das Heitere ist der See, ist die jüngste Tochter, ist eine Zauberin, ist Mund und Zunge, bedeutet Verderben und Zerbrechen, bedeutet Abfallen und Aufspringen.
> Unter den Erdarten bedeutet es die harten und salzigen.
> Es ist die Nebenfrau, ist das Schaf.

Die Zauberin ist eine Frau, die redet. Das Heitere ist oben offen, daher Mund und Zunge. Es steht im Westen und steht daher mit dem Gedanken des Herbstes, des Zerstörens, in Verbindung, daher Verderben und Zerbrechen, Abfallen und Aufspringen der reifen Früchte. Harte, salzige Erde ist die Erde an Orten, wo Seen ausgetrocknet sind. Die Nebenfrau leitet sich ab aus dem Gedanken der jüngsten Tochter. Das Schaf, außen schwach und innen bockig, wird, wie schon bemerkt, durch die Form des Zeichens nahegelegt. Zu beachten ist, daß Schaf und Ziege in China als ungefähr dieselben Tiere, die denselben Namen haben, aufgefaßt werden.

DA DSCHUAN
DIE GROSSE ABHANDLUNG

(auch Hi Tsï Dschuan, Kommentar zu den beigefügten Urteilen, genannt)

I. ABTEILUNG

A. Die Grundlagen

KAPITEL I

Die Wandlungen in der Schöpfung und im Buch der Wandlungen

§ 1 Der Himmel ist hoch, die Erde ist niedrig; damit ist das Schöpferische und das Empfangende bestimmt. Entsprechend diesem Unterschied von Niedrigkeit und Höhe werden vornehme und geringe Plätze festgesetzt.

Bewegung und Ruhe haben ihre bestimmten Gesetze; danach werden feste und weiche Linien unterschieden.

Die Ereignisse folgen je nach ihrer Art bestimmten Richtungen. Die Dinge unterscheiden sich voneinander nach bestimmten Klassen. Auf diese Weise entstehen Heil und Unheil. Am Himmel bilden sich Erscheinungen, auf Erden bilden sich Gestaltungen; daran offenbaren sich Veränderung und Umgestaltung.

Man unterscheidet im Buch der Wandlungen drei Arten des Wandels: das Nichtwandeln, das Umwandeln und das Verwandeln. Das Nichtwandeln ist sozusagen der Hintergrund, auf dem aller Wandel erst möglich ist. Es muß bei allem Wandel ein Vergleichspunkt da sein, auf den der Wandel bezogen wird, sonst ist eine bestimmte Ordnung nicht möglich, sondern alles löst sich auf in chaotische Bewegung. Dieser Beziehungspunkt muß festgesetzt werden, bedarf jederzeit einer Wahl und Entscheidung. Er gibt das Koordinatensystem, in das alles Weitere eingereiht werden kann. Daher steht am Anfang der Welt wie am Anfang des Denkens die Entscheidung, die Festsetzung des Beziehungspunktes. An sich ist jeder Beziehungspunkt möglich, nur ergibt die Erfahrung, daß wir schon beim Erwachen unseres Bewußtseins in bestimmten übermächtigen Beziehungsgefügen mittendrin stehen. Das Problem ist nun, den eigenen Beziehungspunkt so zu wählen, daß er mit dem Beziehungspunkt des kosmischen Weltgeschehens zusammenfällt. Denn nur dann wird die durch unsere Entscheidung geschaffene Welt vor dem Schicksal bewahrt bleiben, an übermächtigen Beziehungsgefügen, mit denen sie sonst in Konflikt käme, zu zerschellen. Selbstverständlich ist Voraussetzung für diese Entscheidung der Glaube, daß die Welt im letzten Grunde ein Gefüge einheitlicher Beziehungen ist, daß sie ein Kosmos, kein Chaos ist. Dieser Glaube ist die Grundlage der chinesischen Philosophie – wie aller Philosophie überhaupt. Dieser Beziehungspunkt höchster Ordnung ist eben das Nichtwandelnde, das den Beziehungspunkt bildet für alles Wandelnde.

Als Grundlage dieses Beziehungsgefüges dient dem Buch der Wandlungen die Unterscheidung zwischen Himmel und Erde: der Himmel, die obere, lichte Welt, die zwar unkörperlich, aber doch stark alles Geschehen regelt und bestimmt, und ihm gegenüber die Erde, die untere, dunkle Welt, die körperlich ist und abhängig in ihren Bewegungen von den Erscheinungen des Himmels. Mit diesem Unterschied von oben und unten ist dann irgendwie ein Wertunterschied gesetzt, so daß das eine Prinzip das geehrtere, vornehmere ist, während das andere geringer und niedriger gedacht ist. Diese beiden Grundprinzipien alles Daseins werden dann symbolisiert als die beiden grundlegenden Zeichen des Buchs der Wandlungen, als das Schöpferische und das Empfangende. Man kann dabei nicht im letzten Sinn von einer dualistischen Grundlage reden; denn diese beiden Prinzipien sind ja verbunden durch ein einheitliches Beziehungsverhältnis. Sie bekämpfen einander nicht, sondern ergänzen einander. Eben durch den Höhenunterschied ist dann sozusagen ein Gefälle gesetzt, das Bewegung und lebendige Äußerung der Kraft ermöglicht.

Indem diese Auffassung von hoch und niedrig mit Wertbetonungen verknüpft wird, kommt man auf den Unterschied von vornehm und gering. Das wird dann symbolisch ausgedrückt in den Zeichen des Buchs der Wandlungen, die in hohe und niedrige, vornehme und geringe Plätze eingeteilt werden. Jedes Zeichen besteht aus sechs Plätzen, von denen die ungeraden vornehm, die geraden gering sind.

Mit diesem Unterschied hängt ein anderer zusammen. Am Himmel herrscht fortwährende Bewegung und Veränderung, auf Erden sind feste, scheinbar dauernde Zustände zu beobachten. Genauer betrachtet ist das Schein. Es gibt für die Weltanschauung des Buchs der Wandlungen nichts schlechthin Ruhendes, sondern Ruhe ist nur ein Zwischenzustand der Bewegung, ist sozusagen latente Bewegung. Aber es gibt Punkte, an denen die

Bewegung sichtbar wird. Das wird symbolisiert durch feste und weiche Linien, aus denen sich die einzelnen Zeichen aufbauen. Dabei wird als Prinzip der Bewegung das Feste, Starke und als Prinzip der Ruhe das Weiche bezeichnet. Dargestellt wird die feste Linie durch einen ungeteilten Strich, der dem Prinzip des Lichten entspricht, und die weiche Linie durch den geteilten Strich, der dem Prinzip des Dunklen entspricht.

Aus der Kombination des Charakters der Linien (fest und weich) mit dem Charakter der Plätze (vornehm und gering) ergibt sich nun eine große Mannigfaltigkeit von möglichen Situationen. Das dient zur Symbolisierung eines dritten Ereigniskomplexes in der Welt. Es gibt Gleichgewichtszustände, in denen eine gewisse Harmonie herrscht, und Zustände gestörten Gleichgewichts, in denen Verwirrung herrscht. Der Grund hiervon liegt darin, daß es ein durchgehendes System der Ordnung in der Welt gibt. Wenn dieser Ordnung entsprechend jedes an dem ihm gebührenden Platz ist, so ist diese Harmonie hergestellt. In der Natur läßt sich eine solche Tendenz der Ordnung feststellen. Die Plätze ziehen sozusagen Verwandtes an, damit Harmonie entstehe. Dieser Tendenz aber wirkt eine andere parallel. Die Dinge werden nicht nur durch die Ordnungstendenz bestimmt, sondern bewegen sich auch noch aus andern, ihnen sozusagen von außen her mechanisch zugeteilten Kräften. Infolge davon ist nicht unter allen Umständen die Erreichung des Gleichgewichtszustands möglich, sondern es können auch Abweichungen eintreten, die dann Verwirrung und Unordnung mit sich bringen. Auf menschliche Verhältnisse übertragen ist der Zustand der Harmonie Heil und der der Disharmonie Unheil. Diese Geschehenskomplexe können nur zur Darstellung gebracht werden durch die Kombinationen von Linien und Plätzen, wie oben gezeigt.

Ein weiteres Gesetz ist folgendes: Am Himmel bilden sich Erscheinungen durch den Wandel von Sonne, Mond und Sternen. Diese Erscheinungen folgen bestimmten Gesetzen. Mit den Erscheinungen verbunden bilden sich auf Erden Gestaltungen nach ebensolchen Gesetzen, so daß sich die Gestaltungen auf Erden: Blüte und Frucht, Wachstum und Niedergang, berechnen lassen, wenn man die Gesetze der Zeit kennt. Wenn man die Gesetze des Wandels kennt, so läßt er sich im voraus berechnen, und damit wird das freie Handeln möglich. Veränderungen sind die unmerklichen divergierenden Tendenzen, die sichtbar werden und Umgestaltungen wirken, wenn sie einen gewissen Punkt erreicht haben.

Dies sind die unveränderlichen Gesetze, nach denen für das chinesische Denken sich die Wandlungen vollziehen. Das Buch der Wandlungen hat eben den Zweck, diese Gesetze in den Gesetzen der Veränderung innerhalb der einzelnen Zeichen zur Darstellung zu bringen. Sobald es gelingt, diese Gesetze vollkommen nachzubilden, hat man eine zureichende Übersicht über das Geschehen und vermag Vergangenheit und Zukunft in gleichem Maße zu verstehen und in die Bedingungen des Handelns mit aufzunehmen.

§ 2 Darum lösen die acht Zeichen einander ab, indem Festes und Weiches einander verdrängt.

Hier wird das Umwandeln erklärt. Das Umwandeln ist ein Kreislauf von Erscheinungen, von denen jede die andere ablöst, um zuletzt wieder bei der ersten einzumünden. Beispiele für solche in sich geschlossene Komplexe sind der Tageslauf, der Jahreslauf und die Erscheinungen, die sich während dieser Zyklen in der organischen Welt zeigen. Das Umwandeln ist der Wechsel in der organischen Welt, wie das dritte Prinzip, das Verwandeln, den durch Kausalität hervorgerufenen fortgesetzten Wechsel der Erscheinungen bedeutet.
Festes und Weiches verdrängen einander innerhalb der acht Zeichen. Auf diese Weise gestaltet sich das Feste um, schmilzt gleichsam und wird zum Weichen; das Weiche verändert sich, verflicht sich gleichsam und wird zum Festen. Dadurch wandeln sich die acht Zeichen der Reihe nach ineinander um, und die regelmäßig wechselnden Erscheinungen des Jahres nehmen ihren Lauf. Aber dasselbe ist der Fall mit allen Zyklen; auch das Leben gehört dazu. Was Tag und Nacht, was Sommer und Winter ist, dasselbe ist innerhalb des Lebenszyklus Leben und Tod. Um die Art des Umwandelns und die dadurch entstehende Ablösung der Zeichen zu verstehen, ist hier ihre Reihenfolge nach der vorweltlichen Ordnung noch einmal gegeben. Es gibt zwei Bewegungsrichtungen: die rechtläufige, aufwärtssteigende und die rückläufige, abwärtssteigende. Die erste geht vom Tiefpunkt: Kun, dem Empfangenden, der Erde aus, die zweite vom Höhepunkt: Kiën, dem Schöpferischen, dem Himmel.

I.				II.			
Nord	Nordost	Ost	Südost	Süd	Südwest	West	Nordwest
☷	☳	☲	☱	☰	☴	☵	☶
Kun	Dschen	Li	Dui	Kiën	Sun	Kan	Gen
	1a	2a	3a		1b	2b	3b

§ 3 Erregt werden die Dinge durch Donner und Blitz, befruchtet werden sie durch Wind und Regen; indem

Sonne und Mond ihren Kreislauf gehen, wird es einmal kalt, einmal heiß.

Hier haben wir die Aufeinanderfolge der Zeichen im Wechsel des Jahres, und zwar immer so, daß das eine die Ursache für das nächste ist. Ganz tief im Schoß der Erde regt sich die schaffende Kraft, Dschen, das Erregende, dessen Bild der Donner ist. Indem diese elektrische Kraft hervortritt, bilden sich Erregungszentren, deren Ausgleich im Blitz vor sich geht. Der Blitz ist Li, das Haftende, die Flamme. Daher die Voranstellung des Donners vor den Blitz. Der Donner ist sozusagen dasjenige, was den Blitz hervorruft, nicht nur der Donnerlaut. Nun kommt der Sprung: der Gegensatz des Donners setzt ein, der Wind, Sun. Der Wind bewirkt den Regen, Kan. Dann der neue Sprung: die Zeichen Li und Kan, die vorher in ihrer abgeleiteten Form als Blitz und Regen wirkten, treten nun in ihrer ursprünglichen Form auf als Sonne, das Tagesgestirn, und Mond, das Nachtgestirn. Sie bewirken in ihrem Kreislauf Kälte und Hitze. Wenn die Sonne hoch am Himmel kulminiert, kommt die Hitze, die durch das Südostzeichen Dui, der See, das Heitere, symbolisiert ist. Wenn der Mond hoch am Himmel kulminiert, dann kommt die Kälte, die durch das Nordwestzeichen Gen, der Berg, das Stillehalten, symbolisiert ist.
Die Reihenfolge ist also (vgl. die obige Figur):

1a–2a   1b–2b
2a–3a   2b–3b

so daß 2a (Li) und 2b (Kan) zweimal genannt sind; einmal abgeleitet (Blitz, Regen) und einmal ursprünglich (Sonne, Mond).

§ 4 Der Weg des Schöpferischen wirkt das Männliche.
Der Weg des Empfangenden wirkt das Weibliche.

Hier kommt nun der Anfang der Verwandlung in die Erscheinung in der fortlaufenden, nicht in sich zurückkehrenden Generation der Geschlechter. Es zeigt sich hier, wie sehr sich das Buch der Wandlungen auf das Leben beschränkt. Nach westlichen Auffassungen wäre die Verwandlung der Ort, wo die mechanische Kausalität ihr Recht hat. Für das Buch der Wandlungen ist Verwandlung Generationenfolge, also immer noch etwas Organisches.
Das Schöpferische, soweit es als Prinzip in die Erscheinung des Lebens eintritt, verkörpert sich im männlichen Geschlecht, das Empfangende als Prinzip der Erscheinung im weiblichen Ge-

schlecht. So ist das Schöpferische in allen Söhnen (nach der vorweltlichen Ordnung Dschen, Li, Dui) gegenwärtig, das Empfangende in allen Töchtern (nach der vorweltlichen Ordnung Sun, Kan, Gen), und zwar jeweils in der Determinante des Geschlechts, die durch die unterste Linie symbolisiert wird.

§ 5 Das Schöpferische erkennt die großen Anfänge.
Das Empfangende vollendet die fertigen Dinge.

Es werden nun die Prinzipien des Schöpferischen und Empfangenden weiter verfolgt. Das Schöpferische wirkt die unsichtbaren Keime allen Werdens. Diese Keime sind zunächst rein geistig, daher kann ihnen gegenüber kein Handeln, Behandeln stattfinden. Ihnen gegenüber wirkt die Erkenntnis schöpferisch. Während das Schöpferische im Unsichtbaren wirkt und sein Feld der Geist, die Zeit ist, wirkt das Empfangende im räumlich verteilten Stoff und vollendet die fertigen, räumlichen Dinge. Es ist hier der Vorgang der Zeugung und der Geburt in ihre letzten metaphysischen Tiefen zurückverfolgt*.

§ 6 Das Schöpferische erkennt durch das Leichte.
Das Empfangende vermag durch das Einfache.

Das Schöpferische ist seinem Wesen nach die Bewegung. Durch die Bewegung erreicht es die Verbindung des Getrennten ganz leicht. Auf diese Weise bleibt es ohne Mühe, weil es die Bewegungen des Kleinsten leitet. Dadurch, daß die Richtung der Bewegung im kleinsten Keim des Werdens bestimmt wird, entwickelt sich alles Weitere gesetzmäßig von selber ganz leicht. Das Empfangende ist seinem Wesen nach Ruhe. Durch die Ruhe wird das Einfachste im räumlichen Dasein ermöglicht. Diese Einfachheit, die durch reine Rezeptivität entsteht, ist dann der Keim aller räumlichen Mannigfaltigkeit.

§ 7 Was leicht ist, ist leicht zu erkennen; was einfach ist, ist leicht zu befolgen. Ist man leicht zu erkennen, so gewinnt man Anhänglichkeit. Ist man leicht zu befolgen, so gewinnt man Werke. Wer Anhänglichkeit besitzt, kann lange dauern; wer Werke besitzt, kann groß werden. Die Dauer ist die Art des Weisen; die Größe ist das Wirkungsfeld des Weisen.

Hier wird ausgeführt, wie das Leichte und das Einfache sich auswirken im Menschenleben. Das Leichte ist leicht zu verstehen,

* Hier ist ein Punkt, wo die Prinzipien des Schöpferischen und des Empfangenden mit den griechischen Prinzipien des Logos und Eros sich sehr nahe berühren.

daraus ergibt sich seine Suggestivkraft. Wer ganz klare, leicht zu verstehende Gedanken hat, gewinnt die Anhänglichkeit der Menschen, weil er die Liebe verkörpert. Dadurch wird er frei von den Wirren der Kämpfe und Dissonanzen. Indem die innere Bewegung in Harmonie ist mit der Umgebung, kann sie sich ungestört auswirken und lange dauern. Diese Einheitlichkeit und Dauer ist die innere Seelenverfassung des Weisen.
Genau dasselbe ist der Fall auf dem Gebiet des Handelns. Was einfach ist, läßt sich leicht nachahmen. Infolge davon sind die andern bereit, ihre Kraft in derselben Richtung zu betätigen; denn jeder wird gerne das tun, was ihm leicht wird, weil es einfach ist. So summieren sich die Kräfte, die Einfachheit wird ganz von selbst zur Mannigfaltigkeit. Dadurch wächst sie heran, und der Beruf des Weisen wird erfüllt, als Führer der Menge die Menge zu großen Werken zu leiten.

§ 8 Durch Leichtigkeit und Einfachheit erfaßt man die Gesetze der ganzen Welt. Hat man die Gesetze der ganzen Welt erfaßt, so ist darin die Vollendung enthalten.

Hier wird die Anwendung der oben durchgeführten Grundsätze auf die Gestaltung des Buchs der Wandlungen gezeigt. Das Leichte und das Einfache wird symbolisiert durch einen ganz geringen Wandel der einzelnen Striche. Die Striche werden aus geteilten zu ungeteilten durch eine ganz leichte Bewegung, durch die die getrennten Enden zusammengeschlossen werden. Sie werden aus ungeteilten zu geteilten durch eine ganz einfache Trennung in der Mitte. Auf diese Weise werden durch diese ganz leichten und einfachen Änderungen die Gesetze alles Werdens unter dem Himmel abgebildet, und die Vollendung wird dadurch erreicht.
Es wird hierdurch die Art der Wandlung als Wandlung der kleinsten Teile definiert. Das ist die vierte Bedeutung des Wortes I, die allerdings mit der Bedeutung »Wandel« nur in losem Zusammenhang steht.

KAPITEL II

Über die Abfassung und den Gebrauch des Buchs der Wandlungen

§ 1 Die heiligen Weisen stellten die Zeichen auf, damit man daran die Erscheinungen erblicken sollte. Sie fügten die Urteile bei, um Heil und Unheil zu zeigen.

Die Zeichen des Buchs der Wandlungen sind Abbilder der Erscheinungen auf Erden. Sie zeigen in ihrem Zusammenhang den Zusammenhang des Weltgeschehens. So waren sie Darstellungen der Ideen. Allein diese Bilder oder Erscheinungen zeigten nur das Tatsächliche. Es blieb nun noch übrig, daraus einen Ratschlag zu entnehmen, damit man wußte, ob eine Richtung des Handelns, die aus dem Bild sich ergab, wertvoll oder schädlich war, ob man sie einschlagen oder vermeiden sollte. Soweit war die Grundlage des Buchs der Wandlungen schon zur Zeit des Königs Wen vorhanden. Die Zeichen waren sozusagen Orakelbilder, die zeigten, was unter bestimmten Umständen als Ereignis zu erwarten war. Jetzt wurden vom König Wen und seinem Sohn die Erklärungen beigefügt. Dadurch ergab sich, ob der Verlauf der durch die Bilder angedeuteten Handlung Heil oder Unheil brachte. So kam das Moment der Freiheit herein. Man konnte im Abbild des Weltgeschehens nun nicht nur sehen, was an Ereignissen zu erwarten war, sondern sah, wohin sie führten. Da man den Ereigniskomplex zunächst im Abbild vor sich hatte, konnte man sein Handeln danach einrichten, indem man Richtungen, die Heil erwarten ließen, verfolgte und solche, die in Unheil führten, vermied, noch ehe der Ereigniskomplex begonnen war.

§ 2 Indem die festen und weichen Striche einander verdrängen, entsteht Veränderung und Umgestaltung.

Hier wird im einzelnen ausgeführt, inwiefern im Buch der Wandlungen die Weltvorgänge dargestellt sind. Im Buch der Wandlungen sind die Zeichen zusammengesetzt aus festen und weichen Strichen. Unter bestimmten Umständen wandeln sich diese festen und weichen Striche, so daß die festen sich umgestalten und erweichen und die weichen sich verändern und verfestigen. Damit ist die Nachbildung des Wechsels der Welterscheinungen gegeben.

§ 3 Darum sind Heil und Unheil die Nachbildungen von Verlust oder Gewinn; Reue und Beschämung sind die Nachbildungen von Trauer oder Vorsorge.

Wenn die Richtung der Handlung mit den Weltgesetzen übereinstimmt, dann führt sie zum Gewinn des Erstrebten. Dies findet seinen Ausdruck in dem beigefügten Wort: Heil. Wenn die Richtung des Handelns mit den Weltgesetzen in direktem Gegensatz steht, so führt sie notwendig zu Verlust. Dies wird bezeichnet durch das Urteil: Unheil. Nun gibt es aber auch Bewegungsrichtungen, die nicht so unbedingt auf ein Ziel losführen, Abbiegungen der Richtung sozusagen. Wenn nun die Richtung ursprünglich falsch war, aber man rechtzeitig Trauer darüber empfindet, kann man das Unheil vermeiden und durch Umkehr das Heil doch noch erlangen. Dieser Zustand wird ausgedrückt durch das Urteil: Reue. Dieses Urteil enthält also eine Aufforderung zur Trauer und Umkehr. Auf der andern Seite kann eine Richtung ursprünglich richtig gewesen sein, aber man gerät in Gleichgültigkeit und Übermut und kommt so unvermerkt aus dem Heil ins Unheil. Das wird ausgedrückt durch das Urteil: Beschämung. Dieses Urteil enthält also eine Warnung zur Vorsorge, daß man innehält auf dem Fehlweg und sich zum Heil zurückwendet.

§ 4 Veränderung und Umgestaltung sind die Nachbildungen von Fortschritt und Rückschritt. Das Feste und das Weiche sind die Nachbildungen von Tag und Nacht. Die Bewegungen der sechs Linien enthalten die Wege der drei Urmächte.

Veränderung ist die Umwandlung einer weichen Linie in eine feste. Das deutet auf Fortschritt. Umgestaltung ist die Umwandlung eines festen Strichs in einen weichen. Das deutet auf Rückschritt. Die festen Striche sind die Darstellungen des Lichtes, die weichen Striche die Darstellungen des Dunkels*. Die sechs Linien jedes Zeichens sind verteilt auf die drei Urmächte: Himmel, Erde und Mensch. Die beiden unteren Plätze sind der Ort der Erde, die beiden mittleren der Ort des Menschen, die beiden oberen der Ort des Himmels.
Diese Abteilung des Kapitels zeigt, inwiefern das Buch der Wandlungen eine Nachbildung der Weltverhältnisse enthält.

§ 5 Darum ist es die Ordnung der Wandlungen, der sich der Edle hingibt und wodurch er zur Ruhe kommt. Es sind die Urteile zu den einzelnen Linien, deren sich der Edle erfreut und über die er nachsinnt.

Von hier ab wird der rechte Gebrauch des Buchs der Wandlungen gezeigt. Eben weil das Buch der Wandlungen eine Nachbildung aller Weltverhältnisse ist mit den beigefügten, die rechte Richtung weisenden Urteilen, gilt es nun, das tatsächliche Leben nach diesen Ideen zu bilden, so daß das Leben seinerseits eine Nachbildung des Wandels wird. Dies ist kein Idealismus in dem

* Zu beachten ist, daß selbst hier noch nicht die später so geläufigen Bezeichnungen Yin und Yang gewählt sind. Das läßt auf das Alter dieses Textes schließen.

Sinn, daß man ein starres Idealbild einem anders gearteten Leben künstlich und äußerlich einbilden wollte. Sondern indem das Buch der Wandlungen den wesentlichen Sinn der verschiedenen Lebenslagen erfaßt, wird man dadurch in den Stand gesetzt, sein Leben sinnvoll zu gestalten, indem man der Ordnung und Reihenfolge nach jeweils gerade das tut, was die Lage erfordert. Indem man auf diese Weise jeder Lage gewachsen ist, weil man dem Sinn der Lage sich ohne Widerstand hingibt, gelangt man zum Frieden der Seele. So kommt das Handeln in Ordnung. Aber ebenso wird das Denken befriedigt, indem durch die Meditation über die Urteile der einzelnen Linien die Weltbeziehungen intuitiv erkannt werden.

§ 6 Darum betrachtet der Edle in Zeiten der Ruhe diese Bilder und sinnt nach über die Urteile. Wenn er etwas unternimmt, so betrachtet er die Veränderungen und sinnt nach über die Orakel. Darum wird er vom Himmel gesegnet. »Heil! Nichts, das nicht fördernd ist.«

Hier sind die Zeiten der Ruhe und des Handelns erwähnt. In Zeiten der Ruhe erlangt man durch Meditation über die Bilder und Urteile des Buchs Erfahrung und Lebensweisheit. In Zeiten des Handelns greift man zum Orakel vermittels der Veränderungen, die sich in den Zeichen durch Handhabung der Schafgarbenstengel zeigen, und entnimmt dementsprechend die Ratschläge, die sich auf diese Weise für das Handeln ergeben.

B. Die Ausführungen

KAPITEL III

Über die Worte zu den Zeichen und Linien

§ 1 Die Entscheidungen beziehen sich auf die Bilder.
Die Strichurteile beziehen sich auf die Veränderungen.

Die Entscheidungen (Urteile), die König Wen zu den Gesamtzeichen gab, beziehen sich jeweils auf das durch das Zeichen dargestellte Bild der Gesamtsituation. Die den einzelnen Strichen vom Herzog von Dschou beigefügten Urteile beziehen sich auf die innerhalb der Gesamtsituation sich vollziehenden Veränderungen. Beim Orakel kommen diese Strichurteile nur in Betracht, wenn die betreffenden Linien sich »bewegen«, d. h. entweder durch eine Neun oder durch eine Sechs dargestellt werden. (Das Nähere hierüber vergleiche in dem Abschnitt über das Orakel.)

§ 2 »Heil« und »Unheil« bezieht sich auf Verlust oder Gewinn, »Reue« und »Beschämung« bezieht sich auf kleinere Unvollkommenheiten. »Kein Makel« bedeutet, daß man imstande ist, seine Fehler auf die rechte Weise auszubessern.

Hier ist eine nähere Ausführung von § 3 des vorigen Kapitels. Wenn man in Worten und Handlungen immer das Rechte trifft, das heißt Gewinn; wenn man nicht das Rechte trifft, das heißt Verlust. Kleinere Abweichungen vom Rechten heißen Unvollkommenheiten. Wenn man das Rechte nicht weiß und aus Versehen das Unrechte tut, das ist ein Fehler. Wenn man diese kleinen Unrichtigkeiten merkt und sie wieder gutmachen möchte, so entsteht Reue. Wenn man seine kleinen Unrichtigkeiten nicht merkt oder die Möglichkeit hätte, sie gutzumachen, aber nicht fähig oder gewillt ist, sie gutzumachen, so entsteht Beschämung. Die Fehler sind wie die Risse in einem Kleid: Wenn ein Kleid zerrissen ist und man bessert es aus, so ist es wieder ganz. Wenn man Fehler hat und bessert sie dadurch aus, daß man sich dem Rechten wieder zuwendet, so bleibt kein Makel.

§ 3 Darum beruht die Anordnung von vornehm und gering auf den einzelnen Plätzen, der Ausgleich von groß und klein auf den Gesamtzeichen, die Unterscheidung von Heil und Unheil auf den Urteilen.

Die sechs Plätze des Zeichens werden folgendermaßen unterschieden: der unterste und der oberste sind sozusagen außerhalb der Situation. Davon ist der unterste der geringe Platz, weil er noch nicht in die Situation eingetreten ist. Der oberste Platz ist vornehm; er ist der Weise außerhalb der Weltgeschäfte, unter Umständen auch ein vornehmer Mann ohne Macht. Von den inneren Plätzen sind zwei und vier die Plätze der Beamten bzw. der Söhne, der Frauen. Davon ist der vierte der höhere, der zweite der geringere. Der dritte und der fünfte Platz haben maßgebende Stellungen, der dritte an der Spitze des unteren Zeichens, der fünfte als Herrscher des Ganzen.
Groß und klein bedeutet die festen und die weichen Linien. Sie finden ihren Ausgleich im Gesamtzeichen. Sowohl die großen

wie die kleinen können gut sein und Heil bedeuten, wenn sie an den für sie richtigen Plätzen stehen. Welches diese Plätze sind, läßt sich nicht in abstracto bestimmen, sondern das kommt auf die Art des Gesamtzeichens an. Oft kann die Lage so sein, daß Weichheit gut ist; dann wird ein weicher Strich auf weichem Platz besonders günstig sein, und ein fester auf festem Platz kann dann unter Umständen ungünstig sein. Oft ist Kraft nötig; dann ist ein weicher Strich auf festem Platz besser; oft wieder verlangt die Situation, daß Charakter und Platz übereinstimmen: kurz, die Verteilung im einzelnen ergibt sich aus dem betreffenden Zeichen bzw. der Situation, die es nachbildet. Darum sind die Urteile beigefügt, um Heil bzw. Unheil anzudeuten, wie es sich aus der Situation ergibt.

§ 4 Die Sorge vor Reue und Beschämung beruht auf der Grenze. Der Antrieb zur Makellosigkeit beruht auf der Reue.

Reue und Beschämung sind die Folge von Abweichungen vom rechten Weg und bedingen daher stets eine Umkehr. Man kann sich beides ersparen, wenn man zur rechten Zeit auf der Hut ist. Der Punkt, wo die Sorge einzusetzen hat, die Reue und Beschämung erspart, ist der Grenzpunkt, da, wo das Gute oder Böse sich im Gemüt schon regt, aber noch nicht in die Erscheinung getreten ist. Wenn man in diesem Moment eingreift und der Bewegung in ihrem Keim die Richtung aufs Gute gibt, bleibt einem Reue und Beschämung erspart. Wenn dagegen ein Fehler schon gemacht ist, so ist die Reue die psychologische Kraft, die zu Buße und Besserung führt.

§ 5 Darum gibt es unter den Zeichen kleine und große, und dementsprechend reden die Urteile von Gefahr oder Sicherheit. Die Urteile weisen jedesmal auf die Richtung der Entwicklung hin.

Unter den Situationen, die durch die Zeichen nachgebildet sind, gibt es aufwärtsstrebende, expansive und absteigende, sich verengernde. Dementsprechend ist zu manchen Zeiten mehr mit Gefahr zu rechnen, zu andern wieder auf Sicherheit und Ruhe zu hoffen. Um sich jeweils der entsprechenden Situation völlig anzupassen, ist es von großem Wert, daß man diese Verhältnisse kennt. Das ist ebenfalls die Funktion der Urteile, daß sie jeweils die Richtung angeben, in der die Situation sich entwickelt.

KAPITEL IV

Die tieferen Beziehungen des Buchs der Wandlungen

§ 1 Das Buch der Wandlungen enthält das Maß von Himmel und Erde; darum kann man damit den SINN von Himmel und Erde umfassen und gliedern.

Dieses Kapitel geht von den geheimnisvollen Zusammenhängen aus, in denen die Nachbildungen des Buchs der Wandlungen mit der Wirklichkeit stehen. Eben weil im Buch der Wandlungen ein vollkommenes Abbild von Himmel und Erde, ein Mikrokosmos aller möglichen Beziehungen gegeben ist, vermag man alle Bewegungen der entsprechenden Beziehungskomplexe daraus zu berechnen.

Die Frage, inwiefern das Buch der Wandlungen ein solches Abbild des Kosmos sein könne, beantwortet sich dadurch, daß es das Werk von Menschen mit kosmischer Intelligenz ist, die ihre Weisheit in den Symbolen dieses Buchs niedergelegt haben. Somit enthält dieses Buch den Standard von Himmel und Erde.

In dem folgenden Paragraphen wird ausgeführt, wie der Umstand, daß im Buch der Wandlungen das Maß, der Standard von Himmel und Erde enthalten ist, es ermöglicht, daß man an der Hand dieses Buches die Gesetze der Welt erforschen kann, während der dritte Paragraph aus der Ähnlichkeit der Wandlungen mit Himmel und Erde die restlose Darstellung der inneren Anlagen folgert und der vierte Paragraph daraus, daß die Wandlungen alle Gestalten in sich befassen, zeigt, wie man schließlich zur Beherrschung des Schicksals kommen kann.

§ 2 Indem man emporblickend mit seiner Hilfe die Zeichen am Himmel verständnisvoll betrachtet und niederblickend die Linienzüge der Erde untersucht, erkennt man die Verhältnisse des Dunkeln und Hellen. Indem man an die Anfänge zurückgeht und die Dinge bis zu Ende verfolgt, erkennt man die Lehren von Geburt und Tod. Die Vereinigung von Samen und Kraft wirkt die Dinge; das Entweichen der Seele bewirkt die Veränderung: daraus erkennt man die Zustände der ausgehenden und rückkehrenden Geister.

Das Buch der Wandlungen beruht auf den beiden Grundprinzipien des Lichten und des Dunkeln. Die Zeichen sind aufgebaut aus diesen Elementen. Die einzelnen Linien sind entweder ruhig

oder in Bewegung. Indem sie ruhig sind (das sind die Linien, die durch die Zahl 7 = fest und 8 = weich dargestellt werden), bauen sie die bestimmten Zeichen auf. Indem sie sich bewegen (das ist der Fall, wenn die Linien durch die Zahl 9 = fest und 6 = weich dargestellt werden), lösen sie das Zeichen wieder auf und verwandeln es in ein anderes. Diese Vorgänge sind es nun, die den Blick eröffnen in die Geheimnisse des Lebens.
Wenn man diese Prinzipien anwendet auf die Zeichen am Himmel (Sonne = Licht, Mond = dunkel) und die Linienzüge auf Erden (Himmelsrichtungen), so erkennt man die Verhältnisse des Dunkeln und Hellen, d. h. die Gesetze, die dem Lauf der Jahreszeiten und ihrem Wechsel zugrunde liegen, der das Hervortreten und Zurückgehen der vegetativen Lebenskraft bedingt. Auf diese Weise erkennt man durch Beobachtung der Anfänge und Endpunkte des Lebens, daß Geburt und Tod nichts anderes ist als ebenderselbe Kreislauf. Geburt ist das Hervortreten in die Welt der Sichtbarkeit, Tod ist das Zurückkehren in die Gebiete des Unsichtbaren. Beide bedingen ebensowenig einen absoluten Anfang oder ein absolutes Ende, wie das bei den Erscheinungen des Jahres in ihrem Wechsel der Fall ist. Nicht anders verhält es sich mit den Menschen. Wie die konstanten Linien die Zeichen aufbauen und, wenn sie in Bewegung kommen, eine Veränderung bewirken, so wird das körperliche Dasein aufgebaut durch die Vereinigung »ausgehender« Lebensströme des (männlichen) Samens und der (weiblichen) Kraft. Dieses körperliche Dasein ist verhältnismäßig konstant, solange die aufbauenden Kräfte im Ruhezustand des Gleichgewichts sich befinden. Geraten sie in Bewegung, so entsteht der Abbau. Das Seelische entweicht – das höhere Seelische steigt aufwärts, das niedrige Seelische sinkt zur Erde –; der Leib löst sich auf. Die geistigen Kräfte, die Aufbau und Abbau des sichtbaren Daseins bewirken, sind ebenfalls entweder dem lichten oder dem dunkeln Prinzip angehörig. Die lichten Geister (Schen) gehen aus, das sind die wirkenden, die auch neue Verkörperungen eingehen können; die dunkeln Geister (Gui) kehren heim, das sind die sich zurückziehenden, die den Ertrag des Lebens erst verarbeiten. Es liegt in dieser Auffassung von rückkehrenden und ausgehenden Geistern keineswegs der Gedanke von guten und bösen Wesen, sondern nur der Unterschied des sich ausstreckenden und sich zusammenziehenden Substrats der Lebenskraft. Es sind Wechselzustände im großen Meer des Lebens.

§ 3 Indem der Mensch dadurch dem Himmel und der Erde ähnlich wird, kommt er nicht in Widerspruch mit ihnen. Seine Weisheit umfaßt alle Dinge, und sein SINN ordnet die ganze Welt. Darum macht er keinen Fehler. Er wirkt allenthalben, aber er läßt sich nirgends hinreißen. Er freut sich des Himmels und kennt das Schicksal. Darum ist er frei von Sorgen. Er ist zufrieden mit seiner Lage und ist echt in seiner Gütigkeit. Darum vermag er Liebe zu üben.

Hier wird gezeigt, wie mit Hilfe der Grundsätze des Buchs der Wandlungen die restlose Darstellung der inneren Anlagen möglich ist. Diese Entfaltung beruht darauf, daß der Mensch in sich innere Anlagen hat, die Himmel und Erde ähnlich sind, daß er ein Mikrokosmos ist. Indem nun im Buch der Wandlungen die Gesetze von Himmel und Erde nachgebildet sind, gibt es zugleich die Hilfsmittel an die Hand, die eigne Natur zu bilden, so daß die innersten guten Anlagen rein zur Darstellung kommen. Hierbei kommt ein Doppeltes in Betracht: die Weisheit und das Wirken, Intellekt und Wille. Indem Intellekt und Wille richtig zentriert sind, kommt auch das Gefühlsleben in die richtige Harmonie der Stimmung. Es sind vier Sätze, die man auf Weisheit und Liebe, Gerechtigkeit und Sitte zurückführen kann, wobei dann wieder die Kombination mit den vier Worten des Zeichens »das Schöpferische«: »Erhabenes Gelingen, fördernd ist Beharrlichkeit« naheliegt. Die Wirkung von Weisheit, Liebe und Gerechtigkeit zeigt sich im ersten Satz. Auf der Grundlage umfassender Weisheit können die Anordnungen, die der Liebe zur Welt entspringen, so getroffen werden, daß für alle das Rechte herauskommt und kein Fehler gemacht wird. Das ist das Fördernde. Der zweite Satz zeigt Weisheit und Liebe, die sich nichts und niemandem versagt, geordnet durch die Sitte, die zu nichts Ungehörigem, Einseitigem sich hinreißen läßt und dadurch Gelingen hat. Der dritte Satz zeigt die Harmonie des Innern in vollendeter Weisheit, die sich des Himmels freut und seine Fügungen versteht. Das gibt die Grundlage für die Beharrlichkeit. Der letzte Satz endlich zeigt die Liebe, die sich vertrauensvoll in jede Lage fügt und aus dem Schatz der innern Gütigkeit sich im Wohlwollen gegen alle Menschen zeigt und dadurch die Erhabenheit, die Wurzel alles Guten, erreicht.

§ 4 In ihm sind die Formen und Bereiche aller Gestaltungen des Himmels und der Erde, so daß nichts ihm entgeht. In ihm sind alle Dinge ringsum vollendet, so daß ihrer keines fehlt. Darum kann man durch ihn den

SINN von Tag und Nacht durchdringen, so daß man ihn versteht. Darum ist der Geist an keinen Ort gebunden und das Buch der Wandlungen an keine Gestalt.

Hier wird gezeigt, inwiefern man durch das Buch der Wandlungen zur Beherrschung des Schicksals kommen kann. Die Prinzipien des Buchs der Wandlungen enthalten die Kategorien aller Dinge, wörtlich die Gußformen und den Umfang aller Umgestaltungen. Diese Kategorien sind im Geist des Menschen; alles, was geschieht und sich umgestaltet, muß den durch den Menschengeist vorgeschriebenen Gesetzen gehorchen. Erst durch das Inkrafttreten dieser Kategorien werden die Dinge zu Dingen. Indem diese Kategorien im Buch der Wandlungen niedergelegt sind, ermöglicht es, die Bewegungen des Lichten und des Dunklen, des Lebens und des Todes, der Götter und der Dämonen zu durchdringen und zu verstehen. Diese Erkenntnis ermöglicht aber die Beherrschung des Schicksals. Denn das Schicksal kann gestaltet werden, wenn man seine Gesetze kennt. Der Grund, warum man dem Schicksal entgegentreten kann, ist der, daß die Wirklichkeit immer bedingt und durch diese räumlich-zeitlichen Bedingungen beschränkt und bestimmt ist. Der Geist aber ist an diese Bestimmungen nicht gebunden und kann sie daher herbeiführen, wie es durch seine Zwecke erfordert wird. Das Buch der Wandlungen ist deshalb so umfassend in seiner Anwendungsmöglichkeit, weil es nur diese rein geistigen Beziehungen enthält, die so abstrakt sind, daß sie in jedem Gefüge von Wirklichkeit ihren Ausdruck finden können. Sie enthalten nur den SINN, der dem Geschehen zugrunde liegt. Darum lassen sich alle zufälligen Konstellationen nach diesem SINN gestalten. Die bewußte Anwendung dieser Möglichkeiten aber gewährt die Herrschaft über das Schicksal.

KAPITEL V

Der SINN in seinem Verhältnis zur lichten und dunklen Kraft

§ 1 Was einmal das Dunkle und einmal das Lichte hervortreten läßt, das ist der SINN.

Das Lichte und das Dunkle sind die beiden Urkräfte, dieselben, die im bisherigen Text als fest und weich oder als Tag und Nacht bezeichnet wurden. Fest und weich sind die Bezeichnungen der Linien im Buch der Wandlungen, das Lichte und das Dunkle die

Bezeichnungen der beiden Urkräfte in der Natur. Warum bisher Tag und Nacht genannt wurden und hier auf einmal die Ausdrücke Licht und Dunkel auftreten, möge einer späteren Untersuchung zu erklären vorbehalten sein. Möglicherweise handelt es sich um eine spätere Schicht des Textes. Jedenfalls können wir beobachten, daß der Gebrauch dieser Ausdrücke mit der Zeit immer mehr überhandnimmt.
Die Ausdrücke Yin = das Dunkle und Yang = das Lichte bezeichnen die lichte bzw. schattige Seite eines Berges oder Flusses, wobei Yang die Südseite des Berges ist, weil sie von der Sonne beschienen wird, während es bei einem Fluß die Nordseite darstellt, weil hierher das Licht des Flusses reflektiert wird. Für das Yin gilt jeweils das Umgekehrte. Allmählich werden diese Bezeichnungen ausgedehnt auf die beiden polaren Weltkräfte, die wir positiv und negativ nennen können. Möglich ist, daß mit diesen Bezeichnungen, die mehr den Kreislauf betonen als den Wechsel, dann auch die kreisförmige Darstellung des Uranfangs ☯ aufgekommen ist, die später eine so große Rolle spielt*.

§ 2 Als Fortsetzender ist er gut. Als Vollender ist er das Wesen.

Die Urkräfte kommen nicht zum Stillstand, sondern der Kreislauf des Werdens setzt sich dauernd fort. Der Grund dafür ist, daß zwischen den beiden Urkräften immer wieder ein Spannungszustand entsteht, ein Gefälle, das die Kräfte in Bewegung hält und zu ihrer Vereinigung drängt, wodurch sie sich immer wieder neu erzeugen. Das wird durch den SINN bewirkt, ohne daß er dabei irgendwie in Erscheinung tritt. Diese Eigenschaft des SINNS, die Welt zu erhalten durch dauerndes Neuerzeugen des Spannungszustandes zwischen den polaren Kräften, wird als gut bezeichnet (vgl. Laotse, Kap. 8)**.
Als die Kraft, die die Dinge vollendet, ihnen ihre Individualität, ihren Mittelpunkt verleiht, um den sie sich in sich selbst organisieren, heißt er das Wesen, das, was die Dinge bei ihrer Entstehung bekommen***.

* Der SINN, chinesisch Tao, ist dasjenige, was das Spiel dieser Kräfte in Bewegung bringt und unterhält. Weil dieses Etwas nur eine Richtung bedeutet, die unsichtbar und vollkommen unkörperlich ist, hat man im Chinesischen das Lehnwort Tao = Weg, Lauf dafür gewählt, der ja auch nichts in sich selber ist und doch alle Bewegungen regelt. Über die Gründe der Übersetzung dieses Worts mit SINN vgl. die Einleitung zu meiner Übersetzung des Laotse.

** Man sieht hier, wie die Anschauung des Buchs der Wandlungen auf das Organische eingestellt ist. Im Organischen gibt es keine Entropie.

*** Hier ist wohl die Stelle, auf der die Lehre des Mongtse begründet ist, daß das Wesen des Menschen gut sei.

§ 3 Der Gütige entdeckt ihn und nennt ihn gütig. Der Weise entdeckt ihn und nennt ihn weise. Das Volk gebraucht ihn Tag für Tag und weiß nichts von ihm; denn der SINN des Edlen ist selten.

Der SINN in seiner Offenbarung erscheint jedem auf seine eigne Weise. Der tätige Mensch, dem die Gütigkeit und Menschenliebe das Höchste ist, entdeckt diesen SINN des Weltgeschehens und nennt ihn die höchste Gütigkeit: »Gott ist die Liebe.« Der kontemplative Mensch, dem ruhige Weisheit das Höchste ist, entdeckt diesen SINN des Weltgeschehens und nennt ihn die höchste Weisheit. Das gemeine Volk lebt in den Tag hinein, dauernd getragen und genährt von diesem SINN, aber weiß nichts von ihm; es sieht nur, was vor Augen ist. Denn die Art des Edlen, die nicht nur Dinge sieht, sondern den SINN der Dinge, ist selten. Der SINN der Welt ist zwar Güte und Weisheit, aber er ist seinem innersten Wesen nach auch jenseits von Güte und Weisheit.

§ 4 Er offenbart sich als Gütigkeit, aber er verbirgt seine Wirkungen. Er belebt alle Dinge, aber er teilt nicht die Sorgen des heiligen Weisen. Seine herrliche Art, sein großes Wirkungsfeld sind das Höchste, was es gibt.

Die Bewegung von innen nach außen zeigt den SINN in seinen Offenbarungen als Allgütigen. Aber dabei bleibt er geheimnisvoll am lichten Tag. Die Bewegung von außen nach innen verbirgt die Ergebnisse seiner Wirkungen. Es ist, wie im Frühling und Sommer sich alle Keime entfalten und die lebenspendende Güte der Natur offenbar wird. Daneben aber geht die stille Kraft, die alle Ergebnisse des Wachstums im Samen verbirgt und in geheimnisvoller Weise die Wirkungen des kommenden Jahres vorbereitet. Der SINN wirkt auf diese Weise unerschöpflich und ewig. Aber diese belebende Wirkung, der alle Wesen ihr Dasein verdanken, ist etwas rein Spontanes. Sie gleicht nicht dem bewußten Sorgen des Menschen, der mit innerer Mühe das Gute erstrebt.

§ 5 Daß er alles in vollem Reichtum besitzt, das ist sein großes Wirkungsfeld. Daß er alles täglich erneuert, das ist seine herrliche Art.

Es gibt nichts, das nicht der Besitz des SINNS wäre; denn er ist allgegenwärtig; alles, was ist, ist in ihm und durch ihn. Aber es ist kein toter Besitz, sondern durch seine ewige Art macht er alles immer wieder neu, so daß die Welt jeden Tag wieder so herrlich ist wie am ersten Schöpfungstage.

§ 6 Als Erzeuger alles Erzeugens heißt er die Wandlung.

Das Dunkle erzeugt das Lichte, und das Lichte erzeugt das Dunkle in unaufhörlichem Wechsel; aber was diesen Wechsel, dem alles Leben sein Dasein verdankt, erzeugt, das ist der SINN und sein Gesetz der Wandlung.

§ 7 Als Vollender der Urbilder heißt er das Schöpferische, als Nachbildendes heißt er das Empfangende.

Es liegt hier die Anschauung zugrunde, die auch im Taoteking ausgesprochen ist*, daß nämlich der Wirklichkeit eine Welt der Urbilder zugrunde liegt, die in der körperlichen Welt ihre Nachbilder – eben die wirklichen Dinge – haben. Die Welt der Urbilder ist der Himmel, die Welt der Nachbilder die Erde, dort die Kraft, hier der Stoff, dort das Schöpferische, hier das Empfangende. Aber es ist derselbe SINN, der sich sowohl im Schöpferischen als im Empfangenden auswirkt.

§ 8 Indem er dazu dient, die Gesetze der Zahl zu erforschen und so die Zukunft zu wissen, heißt er die Offenbarung. Indem er dazu dient, die Veränderungen mit lebendigem Zusammenhang zu durchdringen, heißt er das Werk.

Auch das Künftige entwickelt sich nach den festen Gesetzen, nach berechenbaren Zahlen. Wenn man diese Zahlen kennt, so lassen sich die zukünftigen Ereignisse mit vollkommener Sicherheit berechnen. Auf diesem Gedanken beruht das Orakel des Buchs der Wandlungen. Dieses Unabänderliche ist die Welt des Dämonischen, in der es keine Willkür gibt. Hier liegt alles fest. Das ist das Gebiet des Yin. Aber außer dieser starren Welt der Zahl gibt es lebendige Tendenzen. Die Dinge entwickeln sich, sie verfestigen sich in einer Richtung, sie erstarren, dann gehen sie unter, eine Veränderung tritt ein, der Zusammenhang ist wieder hergestellt, die Welt ist wieder eins. Das Geheimnis des SINNS ist nun, in dieser Welt des Wandelbaren, der Welt des Lichts, dem Gebiet des Yang, die Veränderungen so in Gang zu halten, daß keine Erstarrung eintritt, sondern fortwährend der durchgehende Zusammenhang erhalten bleibt. Wem es gelingt, dem, was er schafft, diese Regenerationskraft mitzugeben, der schafft etwas Organisches, und das so geschaffene Werk hat Dauer in sich selbst.

* Vgl. R. Wilhelm, Chinesische Lebensweisheit, pag. 16ff.

§ 9 Dasjenige an ihm, was durch das Lichte und Dunkle nicht ermessen werden kann, heißt der Geist.

Die beiden Grundkräfte in ihrem Wechsel und ihrer gegenseitigen Wirkung dienen zur Erklärung der sämtlichen Erscheinungen der Welt. Aber es bleibt ein Rest, der sich durch dieses Gegenspiel nicht erklären läßt, ein letztes Warum. Diese letzte Tiefe des SINNS ist der Geist, das Göttliche, Unerforschliche, schweigend zu Verehrende an ihm.

KAPITEL VI

Übertragung des Verhältnisses des SINNS auf das Buch der Wandlungen

§ 1 Das Buch der Wandlungen ist weit und groß. Redet man von der Ferne, so kennt es keine Schranken. Redet man von der Nähe, so ist es still und recht. Redet man vom Raum zwischen Himmel und Erde, so umfaßt es alles.

Hier wird das Buch der Wandlungen in Beziehung gesetzt zu der Welt des Makrokosmos und Mikrokosmos. Erst wird sein Bereich im Horizontalen, in der Weite angegeben. Seine Gesetze gelten in allen Fernen, und ebenso gelten sie für das Nächste, als die Gesetze der eigenen Brust. Dann wird die vertikale Richtung, der Raum zwischen Himmel und Erde, angegeben, weil die Schicksale der Menschen sozusagen vom Himmel herabkommen.

§ 2 Das Schöpferische ist im Ruhezustand eins und im Bewegungszustand geradeaus, darum erzeugt es das Große. Das Empfangende ist im Ruhezustand geschlossen und im Bewegungszustand sich öffnend, darum erzeugt es das Weite.

Das Schöpferische ist hier das Zeichen des Buchs der Wandlungen und besonders die Linie, durch die es symbolisiert wird. Diese Linie ist im Ruhezustand eine einfach eindimensionale Linie: ——. Im Bewegungszustande ist die Bewegung direkt nach vorwärts gerichtet. Das Empfangende ist durch eine geteilte Linie symbolisiert: — —. Im Ruhezustand schließt sie sich, im Bewegungszustand öffnet sie sich. So ist das, was durch das Schöpferische gewirkt wird, seiner Art nach bezeichnet als groß. Das Schöpferische erzeugt die Qualität. Das, was durch das

Empfangende erzeugt wird, ist seiner Gestalt nach bezeichnet als weit, mannigfaltig. Das Empfangende erzeugt die Quantität.

§ 3 Durch seine Weite und Größe entspricht es Himmel und Erde. Durch seine Veränderungen und Zusammenhänge entspricht es den vier Jahreszeiten. Durch die Bedeutung des Lichten und Dunkeln entspricht es Sonne und Mond. Durch das Gute des Leichten und Einfachen entspricht es der höchsten Art.

Hier werden die Parallelen des Buchs der Wandlungen mit den Weltzusammenhängen aufgezeigt. Es enthält räumliche Mannigfaltigkeit, Quantität, wie die Erde. Es enthält intensive Größe, Qualität, wie der Himmel. Es zeigt Veränderungen und in sich zusammengeschlossene Zusammenhänge wie der Lauf des Jahres innerhalb der vier Jahreszeiten. Es zeigt im Prinzip des Lichten dieselbe Bedeutung, wie sie der Sonne zugrunde liegt. Das Lichte heißt Yang. Die Bezeichnung der Sonne ist Tai Yang, das große Lichte. Im Prinzip des Dunkeln zeigt es dieselbe Bedeutung, wie sie dem Mond zugrunde liegt. Das Dunkle heißt Yin. Die Bezeichnung für den Mond ist Tai Yin, das große Dunkle.
Oben wurde ausgeführt, daß das Wesen des Schöpferischen im Leichten, das Wesen des Empfangenden im Einfachen liegt, jenen Keimen des Werdens, aus denen sich alles Weitere spontan entwickelt. Diese Art entspricht dem Guten im SINN in seiner Kunst, das Leben auf die einfachste Weise fortzusetzen (vgl. Kap. 5, § 2), und damit der höchsten Art des SINNS (vgl. Kap. 5, § 4).

KAPITEL VII

Die Wirkungen des Buchs der Wandlungen auf den Menschen

§ 1 Der Meister sprach: Ist nicht das Buch der Wandlungen das Höchste? Das Buch der Wandlungen ist es, wodurch die heiligen Weisen ihre Art erhöhten und ihr Wirkungsfeld erweiterten.

Die Weisheit erhöht. Die Sitte macht demütig. Die Höhe ahmt dem Himmel nach. Die Demut folgt dem Vorbild der Erde.

Der Spruch wird ausdrücklich als Wort des Meisters Kung bezeichnet, woraus folgt, daß der Aufsatz nicht in seinem ganzen

Umfang von Kungtse stammen kann, sondern in seiner Schule entstand. In Wirklichkeit enthalten die einzelnen Kapitel ja auch Ausführungen sehr verschiedener Art und wohl auch aus verschiedener Zeit.
Es wird hier gezeigt, wie das Buch der Wandlungen, recht benützt, zur Übereinstimmung mit den letzten Weltprinzipien führt. Die Weisen erhöhen dadurch ihre Art, indem sie die Weisheit sich aneignen, die in diesem Buch geborgen ist. Damit kommen sie in Übereinstimmung mit dem Himmel, der hoch ist. Der Geist gewinnt auf diese Weise Höhe des Standpunkts. Auf der andern Seite erweitert sich das Wirkungsfeld. Durch den umfassenden Gesichtskreis erhebt sich der Gedanke der Sitte, der Einzelne ordnet sich dem Ganzen unter. Durch diese demütige Unterordnung kommen sie in Übereinstimmung mit der Erde, die niedrig ist. Als Einzelpersönlichkeit gewinnt man auf diese Weise die Weite des Wirkungsfelds.

§ 2 Himmel und Erde bestimmen den Schauplatz, und die Wandlungen vollziehen sich inmitten davon. Das vollendete Wesen des Menschen, das sich dauernd erhält, ist das Tor des SINNS und der Gerechtigkeit.

Der Himmel ist der Schauplatz der geistigen Welt, die Erde der Schauplatz der körperlichen Welt. In diesen Welten bewegen sich die Dinge, die alle nach den Regeln des Buchs der Wandlungen sich entwickeln und umgestalten. Ebenso ist das Wesen des Menschen, das vollendet ist und dauert, das Tor, durch das die Handlungen des Menschen aus- und eingehen; und wenn man in Einklang mit den Lehren des Buchs der Wandlungen sich befindet, entsprechen diese Handlungen dem SINN der Welt und der Gerechtigkeit. Dabei entspricht der SINN, der in seiner Äußerung sich als Gütigkeit zeigt, dem lichten und die Gerechtigkeit dem dunklen Prinzip, der Erhöhung und Erweiterung des Wesens.

KAPITEL VIII

Über den Gebrauch der beigefügten Erklärungen

§ 1 Die heiligen Weisen vermochten alle die wirren Mannigfaltigkeiten unter dem Himmel zu übersehen. Sie beobachteten die Formen und Erscheinungen und bildeten die Dinge und ihre Eigenschaften ab. Das nannte man: die Bilder.

Es wird hier gezeigt, wie aus den Urbildern, die den Erscheinungen und Dingen zugrunde liegen, die Abbilder des Buchs der Wandlungen entstanden.

§ 2 Die heiligen Weisen vermochten all die Bewegungen unter dem Himmel zu übersehen. Sie betrachteten, wie sie zusammentrafen und zusammenhingen, um nach ihren ewigen Ordnungen zu laufen. Da fügten sie Urteile bei, um ihr Heil und Unheil zu entscheiden. Das nannte man: die Urteile.

Das letzte Wort heißt im Text »Striche«. In der Übersetzung wurde die Korrektur von Hu Schï in seiner »Geschichte der chinesischen Philosophie« akzeptiert, die die Gegenüberstellung von Bildern und Urteilen, wie sie sich auch an anderen Stellen des Buchs der Wandlungen findet, besser herausbringt.

§ 3 Sie reden von den wirrsten Mannigfaltigkeiten, ohne daß sie Abneigung erwecken. Sie reden von dem höchst Beweglichen, ohne daß sie Verwirrung veranlassen.

§ 4 Das kommt davon her, daß sie beobachteten, ehe sie redeten, und besprachen, ehe sie sich bewegten. Durch Beobachtung und Besprechung machten sie die Veränderungen und Umgestaltungen vollkommen.

Auch in diesen beiden Paragraphen tritt die Gegenüberstellung von Beobachtung am Bild der Zeichen für die Kenntnis der Mannigfaltigkeiten und Besprechung im Urteil der Zeichen für die Kenntnis der Bewegungsrichtungen hervor. Wir haben hier Ausführungen über die Theorie des Einfachen als Wurzel der Mannigfaltigkeiten der Form (in Übereinstimmung mit dem Empfangenden) und des Leichten als Wurzel aller Bewegungen (in Übereinstimmung mit dem Schöpferischen) wie in Kap. I, § 6ff. Die folgenden Paragraphen (Reste eines ausführlichen Kommentars zu den einzelnen Linien der Zeichen) führen nun Beispiele dafür an.

§ 5 »Ein rufender Kranich im Schatten. Sein Junges antwortet ihm. Ich habe einen guten Becher. Ich will ihn mit dir teilen.« Der Meister sprach: Der Edle weilt in seinem Zimmer. Äußert er seine Worte gut, so findet er Zustimmung aus einer Entfernung von über tausend Meilen. Wieviel mehr noch aus der Nähe! Weilt der Edle in seinem Zimmer und äußert seine Worte nicht gut, so findet er Widerspruch aus einer Entfernung von über tausend Meilen. Wieviel mehr noch aus der Nähe! Die Worte gehen von der eignen Person aus und wirken auf die Menschen. Die Werke entstehen in der Nähe und werden sichtbar in der Ferne. Worte und Werke sind des Edlen Türangel und Armbrustfeder. Indem sich diese Angel und Feder bewegen, bringen sie Ehre oder Schande. Durch Worte und Werke bewegt der Edle Himmel und Erde. Muß man da nicht vorsichtig sein?

Vgl. Buch I, Zeichen Nr. 61, Dschung Fu, Innere Wahrheit, Neun auf zweitem Platz: Ausführung über das Reden.

§ 6 »Die gemeinsamen Menschen weinen erst und klagen, aber nachher lachen sie.«

Der Meister sprach:

Das Leben führt den ernsten Mann auf bunt verschlungnem Pfade.
Oft wird gehemmt des Laufes Kraft, dann wieder geht's gerade.
Hier mag sich ein beredter Sinn in Worten frei ergießen,
Dort muß des Wissens schwere Last in Schweigen sich verschließen.
Doch wo zwei Menschen einig sind in ihrem innern Herzen,
Da brechen sie die Stärke selbst von Eisen oder Erzen.
Und wo zwei Menschen sich im innern Herzen ganz verstehen,
Sind ihre Worte süß und stark wie Duft von Orchideen.

Vgl. Buch I, Zeichen Nr. 13, Tung Jen, Gemeinschaft mit Menschen, Neun auf fünftem Platz: ebenfalls über das Reden.

§ 7 »Anfangs eine Sechs bedeutet: Unterlegen mit weißem Schilfgras. Kein Makel.«
Der Meister sprach: Wenn man etwas nur einfach auf den Boden stellt, so geht es ja auch. Aber wenn man es mit weißem Schilfgras unterlegt, was für ein Fehler könnte dabei sein? Das ist das Äußerste an Vorsicht. Das Schilfgras ist an sich ein wertloses Ding, aber es kann von sehr wichtiger Wirkung sein. Wenn man so vorsichtig ist in allem, was man tut, bleibt man frei von Fehlern.

Vgl. Buch III, Zeichen Nr. 28, Da Go, des Großen Übergewicht, Anfangssechs: Über das Handeln.

§ 8 »Ein verdienstvoll-bescheidener Edler bringt zu Ende. Heil!«
Der Meister sprach: Wenn man sich seiner Mühen nicht rühmt und seine Verdienste sich nicht zur Tugend anrechnet, das ist die höchste Großzügigkeit. Das heißt, daß man sich mit seinen Verdiensten unter andere stellt. In seiner Art herrlich, in seinen Sitten ehrfurchtsvoll, ist der Bescheidene äußerst verdienstvoll, und deshalb vermag er seine Stellung zu wahren.

Vgl. Buch III, Zeichen Nr. 15, Kiën, die Bescheidenheit, Neun auf drittem Platz: Über das Handeln.

§ 9 »Hochmütiger Drache wird zu bereuen haben.«
Der Meister sprach: Wer vornehm ist ohne die Stellung dazu, wer hoch ist ohne das Volk dazu, bei wem die tüchtigen Leute in untergeordneten Stellen sind, ohne daß sie seine Unterstützung finden, der wird es zu bereuen haben, sowie er sich bewegt.

Vgl. Buch III, Zeichen Nr. 1, Kiën, das Schöpferische, obere Neun, Wen Yen, wo dieser Passus – offenbar aus demselben Kommentar stammend – wörtlich enthalten ist: Über das Handeln.

§ 10 »Nicht zu Tür und Hof hinausgehen ist kein Makel.«
Der Meister sprach: Wo Unordnung entsteht, da sind die Worte die Stufe dazu. Wenn der Fürst nicht ver-

schwiegen ist, so verliert er den Diener. Wenn der Diener nicht verschwiegen ist, so verliert er das Leben. Wenn Sachen im Keime nicht verschwiegen behandelt werden, so schadet das der Vollendung. Darum ist der Edle sorgfältig im Verschweigen und geht nicht hinaus.

Vgl. Buch I, Zeichen Nr. 60, Dsië, die Beschränkung, Anfangsneun: Über das Reden.

§ 11 Der Meister sprach: Die Verfasser des Buchs der Wandlungen kannten die Räuber. Im Buch der Wandlungen heißt es: »Wenn einer eine Last auf dem Rükken trägt und trotzdem Wagen fährt, veranlaßt er dadurch die Räuber, herbeizukommen.« Eine Last auf dem Rücken zu tragen, ist das Geschäft eines gemeinen Menschen. Ein Wagen ist das Gerät eines vornehmen Mannes. Wenn nun ein Gemeiner das Gerät eines vornehmen Mannes benützt, so denken die Räuber darauf, es ihm wegzunehmen. Wenn einer frech nach oben und hart nach unten ist, so denken die Räuber daran, ihn anzugreifen. Lässige Aufbewahrung verführt die Räuber zum Stehlen. Üppiger Schmuck eines Mädchens verlockt zum Raub ihrer Tugend. Im Buch der Wandlungen heißt es: »Wenn einer eine Last auf dem Rücken trägt und trotzdem Wagen fährt, veranlaßt er dadurch die Räuber, herbeizukommen«; denn das ist ein Wink für Räuber.

Vgl. Buch I, Zeichen Nr. 40, Hië, die Befreiung, Sechs auf drittem Platz: Über das Handeln.

KAPITEL IX

Über das Orakel

§ 1 Der Himmel ist eins, die Erde zwei, der Himmel drei, die Erde vier, der Himmel fünf, die Erde sechs, der Himmel sieben, die Erde acht, der Himmel neun, die Erde zehn.

Dieser Paragraph steht im überlieferten Text vor Kapitel X und wurde durch Tschongtse in der Sungzeit hierher versetzt und mit dem folgenden Paragraphen verbunden, der ursprünglich hinter dem jetzigen § 3 stand. Die beiden Paragraphen gehören zweifellos zusammen, stehen aber mit dem Folgenden nur in recht losem Zusammenhang. Sie enthalten Zahlenspekulationen, die sich an den Abschnitt Hung Fan im Buch der Urkunden anschließen. Sie sind wohl der Anfang der Verbindung der Zahlenspekulation des Buchs der Urkunden mit der Yin-Yang-Lehre des I Ging, wie sie besonders während der Handynastie eine große Rolle gespielt hat. Zum Verständnis der Sache, von der hier nur eine kurze Andeutung gegeben werden soll, muß man zurückgehen auf die Figur, die unter dem Namen Ho Tu, der Plan vom Gelben Fluß, bekannt ist und die von Fu Hi stammen soll. Dieser Plan zeigt die Entstehung der fünf Wandlungszustände (wu hing, gewöhnlich fälschlich Elemente genannt) aus geraden und ungeraden Zahlen.

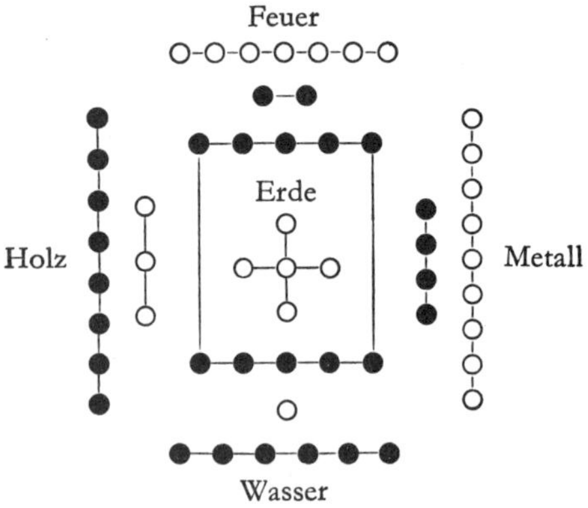

Das Wasser im Norden ist entstanden aus der Eins des Himmels, der sich die Sechs der Erde ergänzend zugesellt. Das Feuer im Süden ist entstanden aus der Zwei der Erde, der sich die Sieben des Himmels ergänzend zugesellt. Das Holz im Osten ist entstanden aus der Drei des Himmels, der sich die Acht der Erde ergänzend zugesellt. Das Metall im Westen ist entstanden aus der Vier der Erde, der sich die Neun des Himmels ergänzend zugesellt. Die Erde in der Mitte (Erdboden, Tu, stofflich, im Unterschied von Di, Erde, als Weltkörper) ist entstanden aus

der Fünf des Himmels, der sich die Zehn der Erde ergänzend zugesellt.
Die zweite Anordnung, wobei die Zahlen wieder auseinandertreten und mit den acht Zeichen sich kombinieren, ist die des Lo Schu (Schrift vom Flusse Lo).

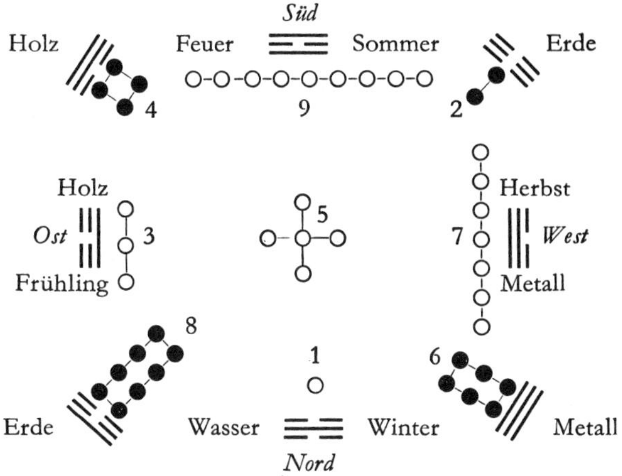

§ 2 Zahlen des Himmels gibt es fünf, Zahlen der Erde gibt es auch fünf. Wenn man sie an die fünf Plätze verteilt, so hat jede ihre Ergänzung. Die Summe der Zahlen des Himmels ist 25. Die Summe der Zahlen der Erde ist 30. Die Gesamtsumme der Zahlen des Himmels und der Erde ist 55. Dies ist es, was die Veränderungen und Umgestaltungen vollendet und Dämonen und Götter in Bewegung bringt.

Dieser Paragraph ist aus den vorangehenden Anmerkungen ohne weiteres verständlich. Er ist ebenso wie jener zweifellos aus späterer Zeit.

§ 3 Die Zahl der Gesamtmenge ist 50. Davon benützt man 49. Man teilt sie in zwei Teile, um die beiden Grundkräfte nachzubilden. Dann hält man eines besonders, um die drei Mächte nachzubilden. Man zählt mit vier durch, um die vier Jahreszeiten nachzubilden. Den

Rest steckt man weg, um den Schaltmonat nachzubilden. In fünf Jahren sind zwei Schaltmonate, darum wiederholt man das Wegstecken, und danach hält man das Ganze.

Es wird hier der Prozeß des Orakelnehmens mit kosmischen Vorgängen in Zusammenhang gebracht. Der Hergang beim Befragen des Orakels ist folgender:
Man hat 50 Schafgarbenstengel, von denen man aber nur 49 benützt. Diese 49 werden zunächst in zwei Haufen geteilt. Dann steckt man vom Haufen rechts einen Stengel zwischen vierten und fünften Finger der linken Hand. Dann zählt man den linken Haufen mit vier durch und steckt den Rest (vier oder weniger) zwischen dritten und vierten Finger. Darauf macht man es mit dem rechten ebenso und steckt den Rest zwischen zweiten und dritten Finger. Das ist eine Wandlung. Man hat dann zusammen entweder fünf oder neun Stengel in der Hand. Nun vereinigt man die beiden Resthaufen wieder und macht denselben Hergang noch zweimal. Dieses zweite und dritte Mal bekommt man entweder vier oder acht Stengel. Die fünf beim erstenmal und die vier bei den übrigen Malen gelten als Einheit mit dem Zahlenwert 3, die neun bzw. acht haben den Zahlenwert 2. Bekommt man nun bei drei aufeinanderfolgenden Wandlungen die Werte $3 + 3 + 3 = 9$, so ergibt das ein altes Yang, einen sich bewegenden festen Strich. $2 + 2 + 2 = 6$ ergibt das alte Yin, einen sich bewegenden weichen Strich. 7 ist das junge Yang, 8 das junge Yin. Sie kommen als Einzelstriche nicht in Betracht (vgl. den Abschnitt über das Orakelnehmen am Schluß dieses Buches).

§ 4 Die Zahlen, die das Schöpferische ergeben, sind 216; diejenigen, die das Empfangende ergeben, sind 144, zusammen 360. Sie entsprechen den Tagen des Jahres.

Wenn das Schöpferische aus sechs alten Yangstrichen, d. h. lauter Neunen zusammengesetzt ist, ergeben diese beim Orakelnehmen folgende Zahlen:

Benützt werden:	49 Stengel
Davon ab das erstemal $5 + 4 + 4 =$	13 „
	36 Stengel

Dasselbe für die sechs Linien 6mal wiederholt, ergibt als Zahl für die *Reste* $6 \times 36 = 216$ Stengel.
In ähnlicher Weise ist es beim Empfangenden, falls es aus lauter Sechsen, d. h. alten Yinstrichen, besteht.

Gesamtzahl der Stengel	49
Davon ab für eine Sechs (altes Yin) 9 + 8 + 8 =	25
	24

Dasselbe für die sechs Linien eines Zeichens 6mal wiederholt, ergibt 6 × 24 = 144 Stengel als Gesamtzahl der Reste.
Zählt man nun die Zahlen für das Schöpferische und das Empfangende zusammen, so erhält man 216 + 144 = 360, was der mittleren Zahl des chinesischen Jahres entspricht*.

§ 5 Die Zahlen der Stengel in beiden Teilen betragen 11520, was der Zahl der 10000 Dinge entspricht.

Im ganzen Buch der Wandlungen gibt es 192 Striche von jeder Art (im ganzen 64 × 6 = 384 Striche, davon je die Hälfte Yang bzw. Yin). Von diesen 192 Strichen ergibt jeder sich bewegende Yangstrich, wie im obigen Paragraphen gezeigt, den Stengelrest von 36, im ganzen also 192 × 36 = 6912. Die sich bewegenden Yinstriche ergeben einen Stengelrest von 24, also 192 × 24 = 4608, im ganzen also 6912 + 4608 = 11520.

§ 6 Darum: Es sind vier Verrichtungen nötig, um eine Wandlung zu ergeben; 18 Veränderungen ergeben ein Zeichen.

Die Worte Wandlung und Veränderung werden hier ganz im selben Sinn gebraucht. Jeder Strich setzt sich, wie oben gezeigt, zusammen aus drei »Veränderungen« oder »Wandlungen«. Die vier Verrichtungen sind: 1. Abteilen der Stäbchen in zwei Haufen. 2. Entnahme des einen Stäbchens, das zwischen Goldfinger und kleinen Finger gesteckt wird. 3. Durchzählung des linken Haufens mit vier und Unterbringung des Restes zwischen Gold- und Mittelfinger. 4. Durchzählung des rechten Haufens mit vier und Unterbringung des Restes zwischen Zeige- und Mittelfinger. Durch diese vier Verrichtungen bekommt man eine »Wandlung« oder »Veränderung«, d. h. den Zahlenwert 2 oder 3 (s. o.). Wird diese Wandlung dreimal wiederholt, so bekommt man den Strichwert: entweder 6 oder 7 oder 8 oder 9. Sechs Striche (= 6 × 3 = 18 Wandlungen) ergeben dann den Aufbau des Zeichens.

§ 7 Die acht Zeichen bilden eine kleine Vollendung.

Ein Zeichen aus sechs Strichen setzt sich aus zwei dreistrichigen Zeichen zusammen. Die dreistrichigen Zeichen sind eben die acht Zeichen. Das untere heißt auch das innere, das obere heißt auch das äußere Zeichen.

* Das chinesische Jahr stimmt im wesentlichen mit dem Metonischen Jahr überein.

§ 8 Wenn man fortfährt und weitergeht und die Zustände durch die Übergänge in die entsprechenden andern vermehrt, so sind damit alle möglichen Zustände auf Erden erschöpft.

Jedes der 64 Zeichen kann durch entsprechende Bewegung von einem oder mehreren Strichen in ein anderes übergehen. So erhält man im ganzen 64 × 64 = 4096 verschiedene Übergangszustände, die alle möglichen Situationen erschöpfen.

§ 9 Es offenbart den SINN und vergöttlicht die Art und den Wandel. Darum kann man mit seiner Hilfe allem auf die richtige Weise entgegentreten und mit seiner Hilfe selbst die Götter unterstützen.

Dieser Paragraph redet wieder vom Buch der Wandlungen im allgemeinen. Er spricht davon, daß das Buch den Sinn des Weltgeschehens offenbart und dadurch Art und Wandel des Menschen, der sich ihm anvertraut, göttergleich geheimnisvoll macht, so daß der Mensch in den Stand gesetzt wird, jedem Ereignis auf die richtige Weise zu begegnen und selbst den Göttern in ihrem Walten zur Seite zu stehen.

§ 10 Der Meister sprach: Wer den SINN der Veränderungen und Umgestaltungen kennt, der kennt das Wirken der Götter.

KAPITEL X

Der vierfache Gebrauch des Buchs der Wandlungen

§ 1 Das Buch der Wandlungen enthält einen vierfachen SINN der Heiligen und Weisen. Beim Reden richte man sich nach seinen Urteilen, beim Handeln richte man sich nach seinen Veränderungen, bei Anfertigung von Gegenständen richte man sich nach seinen Bildern, beim Orakelholen richte man sich nach seinen Auskünften.

§ 2 Darum befragt der Edle es, wenn er etwas zu machen oder zu tun hat, und zwar mit Worten. Jenes nimmt seine Mitteilungen auf wie ein Echo, es gibt nichts

Fernes und Nahes, nichts Dunkles und Tiefes für dasselbe: so erfährt er die künftigen Dinge. Wenn dieses Buch nicht das allergeistigste auf Erden wäre, wie könnte es so etwas?

Hier wird die Psychologie des Orakels gezeichnet. Der Orakelsuchende formuliert sein Anliegen genau in Worten und empfängt dann wie ein Echo ohne Rücksicht, ob es sich um Nahes oder Fernes, Geheimes oder Tiefes handelt, das passende Orakel, durch das er in den Stand gesetzt wird, die Zukunft zu erkennen. Es ist dabei gedacht, daß Bewußtes und Überbewußtes miteinander in Beziehung treten. Das Bewußte geht bis zur Formulierung. Beim Teilen der Stäbchen tritt das Unbewußte ein, und aus dieser Teilung ergibt sich dann, wenn man das Resultat mit dem Text des Buchs vergleicht, das Orakel.

§ 3 Es werden die drei und fünf Verrichtungen vorgenommen, um eine Veränderung zu erreichen. Es werden Teilungen und Vereinigungen der Zahl vorgenommen. Wenn man die Änderungen durchläuft, so vollenden sie die Formen von Himmel und Erde. Steigert man ihre Zahl aufs äußerste, so bestimmen sie alle Bilder auf Erden. Wenn das nicht das Allerveränderlichste auf Erden wäre, wie könnte es so etwas?

Es ist viel über die Drei- und Fünfteilung gesprochen worden, und selbst Dschu Hi ist der Meinung, daß der Passus heute nicht mehr verständlich sei. Aber man darf nur Kapitel IX, § 3 zugrunde legen, zu dem wir hier eine nähere Ausführung haben, um einen Zusammenhang in den Text zu bringen. Die drei »Verrichtungen« sind die Teilung in zwei Haufen und das Besondersstecken eines Stengels, »um die drei Mächte nachzubilden«. Darauf werden die beiden Haufen je mit vier durchgezählt, »weil in fünf Jahren zwei Schaltmonate sind«, damit erhält man $3 + 2 = 5$ Verrichtungen, die eine Veränderung ergeben. So fährt man mit Teilungen und Vereinigung fort, bis man »die Formen von Himmel und Erde vollendet«, d. h. zunächst eines der acht Zeichen, d. h. eine »Kleine Vollendung« (vgl. Kap. IX, § 7) erlangt. Man fährt dann fort, bis man den obersten, sechsten Strich erreicht hat und dadurch ein vollständiges Bild erhält, das sich jeweils aus zwei Urzeichen zusammensetzt.

§ 4 Die Wandlungen haben kein Bewußtsein, keine Handlung, stille sind sie und bewegen sich nicht. Werden sie aber angeregt, so durchdringen sie alle Verhältnisse unter dem Himmel. Wenn sie nicht das Allergöttlichste auf Erden wären, wie könnten sie so etwas?

Hier ist deutlich ausgesprochen, was in den Bemerkungen zu § 2 ausgeführt wurde.

Bemerkung: Die Verhältnisse des Buchs der Wandlungen können am besten verglichen werden mit dem Netzwerk einer elektrischen Leitung, die alle Verhältnisse durchdringt. Sie hat nur die Möglichkeit des Erleuchtens, aber leuchtet nicht. Indem dann durch den Fragenden der Kontakt mit einer bestimmten Situation hergestellt ist, wird der Strom erregt und die betreffende Situation erleuchtet. Ohne daß in einem der Kommentare dieses Bild gebraucht wäre, läßt sich dadurch mit wenigen Worten alles erläutern, was im Text gemeint ist.

§ 5 Die Wandlungen sind es, wodurch die Heiligen und Weisen alle Tiefen erreicht und alle Keime erfaßt haben.

§ 6 Nur durch das Tiefe kann man alle Willen auf Erden durchdringen. Nur durch die Keime kann man alle Sachen auf Erden vollenden. Nur durch das Göttliche kann man ohne Hast eilen und, ohne zu gehen, ans Ziel kommen.

Hier wird gezeigt, wie dadurch, daß das Buch der Wandlungen in die unterbewußten Gebiete hinabreicht, sowohl der Raum als die Zeit ausgeschaltet werden. Der Raum als Prinzip der Mannigfaltigkeit und Verwirrung wird überwunden durch die Tiefe, das Einfache; die Zeit als Prinzip der Ungewißheit wird überwunden durch das Leichte, Keimhafte.

§ 7 Wenn der Meister sprach: »Das Buch der Wandlungen enthält einen vierfachen SINN der Heiligen und Weisen«, so ist das damit gemeint.

Es ist wohl anzunehmen, daß in § 1 ein Wort von Kungtse zugrunde liegt, das dann rhetorisch ausgeführt und hier nochmals zusammenfassend erwähnt ist.

KAPITEL XI

Über Schafgarbenstengel, Zeichen und Linien

§ 1 Der Meister sprach: Die Wandlungen, was tun sie denn? Die Wandlungen eröffnen die Dinge, vollenden die Sachen und umfassen alle Wege auf Erden. Dies und nichts anderes. Deshalb benützten sie die Heiligen und Weisen, um alle Willen auf Erden zu durchdringen und alle Wirkungsfelder auf Erden zu bestimmen, um alle Zweifel auf Erden zu entscheiden.

Auch hier ist wieder ein Wort des Meisters vorangestellt, das in einem längeren Aufsatz variiert und ausgeführt wird.

§ 2 Darum ist die Art der Schafgarbenstengel rund und geistig. Die Art der Zeichen ist winkelrecht und weise. Der Sinn der sechs Linien ist wandelnd, um Auskunft zu liefern.

Die Heiligen und Weisen haben auf diese Weise ihr Herz gereinigt, sich zurückgezogen und ins Geheimnis verborgen. Um Heil und Unheil kümmerten sie sich gemeinsam mit den Menschen. Göttlich waren sie, so daß sie die Zukunft kannten; weise waren sie, so daß sie die Vergangenheit bewahrten. Wer ist es, der das alles kann? Nur die Vernunft und Klarheit der Alten, ihre Erkenntnis und Weisheit, ihre göttliche Kraft ohne Nachlassen.

Hier ist durchgängig die Dreiteilung des vorigen Paragraphen weitergeführt. Die Durchdringung aller Willen wird verglichen mit der Geistigkeit der Schafgarbenstengel; sie sind rund als Symbol des Himmels und des Geistes. Die Zahl, die ihnen zugrunde liegt, ist die Sieben, $7 \times 7 = 49$ ist ihre Zahl. Die Zeichen bedeuten die Erde, ihre Zahl ist die Acht, $8 \times 8 = 64$ ist die Summe der Zeichen. Sie dienen, um das Wirkungsfeld zu bestimmen. Die Einzellinien endlich sind beweglich und veränderlich (ihre Zahlen sind 9 und 6), um Auskunft zu geben und die Zweifel der Einzellage zu entscheiden.
Diese Erkenntnis hatten die Heiligen und die Weisen. Sie zogen sich in die Verborgenheit zurück und pflegten ihren Geist, so daß sie aller Menschen Gesinnung durchdringen konnten

(Durchdringung), daß sie Heil und Unheil bestimmen konnten (Wirkungsfeld) und Vergangenheit und Zukunft kannten (Entscheidung der Zweifel). Das konnten sie vermöge ihrer Vernunft und Klarheit (Durchdringung der Willen), ihrer Erkenntnis und Weisheit (Bestimmung des Wirkungsfelds) und ihrer göttlichen Kraft (Entscheidung der Zweifel). Diese göttliche Kriegskraft (chin. Schen Wu) wirkt, ohne sich abzuschwächen (dies die bessere Lesart statt: ohne zu töten).

§ 3 Darum durchschauten sie den SINN des Himmels und verstanden die Verhältnisse der Menschen. So erfanden sie diese göttlichen Dinge, um dem Bedürfnis der Menschen entgegenzukommen. Die Heiligen und Weisen fasteten darum, um ihre Art göttlich klarzumachen.

Weil jene Weisen die Gesetze des Weltverlaufs und das, was den Menschen not tat, in gleicher Weise erkannten, erfanden sie den Gebrauch der Orakelstengel – dies die göttlichen Dinge –, um auf diese Weise die Bedürfnisse der Menschen zu erfüllen. So konzentrierten sie sich in heiliger Meditation darauf, ihrem Wesen die hierfür nötige Kraft und Fülle zu geben. Dementsprechend ist das Verständnis des Buchs der Wandlungen auch an entsprechende Konzentration und Meditation geknüpft.

§ 4 Darum nannten sie das Schließen der Pforten das Empfangende, und das Öffnen der Pforte nannten sie das Schöpferische. Den Wechsel zwischen Schließen und Öffnen nannten sie Veränderung. Das Hin- und Hergehen ohne Aufhören nannten sie das Durchdringen. Was sichtbar sich zeigt, nannten sie Bild, was körperlich gestaltet ist, nannten sie Ding. Was festgesetzt ist für den Gebrauch, nannten sie Gesetz. Was fördernd ist beim Aus- und Eingehen und wovon die Menschen alle leben, das nannten sie das Göttliche.

Hier sind die Verhältnisse des SINNS des Himmels und die Zustände der Menschen gezeigt, wie sie die Heiligen und Weisen erkannten. Das Schließen und Öffnen der Pforten ist der Wechsel von Ruhe und Bewegung. Es sind zugleich zwei Zustände der Yogapraxis, die persönlicher Übung allein zugänglich sind. Das Durchdringen ist der Zustand, wenn man die souveräne Herrschaft auch in der psychischen Sphäre erreicht hat und auch in der Zeit sich hin und her bewegen kann. Die nächsten Sätze zeigen die Entstehung der körperlichen Welt. Erst liegt ein Bild, eine Idee zugrunde; nach diesem Urbild formt sich das Abbild als körperliche Gestalt. Der Hergang, der diesen Vorgang des Nachbildens regelt, ist das Gesetz; und die Kraft, die diese Vorgänge erzeugt, ist das Göttliche. Man kann zu diesen Ausführungen bei Laotse viele Parallelen finden.

§ 5 Darum gibt es in den Wandlungen den großen Uranfang. Dieser erzeugt die zwei Grundkräfte. Die zwei Grundkräfte erzeugen die vier Bilder. Die vier Bilder erzeugen die acht Zeichen.

Der große Uranfang (Tai Gi) spielt in der späteren Naturphilosophie eine große Rolle. Ursprünglich ist Gi der Firstbalken, also ein einfacher Strich als Symbol der Setzung einer Einheit: ——. Durch diese Setzung wird nun aber die Zweiheit mitgesetzt: ein oben und unten entsteht zugleich mit der Erscheinung dieser Setzung. Das Bedingende wird nun weiterhin als ungeteilter Strich bezeichnet, während das Bedingte durch einen geteilten Strich dargestellt wird: — —. Dies sind die beiden polaren Grundkräfte, die später als Yang, das Lichte, Yin, das Dunkle, bezeichnet werden. Durch Verdoppelung entstehen dann die vier Bilder:

⚌ das alte oder große Yang ⚏ das alte oder große Yin
⚎ das junge oder kleine Yang ⚍ das junge oder kleine Yin,

die den vier Jahreszeiten entsprechen. Durch weitere Hinzufügung einer Linie entstehen dann die acht Zeichen:

☰ Kiën ☷ Kun ☳ Dschen ☲ Li
☱ Dui ☴ Sun ☵ Kan ☶ Gen

Dies ist derselbe Hergang, der in Laotse Kap. 42 erwähnt ist.

§ 6 Die acht Zeichen bestimmten Heil und Unheil. Heil und Unheil erzeugen das große Wirkungsfeld.

Das große Wirkungsfeld sind die Ordnungen und Regeln, die von den Heiligen und Weisen erlassen wurden, um für die Menschen Heil zu erlangen und Unheil zu vermeiden.

§ 7 Darum: Es gibt keine größeren Urbilder als Himmel und Erde. Es gibt nichts Beweglicheres und Zusammenhängenderes als die vier Jahreszeiten. Es gibt unter den am Himmel hängenden Bildern keine leuchtenderen als Sonne und Mond. Es gibt in Beziehung auf Verehrung und hohe Stellung keinen größeren als den, der Reichtum und Vornehmheit besitzt. In Beziehung auf die Vorbereitung von Dingen zum Gebrauch, auf Herstellung von Geräten, die für die ganze Welt von Nutzen sind, gibt es niemand Größeres als die Heiligen und Weisen. Um die wirren Mannigfaltigkeiten zu begreifen und das Geheime zu erforschen, um das Tiefe zu erreichen und in die Ferne zu wirken und so Heil und Unheil auf Erden festzusetzen und alle Anstrengungen auf Erden zu vollenden, gibt es nichts Größeres als das Orakel.

Ähnlich wie in Laotse Kap. 25, wo von den vier Großen im Weltraum gesprochen wird, wird hier die Größe in der Natur und in der Menschenwelt zusammen genannt. Das nachzuahmende Urbild ist Himmel und Erde. Das Beweglichste und Zusammenhängendste sind die Zeiten, das Leuchtendste Sonne und Mond. So ist auf Erden der Höchste der Menschenkönig, der Weise auf dem Thron, der, reich und vornehm zugleich, die Quelle von Reichtum und Adel ist. Ihm zur Seite stehen der wirkende Weise, der Ordner und Erfinder, und – den leuchtenden Bildern von Sonne und Mond entsprechend – das Orakel, das alle Verhältnisse auf Erden aufklärt und beleuchtet.

§ 8 Darum: Der Himmel erzeugt göttliche Dinge: der Heilige und der Weise nehmen sie als Muster. Himmel und Erde ändern und gestalten sich: der Heilige und der Weise ahmen ihnen nach. Am Himmel hängen Bilder, die Heil und Unheil offenbaren: der Heilige und der Weise bilden sie ab. Der Gelbe Fluß brachte einen Plan hervor, und der Lo-Fluß brachte eine Schrift hervor: die Heiligen nahmen sie als Muster.

Es wird hier weiter der Parallelismus zwischen den Vorgängen im Makrokosmos und dem Wirken der Heiligen und Weisen ausgeführt. Die göttlichen Dinge, die Himmel und Erde erzeugen, sind wohl die Naturerscheinungen, die von den Heiligen in den acht Zeichen nachgebildet wurden. Eine andere Auffassung ist, daß es sich um Schildkröten und Schafgarben handelt. Die Veränderungen und Umgestaltungen, die sich in Tag und Nacht und in den Jahreszeiten zeigen, sind in der Art der Wandlungen der Striche nachgemacht. Die Zeichen am Himmel, die

Glück und Unglück bedeuten, sind Sonne, Mond und Sterne nebst Kometen, Finsternissen und dergleichen. Sie sind abgebildet in den beigefügten Urteilen über Heil und Unheil.
Der letzte Satz, der auf zwei sagenhafte Vorgänge unter FuHi und Yü hindeutet, ist späterer Zusatz und hat bei der Exegese des Buchs der Wandlungen viel Unheil angerichtet. Eine Abbildung der beiden Zeichen ist in der Erklärung von Kap. IX, § 1 gegeben. Daß der Zusatz hier später ist, ergibt sich daraus, daß §§ 7, 8, 9 alle auf den dreiteiligen Parallelismus zwischen Natur und Menschenwelt angelegt sind, der in § 1 angeschlagen ist, ein Zusammenhang, der durch diesen Zusatz unterbrochen wird.

§ 9 In den Wandlungen sind Bilder, um zu zeigen; es sind Urteile beigefügt, um zu erläutern; es wird Heil oder Unheil bestimmt, um zu entscheiden.

Im Text steht »vier« Bilder; das ist aus Irrtum von § 5 übernommen. Hier sind unter den Bildern die acht Zeichen zu verstehen, die die Verhältnisse in ihrem Zusammenhang zeigen. Dies entspricht den Urbildern des Himmels. Die beigefügten Urteile (zu den einzelnen Strichen) deuten die Veränderungen an. Dies entspricht den Veränderungen der Jahreszeiten. Die Entscheidungen von Heil und Unheil entsprechen dann den Zeichen am Himmel.

KAPITEL XII

Zusammenfassung

§ 1 Im Buch der Wandlungen heißt es: »Vom Himmel her wird er gesegnet. Heil! Nichts, das nicht fördernd ist.« Der Meister sprach: Segnen bedeutet helfen. Der Himmel hilft dem Hingebenden. Die Menschen helfen dem Wahrhaftigen. Wer in Wahrhaftigkeit wandelt und hingebend ist in seinem Denken und dann noch die Würdigen hochhält, der wird vom Himmel her gesegnet, hat Heil, und nichts ist, das nicht fördernd wäre.

Hier ist aus dem Torso des Kommentars zu den einzelnen Linien, von dem sich in Kap. VIII, §§ 5–11 Reste zeigten, eine nähere Ausführung zum Schluß von Kap. II, § 6, die hier jedoch außer Zusammenhang ist.

§ 2 Der Meister sprach: »Die Schrift kann die Worte nicht restlos ausdrücken. Die Worte können die Gedanken nicht restlos ausdrücken.«

Dann kann man also die Gedanken der Heiligen und Weisen nicht sehen?

Der Meister sprach: »Die Heiligen und Weisen stellten die Bilder auf, um ihre Gedanken restlos auszudrücken, sie stellten Zeichen dar, um Wahr und Falsch restlos auszudrücken. Sie fügten dann noch Urteile bei und konnten so ihre Worte restlos ausdrücken.«

(Sie schufen Veränderung und Zusammenhang, um den Nutzen restlos darzustellen; sie trieben an, sie setzten in Bewegung, um den Geist restlos darzustellen.)

Der Abschnitt gibt in Gesprächsform nach Art der Lun Yü ein Urteil über die Ausdrucksweise des Buchs der Wandlungen. Der Meister hatte gesagt, die Schrift drücke nie die Worte restlos aus, die Worte drückten nie die Gedanken restlos aus. Ein Schüler fragt, ob man denn die Gedanken der Weisen nicht zu Gesicht bekommen könne, und der Meister zeigt an der Hand des Buchs der Wandlungen, wie das möglich sei: Sie stellten Bilder und Zeichen auf, um die Verhältnisse zu zeigen, und fügten dann noch die Worte bei, so daß diese Worte im Verein mit den Bildern tatsächlich als restloser Ausdruck der Gedanken gelten.
Die letzten beiden Sätze sind aus irgendeinem andern Zusammenhang hergesetzt, wohl des gleichen grammatischen Baus wegen. (Vgl. § 4, 2. Hälfte und § 7)

§ 3 Das Schöpferische und das Empfangende ist das eigentliche Geheimnis der Wandlungen. Indem das Schöpferische und das Empfangende vollendet sich darstellen, sind die Wandlungen zwischen ihnen mitgesetzt. Würde das Schöpferische und das Empfangende vernichtet, so gäbe es nichts, woran man die Wandlungen sehen könnte. Wenn keine Wandlungen mehr zu sehen wären, so würden die Wirkungen des Schöpferischen und des Empfangenden auch allmählich aufhören.

Die Wandlungen sind hier als Naturvorgang gedacht, fast identisch mit »Leben«. Das Leben beruht auf den polaren Gegensätzen der Aktivität und Rezeptivität. Dadurch wird die Spannung erhalten, deren jeweiliger Ausgleich sich als Wandlung, als Lebensvorgang zeigt. Würde dieser Spannungszustand, dieses »Gefälle« aufhören, so würde es kein Kriterium für das Leben mehr geben; es könnte sich nicht mehr äußern. Aber ebenso werden andererseits diese polaren Gegensätze, diese Spannungen durch die Wandlungen des Lebens jederzeit neu erzeugt. Würde das Leben sich nicht mehr äußern, so würden auch die Gegensätze sich durch allmähliche Entropie verwischen, und der Welttod wäre die Folge.

§ 4 Darum: Was oberhalb der Form ist, heißt der SINN, was innerhalb der Form ist, heißt das Ding.

Hier ist gezeigt, wie die Kräfte, die die sichtbare Welt konstituieren, jenseitige sind. Der SINN, Tao, ist hier ganz in der Bedeutung einer Ganzheitsentelechie genommen. Er ist oberhalb der Welt der Räumlichkeit, aber er wirkt – wie wir an anderer Stelle genauer sehen, durch die ihm innewohnenden »Bilder«, Ideen – auf die Sichtbarkeit; und was hier entsteht, sind die Dinge. Ein Ding ist räumlich also durch seine körperliche Begrenzung erfaßt. Aber es kann nicht begriffen werden ohne Kenntnis des ihm zugrunde liegenden SINNS.
Der Paragraph hat auch einen Zusatz wie § 2, der zum großen Teil mit geringer Textabweichung im Schlußparagraphen wieder vorkommt.

(Was die Dinge umgestaltet und zusammenfügt, heißt die Veränderung; was sie antreibt und gehen macht, heißt der Zusammenhang. Was sie aufhebt und darstellt für alle Menschen auf Erden, das heißt das Wirkungsfeld.)

§ 5 Darum, was die Bilder anlangt: Die Heiligen und Weisen vermochten all die wirren Mannigfaltigkeiten unter dem Himmel zu übersehen. Sie beobachteten die Formen und Erscheinungen und bildeten die Dinge und ihre Eigenschaften ab. Das nannte man: die Bilder. Die heiligen Weisen vermochten all die Bewegungen unter dem Himmel zu übersehen. Sie betrachteten, wie sie zusammentrafen und zusammenhingen, um nach ihren ewigen Ordnungen zu laufen. Da fügten sie Urteile bei, um ihr Heil und Unheil zu unterscheiden. Das nannte man: die Urteile.

§ 5 ist eine wörtliche Wiederholung von Kap. VIII, § 1 und 2.

§ 6 Die erschöpfende Darstellung der wirren Mannigfaltigkeiten unter dem Himmel beruht auf den Zeichen. Der Antrieb aller Bewegungen unter dem Himmel beruht auf den Urteilen.

Auch dieser Paragraph steht mit Kap. VIII, § 3 irgendwie in Zusammenhang, während das Folgende eine Parallelstelle der zweiten Hälfte von § 4 enthält.

§ 7 Die Umgestaltung und Zusammenfügung beruht auf den Veränderungen. Der Antrieb und das Gehenmachen beruht auf dem Zusammenhang. Die Geistigkeit und Klarheit beruht auf dem rechten Mann. Schweigendes Vollenden, wortloses Zutrauen beruht auf tugendvollem Wandel.

Hier ist zum Schluß das Ineinandergreifen von Buch und Mensch zur Darstellung gebracht. Nur durch die lebendige Persönlichkeit gewinnen die Worte des Buchs jeweils volles Leben und üben dann ihre Wirkung auf die Welt aus.

Bemerkung: Es scheint sich hier um einen Gedankengang zu handeln, dessen Reste in Kapitel VIII und hier zerstreut sind. Das Problem ist, ob bei der Mangelhaftigkeit unserer Verständigungsmittel überhaupt Kontakt über die Schranke der Zeit hinaus möglich sei, ob eine spätere Zeit eine frühere überhaupt verstehen könne. Die Antwort lautet – am Beispiel des Buchs der Wandlungen durchgeführt – bejahend. Gewiß sind Wort und Schrift unvollkommene Gedankenvermittler; aber vermittels der Bilder – wir würden sagen »Ideen« – und der in ihnen liegenden Bewegungsantriebe wird eine geistige Kraft in Bewegung gesetzt, die über die Zeit hinauswirkt und, wenn sie auf den rechten Menschen trifft, der innere Verwandtschaft zu jenem SINN hat, von ihm ohne weiteres aufgenommen und aufs neue zum Leben erweckt werden kann. Das ist der Gedanke des übernatürlichen Zusammenhangs der Auserwählten aller Zeiten.

II. ABTEILUNG

KAPITEL I

Über Zeichen und Linien, Schaffen und Wirken

§ 1 Indem die acht Zeichen der Vollendung nach geordnet sind, sind die Bilder darin enthalten. Indem sie daraufhin verdoppelt werden, sind die Linien darin enthalten.

Vgl. Abt. I, Kap. II, § 1. Die Reihenfolge nach der Vollendung ist 1. Kiën, 2. Dui, 3. Li, 4. Dschen, 5. Sun, 6. Kan, 7. Gen, 8. Kun.
Die Einzelzeichen enthalten nur die Bilder (Ideen) dessen, das sie vorstellen. Die Einzelstriche kommen erst bei den Doppelzeichen in Betracht, weil erst in den Doppelzeichen der ganze Organismus von oben und unten, innen und außen usw. hervortritt.

§ 2 Indem die Festen und Weichen einander verdrängen, ist die Veränderung darin enthalten. Indem die Urteile beigefügt werden mit ihren Anweisungen, ist die Bewegung darin enthalten.

Vgl. Abt. I, Kap. II, § 2. Durch den Wechsel der festen und weichen Striche erscheint die Veränderung (und Umgestaltung). Die Urteile geben ihre Anweisungen durch die beigefügten Orakel: Heil und Unheil usw.

§ 3 Heil und Unheil, Reue und Beschämung entstehen durch die Bewegung.

Vgl. Abt. I, Kap. II, § 3. Heil und Unheil, Reue und Beschämung treten in die Erscheinung erst dadurch, daß man entsprechend handelt.

§ 4 Die Festen und Weichen stehen fest, wenn sie an ihrem ursprünglichen Platz sind. Ihre Veränderungen und Zusammenhänge sollen der Zeit entsprechen.

Es gibt einen Gleichgewichtszustand, wenn die festen Striche auf festem Platz, die weichen auf weichem Platz stehen. Allein dieser abstrakte Gleichgewichtszustand muß der Veränderung und Neuorganisierung weichen, wenn es die Zeit erfordert. Die Zeit, d. h. die durch ein Zeichen dargestellte Gesamtsituation spielt eine wichtige Rolle für die Stellung der einzelnen Striche.

§ 5 Heil und Unheil gelangen durch Beharrlichkeit zur Wirkung. Der SINN von Himmel und Erde wird durch Beharrlichkeit sichtbar. Der SINN von Sonne und Mond wird durch Beharrlichkeit hell. Alle Bewegungen unter dem Himmel werden durch Beharrlichkeit einheitlich.

Das Geheimnis der Wirkung liegt in der Dauer. Heil und Unheil bereiten sich langsam vor. Nur indem dauernd eine Richtung befolgt wird, häufen sich allmählich die Einzelwirkungen so an, daß sie nach außen hin als Heil oder Unheil in die Erscheinung treten. Ebenso sind Himmel und Erde Wirkungen von dauernden Zuständen. Indem alle lichten, klaren Kräfte dauernd nach oben steigen, alle festen und trüben Bestandteile dauernd nach unten sinken, sondert sich aus dem Chaos der Kosmos, der Himmel oben und die Erde unten, ab. Ebenso ist es mit dem Lauf von Sonne und Mond; ihre Verhältnisse des Leuchtens sind Wirkungen von dauernden Bewegungen und Gleichgewichtszuständen; und so fahren sich für alle Bewegungen und Handlungen, die dauernd fortgesetzt werden, bestimmte Geleise ein, die dann zu Gesetzen werden. Naturgesetze sind demnach nicht etwas, das ein für allemal abstrakt feststünde, sondern sie sind Dauerwirkungen, die das Gesetzmäßige je länger, desto deutlicher hervortreten lassen.

§ 6 Das Schöpferische ist entschieden und zeigt den Menschen daher das Leichte. Das Empfangende ist nachgiebig und zeigt den Menschen daher das Einfache.

Die beiden Grundprinzipien bewegen sich je nach den Erfordernissen der Zeit, so daß sie sich in dauerndem Wandel befinden. Aber die Art ihrer Bewegungen ist in sich einheitlich und konsequent. DasSchöpferische ist immer stark, entschieden, wirklich, und darum hat es keine Schwierigkeiten. Es bleibt sich selber immer treu, und darauf beruht seine Leichtigkeit. Schwierigkeiten sind immer Unklarheiten und Schwankungen. Ebenso ist das Empfangende in seiner Art immer sich gleichbleibend nachgiebig, der Linie des geringsten Widerstands folgend und darum einfach. Kompliziertheiten entstehen nur aus innerlich einander widerstrebenden Motiven.

§ 7 Die Striche ahmen das nach. Die Bilder bilden das nach.

Es wird hier eine Wortdefinition von Strichen und Bildern gegeben. Strich heißt chinesisch Hiau, nachahmen heißt ebenfalls Hiau (nur anders geschrieben). Bild und nachbilden heißt Siang (ebenfalls verschieden geschrieben). Die Striche ahmen in ihren Änderungen es nach, wie Heil und Unheil in der Bewegung durch die Dauer entsteht. Die Bilder bilden ab, wie alle Veränderungen und Zusammenhänge des Festen und Weichen im Leichten und Einfachen münden.

§ 8 Die Striche und Bilder bewegen sich im Innern, und Heil und Unheil offenbaren sich im Äußern. Werk und Wirkungsfeld offenbaren sich in den Veränderungen, die Gefühle der heiligen Weisen offenbaren sich in den Urteilen.

Die Bewegungen der Striche und Bilder und der durch sie symbolisierten kleinsten Geschehenskeime sind unsichtbar, aber ihre Wirkungen zeigen sich in Heil und Unheil in der sichtbaren Welt. Ebenso sind die Veränderungen, die sich auf Werk und Wirkungsfeld beziehen, unsichtbar, werden aber geoffenbart durch die Worte der Urteile.

§ 9 Die große Art von Himmel und Erde ist es, Leben zu spenden. Der große Schatz des heiligen Weisen ist es, am rechten Platz zu stehen.

Wodurch bewahrt man diesen Platz? Durch die Menschen. Wodurch sammelt man die Menschen um sich? Durch Güter. Die Ordnung der Güter und Richtigstellung der Urteile, die die Menschen abhalten, Böses zu tun, ist die Gerechtigkeit.

Es wird hier der Zusammenhang der drei Mächte gezeigt: Himmel und Erde spenden Leben. Der heilige Weise hat dieselbe Gesinnung. Um sie aber durchführen zu können, bedarf er der Stellung als Herrscher. Diese Stellung wird bewahrt durch die Menschen, die sich unter einem sammeln. Die Menschen werden angezogen durch die Güter. Die Güter werden verwaltet und geschützt gegen Unrecht durch Gerechtigkeit.
Es ist hier eine Staatstheorie auf kosmischer Grundlage gegeben, die den Anschauungen der konfuzianischen Schule entspricht. Manche Kommentare wollen diesen Paragraphen als Einleitung zum nächsten Kapitel stellen, was insofern eine gewisse Berechtigung hat, als das nächste Kapitel an der Hand des Buchs der

Wandlungen einen Überblick über die Entwicklung der Kulturgeschichte gibt.
(Die Lesart »Gütigkeit« für »Menschen« in dem Satz: »Wodurch bewahrt man diesen Platz? Durch Menschen« wird durch den Zusammenhang widerlegt.)

KAPITEL II

Kulturgeschichte

§ 1 Als in der Urzeit Bau Hi die Welt beherrschte, da blickte er empor und betrachtete die Bilder am Himmel, blickte nieder und betrachtete die Vorgänge auf Erden. Er betrachtete die Zeichnungen der Vögel und Tiere und die Anpassungen an die Orte. Unmittelbar ging er von sich selbst aus, mittelbar ging er von den Dingen aus. So erfand er die acht Zeichen, um mit den Tugenden der lichten Götter in Verbindung zu kommen und aller Wesen Verhältnisse zu ordnen.

Das Be Hu Tung gibt als Urzustand der menschlichen Gesellschaft folgendes an: »In der Urzeit gab es noch keine sittlichen und gesellschaftlichen Ordnungen. Die Menschen kannten nur ihre Mutter, nicht ihren Vater. Hungrig suchten sie nach Nahrung, gesättigt warfen sie die Reste weg. Sie fraßen ihre Nahrung mit Haut und Haaren und tranken das Blut und hüllten sich in Felle und Schilf. Da kam Fu Hi und blickte empor und betrachtete die Bilder am Himmel, blickte nieder und betrachtete die Vorgänge auf Erden. Er vereinigte Mann und Frau, ordnete die fünf Wandelzustände und setzte die Gesetze des Menschentums fest. Er zeichnete die acht Zeichen, um die Welt zu beherrschen.«
Der mythische Begründer der Kultur wird verschieden geschrieben. Die Bedeutung des Namens scheint auf einen Jäger oder Erfinder des Kochens zu gehen. Die Frage, ob die acht oder auch schon die 64 Zeichen auf ihn zurückgehen, wird verschieden entschieden. Da er selbst eine mythische Persönlichkeit ist, mag der Streit auf sich beruhen. Sicher dürfte sein, daß König Wen die 64 Zeichen schon vorfand.

§ 2 Er machte geknotete Stricke und benützte sie zu Netzen und Reusen für die Jagd und den Fischfang. Das entnahm er wohl dem Zeichen: das Haftende.

Es ist in diesem Kapitel ausgeführt, wie die ganzen Kultureinrichtungen entstanden sind als Abbilder von ideellen Urbildern. Dieser Gedanke enthält in höherem Sinn eine Wahrheit. Jede Erfindung entsteht zuerst als Bild im Geist des Erfinders, ehe sie als »Gerät«, als »fertiges Ding« in die Erscheinung tritt. Da nun nach der Theorie der in den Hi Tsï vertretenen Schule die 64 Zeichen auf geheimnisvolle Weise Parallelbilder zur Natur geben, so kann hier der Versuch gemacht werden, aus ihnen die menschlichen Erfindungen abzuleiten, die zur Ausgestaltung der Kultur geführt haben. Dabei ist der Hergang nicht so gedacht, daß die Erfinder einfach die Zeichen des Buchs vorgenommen und danach die Erfindungen gemacht hätten, sondern daß aus Verhältnissen heraus, die in diesen Zeichen dargestellt waren, die Erfindungen sich im Geist ihrer Urheber gestalteten.

Das Netz besteht aus Maschen, die innen leer und außen von Fäden umgeben sind. Das Zeichen ䷝ stellt eine Vereinigung von solchen Maschen vor. Dazu kommt, daß das Zeichen die Bedeutung Haften, Hängenbleiben hat, wie denn im Buch der Lieder mehrfach erwähnt ist, daß die Wildgans oder der Fasan im Netz hängengeblieben seien (Li).

§ 3 Als der Bau-Hi-Klan vorüber war, kam der Klan des göttlichen Landmanns auf. Er spaltete ein Holz als Pflugschar und bog ein Holz als Pflugstange und lehrte den Vorteil des Öffnens der Erde mit dem Pflug der ganzen Welt. Das entnahm er wohl dem Zeichen: die Mehrung.

Der primitive Pflug bestand aus einer gekrümmten Stange, an der vorn ein zugespitztes Holz befestigt war, das die Erde aufritzte. Der Vorteil gegenüber dem Hacken war, daß man auf diese Weise die Zugkraft benützen und einen Teil der Arbeit auf das Rind abschieben konnte. Das Zeichen I, die Mehrung, ䷩ besteht aus den beiden Zeichen Sun und Dschen, denen beiden das Holz zugeordnet ist. Sun bedeutet eindringen, Dschen bedeutet Bewegung. Die Kernzeichen sind Gen und Kun, denen die Erde zugeordnet ist. Daraus ergab sich der Gedanke, ein Instrument zu konstruieren aus Holz, das in die Erde eindringt und nach vorwärts bewegt wird und die Erde aufwühlt.

§ 4 Wenn die Sonne im Mittag stand, hielt er Markt ab. Er ließ die Leute auf Erden herbeikommen und versammelte die Waren auf Erden. Sie tauschten sie gegenseitig aus, dann kehrten sie zurück, und jedes kam an seinen Platz. Das entnahm er wohl dem Zeichen: das Durchbeißen.

Das Zeichen Schï Ho, das Durchbeißen,
䷔ besteht aus der Sonne (Li) oben und Dschen, der Bewegung, unten. Dschen bedeutet auch einen großen Weg, während das obere Kernzeichen, Kan, strömendes Wasser und das untere, Gen, kleine Pfade bedeutet. Es ist also Bewegung unter der Sonne, Zusammenströmen ausgedrückt. Das reicht freilich noch nicht aus für den Gedanken eines Marktes. Die Worte Schï Ho können, anders geschrieben, auch Speise und Ware bedeuten, so daß daraus der Gedanke des Marktes sich ergäbe. Offenbar hatte das Zeichen früher die Nebenbedeutung des Marktes, vgl. auch die Erklärung Buch I, Nr. 21, Das Durchbeißen.

§ 5 Als der Klan des göttlichen Landmanns vorüber war, kamen die Klans des Gelben Herren, des Yau und Schun auf. Sie brachten Zusammenhang in ihre Veränderungen, daß die Leute nicht ermüdeten. Sie waren göttlich in ihren Umgestaltungen, daß die Leute zufrieden waren. Wenn eine Wandlung am Ende angelangt war, so veränderten sie. (Durch Veränderung erreichten sie Zusammenhang.) Durch Zusammenhang erreichten sie Dauer. Darum: »Vom Himmel her wurden sie gesegnet. Heil! Nichts, das nicht fördernd ist!«

Der Gelbe Herr, Yau und Schun ließen die Ober- und Unterkleider herabhängen, und die Welt war in Ordnung. Das entnahmen sie wohl den Zeichen: das Schöpferische und das Empfangende.

Es sind in diesem Paragraphen zwei Schichten zu unterscheiden. Die ältere Schicht scheint der Schluß zu sein. Es wird die Einführung der Kleider geschildert. Dschong Kang Tschong bemerkt dementsprechend: »Der Himmel ist schwarzblau, die Erde gelb; darum machten sie die Obergewänder dunkelblau, die Untergewänder gelb.«

Das Herabhängenlassen der Gewänder wurde dann später dahin verstanden, daß sie ruhig und ohne sich zu rühren dasaßen und alles von selber sich durch ihr Nichthandeln ordnete. Darauf wurde dann aus schon bekanntem Material eine Schilderung ihrer Kulturtätigkeit und des auf ihr beruhenden Segens beigefügt, von der der eingeklammerte Satz seinerseits wieder ein späterer Zusatz zu sein scheint. Der Sinn ihrer Tätigkeit war der, daß sie dauernd zeitgemäße Reformen durchführten.

§ 6 Sie schabten Stämme aus zu Schiffen und härteten Hölzer im Feuer zu Rudern. Der Nutzen der Schiffe und Ruder bestand in der Vermittlung des Verkehrs. (Sie erreichten die Ferne, um der Welt zu nützen.) Das entnahmen sie wohl dem Zeichen: die Auflösung.

Der eingeklammerte Satz wird von Dschu Hi beanstandet. Das Zeichen Huan, die Auflösung,
䷺ besteht aus dem Zeichen Sun, Holz, über Kan, Wasser; darum steht auch im beigefügten Urteil: »Günstig ist es, das große Wasser zu durchqueren« und im Kommentar zur Entscheidung: »Sich auf das Holz verlassen, schafft Verdienste.« Das Schiff zur Vermittlung des Verkehrs über Flüsse und als Mittel zum Reisen in die Ferne wird hier dargestellt. Holz über dem Wasser: das ist der Sinn der Urzeichen. Die Kernzeichen Gen und Dschen bedeuten große und kleine Straßen.

§ 7 Sie zähmten das Rind und spannten das Pferd ein. So konnten schwere Lasten gezogen und ferne Gegenden erreicht werden, um der Welt zu nützen. Das entnahmen sie wohl dem Zeichen: die Nachfolge.

Das Zeichen Sui, die Nachfolge,
䷐ besteht vorne aus Dui, Munterkeit, und hinten aus Dschen, Bewegung, ein Bild, wie Rind und Pferd vorne laufen und der Wagen sich hinten bewegt. Die Rinder waren für die schweren Wagen, die Pferde für die raschen Wagen und Kriegsfahrzeuge. Das Pferd als Reittier war im ältesten China unbekannt.

§ 8 Sie führten doppelte Tore und Nachtwächter mit Klappern ein, um den Räubern zu begegnen. Das entnahmen sie wohl dem Zeichen: die Begeisterung.

Das Zeichen Yü, die Begeisterung,
䷏ besteht oben aus dem Zeichen Dschen, Bewegung, unten aus dem Zeichen Kun, Erde. Die Kernzeichen sind Kan, das Gefährliche, und Gen, der Berg. Kun bedeutet eine ge-

schlossene Tür, Gen bedeutet ebenfalls eine Tür, daher die Verdoppelung der Tore. Kan bedeutet den Dieb. Außer den Toren dient zur Vorbereitung (Yü bedeutet auch Vorbereitung) gegen ihn die Bewegung, das Holz (Dschen) in der Hand (Gen).

§ 9 Sie spalteten Holz und machten einen Stößel daraus. Sie höhlten die Erde aus als Mörser. Der Nutzen des Mörsers und Stößels kam allen Menschen zugut. Das entnahmen sie wohl dem Zeichen: des Kleinen Übergewicht.

Das Zeichen Siau Go, des Kleinen Übergewicht,
䷽ besteht oben aus Dschen, Holz, Bewegung, und unten aus Gen, Stillstand, Stein. Go bedeutet auch Übergang. Der Mörser war die Urform der Mühle und bedeutet den Übergang vom Körneressen zum Backen.

§ 10 Sie bespannten ein Holz als Bogen und härteten Hölzer im Feuer als Pfeile. Der Nutzen von Pfeil und Bogen besteht darin, die Welt in Furcht zu halten. Das entnahmen sie wohl dem Zeichen: der Gegensatz.

Das Zeichen Kui, der Gegensatz,
䷥ besteht oben aus Li, das Haftende, und unten aus Dui, das Heitere. Die Kernzeichen sind Kan, Gefahr, und nochmals Li. Das ganze Zeichen deutet auf Streit. Li ist die Sonne, die aus der Ferne Pfeile schickt. Li bedeutet Waffen, Kan Gefahr. Die Gefahr ist von Waffen eingeschlossen, daher fürchtet man sich nicht.

§ 11 In der Urzeit wohnten die Menschen in Höhlen und lebten in Wäldern. Die Heiligen späterer Zeit verwandelten das in Gebäude: Oben war ein Firstbalken, abwärts davon ein Dach, um Wind und Regen abzuhalten. Das entnahmen sie wohl dem Zeichen: des Großen Macht.

Das Zeichen Da Dschuang, des Großen Macht,
䷡ besteht oben aus Dschen, Donner; das obere Kernzeichen Dui, der See, ist oben am Himmel, Kiën, dem unteren Kernzeichen. Das untere Zeichen ist Kiën, der Himmel, der Luftraum. Das Ganze bedeutet also einen Himmel, einen starken, geschützten Raum unter Donner und Regen. Das Zeichen Dschen bedeutet auch Holz und als ältester Sohn den Firstbalken

oben. Die beiden weichen Striche oben werden dann als das abfallende Dach gedacht.

§ 12 In der Urzeit bestattete man die Toten, indem man sie dicht mit Reisig bedeckte und mitten auf dem Land beisetzte, ohne Grabhügel und Baumpflanzungen. Die Trauerzeit hatte keine bestimmte Dauer. Die Heiligen späterer Zeit führten statt dessen Särge und Sarkophage ein. Das entnahmen sie wohl dem Zeichen: des Großen Übergewicht.

Das Zeichen Da Go, des Großen Übergewicht,
䷛ besteht aus dem Zeichen Dui, der See, oben und Sun, Holz, Eindringen, unten. In der Mitte ist als Kernzeichen zweimal Kiën, der Himmel. Das Zeichen muß als Ganzes genommen werden, die beiden Yinstriche oben und unten bedeuten die Erde, innerhalb derer der doppelte Sarg als Himmel eingeschlossen ist. Dadurch, daß die Toten so eingehen (Sun), werden sie heiter (Dui). Der Ahnenkult findet hier seine Verankerung.

§ 13 In der Urzeit knotete man Stricke, um zu regieren. Die Heiligen späterer Zeit führten statt dessen schriftliche Urkunden ein, um die verschiedenen Beamten zu regieren und die Untertanen zu beaufsichtigen. Das entnahmen sie wohl dem Zeichen: der Durchbruch.

Das Zeichen Guai, der Durchbruch,
䷪ besteht aus Dui, Worte, oben und Kiën, stark, unten und bedeutet Festmachen der Worte. Der Einschnitt oben deutet gleichzeitig die Form der ältesten Urkunden an, die, in Holz geschnitten, aus zwei Hälften bestanden, die zusammengehalten ineinander paßten. Die alten Schriften waren in der Regel auf geglättete Bambustafeln geritzt. Hier ist die Schrift in ihrer Bedeutung für die Organisierung einer größeren Gemeinschaft hervorgehoben.

Bemerkung: Die in diesem Kapitel gegebene kulturgeschichtliche Skizze stimmt in ihren Hauptzügen merkwürdig mit unseren Auffassungen überein. Der Grundgedanke, daß allen Kultureinrichtungen eine Entwicklung von bestimmten Ideen zugrunde liegt, ist ebenfalls zweifellos richtig. Es fällt nicht immer leicht, diese Ideen in den Ideenkomplexen, die durch die genannten Zeichen dargestellt sind, wiederzuerkennen. Es ist nicht unmöglich, daß hier gewisse Zusammenhänge vorlagen, die heute verwischt sind. Manche Spuren weisen darauf hin, daß die Zeichen in der Zeit vor der Dschou-Dynastie eine andere Bedeutung hatten als die heute überlieferte. Möglicherweise eröffnet dieses Kapitel Einblicke in jene Urbedeutungen. Daß ein Bedeutungswandel auch später noch stattgefunden hat, ergibt sich, wenn wir die Urteile mit den Bildern vergleichen.

KAPITEL III

Über die Struktur der Zeichen

§ 1 So besteht das Buch der Wandlungen aus Bildern. Die Bilder sind Nachbildungen.

Die Zeichen sind Nachbildungen der Verhältnisse am Himmel und auf Erden. Darum sind sie produktiv zu verwenden, haben sozusagen zeugende Kraft im Gebiet der Ideen, wie oben ausgeführt.

§ 2 Die Entscheidungen geben das Material.

Der Kommentar zur Entscheidung, von dem hier wohl gesprochen ist, gibt das Baumaterial, aus dem die Zeichen als Ganze aufgebaut sind. So zeichnet er die Gesamtsituation als solche, noch ehe sie sich verändert. Dies gilt natürlich auch von den Urteilen selber.

§ 3 Die Linien sind Nachahmungen der Bewegungen auf Erden.

Die Linien sind hier soviel wie die den einzelnen Linien beigefügten Urteile, die dann in Kraft treten, wenn diese Linien Neunen oder Sechsen sind, d. h. sich bewegen. In ihnen sind die Veränderungen der einzelnen Situationen abgebildet.

§ 4 So entstehen Heil und Unheil, und Reue und Beschämung erscheinen.

Durch diese Bewegung wird offenbar, wohin die Richtung des Geschehens sich wendet, und die Warnungs- bzw. Bestätigungszeichen werden beigefügt.

KAPITEL IV

Über die Natur der Zeichen

§ 1 Die lichten Zeichen haben mehr dunkle Linien, die dunklen Zeichen haben mehr lichte Linien.

Die »lichten« Zeichen sind die drei Söhne: ☳ Dschen, ☵ Kan, ☶ Gen, die alle aus zwei dunklen und einer lichten Linie bestehen. Die »dunklen« Zeichen sind die drei Töchter: ☴ Sun, ☲ Li, ☱ Dui, die alle aus zwei lichten und einer dunklen Linie bestehen.

§ 2 Was ist der Grund davon? Die lichten Zeichen sind ungerade, die dunklen Zeichen sind gerade.

Die lichten Zeichen bestehen aus den Linien 7+8+8 oder 7+6+8 oder 7+6+6 oder 9+8+8 oder 9+6+6 oder 9+6+8; dasselbe gilt entsprechend von den dunklen Zeichen. Bei den ersten ist also die Summe immer ungerade, der ungerade Strich ist somit der für das Zeichen ausschlaggebende, während bei den dunklen Zeichen das Gegenteil der Fall ist.

§ 3 Wie ist ihre Art und ihr Wesen? Die lichten Zeichen haben einen Herrn und zwei Untertanen. Sie zeigen den Sinn des Edlen. Die dunklen Zeichen haben zwei Herren und einen Untertan. Das ist der Sinn des Gemeinen.

Wo einer herrscht, ist Einheit vorhanden. Wo dagegen einer zwei Herren dienen soll, da kann es nichts Gutes geben. Diese Wahrheit ist hier mehr zufällig an die Gestalt der Zeichen angeknüpft.

KAPITEL V

Erklärung einiger Linien aus dem Buch der Wandlungen

§ 1 In den Wandlungen heißt es: »Wenn man aufgeregt hin und her denkt, so folgen nur die Freunde, auf die man bewußte Gedanken richtet.«

Der Meister sprach: Was bedarf die Natur des Denkens und Sorgens? In der Natur kehrt alles zum gemeinsamen Ursprung und verteilt sich auf die verschiedenen Pfade; durch eine Wirkung wird die Frucht von hundert Gedanken verwirklicht. Was bedarf die Natur des Denkens, was des Sorgens?

§ 2 Wenn die Sonne geht, so kommt der Mond. Wenn der Mond geht, so kommt die Sonne. Sonne und Mond wechseln ab, und so entsteht das Licht. Wenn die Kälte geht, so kommt die Hitze. Wenn die Hitze geht, so kommt die Kälte. Kälte und Hitze wechseln ab, und so vollendet sich das Jahr. Die Vergangenheit zieht sich zusammen. Die Zukunft dehnt sich aus. Zusammenziehen und Ausdehnen wirken aufeinander, und so entsteht das Förderliche.

§ 3 Die Spannerraupe zieht sich zusammen, wenn sie sich ausdehnen will. Die Drachen und Schlangen halten einen Winterschlaf, um ihr Leben zu erhalten. So dient das Eindringen des Samengedankens in den Geist zu seiner Wirkung. Indem man die Wirkung förderlich macht und sein Leben in Frieden bringt, erhöht man seine Art.

§ 4 Was darüber noch hinausgeht, das übersteigt wohl alles Wissen. Wenn man das Göttliche ermißt und die Umgestaltungen versteht, so steigert man seine Art ins Wunderbare.

In dieser Erklärung zur Neun auf viertem Platz des Zeichens Nr. 31, Hiën, (Buch III), die Einwirkung, wird eine Theorie der Macht des Unterbewußten gegeben. Die bewußten Wirkungen sind immer nur beschränkte, weil sie durch eine Absicht hervorgerufen werden. Die Natur kennt keine Absichten, und darum ist in ihr alles so groß. Auf der Einheitlichkeit des zugrunde liegenden Wesens beruht es, daß alle tausend Wege zu einem Ziel führen, das so vollkommen ist, als wäre es aufs genaueste durchdacht.
Es wird dann im Anschluß an den Lauf des Tages und Jahres gezeigt, wie Vergangenheit und Zukunft ineinander übergehen, wie Zusammenziehung und Ausdehnung die beiden Bewegungen sind, durch die die Vergangenheit die Zukunft vorbereitet und die Zukunft die Vergangenheit entfaltet.

In den beiden folgenden Paragraphen wird dann die Anwendung auf den Menschen gezogen, der durch höchste Konzentration sein inneres Wesen so steigert und festigt, daß objektive, geheimnisvolle Kraftströme von ihm ausgehen, so daß seine Wirkungen aus dem Unterbewußten hervorgehen und geheimnisvoll auf das Unterbewußtsein der andern wirken, so daß eine Breite und Tiefe der Wirkung erzielt wird, die über das Individuelle hinausgeht und in die kosmischen Erscheinungsformen übergeht.

§ 5 In den Wandlungen heißt es: »Man läßt sich bedrängen durch Stein und stützt sich auf Dornen und Disteln. Man geht in sein Haus und sieht nicht seine Frau. Unheil!« Der Meister sprach: Wenn jemand sich von etwas, das ihn nicht bedrängen sollte, bedrängen läßt, so wird sein Name sicher in Schande geraten. Wenn er sich auf Dinge stützt, auf die man sich nicht stützen kann, so wird sein Leben sicher in Gefahr geraten. Wer in Schande und Gefahr ist, dem naht die Todesstunde; wie kann er da noch seine Frau sehen?

Ein Beispiel für einen ungünstigen Spruch. Erklärung zu Nr. 47, Kun, die Erschöpfung, Sechs auf drittem Platz (Buch I).

§ 6 In den Wandlungen heißt es: »Der Fürst schießt nach einem Habicht auf hoher Mauer. Er erlegt ihn. Alles ist fördernd.« Der Meister sprach: Der Habicht ist der Zweck der Jagd. Bogen und Pfeil sind Werkzeuge und Mittel. Der Schütze ist der Mensch (der die Mittel zum Zweck richtig gebrauchen muß). Der Edle birgt die Mittel in seiner Person. Er wartet die Zeit ab, und dann handelt er. Wie sollte da nicht alles gut gehen? Er handelt und ist frei. Darum braucht er nur auszugehen und erlegt die Beute. So steht es mit einem Menschen, der handelt, nachdem er seine Mittel fertig hat.

Ein Beispiel eines günstigen Strichs. Erklärung zu Nr. 40, Hië, die Befreiung, obere Sechs (Buch I).

§ 7 Der Meister sprach: Der Gemeine schämt sich nicht der Lieblosigkeit und scheut sich nicht vor Ungerechtigkeit. Wenn er keinen Vorteil winken sieht, so rührt er sich nicht. Wenn er nicht eingeschüchtert wird, so bessert er sich nicht. Doch wenn er im Kleinen zurechtgebracht wird, so nimmt er sich im Großen in acht. Das ist für den geringen Menschen ein Glück. Das ist damit gemeint, wenn es im Buch der Wandlungen heißt: »Steckt mit den Füßen im Block, daß die Zehen verschwinden. Kein Makel.«

Ein Beispiel eines Strichs, der durch Reue zum Guten führt. Erklärung zu Nr. 21, Schï Ho, das Durchbeißen, Anfangsneun (Buch I).

§ 8 Wenn das Gute sich nicht ansammelt, reicht es nicht aus, einem einen Namen zu machen. Wenn das Böse sich nicht ansammelt, ist es nicht stark genug, einen zu vernichten. Der Gemeine denkt deshalb, Gutes im Kleinen habe keinen Wert, darum unterläßt er es; er denkt, kleine Sünden schaden nichts, darum gewöhnt er sie sich nicht ab. So sammeln sich seine Sünden an, bis sie sich nicht mehr bedecken lassen, und seine Schuld wird so groß, daß sie sich nicht mehr lösen läßt.

In den Wandlungen heißt es: »Steckt mit dem Hals im hölzernen Kragen, daß die Ohren verschwinden. Unheil!«

Ein Beispiel eines Strichs, der zeigt, wie man durch Beschämung zum Unheil geführt wird. Erklärung zu Nr. 21, Schï Ho, das Durchbeißen, obere Neun (Buch I).

§ 9 Der Meister sprach: Gefahr entsteht, wo einer sich auf seinem Platz sicher fühlt. Untergang droht, wo einer seinen Bestand zu wahren sucht. Verwirrung entsteht, wo einer alles in Ordnung hat. Darum vergißt der Edle, wenn er sicher ist, nicht der Gefahr, und wenn er besteht, nicht des Untergangs, und wenn er Ordnung hat, nicht der Verwirrung. Dadurch kommt er persönlich in Sicherheit und vermag das

Reich zu schützen. In den Wandlungen heißt es: »Wenn es mißlänge! Wenn es mißlänge! Dadurch bindet er es an ein Bündel von Maulbeerstauden.«

Ein Beispiel eines Strichs, der zeigt, wie man ohne Makel ist und dadurch Gelingen hat. Erklärung zu Nr. 12, Pi, die Stockung, Neun auf fünftem Platz (Buch I).

§ 10 Der Meister sprach: Schwacher Charakter bei geehrter Stellung, geringes Wissen und große Pläne, kleine Kraft und schwere Verantwortung werden selten dem Unheil entgehen. In den Wandlungen heißt es: »Der Tiegel bricht die Beine. Das Mahl des Fürsten wird verschüttet, und die Gestalt wird befleckt. Unheil!«
Das ist von jemand gesagt, der seiner Aufgabe nicht gewachsen ist.

Ein Beispiel eines Strichs, der zeigt, wie man Unheil hat, weil man den Verhältnissen nicht gewachsen ist. Erklärung zu Nr. 50, Ding, der Tiegel, Neun auf viertem Platz (Buch I).

§ 11 Der Meister sprach: Die Keime zu erkennen, das ist wohl göttlich. Der Edle ist in seinem Verkehr nach oben nicht schmeichelnd, im Verkehr nach unten nicht anmaßend. Er kennt wohl die Keime. Die Keime sind der erste, unmerkliche Beginn der Bewegung, das, was von Heil (und Unheil) zuerst sich zeigt. Der Edle sieht die Keime und handelt sofort. Er wartet nicht erst den ganzen Tag.
In den Wandlungen heißt es: »Fest wie ein Stein. Kein ganzer Tag. Beharrlichkeit bringt Heil.«

Fest wie ein Stein,
Wozu ein ganzer Tag?
Das Urteil kann man wissen.
Der Edle kennt Geheim- und Offenbares,
Er kennt das Schwache, kennt das Starke auch,
Drum schauen die Myriaden zu ihm auf.

Ein Beispiel eines Strichs, der zeigt, wie man durch Vorherwissen dem Unheil rechtzeitig zu entgehen vermag. Erklärung von Nr. 16, Yü, die Begeisterung, Sechs auf zweitem Platz (Buch I).

§ 12 Der Meister sprach: Yen Hui, der wird es wohl erreichen. Wenn er eine Unvollkommenheit hat, so kommt es nie vor, daß er sie nicht erkennt. Wenn er sie erkannt hat, kommt es nie vor, daß er sie zum zweitenmal begeht.

In den Wandlungen heißt es: »Wiederkehr aus geringer Entfernung. Es bedarf keiner Reue. Großes Heil!«

Ein Beispiel eines Strichs, der zeigt, wie man aus den Ereignissen lernen kann. Yen Hui, von dem hier gesprochen wird, ist der Lieblingsjünger Kungs, von dem auch in den Gesprächen gesagt ist, daß er nie einen Fehler wiederholt habe. Erklärung zu Nr. 24, Fu, die Wiederkehr, Anfangsneun (Buch III).

§ 13 Der Meister sprach: Himmel und Erde kommen in Berührung, und alle Dinge gestalten sich und gewinnen Form. Das Männliche und Weibliche mischt seinen Samen, und alle Wesen gestalten sich und werden geboren.

In den Wandlungen heißt es: »Wenn drei Menschen miteinander wandern, so vermindern sie sich um einen Menschen. Wenn ein Mensch wandert, so findet er seinen Gefährten.«

Ein Beispiel eines Strichs, der günstig ist, durch Einheit. Erklärung zu Nr. 41, Sun, die Minderung, Sechs auf drittem Platz (Buch III).

§ 14 Der Meister sprach: Der Edle bringt seine Person in Ruhe, ehe er sich bewegt. Er faßt sich in seinem Sinn, ehe er redet. Er festigt seine Beziehungen, ehe er um etwas bittet. Indem der Edle diese drei Stücke in Ordnung bringt, ist er in völliger Sicherheit. Wenn man aber unvermittelt ist in seinen Bewegungen, so tun die Leute nicht mit. Wenn man aufgeregt ist in seinen Worten, so finden sie keinen Widerhall bei den Leuten. Wenn man ohne vorherige Beziehungen etwas verlangt, so geben es einem die Leute nicht. Wenn niemand mit einem ist, dann kommen die Schädiger herbei.

In den Wandlungen heißt es: »Er gereicht niemand zur Mehrung. Es schlägt ihn wohl gar jemand. Er hält sein Herz nicht dauernd fest. Unheil!«

Ein Beispiel eines Strichs, der zeigt, wie auf die Vorbereitung alles ankommt. Erklärung zu Nr. 42, I, die Mehrung, obere Neun (Buch I).

KAPITEL VI

Über die Art des Buchs der Wandlungen im allgemeinen

§ 1 Der Meister sprach: Das Schöpferische und das Empfangende sind doch recht eigentlich das Tor zu den Wandlungen. Das Schöpferische ist der Vertreter der lichten Dinge, das Empfangende der dunklen Dinge. Indem Dunkel und Licht ihre Art vereinen, gewinnt das Feste und das Weiche Gestalt. So gestalten sich die Verhältnisse des Himmels und der Erde, und man kommt in Zusammenhang mit der Art der lichten Götter.

Im Anschluß an Abt. I, Kap. XII, § 3 ist hier die Methode des Buchs der Wandlungen dargelegt. Die beiden ersten Zeichen, »das Schöpferische« und »das Empfangende«, werden als Repräsentanten der beiden polaren Urkräfte gezeigt. Es soll erklärt werden, wie der Stoff das Produkt der Kraft ist. Das Lichte und das Dunkle sind Kräfte. Durch Zusammenwirken dieser Kräfte entsteht das Stoffliche, Festes und Weiches. Dieses Stoffliche bildet die Form, den Leib aller Wesen im Himmel und auf Erden. Aber was es in Bewegung hält, das sind immer Kräfte. Und es kommt darauf an, Anschluß zu haben an diese Kräfte, diese göttlichen, leuchtenden.

§ 2 Die angewandten Namen sind vielfältig, aber nicht überflüssig. Wenn wir ihre Arten untersuchen, so treten uns Gedanken an den Untergang einer Zeit entgegen.

Die Namen der 64 Zeichen sind sehr mannigfach. Aber sie halten sich alle im Kreis des Notwendigen. Es sind Situationen gezeichnet, wie sie das Leben tatsächlich mit sich bringt. Die Art der Situationen ist durchgehends so, daß man daraus sieht, daß auf ein untergehendes Zeitalter Bezug genommen wird, dem die

Mittel zum Neuaufbau an die Hand gegeben werden sollen. Es wird darauf hingewiesen, daß der Gedankenkreis der Zeichen einer Zeit entstammt, da man schon mit Niedergangserscheinungen zu rechnen hatte.

§ 3 Die Wandlungen beleuchten die Vergangenheit und erklären die Zukunft. Sie zeigen das Verborgene und eröffnen das Dunkle. Durch treffende Namen unterscheiden sie die Dinge. Indem dann richtige Worte und entschiedene Urteile dazu kommen, ist alles vollkommen.

Der Text scheint – wie überhaupt in diesem ganzen Kapitel – etwas unsicher zu sein. Der Gesamtsinn ist aber ohne weiteres zu verstehen. Es ist auch hier wieder auf die verschiedenen Beziehungen des Buchs der Wandlungen hingewiesen, wie zeitlich und räumlich das Verborgene enthüllt wird, erst symbolisch durch Namen und Beziehungen und schließlich ausdrücklich durch die Urteile.

§ 4 Die angewandten Namen klingen unbedeutend, aber ihre Anwendungsmöglichkeiten sind groß. Ihr Sinn ist weitreichend, ihre Urteile sind geordnet. Die Worte sind umschreibend, aber treffend. Die Sachen sind offen dargelegt, doch enthalten sie noch ein tieferes Geheimnis. Darum können sie in zweifelhaften Fällen dazu dienen, den Wandel der Menschen zu lenken und so die Vergeltung des Treffens und Verfehlens zu zeigen.

Es wird hier auf das Abstrakt-Allegorische der Zeichen hingewiesen, die sozusagen perspektivisch eine durchgehende Übertragung auf alle möglichen Verhältnisse gestatten, weil sie nur die Gesetze bieten, die in den verschiedenen Komplexreihen gelten.

KAPITEL VII

Die Beziehung einiger Zeichen zur Charakterbildung

§ 1 Das Aufkommen der Wandlungen war in der Zeit des mittleren Altertums. Die die Wandlungen verfaßt haben, hatten viel Sorge und Leid.

Das bezieht sich auf König Wen und seinen Sohn, den Herzog von Dschou, die beide schwere Zeiten durchzumachen hatten.

Der Schreiber dieser Zeilen fühlt sich in diesem Stück mit ihnen verbunden. Auch er kann nichts anderes tun als den Organisationsplan einer untergehenden Kultur auf die Nachwelt retten.

§ 2 So zeigt das Zeichen »Auftreten« das Fundament des Charakters, das Zeichen »Bescheidenheit« die Handhabe des Charakters, das Zeichen »Wiederkehr« den Stamm des Charakters; das Zeichen »Dauer« bewirkt die Festigkeit des Charakters, das Zeichen »Minderung« die Pflege des Charakters, das Zeichen »Mehrung« die Fülle des Charakters, das Zeichen »Bedrängnis« die Prüfung des Charakters, das Zeichen »Brunnen« das Feld des Charakters, das Zeichen »das Sanfte« die Betätigung des Charakters.

§ 3 Das Zeichen »Auftreten« ist harmonisch und erreicht das Ziel. »Bescheidenheit« ehrt und ist leuchtend. »Wiederkehr« ist klein und doch verschieden von den Außendingen. »Dauer« zeigt mannigfaltige Erfahrungen ohne Überdruß. »Minderung« zeigt erst die Schwierigkeit und dann das Leichte. »Mehrung« zeigt Wachstum der Fülle ohne Kunstgriffe. »Bedrängnis« führt in Ratlosigkeit und dadurch zu Erfolg. »Brunnen« weilt auf seinem Platz und hat doch Einfluß auf andre. »Das Sanfte« vermag die Dinge zu wägen und verborgen zu bleiben.

§ 4 Das »Auftreten« bewirkt harmonischen Wandel. »Bescheidenheit« dient dazu, die Sitte zu ordnen. »Wiederkehr« dient zur Selbsterkenntnis. »Dauer« bewirkt Einheit des Charakters. »Minderung« hält Schaden fern. »Mehrung« schafft Förderung des Nützlichen. Durch »Bedrängnis« lernt man seinen Groll verringern. »Brunnen« bewirkt Unterscheidung, was das Rechte ist. Durch das »Sanfte« vermag man die besonderen Umstände zu berücksichtigen.

Es ist hier an der Hand von neun Zeichen eine Darstellung der Entwicklung des Charakters gegeben, und zwar in der Art, daß zunächst die Beziehungen der Zeichen zum Charakter, darauf das Material der Zeichen und endlich ihre Wirkung gegeben werden. Die Bewegung geht von innen nach außen. Was sich im intimsten Herzen auswirkt, wird in seinen Folgen nach außen sichtbar. Die neun Zeichen sind:

1. Lü, das Auftreten, Nr. 10. Das Zeichen behandelt die Regeln des guten Benehmens, deren Befolgung Vorbedingung für Charakterbildung ist. Dieses gute Benehmen ist harmonisch – entsprechend dem Zeichen »das Heitere«, das innen ist – und kommt dadurch selbst unter schwierigen Umständen (Auftreten auf den Schwanz des Tigers) zum Ziele. So bewirkt es die harmonischen Formen, die für das äußere Benehmen Vorbedingung sind.

2. Kiën, die Bescheidenheit, Nr. 15. Das Zeichen bezeichnet die Gesinnung, die notwendig ist, damit man überhaupt die Bildung des Charakters unternimmt. Die Bescheidenheit (Berg unter der Erde) ehrt andre und kommt dadurch selbst zu Ehren. Auf diese Weise ordnet sie den Verkehr, daß man auf Freundlichkeit Freundlichkeit erlangt. Sie gibt den Formen die richtige Gesinnung als Inhalt.

3. Fu, die Wiederkehr, Nr. 24. Das Zeichen ist dadurch charakterisiert, daß ein lichter Strich von unten wiederkehrt und nach oben steigt. Es bedeutet Wurzel und Stamm des Charakters. Das Gute, das sich unten zeigt, ist zunächst noch ganz unscheinbar, aber es ist stark genug, um sich in seiner Eigenart allen Versuchungen der Umgebung gegenüber dauernd durchzusetzen. Als Wiederkehr legt es auch den Gedanken dauernder Umkehr nach begangenen Fehlern nahe und der dazu nötigen Selbstprüfung und Selbsterkenntnis.

4. Hong, die Dauer, Nr. 32. Das Zeichen bewirkt die Festigkeit des Charakters in der Zeit. Es zeigt Wind und Donner in stetigem Zusammensein, daher gibt es mannigfaltige Bewegungen und Erfahrungen, aus denen sich feste Regeln ergeben, so daß ein einheitlicher Charakter die Folge ist.

5. Sun, die Minderung, Nr. 41. Das Zeichen zeigt Minderung des Niederen, der ungebändigten Triebe, zugunsten des höheren, geistigen Lebens. Hiermit ist die eigentliche Pflege des Charakters gegeben. Sie zeigt erst die Schwierigkeit in der Bändigung der Triebe und dann das Leichte, wenn der Charakter beherrscht ist, und hält so Schaden fern.

6. I, die Mehrung, Nr. 42. Das Zeichen gibt dem Charakter die nötige Fülle. Bloße Askese reicht nicht aus zu einem guten Charakter; es ist auch Größe dazu nötig. Die Mehrung zeigt nun ein organisches Wachstum der Persönlichkeit an, das nicht gemacht ist und daher das Nützliche fördert.

7. Kun, die Bedrängnis, Nr. 47. Das Zeichen führt den gebildeten Charakter nun in das Feld seiner Bewährung ein. Schwierigkeiten, Hindernisse erheben sich, die überwunden werden müssen, sich aber oft als unüberwindbar erweisen. Hier sieht der Mensch sich Grenzen gegenüber, die er nicht beseitigen kann und deren Überwindung nur durch ihre Anerkennung ermöglicht wird. Indem so Dinge anerkannt werden, die als Schicksal anerkannt werden müssen, verlernt man es, das Widrige zu hassen. – Denn welchen Wert hätte es, gegen das Schicksal anzugehen? – Und durch diese Verminderung des Grolls läutert sich der Charakter auf eine höhere Stufe empor.

8. Dsing, der Brunnen, Nr. 48. Das Zeichen stellt einen Brunnenquell dar, dessen weitreichende Wirkung trotz seines Beharrens am Platze darauf beruht, daß er weithin Segen spendet. So zeigt sich hier das Feld des Charakters, auf dem er seine Wirkung ausüben kann. Es zeigt den tiefen Einfluß, der von einer reichen, spendenden Persönlichkeit ausgeht, der darum nicht geringer ist, weil das Spendende sich in der Stille hält. Es zeigt, was das Rechte ist, und ermöglicht so, es auszuwirken.

9. Sun, das Sanfte, das Eindringliche, Nr. 57. Das Zeichen gibt die richtige Geschmeidigkeit des Charakters. Nicht Starrheit, die nach einmal festgelegten Prinzipien handelt und in Wirklichkeit nur Pedanterie ist, sondern Beweglichkeit ist nötig, daß man die Dinge wägt und in die Bedürfnisse der Zeit eindringt, ohne sich zu exponieren, und dann es lernt, die Umstände zu berücksichtigen und bei aller weisen Mannigfaltigkeit die starke Einheit des Wesens zu wahren.

KAPITEL VIII

Über den Gebrauch des Buchs der Wandlungen

Die Linien

§ 1 Die Wandlungen sind ein Buch,
Dem man nicht ferne bleiben darf.
Sein SINN ist stets wechselnd,
Veränderung, Bewegung ohne Rast,
Durchfließend die sechs leeren Plätze;
Sie steigen auf und fallen ohn' Verharren,
Die Festen und die Weichen wandeln sich.
Man kann sie nicht in eine Regel schließen;
Nur Änderung ist es, was hier wirkt.

§ 2 Sie gehen aus und ein nach festen Maßen.
Ob außen oder innen, lehren Vorsicht sie.

§ 3 Auch zeigen sie Sorge und Leid und ihre Gründe.
Hast du auch keinen Lehrer, doch nahe ihnen wie den Eltern.

§ 4 Erst nimm die Worte vor,
Besinn dich, was sie meinen,
Dann zeigen sich die festen Regeln.
Doch bist du nicht der rechte Mann,
Dann äußert sich der Sinn dir nicht.

In halb rhythmischer, halb gereimter Prosa wird hier eine Mahnung gegeben, das Buch der Wandlungen fleißig zu studieren. Es wird rühmend hervorgehoben, wie dauernder Wechsel die Regel des Buchs ist. Zum Schluß wird darauf hingewiesen, daß eine innere Fähigkeit notwendig sei, das Buch zu verstehen, sonst bleibe es verschlossen wie mit sieben Siegeln. Wenn der das Orakel Befragende nicht in Kontakt mit dem SINN ist, so bekommt er keine sinnvolle Antwort, die ja doch nur vergeblich wäre.

KAPITEL IX

Die Linien (Fortsetzung)

§ 1 Die Wandlungen sind ein Buch, dessen Zeichen im ersten Strich ihren Anfang nehmen und im letzten zusammengefaßt werden. Die Striche sind das eigentliche Material. Die sechs Linien sind gemischt entsprechend der Bedeutung, die ihnen zur Zeit zukommt.

Es wird hier das Verhältnis der Linien zum Gesamtzeichen besprochen. Die Zeichen bauen sich aus den einzelnen Linien als ihrem Material von unten nach oben auf. Die einzelnen Linien haben innerhalb dieses Zusammenhangs die Bedeutung, die ihnen durch die jeweilige Situation zukommt.

§ 2 Der Anfangsstrich ist schwer zu erkennen. Der obere Strich ist leicht zu erkennen. Denn sie stehen im Verhältnis von Grund und Folge. Das Urteil zum ersten ist erwägend; beim letzten ist dann alles zu seiner Vollendung gekommen.

Hier werden zunächst der Anfangs- und der obere Strich in

ihrem gegenseitigen Verhältnis gezeichnet. Beide stehen sozusagen außerhalb des eigentlichen Zeichens und der Kernzeichen. Im einen beginnt die Handlung erst sich zu entfalten, im andern schließt sie ab.

§ 3 Wenn man aber die mannigfaltig abgestuften Dinge und ihre Art erforschen will und Recht und Unrecht unterscheiden, so geht das nicht vollständig ohne die mittleren Striche.

Die mannigfaltig abgestuften Dinge ergeben sich aus den mannigfaltig abgestuften Plätzen. Ihre Art ist ihr fester oder weicher Charakter. Recht und Unrecht unterscheiden sich daraus, ob die Linien dem Zeitsinn entsprechend auf den ihnen gebührenden Plätzen stehen oder nicht.

§ 4 Ja, auch das Wichtigste über Bestehen und Untergehen, Heil und Unheil kann man mit der Zeit erkennen. Der Wissende betrachtet das Urteil der Entscheidung, so kann er sich das meiste denken.

Im Kommentar zur Entscheidung sind immer die Herren der Zeichen angegeben. Indem man sich daran die weiteren Beziehungen der Linien zu diesen Herren des Zeichens überlegt, kann man sich schon einen ungefähren Überschlag über ihre Stellung und Bedeutung im Gesamtzeichen machen.

§ 5 Der zweite und vierte Platz stimmen in ihrer Arbeit überein, aber unterscheiden sich durch ihre Plätze. In Beziehung auf die Güte stimmen sie nicht überein. Der zweite wird meist gelobt, der vierte meist gewarnt, weil er in der Nähe des Herrn steht. Der Sinn des Weichen ist es freilich, daß es nicht fördernd für dasselbe ist, fern zu sein. Die Hauptsache ist aber, ohne Makel zu bleiben; seine Äußerung ist es, weich und zentral zu sein.

Der fünfte Platz ist der Platz des Herrschers. Der zweite und vierte Platz sind die Plätze der Beamten: Der zweite, der zum fünften im Verhältnis des Entsprechens steht (beide sind der zentrale Platz im inneren bzw. äußeren Zeichen), ist der Beamte, der fern vom Hofe im Lande draußen an der Arbeit ist. Der vierte Platz ist der Platz des Ministers. Darum sind die beiden Plätze – beides dunkle, d. h. abhängige – trotz Übereinstimmung in der Arbeit nicht gleich an Güte. Der zweite hat meist ein günstiges

Urteil, der vierte meist ein warnendes: weil er zu nahe beim Fürsten ist, muß er doppelt vorsichtig sein. Nun liegt es eigentlich in der Art des Weichen, daß es nicht fördernd für dasselbe ist, wenn es fern vom Festen ist. Man sollte daher denken, der zweite Platz sei weniger günstig. Allein für ihn kommt in Betracht, daß er zentral gelegen ist, daher ohne Makel bleibt.

§ 6 Der dritte und fünfte Platz stimmen in ihrer Arbeit überein, aber unterscheiden sich durch ihre Plätze. Der dritte hat meist Unheil, der fünfte meist Verdienst, weil sie durch ihren Rang abgestuft sind. Der schwächere ist gefährdet, der stärkere hat den Sieg.

Der fünfte Platz ist der Platz des Herrschers, der dritte als oberster des inneren Zeichens hat wenigstens eine beschränkte Macht. Aber er ist nicht zentral, an einer unsicheren Stelle, an der Grenze zweier Zeichen. Darin, sowie in seinem niederen Rang liegen Momente der Schwäche, die den Platz in den meisten Lagen als gefährdet erscheinen lassen. Der fünfte Platz ist zentral, der Herrscher des Ganzen, auf starkem Platz: das alles sind Momente der Stärke, die den Sieg verheißen.

KAPITEL X

Die Linien (Fortsetzung)

§ 1 Die Wandlungen sind ein Buch, weit und groß, in dem alles vollständig enthalten ist. Es ist der SINN des Himmels darin, der SINN der Erde darin, der SINN des Menschen darin. Es faßt diese drei Grundmächte zusammen und verdoppelt sie, darum sind sechs Striche da. Die sechs Striche sind nichts anderes als die Wege (SINN) der drei Grundmächte.

§ 2 Der Weg hat Veränderungen und Bewegungen. Darum heißen sie die veränderlichen Striche. Diese Striche haben Stufen, darum stellen sie die Dinge dar. Die Dinge sind mannigfaltig, daraus ergeben sich Linienzüge. Diese Linienzüge sind nicht immer entsprechend. Daraus entstehen Heil und Unheil.

Es werden hier die Plätze nach den drei Grundmächten verteilt. Der Anfangs- und der zweite Strich sind die Plätze der Erde, der dritte und der vierte die des Menschen, der fünfte und der obere die des Himmels. Gleich bei dem Zeichen »das Schöpferische« kommt diese Einteilung in Betracht. Es wird hier dann aus der Platzgemäßheit der Striche der verschiedenen Stufen auf Heil oder Unheil ihrer Bedeutung geschlossen. Der chinesische Ausdruck »Hiau« für Strich kann, anders geschrieben, auch nachahmen heißen. Darum heißen sie hier die »Veränderlichen«, nämlich die nach dem Vorbild des SINNES sich Richtenden. Das Schriftzeichen für Hiau sind 爻 zwei gekreuzte Linienpaare, die eben die Kreuzung zwischen Yang und Yin andeuten.

KAPITEL XI

Wert der Vorsicht als Lehre des Buchs der Wandlungen

Die Zeit, da die Wandlungen aufkamen, war die, als das Haus Yin zu Ende kam, als die Art des Hauses Dschou im Steigen war, also die Zeit, da König Wen und der Tyrann Dschou Sin miteinander zu tun hatten. Darum sind die Urteile des Buchs so häufig vor Gefahr warnend. Wer sich der Gefahr bewußt ist, der schafft sich Friede; wer es leicht nimmt, der schafft sich Umsturz. Der SINN dieses Buchs ist groß. Keines der hundert Dinge läßt er aus. Er ist besorgt um Anfang und Ende, und befaßt ist er in dem Wort »ohne Makel«. Das ist der SINN der Wandlungen.

Der König Wen, der Ahn der Dschoudynastie, wurde von dem letzten Herrn der Yindynastie, dem Tyrannen Dschou Sin, gefangen gehalten. In dieser Gefangenschaft soll er die Urteile zu den einzelnen Zeichen verfaßt haben. Die Gefahr seiner Lage bedingte es, daß diese Urteile alle von der Vorsicht ausgehen, die darauf bedacht ist, ohne Makel zu sein, und dadurch den Erfolg erreicht.

KAPITEL XII

Zusammenfassung

§ 1 Das Schöpferische ist das Allerstärkste in der Welt. Die Äußerung seiner Art ist dauernd das Leichte, um so das Gefährliche zu beherrschen. Das Empfangende ist das Allerhingebendste in der Welt. Die Äußerung seiner

Art ist dauernd einfach, um so das Hindernde zu beherrschen.

Die beiden Grundprinzipien des Buchs der Wandlungen, »das Schöpferische« und »das Empfangende«, werden hier noch einmal in ihrer Art dargestellt. Das Schöpferische als das Starke, dem alles leicht fällt, das sich aber der Gefahr, die darin liegt, von oben nach unten zu wirken, bewußt bleibt und dadurch die Gefahr beherrscht. Das Empfangende als das Hingebende, das darum ganz einfach handelt, das sich aber der Hindernisse bewußt ist, die darin liegen, von unten nach oben zu wirken, und dadurch diese Hindernisse beherrscht.

§ 2 Heiterkeit im Herzen wahren können und dabei dennoch besorgt sein in Gedanken: so vermag man Heil und Unheil auf Erden zu bestimmen und alles Schwierige auf Erden zu vollenden.

Im Text stehen bei »besorgt sein in Gedanken« noch zwei Zeichen, die Dschu Hi mit Recht als spätere Zusätze beseitigt hat. Heiterkeit im Herzen ist die Art des Schöpferischen. Sorgen in Gedanken ist die Art des Empfangenden. Durch die Heiterkeit gewinnt man den Überblick über Heil und Unheil, durch das Sorgen die Möglichkeit der Vollendung.

§ 3 Darum: Die Veränderungen und Umgestaltungen beziehen sich auf das Handeln. Heilvolle Taten haben gute Vorbedeutungen. Darum dienen die Bilder dazu, die Dinge zu erkennen, und das Orakel dient dazu, die Zukunft zu erkennen.

Die Veränderungen beziehen sich aufs Handeln. Darum sind die Bilder des Buchs der Wandlungen geeignet, danach zu handeln und die Wirklichkeit zu kennen (vgl. auch Kapitel II über die Kulturgeschichte, wo die Erfindungen von den Bildern abgeleitet werden). Die Ereignisse haben ihre Richtung auf Heil und Unheil zu, die sich in Vorzeichen ausdrücken. Indem das Buch der Wandlungen diese Vorzeichen deutet, wird die Zukunft klar.

§ 4 Himmel und Erde bestimmen die Plätze. Die Heiligen und Weisen vollenden deren Möglichkeiten. Durch Menschengedanken und Geistergedanken werden dem Volk diese Möglichkeiten zuteil.

Himmel und Erde bestimmen die Plätze und damit die Möglichkeiten. Die Heiligen verwirklichen diese Möglichkeiten, und indem im Buch der Wandlungen die Gedanken der Menschen und der Geister zusammenwirken, gibt es die Möglichkeit, auch dem Volk die Segnungen der Kultur zuteil werden zu lassen.

§ 5 Die acht Zeichen deuten durch ihre Bilder an, die Worte zu den Strichen und die Entscheidungen reden nach den Umständen. Indem das Feste und das Weiche durcheinander stehen, läßt Heil und Unheil sich ersehen.

§ 6 Veränderungen und Bewegungen werden nach der Förderung beurteilt (die sie bringen). Heil und Unheil verändern sich je nach den Verhältnissen. Darum: Liebe und Haß bekämpfen einander, und Heil und Unheil entstehen daraus. Fernes und Nahes beeinträchtigen einander, und Reue und Beschämung entstehen daraus. Wahres und Falsches beeinflussen einander, und Nutzen und Schaden entstehen daraus. Bei allen Verhältnissen des Buchs der Wandlungen ist es so, daß, wenn zueinander in naher Beziehung Stehendes nicht miteinander stimmt, Unheil die Folge ist, aus der Schädigung entsteht, Reue und Beschämung.

Die nahen Beziehungen sind die in Beziehung des Entsprechens und Zusammenhaltens stehenden Striche. Je nachdem sie einander anziehen oder abstoßen, folgt Heil oder Unheil mit allen Abstufungen daraus.

§ 7 Wer Aufruhr plant, dessen Worte sind beschämt. Wer im innersten Herzen Zweifel hegt, dessen Worte sind verzweigt. Heilvoller Menschen Worte sind sparsam. Aufgeregte Menschen machen viele Worte. Verleumder der Guten machen in ihren Worten Umschweife. Wer seinen Standpunkt verloren hat, dessen Worte sind verdreht.

Hier wird noch ein Überblick gegeben über die Wirkung der seelischen Zustände auf die Äußerung in Worten. Es zeigt sich daraus, daß die Verfasser des Buchs der Wandlungen, deren Worte so sparsam sind, zu den heilvollen Menschen gehören.

DIE STRUKTUR DER ZEICHEN

1. Allgemeines

Aus dem Bisherigen ergibt sich zum größten Teil das zum Verständnis der Zeichen Nötige. Es soll hier jedoch noch ein Überblick gegeben werden über das, was zur Struktur der Zeichen gehört, damit man sich darüber klar zu werden vermag, *warum* die Zeichen nun gerade diese Bedeutung haben, die sie haben, warum die Linien den oft phantastisch anmutenden Text haben, der ihnen beigeschrieben ist und der in allegorischer Weise ausdrückt, welche Stellung sie im Ganzen der Situation des Gesamtzeichens haben und inwieweit sie daher Glück oder Unglück bedeuten.

Dieser Unterbau der Erklärung ist von den chinesischen Kommentatoren sehr weit getrieben worden. Namentlich seit im Lauf der Han-Zeit die Zaubergeheimnisse der fünf Wandelzustände mit dem Buch der Wandlungen verknüpft wurden, hat sich immer mehr Geheimnis und schließlich auch immer mehr Hokuspokus an das Buch angeschlossen, dem das Buch den Ruf seiner Tiefe und Unverständlichkeit verdankt. Wir glauben, mit diesem ganzen Geranke den Leser verschonen zu dürfen, und haben nur das gegeben, was sich aus dem Text und den ältesten Kommentaren als zugehörig erweist.

Selbstverständlich hat ein Buch wie das Buch der Wandlungen stets einen irrationalen Rest. Warum im Einzelfall diese Seite hervorgehoben wird und nicht eine andre, die an sich ebenso möglich wäre, darüber läßt sich ebensowenig Rechenschaft geben wie darüber, warum die Ochsen Hörner haben und nicht statt dessen obere Vorderzähne wie die Pferde. Was möglich ist, das ist nur der Nachweis der Zusammenhänge innerhalb des durch Setzung Gegebenen; um im Gleichnis zu bleiben, käme es der Erklärung gleich, inwiefern das Wachsen von Hörnern und Fehlen der oberen Vorderzähne in organischer Verbindung stehen.

2. Die acht Grundzeichen und ihre Verwendung

Wie schon oben nachgewiesen, sind die vorliegenden sechsstrichigen Zeichen dauernd als aus zwei Urzeichen zusammengesetzt zu denken – nicht etwa aus sechs einzelnen Linien. Diese Urzeichen kommen nun für die Deutung in Betracht nach den verschiedenen Seiten ihres Wesens:

Einmal nach ihren Eigenschaften, dann nach ihren Bildern, dann nach ihrer Stellung im Familienzusammenhang (wobei durchgängig nur der des späteren Himmels in Betracht kommt).

Kiën,	das Schöpferische,	ist stark, ist der Himmel,	der Vater
Kun,	das Empfangende,	ist hingebend, ist die Erde,	die Mutter
Dschen,	das Erregende,	ist Bewegung, ist der Donner oder das Holz,	der älteste Sohn
Kan,	das Abgründige,	ist Gefahr, ist Wasser oder Wolken,	der mittlere Sohn
Gen,	das Stillehalten,	ist Innehalten, ist der Berg,	der jüngste Sohn
Sun,	das Sanfte,	ist Eindringen, ist der Wind oder das Holz,	die älteste Tochter
Li,	das Haftende,	ist leuchtend oder bedingt, ist die Sonne oder der Blitz, das Feuer,	die mittlere Tochter
Dui,	das Heitere,	ist Freude, ist der See,	die jüngste Tochter

Diese allgemeinen Bedeutungen müssen, namentlich wo es sich um die Erklärung der einzelnen Linien handelt, ergänzt werden durch die zunächst überflüssig erscheinenden Aufzählungen in der Besprechung der Zeichen (Kapitel III).

Dabei kommt dann weiterhin die Stellung der Zeichen zueinander in Betracht. Das untere Zeichen ist unten, innen, hinten, das obere ist oben, außen, vorn. Die betonten Striche im oberen Zeichen werden immer als »gehend«, die betonten Striche des unteren Zeichens als »kommend« bezeichnet.

Aus diesen Bezeichnungen, die sich schon im Kommentar zur Entscheidung finden, wurde dann später ein System der Verwandlung der Zeichen ineinander konstruiert, das viele Verwirrung angerichtet hat. Da es nicht irgendwie für die Erklärung von Notwendigkeit ist, wurde hier vollkommen davon abgesehen. Ebenso wurde kein Gebrauch gemacht von den »lauernden« Zeichen, daß nämlich jedem Zeichen sein Gegensatz im geheimen mit zugrunde liegt, also dem Zeichen Kiën das Zeichen Kun, dem Zeichen Dschen das Zeichen Sun usw.

Dagegen ist ganz entschieden Gebrauch zu machen von den sogenannten Kernzeichen »Hu Gua«. Diese Kernzeichen bilden die mittleren vier Striche jedes Zeichens und greifen selbst wieder mit ihren beiden mittleren Strichen übereinander. Ein paar Beispiele machen das ohne weiteres klar.

Das Zeichen Li, das Haftende, Nr. 30 , hat als Kernzeichenkomplex die vier Striche . Die beiden Kernzeichen sind: oben Dui, das Heitere , unten Sun, das Sanfte .

Das Zeichen Dschung Fu, Innere Wahrheit, Nr. 61 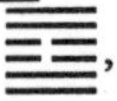, hat als Kernzeichenkomplex die vier Striche . Die beiden Kernzeichen sind: oben Gen, das Stillehalten , unten Dschen, das Erregende .

Die Struktur der Zeichen ergibt daher ein stufenweises Übereinandergreifen verschiedener Zeichen und ihrer Einflüsse 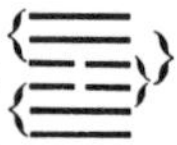

Die Anfangs- und die obere Linie gehören demnach zu einem Zeichen (dem unteren bzw. oberen Urzeichen). Die zweite und die fünfte Linie gehören zu zwei Zeichen (dem unteren bzw. oberen Urzeichen und dem unteren bzw. oberen Kernzeichen). Die dritte und die vierte Linie gehören zu drei Zeichen (dem unteren bzw. oberen Urzeichen und beiden Kernzeichen). So ergibt sich für die erste und die oberste Linie ein gewisses Herausfallen aus dem Zusammenhang, für die zweite und die fünfte ein (meist günstiger) Gleichgewichtszustand, für die beiden mittleren Linien eine übereinandergreifende Bestimmung, die nur in besonders günstigen Fällen das Gleichgewicht nicht stört. Diese Verhältnisse stimmen mit der Wertung der Linien in den Urteilen vollkommen überein.

3. Die Zeit

Die Gesamtsituation, die durch ein Zeichen zum Ausdruck kommt, heißt die Zeit. Dieser Ausdruck umfaßt je nach dem Charakter der verschiedenen Zeichen durchaus verschiedene Bedeutungen. Bei Zeichen, deren Gesamtsituation ein Bewegungsvorgang ist, heißt die Zeit das durch diese Bewegung veranlaßte Abnehmen oder Wachsen, Vollsein oder Leersein. Zeichen dieser Art sind z. B. Nr. 11, Tai, der Friede, Nr. 12, Pi, die Stockung, Nr. 23, Bo, die Zersplitterung, Nr. 24, Fu, die Wiederkehr.

Ebenso heißt die Zeit die Handlung, der Vorgang, der für ein Zeichen charakteristisch ist, wie z. B. in Nr. 6, Sung, der Streit, Nr. 7, Schï, das Heer, Nr. 21, Schï Ho, das Durchbeißen, Nr. 27, I, die Ernährung.

Ferner bedeutet die Zeit das Gesetz, das durch ein Zeichen zum

Ausdruck gebracht wird, z. B. Nr. 10, Lü, das Auftreten, Nr. 15, Kiën, die Bescheidenheit, Nr. 31, Hiën, die Einwirkung, Nr. 32, Hong, die Dauer.

Endlich kann die Zeit auch den bildlichen Zustand bedeuten, der durch ein Zeichen dargestellt wird, z. B. Nr. 48, Dsing, der Brunnen, Nr. 50, Ding, der Tiegel.

In allen Fällen ist die Zeit eines Zeichens bestimmend für den Sinn der Gesamtsituation, von dem aus die verschiedenen Einzellinien ihre Bedeutung erhalten. Je nach der Zeit kann ein und dieselbe Linie – etwa Sechs auf drittem Platz – das eine Mal günstig, das andere Mal ungünstig sein.

4. Die Plätze

Die verschiedenen Plätze der Striche werden nach ihrer Höhe in vornehme und geringe eingeteilt. Dabei bleiben in der Regel der unterste und der oberste außer Betracht, während die vier mittleren innerhalb der Zeit sich betätigen. Davon ist der fünfte Platz der Platz des Herrschers, der vierte der des Ministers in der Nähe des Herrschers, der dritte, als oberster Platz des unteren Zeichens, hat eine Art Übergangsstellung, der zweite ist der Beamte im Lande, der jedoch mit dem Fürsten auf fünftem Platz in direkter Verbindung steht. Ebenso kann unter Umständen der vierte Platz die Frau des fünften vorstellen und der zweite den Sohn. Unter Umständen kann auch der zweite Platz die Frau sein, die im Innern waltet, während der Mann auf fünftem Platz im Äußern tätig ist. Kurz, die Funktionen sind stets analog, wenn auch die Bezeichnungen wechseln.

Der unterste und der oberste Platz kommen vom Standpunkt der Zeit des Zeichens in der Regel als Anfang oder Ende in Betracht, unter Umständen ist der erste Strich auch einer, der anfängt, sich im Zeitsinn zu betätigen, ohne schon in das Feld eingetreten zu sein, während der oberste jemand bedeutet, der sich schon aus den Geschäften der Zeit zurückgezogen hat. Doch kommt es auf die durch das Zeichen dargestellte Zeit an, ob unter Umständen gerade diese Plätze eine repräsentative Tätigkeit haben, so z. B. der erste Platz in dem Zeichen Nr. 3, Dschun, die Anfangsschwierigkeit, Nr. 14, Da Yu, Besitz von Großem, Nr. 20, Guan, die Betrachtung, Nr. 26, Da Tschu, des Großen Zähmungskraft, Nr. 42, I, die Mehrung. In allen diesen Fällen sind die betreffenden Striche Herren des Zeichens. Auf der andern Seite kommt es auch vor, daß der fünfte Platz nicht der Platz des Herrschers ist, wenn nämlich der ganzen Situation des Zeichens entsprechend kein Herrscher vorkommt.

5. *Der Charakter der Striche*

Der Charakter der Striche wird bezeichnet als fest oder weich, als zentral, als korrekt, oder nicht zentral und nicht korrekt. Fest (oder hart) sind die ungeteilten, weich (oder schwach) sind die geteilten Linien. Zentral sind die beiden mittleren Linien der Urzeichen, also die zweite und fünfte, unabhängig von ihrer sonstigen Qualität. Korrekt ist eine Linie, die auf dem ihr gebührenden Platz steht, also eine feste Linie auf erstem, drittem, fünftem Platz, eine weiche Linie auf zweitem, viertem, sechstem Platz. Feste und weiche Linien können beide günstig oder ungünstig sein, je nach den Zeiterfordernissen des Zeichens. Wenn die Zeit Festigkeit verlangt, sind die festen Striche günstig, wenn die Zeit Weichheit verlangt, die weichen. Das geht sogar so weit, daß gar nicht immer Korrektheit ein Vorzug ist. Wenn die Zeit Weichheit vorschreibt, ist ein fester Strich auf drittem Platz, obwohl an sich korrekt, vom Übel, weil er zu viel Festigkeit zeigt, während umgekehrt eine weiche Linie an drittem Platz günstig sein kann, weil sie durch Weichheit des Wesens die Härte des Platzes ausgleicht. Nur die zentrale Stellung ist in der ganz überwiegenden Anzahl der Fälle günstig, sowohl wenn sie mit Korrektheit verbunden ist als auch sonst. Insbesondere kann ein weicher Herrscher eine sehr günstige Position haben, besonders dann, wenn ihm ein starker, fester Beamter auf zweitem Platze entspricht.

6. *Die Beziehungen der Striche untereinander*

a) Entsprechen

Die entsprechenden Striche des unteren und des oberen Zeichens stehen zuweilen in besonders naher Beziehung zueinander, der Beziehung des Entsprechens. Es sind das folgende Verhältnisse: erster Strich zum vierten, zweiter zum fünften, dritter zum obersten. Voraussetzung ist dabei, daß die Striche verschiedener Natur sind. Es stehen also in der Beziehung des Entsprechens in der Regel nur weiche zu festen oder feste zu weichen Strichen. Von den entsprechenden Strichen sind die wichtigsten die beiden zentralen Striche auf zweitem und fünftem Platz, die in der korrekten Beziehung des Herrschers zum Beamten, des Vaters zum Sohn, des Mannes zur Frau usw. stehen. Und zwar kann dabei entweder ein starker Beamter einem weichen Herrscher oder ein weicher Beamter einem starken Herrscher entsprechen. Das erstere ist der Fall bei 16 Zeichen, bei denen es sämtlich günstig wirkt; nämlich durchaus günstig bei den Zeichen Nr. 4, 7, 11, 14, 18, 19, 32, 34, 38, 40, 41, 46, 50; weniger günstig,

was aber durch die Zeit erklärt ist, bei Nr. 26, 54, 64. Das Entsprechen zwischen weichem Beamten und starkem Herrn ist lange nicht so günstig. Ungünstig wirkt es bei Nr. 12, 13, 17, 20, 31. Schwierigkeiten, die sich aber aus der Zeit erklären, so daß die Beziehung doch als korrekt bezeichnet werden kann, kommen vor bei Nr. 3, 33, 39, 63. Günstig wirkt die Beziehung bei Nr. 8, 25, 37, 42, 45, 49, 53. Entsprechen von erster und vierter Linie kommt auch gelegentlich vor, wobei es günstig ist, wenn eine weiche Linie auf viertem Platz in Beziehung des Entsprechens zu einer starken Anfangslinie ist, weil dann der Sinn ist, daß ein gehorsamer Beamter im Namen seines Herrn nach starken, tüchtigen Gehilfen sucht, vgl. Nr. 3, 22, 27, 41. Dagegen bedeutet ein Entsprechen von einem starken vierten Strich zu einem weichen Anfangsstrich eher eine zu vermeidende Versuchung zu Intimität mit gemeinen Menschen, vgl. Nr. 28, 40, 50. Eine Beziehung von drittem und oberstem Strich kommt kaum vor, höchstens als Versuchung; denn durch die Verwicklung mit den Weltgeschäften verlöre der hohe, von der Welt abgewandte Weise seine Reinheit und der Beamte an drittem Platz, wenn er seinen Herrscher auf fünftem Platz überginge, seine Treue.
Im Fall, daß ein Strich Herr des Zeichens ist, kommen selbstverständlich Beziehungen des Entsprechens unabhängig von diesen Erwägungen vor, deren Heil oder Unheil sich aus dem Zeitsinn des Gesamtzeichens ergibt.

b) Zusammenhalten

Zwischen zwei benachbarten Strichen verschiedenen Charakters kann die Beziehung des Zusammenhaltens stattfinden, die von seiten des unteren auch als »Empfangen«, von seiten des oberen als »Beruhen« bezeichnet wird. Für die Beziehung des Zusammenhaltens kommt in erster Linie der vierte und fünfte Strich (Minister und Herrscher) in Betracht. Und zwar ist umgekehrt zu der Beziehung zwischen zweiter und fünfter Linie hier das günstigere, wenn ein weicher Minister mit einem starken Herrscher zusammenhält, denn bei der größeren Nähe ist Ehrfurcht von Wert. So ist denn in 16 Zeichen, in denen ein solches Zusammenhalten vorkommt, dasselbe stets mehr oder weniger heilbringend, nämlich sehr gut in Nr. 8, 9, 20, 29, 37, 42, 48, 53, 57, 59, 60, 61, etwas weniger, aber doch nicht ungünstig, in Nr. 3, 5, 39, 63. Dagegen ist ein Zusammenhalten eines starken, d. h. inkorrekten Strichs auf viertem Platz mit einem schwachen Herrn meist ungünstig, so in Nr. 30, 32, 35, 50, 51, etwas weniger ungünstig in Nr. 14, 38, 40, 54, 56, 62. Günstig ist es dagegen in folgenden Zeichen, in denen die starke vierte Linie Herr des Zeichens ist: Nr. 16, 21, 34, 55 (Herr des oberen Zeichens), 64.

Außerdem kommt Zusammenhalten auch noch vor zwischen dem fünften und dem obersten Strich. Es stellt dann den Herrscher dar, der sich dem Weisen unterstellt; in diesem Fall ist es meist der demütige Herrscher (schwacher Strich auf fünftem Platz), der den starken Weisen (starker Strich oben) ehrt, so in den Zeichen Nr. 14, 26, 27, 50. Das ist natürlich sehr günstig. Wenn dagegen auf fünftem Platz ein starker Strich steht und oben ein schwacher, so deutet das eher auf das Sichabgeben mit minderwertigen Elementen und ist unerwünscht, so Nr. 28, 31, 43, 58. Nur das Zeichen Nr. 17, Sui, die Nachfolge, macht hierin eine Ausnahme, weil der Gesamtsinn des Zeichens ein Heruntergehen des Starken unter das Schwache zur Voraussetzung hat.

Die übrigen Striche: 1 und 2, 2 und 3, 3 und 4 stehen nicht im korrekten Verhältnis des Zusammenhaltens. Wo es vorkommt, bedeutet es immer die Gefahr von Parteiungen und ist zu vermeiden. Für einen schwachen Strich ist das Beruhen auf einem Harten auch zuweilen ein Grund von Unannehmlichkeiten.

Wenn es sich um Striche handelt, die Herren des Zeichens sind, in dem sie stehen, so kommen die Beziehungen des Entsprechens und Zusammenhaltens auch in Betracht, wenn es sich um irgendwelche Plätze handelt. Außer den oben erwähnten Fällen seien als Beispiele noch genannt: Nr. 16, Yü, die Begeisterung. Der vierte Strich ist der Herr des Zeichens, der Anfangsstrich entspricht ihm, der dritte Strich hält mit ihm zusammen. Nr. 23, Bo, die Zersplitterung. Der obere Strich ist der Herr, der dritte entspricht ihm, und der fünfte hält mit ihm zusammen. Beides ist gut. Nr. 24, Fu, die Wiederkehr. Der Anfangsstrich ist Herr, der zweite ist mit ihm verbunden, der vierte entspricht ihm. Beides ist günstig. Nr. 43, Guai, der Durchbruch, die Entschlossenheit. Der obere Strich ist Herr, der dritte entspricht ihm, der fünfte hält mit ihm zusammen. Nr. 44, Gou, das Entgegenkommen. Der Anfangsstrich ist Herr, der zweite hält mit ihm zusammen, der vierte entspricht ihm. Es handelt sich hier um Heil oder Unheil, je nach der Richtung, in die der Sinn des Zeichens weist.

7. Die Herren des Zeichens

Man unterscheidet zwei Arten von Herren des Zeichens: die konstituierenden und die beherrschenden. Der konstituierende Herr des Zeichens ist ohne Rücksicht auf Höhe und Güte des

Charakters derjenige Strich, der dem Zeichen den charakteristischen Sinn gibt, wie z. B. der oberste, schwache Strich in Nr. 43, Guai, die Entschlossenheit. Denn das Zeichen konstituiert sich aus dem Gedanken, diesen Strich entschlossen hinauszuwerfen.

Die beherrschenden Herren sind stets gut von Charakter und werden durch den Zeitsinn und ihre Stellung zu Herren. Meist sind sie auf fünftem Platz. Aber es kommen gelegentlich auch andere Striche vor.

Wenn der konstituierende zugleich der beherrschende Herr ist, so ist er sicher gut und auf zeitgemäßem Platz. Wenn er nicht zugleich der beherrschende Herr ist, so ist es sicher ein Zeichen davon, daß sein Charakter und sein Platz mit den Erfordernissen der Zeit nicht übereinstimmen.

Die Herren der Zeichen können immer aus dem Kommentar zur Entscheidung entnommen werden. Wenn der konstituierende Herr zugleich der beherrschende ist, so hat das Zeichen einen Herrn, sonst zwei. Oft gibt es zwei Striche, die den Sinn des Zeichens konstituieren, wie z. B. in Nr. 33, Dun, der Rückzug, die beiden vordringenden schwachen Striche, die dann beide Herren sind, indem sie die vier starken Striche zurückdrängen; oder kommt das Zeichen aus dem Zusammenwirken der beiden Bilder der Urzeichen zusammen, dann sind die beiden charakteristischen Striche der beiden Zeichen die Herren.

Bei den einzelnen Zeichen wurde durchgehends der konstituierende Herr mit □, der beherrschende Herr mit ○ bezeichnet. Falls sie identisch sind, ist das Zeichen ○ gewählt. Im dritten Buch ist außerdem bei jedem Zeichen der Herr ausführlich erklärt.

ÜBER DAS ORAKELNEHMEN

a) Das Schafgarbenorakel

Das Orakel wird befragt mit Hilfe von Schafgarbenstengeln. Zum Wahrsagen gehört die Zahl von 50 Stengeln. Davon wird einer beiseitegesteckt und kommt weiter nicht in Betracht. Die übrigen 49 Stengel werden zunächst in zwei Haufen geteilt. Darauf nimmt man vom Haufen rechts einen Stengel und steckt ihn zwischen Goldfinger und kleinen Finger der linken Hand. Darauf nimmt man den linken Haufen in die linke Hand und nimmt mit der rechten Bündel von je vier Stengeln weg, bis vier oder weniger Stengel übrigbleiben. Diesen Rest steckt man nun zwischen Gold- und Mittelfinger der linken Hand. Darauf wird in derselben Weise der rechte Haufen durchgezählt und der Rest zwischen Mittel- und Zeigefinger der linken Hand gesteckt. Die Summe der zwischen den Fingern der linken Hand befindlichen Stengel ist nun entweder 9 oder 5 (die verschiedenen Möglichkeiten sind $1+4+4$ oder $1+3+1$ oder $1+2+2$ oder $1+1+3$; daraus ergibt sich, daß die Zahl 5 leichter zu erreichen ist als 9). Beim ersten Durchzählen der 49 Stengel bleibt der erste Stengel zwischen kleinem und Goldfinger als überzählig außer Berechnung. Man rechnet daher $9 = 8$ und $5 = 4$. Die Zahl 4 bedeutet nun eine volle Einheit, der der Zahlenwert 3 zugemessen wird. Die Zahl 8 dagegen bedeutet eine Doppeleinheit und wird nur mit dem Zahlenwert 2 berechnet. Hat man also beim ersten Durchzählen 9 Stengel übrig, so zählen sie 2, hat man 5 übrig, so zählen sie 3. Diese werden zunächst beiseitegelegt.

Nun werden die beiden Haufen, die übrig sind, wieder zusammengenommen und aufs neue abgeteilt. Wieder nimmt man von der rechten Hälfte einen Stengel und steckt ihn zwischen kleinen und Goldfinger der linken Hand und verfährt dann mit dem Durchzählen wie zuvor. Diesmal bekommt man als Summe des Restes entweder 8 oder 4. (Nämlich

$$\left.\begin{array}{r} 1+4+3 \\ \text{oder } 1+3+4 \end{array}\right\} = 8 \qquad \left.\begin{array}{r} 1+1+2 \\ \text{oder } 1+2+1 \end{array}\right\} = 4,$$

so daß diesmal die Chancen zwischen 8 und 4 dieselben sind.) 8 zählt 2 und 4 zählt 3.

Mit dem übriggebliebenen Haufen verfährt man darauf ein drittes Mal wie zuvor und erhält als Summe des Restes ebenfalls 8 oder 4.

Nun wird aus dem Berechnungswert der drei Restsummen ein Strichelement aufgebaut.

Ist die Summe 5 (= 4, Wert 3) + 4 (Wert 3) + 4 (Wert 3),
dann ergibt sich die Zahl 9, d. h. das sogenannte alte Yang. Das wird ein positives Strichelement, das sich bewegt, also für die Einzeldeutung in Betracht kommt. Es wird bezeichnet mit —○— oder ○.

Ist die Summe 9 (= 8, Wert 2) + 8 (Wert 2) + 8 (Wert 2),
so ergibt sich die Zahl 6, d. h. das sogenannte alte Yin. Das wird ein negatives Strichelement, das sich bewegt, also für die Einzeldeutung in Betracht kommt. Es wird bezeichnet mit —×— oder ×.

Ist die Summe

$$\left.\begin{array}{rl} & 9\ (2) + 8\ (2) + 4\ (3) \\ \text{oder} & 5\ (3) + 8\ (2) + 8\ (2) \\ \text{oder} & 9\ (2) + 4\ (3) + 8\ (2) \end{array}\right\} = 7,$$

so ergibt sich die Zahl 7, d. h. das sogenannte junge Yang. Das wird ein positives Strichelement, das ruht, also für die Einzeldeutung nicht in Betracht kommt. Es wird bezeichnet mit ——.

Ist die Summe

$$\left.\begin{array}{rl} & 9\ (2) + 4\ (3) + 4\ (3) \\ \text{oder} & 5\ (3) + 4\ (3) + 8\ (2) \\ \text{oder} & 5\ (3) + 8\ (2) + 4\ (3) \end{array}\right\} = 8,$$

so ergibt sich die Zahl 8, d. h. das sogenannte junge Yin. Das wird ein negatives Strichelement, das ruht, also für die Einzeldeutung nicht in Betracht kommt. Es wird bezeichnet mit — —.

Indem dieser Prozeß im ganzen sechsmal vorgenommen wird, baut sich ein sechsstufiges Zeichen auf. Wenn dieses Zeichen aus lauter ruhenden Strichelementen besteht, so kommt für das Orakel nur die Gesamtidee des Zeichens in Betracht, wie sie in dem »Urteil« des Königs Wen und dem »Kommentar zur Entscheidung« des Kungtse zum Ausdruck kommt, ferner noch das Bild des Zeichens und die dem Bild beigefügten Textworte.

Finden sich in dem so gewonnenen Zeichen ein oder mehrere bewegte Striche, so kommen außerdem die vom Herzog von Dschou diesem Strich beigefügten Worte in Betracht. Daher haben diese die Überschrift: 9 auf xtem Platz oder 6 auf xtem Platz.

Außerdem entsteht durch die Bewegung, d. h. Wandlung* der Striche ein neues Zeichen, das mit seinem Sinn ebenfalls in Betracht zu ziehen ist. Wenn z. B. das Zeichen ䷷ gezogen wird,

* Durch Bewegung oder Wandlung entsteht aus einem starken ein schwacher und aus einem schwachen ein starker Strich.

dessen vierter Strich sich bewegt 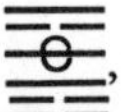, so wird außer dem Text und Bild dieses Zeichens im Ganzen der dem vierten Strich beigegebene Text in Betracht kommen und dann noch außerdem der Text und das Bild des Zeichens ; und zwar wäre dann das Zeichen  der Ausgangspunkt, von dem aus durch die Lage der 9 auf 4. Platz und den beigefügten Rat die Endsituation  sich entwickelt. In dem zweiten Zeichen kommt der Text des bewegten Strichs nicht in Betracht.

b) Das Münzenorakel

Außer der Methode des Schafgarbenorakels ist auch eine abgekürzte Methode mit Münzen im Brauch, zu der in der Regel alte chinesische Bronzemünzen, die in der Mitte ein Loch haben und auf der einen Seite Schrift zeigen, verwandt werden. Man nimmt dabei drei Münzen, die gleichzeitig geworfen werden. Ein Wurf gibt eine Linie. Schrift gilt als Yin und zählt 2, die andere Seite gilt als Yang und zählt 3. Hieraus ergibt sich dann der Charakter der betreffenden Linie. Sind alle drei Münzen Yang, so ist es eine Neun, sind alle drei Münzen Yin, so ist es eine Sechs. Zwei Yin und ein Yang ergeben eine Sieben, zwei Yang und ein Yin ergeben eine Acht. Beim Aufsuchen der Zeichen im Buch der Wandlungen verfährt man wie beim Schafgarbenorakel.
Es gibt noch eine andre Art des Münzorakels, wobei außer den Zeichen des I Ging auch noch die fünf Wandelzustände, die zyklischen Zeichen usw. verwandt werden und die von chinesischen Wahrsagern angewandt wird. Diese Art benützt aber nicht den Text der Zeichen des I Ging. Es heißt, sie sei eine Fortsetzung des alten Schildkrötenorakels, das im Altertum neben dem Schafgarbenorakel gefragt wurde, das aber durch den I Ging, den Kungtse rationaler gestaltet hatte, allmählich verdrängt worden ist.

SCHEMA
ZUM AUFFINDEN DER
GEZOGENEN I GING-ZEICHEN

U. Hälfte \ O. Hälfte	☰	☷	☳	☵	☶	☴	☲	☱
☰	1	11	34	5	26	9	14	43
☷	12	2	16	8	23	20	35	45
☳	25	24	51	3	27	42	21	17
☵	6	7	40	29	4	59	64	47
☶	33	15	62	39	52	53	56	31
☴	44	46	32	48	18	57	50	28
☲	13	36	55	63	22	37	30	49
☱	10	19	54	60	41	61	38	58

Es genügt, das Zeichen, das man aufsuchen will, in seine beiden Bestandteile zu trennen. Der Treffpunkt der beiden Spalten gibt die Nummer des Zeichens.

VERZEICHNIS DER BILDZEICHEN

VERZEICHNIS DER ZEICHEN NACH HÄUSERN GEORDNET

A. DIE ACHT URZEICHEN NACH IHRER FORM

(zum Auswendiglernen)

☰ Das Schöpferische hat drei ganze Striche.
☷ Das Empfangende hat sechs halbe Striche.
☳ Das Erregende ist wie eine offene Schale.
☶ Das Stillehalten ist wie eine umgestülpte Tasse.
☵ Das Abgründige ist in der Mitte voll.
☲ Das Haftende ist in der Mitte leer.
☱ Das Heitere hat oben eine Lücke.
☴ Das Sanfte ist unten entzwei.

B. DIE ACHT HÄUSER

1. Das Haus des Schöpferischen

1. Das Schöpferische ist der Himmel. Nr. 1
2. Himmel und Wind ist: das Entgegenkommen. Nr. 44
3. Himmel und Berg ist: der Rückzug. Nr. 33
4. Himmel und Erde ist: die Stockung. Nr. 12
5. Wind und Erde ist: die Betrachtung. Nr. 20
6. Berg und Erde ist: die Zersplitterung. Nr. 23
7. Feuer und Erde ist: der Fortschritt. Nr. 35
8. Feuer und Himmel ist: Besitz von Großem. Nr. 14

2. Das Haus des Abgründigen

1. Das Abgründige ist das Wasser. Nr. 29
2. Wasser und See ist: die Beschränkung. Nr. 60
3. Wasser und Donner ist: die Anfangsschwierigkeit. Nr. 3
4. Wasser und Feuer ist: nach der Vollendung. Nr. 63
5. See und Feuer ist: die Umwälzung. Nr. 49
6. Donner und Feuer ist: die Fülle. Nr. 55
7. Erde und Feuer ist: die Verfinsterung des Lichts. Nr. 36
8. Erde und Wasser ist: das Heer. Nr. 7

3. Das Haus des Stillehaltens

1. Das Stillehalten ist der Berg. Nr. 52
2. Berg und Feuer ist: die Anmut. Nr. 22
3. Berg und Himmel ist: des Großen Zähmungskraft. Nr. 26

4. Berg und See ist: die Minderung. Nr. 41
5. Feuer und See ist: der Gegensatz. Nr. 38
6. Himmel und See ist: das Auftreten. Nr. 10
7. Wind und See ist: Innere Wahrheit. Nr. 61
8. Wind und Berg ist: die Entwicklung. Nr. 53

4. Das Haus des Erregenden

1. Das Erregende ist der Donner. Nr. 51
2. Donner und Erde ist: die Begeisterung. Nr. 16
3. Donner und Wasser ist: die Befreiung. Nr. 40
4. Donner und Wind ist: die Dauer. Nr. 32
5. Erde und Wind ist: das Empordringen. Nr. 46
6. Wasser und Wind ist: der Brunnen. Nr. 48
7. See und Wind ist: des Großen Übergewicht. Nr. 28
8. See und Donner ist: die Nachfolge. Nr. 17

5. Das Haus des Sanften

1. Das Sanfte ist der Wind. Nr. 57
2. Wind und Himmel ist: des Kleinen Zähmungskraft. Nr. 9
3. Wind und Feuer ist: die Sippe. Nr. 37
4. Wind und Donner ist: die Mehrung. Nr. 42
5. Himmel und Donner ist: die Unschuld. Nr. 25
6. Feuer und Donner ist: das Durchbeißen. Nr. 21
7. Berg und Donner ist: die Mundwinkel. Nr. 27
8. Berg und Wind ist: die Arbeit am Verdorbenen. Nr. 18

6. Das Haus des Haftenden

1. Das Haftende ist das Feuer. Nr. 30
2. Feuer und Berg ist: der Wanderer. Nr. 56
3. Feuer und Wind ist: der Tiegel. Nr. 50
4. Feuer und Wasser ist: vor der Vollendung. Nr. 64
5. Berg und Wasser ist: die Jugendtorheit. Nr. 4
6. Wind und Wasser ist: die Auflösung. Nr. 59
7. Himmel und Wasser ist: der Streit. Nr. 6
8. Himmel und Feuer ist: die Gemeinschaft mit Menschen. Nr. 13

7. Das Haus des Empfangenden

1. Das Empfangende ist die Erde. Nr. 2
2. Erde und Donner ist: die Wiederkehr. Nr. 24
3. Erde und See ist: die Annäherung. Nr. 19
4. Erde und Himmel ist: der Friede. Nr. 11
5. Donner und Himmel ist: des Großen Macht. Nr. 34

6. See und Himmel ist: der Durchbruch. Nr. 43
7. Wasser und Himmel ist: das Warten. Nr. 5
8. Wasser und Erde ist: das Zusammenhalten. Nr. 8

8. Das Haus des Heiteren

1. Das Heitere ist der See. Nr. 58
2. See und Wasser ist: die Bedrängnis. Nr. 47
3. See und Erde ist: die Sammlung. Nr. 45
4. See und Berg ist: die Einwirkung. Nr. 31
5. Wasser und Berg ist: das Hemmnis. Nr. 39
6. Erde und Berg ist: die Bescheidenheit. Nr. 15
7. Donner und Berg ist: des Kleinen Übergewicht. Nr. 62
8. Donner und See ist: das heiratende Mädchen. Nr. 54

TRANSKRIPTIONSTABELLE

Gegenüber der Wilhelm'schen Transkription chinesischer Schriftzeichen ist heute die Umschrift nach Wade – Giles international gebräuchlich. Um dem Leser die Identifizierung der in den Übersetzungen von Richard Wilhelm gebrauchten Namen und Begriffe zu ermöglichen, wird hier eine Vergleichsliste beider Umschriften gegeben.

Wilhelm	*Wade*	*Wilhelm*	*Wade*	*Wilhelm*	*Wade*
a	a	ben	pen	da	ta
ai	ai	beng	peng	dai	tai
an	an	bi	pi	dan	tan
ang	ang	biä	pieh	dang	tang
au	ao	biän	pien	dau	tao
ba	pa	biau	piao	de	te
bai	pai	bin	pin	dei	tei
ban	pan	bing	ping	di	ti
bang	pang	bo	po	diä	tieh
bau	pao	bou	pou	diän	tien
be	pei	bu	pu	diau	tiao

Wilhelm	*Wade*	*Wilhelm*	*Wade*	*Wilhelm*	*Wade*
ding	ting	dsiau	chiao	gau	kao
diu	tiu	dsin	chin	gei	kei
do	to	dsing	ching	gen	ken
dong	teng	dsiu	chiu	gi	chi
dou	tou	dsiung	chiung	gia	chia
dsa	tsa	dso	tso	giä	chieh
dsä	tse	dsong	tseng	giän	chien
dsai	tsai	dsou	tsou	giang	chiang
dsan	tsan	dsu	tsu	giau	chiao
dsang	tsang	dsü	chü	gin	chin
dsau	tsao	dsuan	tsuan	ging	ching
dscha	cha	dsüan	chüan	giu	chiu
dschä	che	dsui	tsui	giung	chiung
dschai	chai	dsun	tsun	go	ko
dschan	chan	dsün	chün	gong	keng
dschang	chang	dsung	tsung	gou	kou
dschau	chao	dsüo	chüeh	gu	ku
dschen	chen	du	tu	gü	chü
dschï	chih	duan	tuan	gua	kua
dscho	cho	dui	tui	guai	kuai
dschong	cheng	dun	tun	guan	kuan
dschou	chou	dung	tung	güan	chüan
dschu	chu	en	en	guang	kuang
dschua	chua	erl/örl	erh	gui	kuei
dschuai	chuai	fa	fa	gun	kun
dschuan	chuan	fan	fan	gün	chün
dschuang	chuang	fang	fang	gung	kung
dschui	chui	fe	fei	guo	kuo
dschun	chun	fen	fen	güo	chüeh
dschung	chung	fo	fo	ha	ha
dse	tsei	fong	feng	hai	hai
dsen	tsen	fou	fou	han	han
dsi	chi	fu	fu	hang	hang
dsị̈	tzu	ga	ka	hau	hao
dsiä	chieh	gai	kai	he	hei
dsiän	chien	gan	kan	hen	hen
dsiang	chiang	gang	kang	hi	hsi

Wilhelm	*Wade*	*Wilhelm*	*Wade*	*Wilhelm*	*Wade*
hia	hsia	jung	jung	lau	lao
hiä	hsieh	ka	k'a	le	lei
hiän	hsien	kai	k'ai	li	li
hiang	hsiang	kan	k'an	lia	lia
hiau	hsiao	kang	k'ang	liä	lieh
hin	hsin	kau	k'ao	liän	lien
hing	hsing	ken	k'en	liang	liang
hiung	hsiung	ki	ch'i	liau	liao
ho	ho	kia	ch'ia	lin	lin
hong	heng	kiä	ch'ieh	ling	ling
hou	hou	kiän	ch'ien	liu	liu
hu	hu	kiang	ch'iang	lo	lo
hü	hsü	kiau	ch'iao	long	leng
hua	hua	kin	ch'in	lou	lou
huai	huai	king	ch'ing	lu	lu
huan	huan	kiu	ch'iu	lü	lü
hüan	hsüan	kiung	ch'iung	luan	luan
huang	huang	ko	k'o	lüan	lüan
hui	hui	kong	k'eng	lüo	lüeh
hun	hun	kou	k'ou	lun	lun
hün	hsün	ku	k'u	lung	lung
hung	hung	kü	ch'ü	ma	ma
huo	huo	kua	k'ua	mai	mai
hüo	hsüeh	kuai	k'uai	man	man
i	i	kuan	k'uan	mang	mang
jan	jan	küan	ch'üan	mau	mao
jang	jang	kuang	k'uang	me	mei
jau	jao	kui	k'uei	men	men
jen	jen	kun	k'un	mi	mi
jï	jih	kün	ch'ün	miä	mieh
jo	jo, je	kung	k'ung	miän	mien
jong	jeng	kuo	k'uo	miau	miao
jou	jou	küo	ch'üeh	min	min
ju	ju	la	la	ming	ming
juan	juan	lai	lai	miu	miu
jui	jui	lan	lan	mo	mo
jun	jun	lang	lang	mong	meng

Wilhelm	*Wade*	*Wilhelm*	*Wade*	*Wilhelm*	*Wade*
mou	mou	piän	p'ien	siän	hsien
mu	mu	piau	p'iao	siang	hsiang
na	na	pin	p'in	siau	hsiao
nai	nai	ping	p'ing	sin	hsin
nan	nan	po	p'o	sing	hsing
nang	nang	pong	p'eng	siung	hsiung
nau	nao	pou	p'ou	so	so
ne	nei	pu	p'u	song	seng
nen	nen	sa	sa	sou	sou
ni	ni	sä	se	su	su
niä	nieh	sai	sai	sü	hsü
niän	nien	san	san	suan	suan
niang	niang	sang	sang	süan	hsüan
niau	niao	sau	sao	sui	sui
nin	nin	scha	sha	sun	sun
ning	ning	schä	she	sün	hsün
nio	nio	schai	shai	sung	sung
niu	niu	schan	shan	süo	hsüeh
no	no	schang	shang	ta	t'a
nong	neng	schau	shao	tai	t'ai
nou	nou	schen	shen	tan	t'an
nu	nu	schï	shih	tang	t'ang
nü	nü	schong	sheng	tau	t'ao
nüo	nüeh	schou	shou	te	t'e
nuan	nuan	schu	shu	ti	t'i
o	o	schua	shua	tiä	t'ieh
örl/erl	erh	schuai	shuai	tiän	t'ien
ou	ou	schuan	shuan	tiau	t'iao
pa	p'a	schuang	shuang	ting	t'ing
pai	p'ai	schui	shui	to	t'o
pan	p'an	schun	shun	tong	t'eng
pang	p'ang	schuo	shuo	tou	t'ou
pau	p'ao	sen	sen	tsa	ts'a
pe	p'ei	si	hsi	tsä	ts'e
pen	p'en	sï	szu	tsai	ts'ai
pi	p'i	sia	hsia	tsan	ts'an
piä	p'ieh	siä	hsieh	tsang	ts'ang

Wilhelm	*Wade*	*Wilhelm*	*Wade*	*Wilhelm*	*Wade*
tsau	ts'ao	tsiän	ch'ien	wa	wa
tscha	ch'a	tsiang	ch'iang	wai	wai
tschä	ch'e	tsiau	ch'iao	wan	wan
tschai	ch'ai	tsin	ch'in	wang	wang
tschan	ch'an	tsing	ch'ing	we	wei
tschang	ch'ang	tsiu	ch'iu	wen	wen
tschau	ch'ao	tsiung	ch'iung	wo	wo
tschen	ch'en	tso	ts'o	wong	weng
tschï	ch'ih	tsong	ts'eng	wu	wu
tscho	ch'o	tsou	ts'ou	ya	ya
tschong	ch'eng	tsu	ts'u	yä	yeh
tschou	ch'ou	tsü	ch'ü	yai	yai
tschu	ch'u	tsuan	ts'uan	yän	yen
tschua	ch'ua	tsüan	ch'üan	yang	yang
tschuai	ch'uai	tsui	ts'ui	yau	yao
tschuan	ch'uan	tsun	ts'un	yin	yin
tschuang	ch'uang	tsün	ch'ün	ying	ying
tschui	ch'ui	tsung	ts'ung	yo	yo
tschun	ch'un	tsüo	ch'üeh	yu	yu
tschung	ch'ung	tu	t'u	yü	yü
tsen	ts'en	tuan	t'uan	yüan	yüan
tsi	ch'i	tui	t'ui	yün	yün
tsï	tz'u	tun	t'un	yung	yung
tsiä	ch'ieh	tung	t'ung	yüo	yüeh

Zum näheren Verständnis des I-ching seien folgende Bücher empfohlen:

Erfahrungen mit dem I Ging. Vom kreativen Umgang mit dem Buch der Wandlungen. Hrsg. Ulf Diederichs. Köln 1984 (Diederichs Gelbe Reihe Bd. 51).

Hellmut Wilhelm: *Sinn des I Ging.* Düsseldorf/Köln 1972. Neuausgabe 1976 als Diederichs Gelbe Reihe Bd. 12.

INHALT

ERSTES BUCH: DER TEXT

ERSTE ABTEILUNG

ZWEITE ABTEILUNG

ZWEITES BUCH: DAS MATERIAL

I. ABTEILUNG

A. DIE GRUNDLAGEN

B. DIE AUSFÜHRUNGEN

II. ABTEILUNG

DIE STRUKTUR DER ZEICHEN

ÜBER DAS ORAKELNEHMEN